KB167707

칼퇴를 부르는
파워포인트 실무 테크닉 105

POWERPOINT TECHNIC

프레젠테이션 기획부터 시각화, 파워포인트 영상 편집 실무까지!

칼퇴를 부르는 파워포인트 실무 테크닉 105

1쇄 발행 2019년 8월 29일
2쇄 발행 2021년 1월 22일

지은이 이희정
펴낸이 장성두
펴낸곳 주식회사 제이펍

출판신고 2009년 11월 10일 제406-2009-000087호
주소 경기도 파주시 회동길 159 3층 3-B호 / **전화** 070-8201-9010 / **팩스** 02-6280-0405
홈페이지 www.jpub.kr / **원고투고** submit@jpub.kr / **독자문의** help@jpub.kr / **교재문의** textbook@jpub.kr

편집부 김정준, 이민숙, 최병찬, 이주원 / **소통기획부** 송찬수, 강민철 / **소통지원부** 민지환, 김유미, 김수연
기획 및 진행 송찬수 / **교정 · 교열** 강민철 / **내지디자인** 김미현 / **표지디자인** 미디어픽스
용지 타라유통 / **인쇄** 한길프린테크 / **제본** 광우제책사

ISBN 979-11-88621-73-6 (13000)
값 19,800원

칼퇴를 부르는

파워포인트 실무 테크닉 105

POWERPOINT TECHNIC

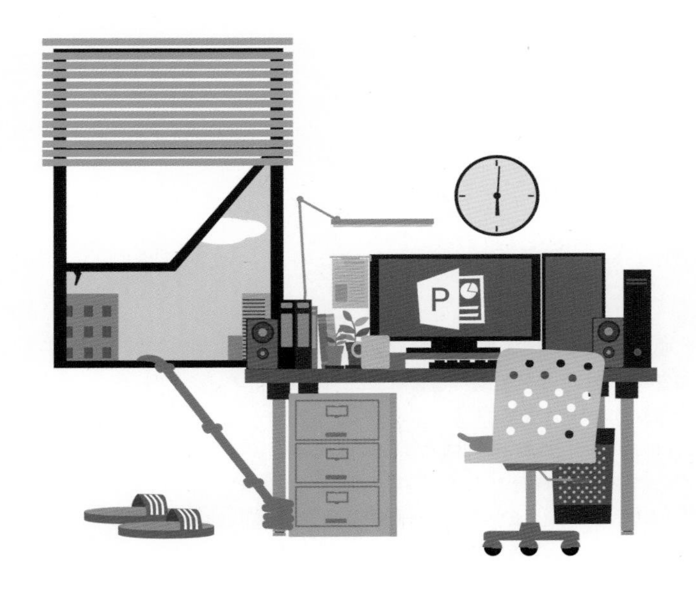

이희정 지음

실습 파일 및 정오표

http://bit.ly/jeipubppt

- 위 링크는 [Notion]으로 제작한 페이지로, 크롬 브라우저로 접속해야 원활하게 사용할 수 있습니다.
- 링크에 접속하면 이 책의 정오표를 확인하거나 실습에 필요한 파일을 다운로드할 수 있습니다.
  - 실습 파일.zip: 실습에 필요한 모든 파일이 담겨 있습니다.
  - 완성 파일.zip: 실습 후 결과를 비교해 볼 수 있도록 완성 결과 파일이 담겨 있습니다.
- 압축 파일은 실습할 컴퓨터에 다운로드한 후 압축을 풀고 사용하면 더욱 편리합니다.
- 실습 과정 중에 별도의 실습 파일 경로는 안내하지 않습니다. 그러므로 압축을 푼 경로를 찾아 실습을 진행하면 됩니다.

드리는 말씀

- 이 책에 기재된 내용을 기반으로 한 운용 결과에 대해 저자, 소프트웨어 개발자 및 제공자, 제이펍 출판사는 일체의 책임을 지지 않으므로 양해 바랍니다.
- 이 책에 등장하는 각 회사명, 제품명은 일반적으로 각 회사의 등록 상표 또는 상표입니다. 본문 중에는 ™, ©, ® 마크 등이 표시되어 있지 않습니다.
- 이 책에서 사용하고 있는 제품 버전은 독자의 학습 시점이나 환경에 따라 책의 내용과 다를 수 있습니다.
- 책 내용과 관련된 문의사항은 지은이나 출판사로 연락해 주시기 바랍니다.
  - 지은이: neoppt@naver.com
  - 출판사: help@jpub.kr
- 이 책은 파워포인트 2019 화면을 사용하여 설명하고 있습니다. 물론 파워포인트 2010/2013/2016 등 모든 버전에 대응하지만, 일부 내용은 버전에 따라 지원하지 않을 수 있으며, 독자의 파워포인트 버전, OS 버전, 모니터 해상도 등에 따라 항목의 위치 등에 차이가 있을 수 있습니다.

차례

차례

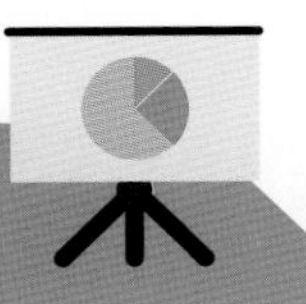

차례

머리말

집필을 결심하며

현재 시중에 다양한 파워포인트 관련 도서가 판매되고 있고, 정보화 시대에 걸맞게 인터넷 검색만 해도 방대한 자료를 쉽게 접할 수 있습니다. 하지만 대부분은 단순한 도구 사용법에 지나지 않습니다. 도구를 잘 다룬다고 해서 자신이 설명하고자 하는 내용을 명확하게 드러내고 설득력 있게 표현된 프레젠테이션 자료를 제작할 수 있을까요?

파워포인트를 모르는 대부분의 학생이나 직장 초년생이라면 일단 파워포인트를 실행하고 봅니다. 그다음에는 막연함을 느끼게 됩니다. 어느 정도 익숙한 사용자라면 막연함은 덜하지만 좀 더 전문가와 같은 스킬에 대한 갈증이 있을 것입니다.

이 책에는 지난 2006년부터 현재까지 10년 넘게 오직 프레젠테이션 관련 업무에만 종사한 전문가 입장에서 여러분이 원하는 결과물을 제작하기 위해서는 어떤 과정에 따라 프레젠테이션을 준비하고 제작해야 하는지에 대한 속 시원한 해법이 담겨 있습니다.

필자가 지금까지 작업했던 다양한 업종 및 형태의 실무 제작물을 예시로 삼아 시각화를 위한 기획부터 실무 스타일의 디자인 요령 및 전문가들이 자주 사용하고 있는 기법을 속속들이 파헤쳐 소개하고자 합니다.

이 지면을 빌려 본 도서에 예시로 자료를 활용하는 것을 허락해 주신 해당 기관의 관계자님들께 깊이 감사드립니다.

파워포인트, 그 무한한 가능성

프레젠테이션은 다양한 업무에서 사용됩니다. 각종 사업계획서, 회사설명회, 행사, 연설, 강연 등에서는 프레젠테이션 보조자료를 준비해 자료와 함께 호흡을 맞추어 프레젠테이션을 하게 됩니다. 이런 보조자료를 일반적으로 'ppt 자료'라고 하며, 일반 기업에서는 '장표'라고 칭하기도 합니다.

프레젠테이션 보조자료의 제작 도구는 파워포인트, 프레지, 키노트 등 다양하지만 그중 파워포인트가 가장 많이 이용되고 있습니다. 필자는 2006년부터 프레젠테이션 관련 업무에 종사하면서 시장의 니즈의 변화를 몸소 실감해 왔습니다.

2010년 즈음 잠시 프레지에 대한 관심이 높아졌고, 실제로 많은 프레젠테이션 보조자료를 프레지로 제작한 적이 있었습니다. 그러나 3~4년 후에는 다시 파워포인트로 자료를 만들어 달라는 요청만 쇄도했습니다. 2011년에는 파워포인트로 기본 디자인을 만들고 애니메이션으로 액션 효과를 입힌 후 성우 내레이션과 전체 배경음악이 삽입된 영상(wmf 포맷) 형태의 '멀티 프레젠테이션' 제작물이 인기를 끌었습니다. 멀티 프레젠테이션은 100% 파워포인트로만 사용하여 쉽고 간편하게 영상을 만들 수 있어서 지금까지도 홍보영상, 소개자료, 개인영상, 자기소개서 등 다양한 분야에서 활약하고 있는 기법입니다.

한편 애플의 키노트는 프레젠테이션을 제작하는 데 매우 효과적이고 훌륭한 도구이지만 실제 현업에서는 단 한 건도 제작 의뢰를 받은 적이 없었습니다. 우리나라의 일반적인 업무 환경에서는 Windows를 사용하는 IBM 컴퓨터가 90% 이상이고, mac 사용자라도 Windows를 동시에 사용하고 있기에 호환성의 문제로 인해 키노트 제작 수요가 적다고 생각합니다.

파워포인트는 오랜 세월 사랑받으며 많은 사람들에게 익숙하게 사용되고 있을 뿐 아니라 다양한 분야에 활용되는 만능 도구입니다. 파워포인트가 주로 제안서와 같은 문서를 제작하는 도구이지만, 위에서 이야기한 것처럼 멀티 프레젠테이션과 같은 영상을 제작하거나 포스터, 배너 등 간단한 홍보자료, 심지어는 기업 로고인 CI 제작까지 가능할 정도로 그 활용 범위가 무궁무진합니다.

파워포인트는 지금도 꾸준하게 업데이트되고 있지만 무엇보다 2007 버전에서 기능이 획기적으로 변화했다고 할 수 있습니다. 텍스트와 도형의 다양한 서식 기능으로 포토샵 같은 전문 그래픽 도구에 견줄 만한 디자인 도구로도 활용하게 되었기 때문입니다. 또한 2010 버전에서는 보다 부드러워진 애니메이션 고급화와 영상 편집 기능 등이 업그레이드되어 그 활용성이 극대화되었습니다.

이 책에서 다룬 디자인 역시 대부분 파워포인트를 기본 도구로 사용합니다. 저자의 노하우를 모두 쏟아내어 이 책만 학습해도 파워포인트를 200% 활용할 수 있으며 실무에 반드시 도움이 될 것임을 약속합니다.

2019년 8월
저자 이희정

이 책의 구성

효율적인 작업에 초점을 맞춘 프레젠테이션 실무를 소개합니다!

이 책은 파워포인트를 사용하기 위한 단순한 기능 설명을 위해 출간된 것이 아닙니다. 파워포인트를 이용해 더 나은 프레젠테이션을 수행할 수 있는 테크닉을 알려 줍니다.

'이 기능을 이용하면 완성된다.'는 식의 설명이 아니라 왜 이 기능을 사용해야 하는지, 이 기능을 사용하면 얼마나 더 효율적으로 작업할 수 있는지를 알려 줍니다. 다음과 같이 다양한 구성 요소를 활용하여 누구나 쉽게 배우면서 실무에 적용할 줄 아는 직장인이 될 수 있도록, 오랜 시간 고민해 완성한 저자의 노하우와 테크닉을 통째로 알려 줍니다.

» **CHAPTER 2**

001 ~ 105

앞으로 배울 105가지 테크닉을 간략하게 정리해서 보여줍니다. 테크닉 번호는 이 책의 처음부터 끝까지 이어져 있으므로, 원하는 내용을 쉽게 찾을 수 있습니다.

Step by Step

CHAPTER 2부터 본격적인 실습이 진행되며, 각 실습은 예시 화면과 친절한 설명으로 누구나 쉽게 따라 하며 실무 테크닉을 익힐 수 있습니다.

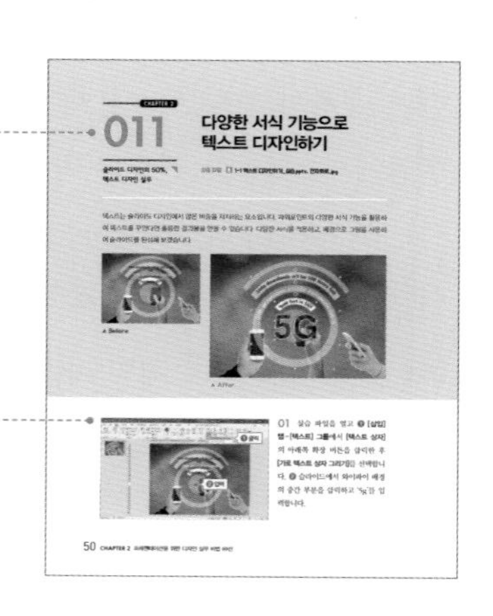

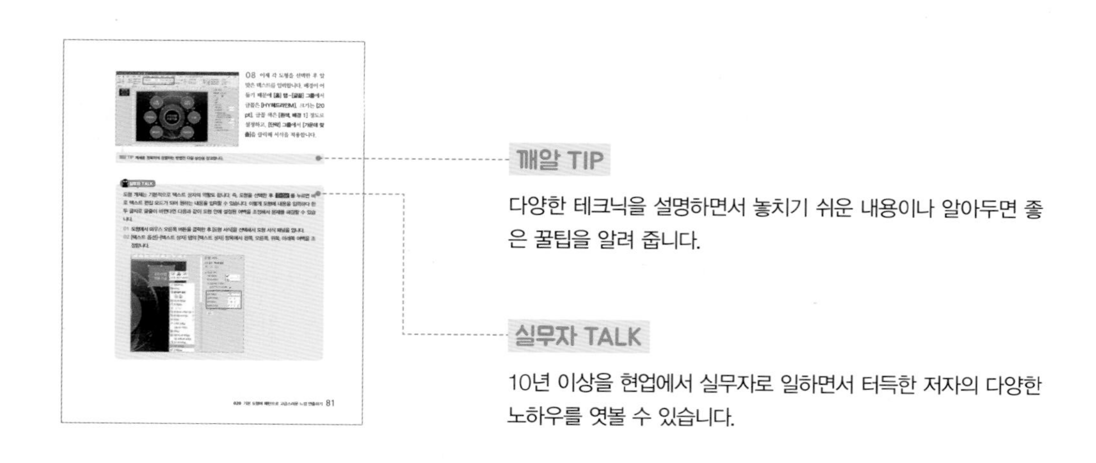

깨알 TIP

다양한 테크닉을 설명하면서 놓치기 쉬운 내용이나 알아두면 좋은 꿀팁을 알려 줍니다.

실무자 TALK

10년 이상을 현업에서 실무자로 일하면서 터득한 저자의 다양한 노하우를 엿볼 수 있습니다.

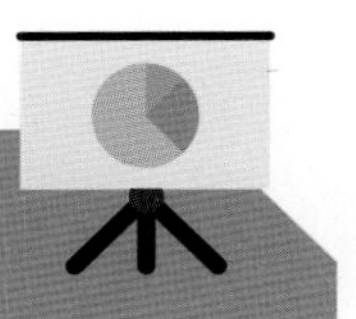

저자에게 직접 컨설팅을 받는 것처럼 다양한 사례를 확인할 수 있습니다!

하나의 프레젠테이션을 수행하는 데에도 철저한 기획과 시각화 디자인, 그리고 충분한 연습이 필요합니다. 이 모든 과정을 단순히 따라 하기만으로는 설명할 수 없습니다. 다양한 사례와 함께 저자의 실무 노하우를 그대로 녹인 시각화 기법을 배울 수 있습니다. 또한 저자가 참여한 여러 제안서를 보며 프레젠테이션 컨설팅을 받는 것처럼 학습할 수 있습니다.

» **CHAPTER 1,4**

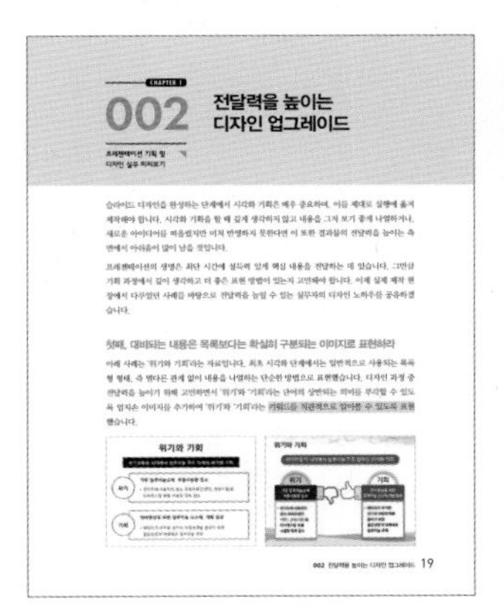
002 전달력을 높이는 디자인 업그레이드

19

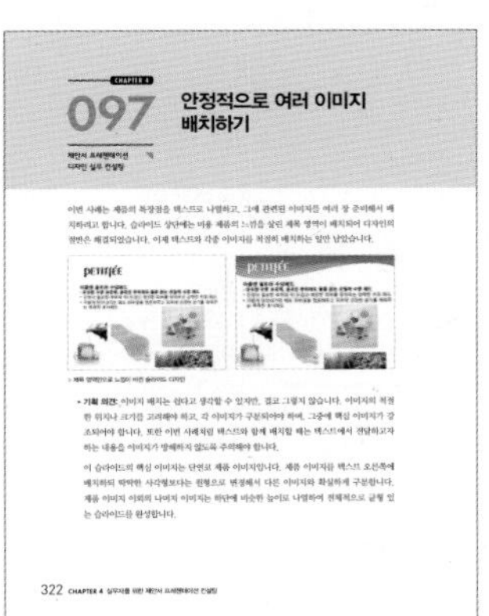
097 안정적으로 여러 이미지 배치하기

322

파워포인트를 알면 영상 제작도 어렵지 않습니다!

파워포인트의 용도를 단순히 프레젠테이션 보조자료 만드는 것으로 아는 사람이 많습니다. 하지만 그 활용도는 무궁무진합니다. 간단한 인쇄 디자인부터 교육용 책자까지 만들어 활용할 수 있습니다. 하지만 이보다 더한 기능이 바로 영상 제작입니다. 멀티 프레젠테이션이라고 하는 파워포인트를 이용한 영상 제작 노하우도 놓치지 말고 확인해 보세요.

» **CHAPTER 3**

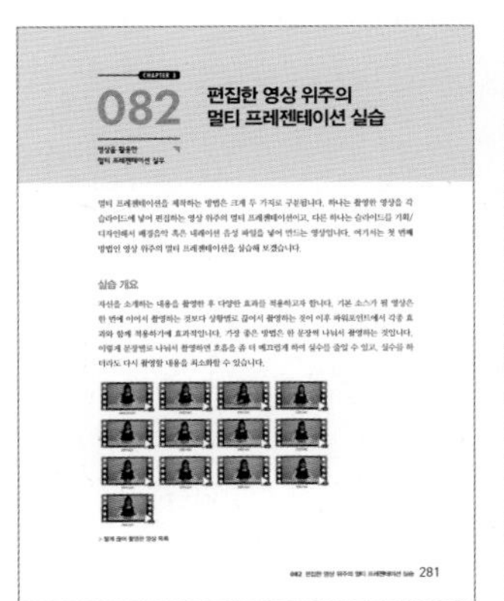
082 편집한 영상 위주의 멀티 프레젠테이션 실습

281

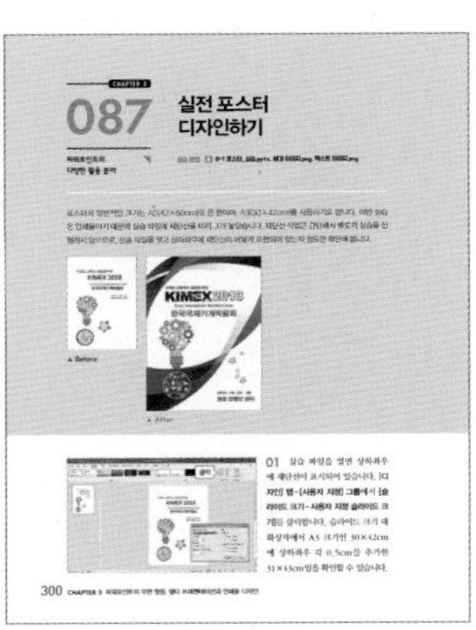
087 실전 포스터 디자인하기

300

프레젠테이션 제안서를 제작할 때 파워포인트의 기능들을 적절히 활용해서
보기 좋은 디자인을 하는 것도 중요하지만, 최초 과정에서 기획이 무시된 제안서는
아무리 보기에 아름답더라도 프레젠테이션의 최종 목적을 달성하기 어렵습니다.
텍스트를 시각화하는 기획, 적합한 이미지를 만들고 활용하는 기획, 다이어그램을 활용한 도식화 기법 등
시각화를 효율적으로 수행해야 발표에 안성맞춤인 제안서가 탄생합니다.
또한 디자인을 할 때 어떤 도형을 활용해야 더욱 효과적인지, 어떤 색상을 선택해야 하는지 등
일반인들이 간과할 수 있는 부분들도 알아 두면 프레젠테이션의 전달력을 엄청나게 높일 수 있습니다.
따라서 제안서의 아름다운 디자인 이면에 숨어 있는 성공적인 프레젠테이션 기획 방법을
실무 관점에서 속속들이 파헤쳐 보겠습니다.

CHAPTER

1

프레젠테이션 기획을 위한 실무 이모저모

CHAPTER 1

001 프레젠테이션 준비를 위한 텍스트의 시각화 기법

프레젠테이션 기획 및 디자인 실무 미리보기

프레젠테이션 보조자료를 제작할 때 먼저 슬라이드 자료를 제작하고 그다음에 내레이션을 작성한다면 이것은 좋은 방법이라 할 수 없습니다. 일단 프레젠테이션 내용이 결정되면, 슬라이드를 제작하기보다 내레이션부터 먼저 작성하는 것이 낫습니다. 그래야 프레젠테이션 시간에 맞는 전체 자료를 합리적으로 만들어 낼 수 있기 때문입니다. 우선 내레이션을 글로 작성한 후 이를 각 슬라이드에 배분합니다. 이후 프레젠테이션을 시각화하는 과정은 다음과 같습니다.

1단계. 슬라이드에 배분된 텍스트를 읽고 핵심 키워드를 찾아 강조한다

아래와 같이 한 장의 슬라이드에 배분된 텍스트가 있다고 합시다. 이를 토대로 과연 어떤 슬라이드를 완성할 수 있을까요? 아마 의견이 분분할 것입니다. 이때 긴 텍스트에서 실제 프레젠테이션의 핵심이 될 필수적인 내용을 추출해야 합니다.

> **미국의 시장 조사 업체인 IDC에 따르면 모바일 컴퓨팅, 쇼셜 미디어의 발달 등으로 2012년 전세계 데이터 양이 2,7ZB(제타바이트, 1021바이트) 에서 2020년까지 그 수치가 40ZB까지 성장할 것이라는 연구 결과가 나와 주목된다.**
>
> **이러한 빅데이터는 데이터 안에서 숨겨진 의미 있는 패턴을 찾아내고 이를 기반으로 사회·경제적 변화 등 미래를 예측하여 새로운 부가가치를 창출할 수 있는 원천으로 주목받고 있다.**

위 텍스트에서 주요 내용은 빨간색으로 표시하고, 자료의 도움말 혹은 출처는 파란색으로 표시해서 구분해 보겠습니다. 이 슬라이드 전체의 핵심 키워드는 '빅데이터'라는 단어입니다. 색으로 표시한 나머지 텍스트는 다음에 적절한 방법으로 시각화할 것입니다.

미국의 시장 조사 업체인 IDC에 따르면 모바일 컴퓨팅, 소셜 미디어의 발달 등으로 2012년 전세계 데이터 양이 2,7ZB(제타바이트, 1021바이트) 에서 2020년까지 그 수치가 40ZB까지 성장할 것이라는 연구 결과가 나와 주목된다.

이러한 빅데이터는 데이터 안에서 숨겨진 의미 있는 패턴을 찾아내고 이를 기반으로 사회·경제적 변화 등 미래를 예측하여 새로운 부가가치를 창출할 수 있는 원천으로 주목받고 있다.

2단계. 핵심 내용이 제대로 전달될 수 있도록 시각화하여 표현한다

아래와 같이 의미 전달을 최우선으로 고려하여 핵심 내용을 이미지로 표현해 보았습니다. 이를테면 핵심 키워드인 '빅데이터(BIG DATA)'를 가장 크게 강조하고, 그 의미와 역할을 화살표로 도식화했습니다. 아래쪽에는 데이터 증가량을 그래프로 표현했습니다. 그래프에는 자료의 신뢰성을 높여 줄 출처 표시가 중요하며, 생소한 용어인 ZB(제타바이트)의 의미를 추가로 명시했습니다. 그래프는 수치를 정확하게 보여 주는 것보다 얼마만큼 상승했는가를 상대적으로 크게 보여 주는 것이 더 중요할 수 있습니다. 사실 이러한 시각화 기획은 파워포인트에서 바로 하는 것보다는 먼저 A4 용지와 같이 자유롭게 필기할 수 있는 종이를 준비해서 직접 펜이나 연필로 상세히 그림을 그려 보는 것이 좋습니다.

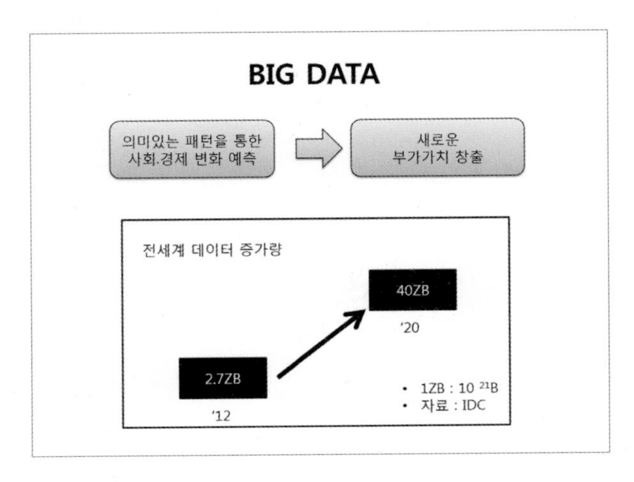

3단계. 파워포인트 기능을 활용해 이미지로 슬라이드를 꾸민다

시각화 기획을 마치면 본격적으로 디자인을 시작합니다. 광대한 데이터, 디지털, 컴퓨터, 글로벌 등의 의미 있는 이미지를 구상하고 색감을 선정해서 중요한 내용과 덜 중요한 내용을 구분합니다. 아래 예시에서는 중요한 내용을 주황색으로, 비교적 중요하지 않은 내용을 파란색 계열로 구분해서 디자인했습니다.

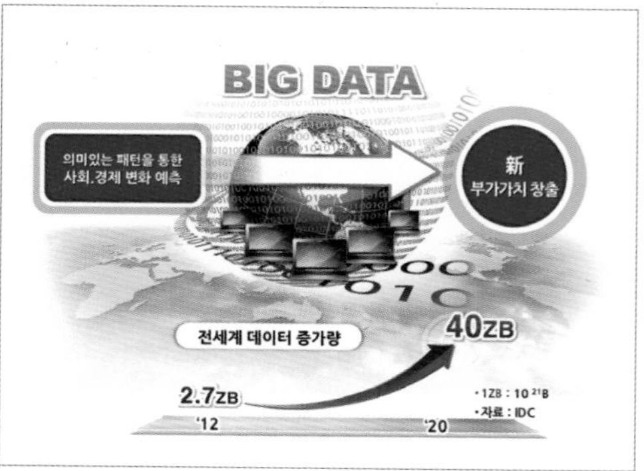

청중 입장에서는 텍스트보다 이미지가 더 이해하기 쉽기 때문에 지금까지 설명한 슬라이드의 시각화 작업은 꼭 필요합니다.

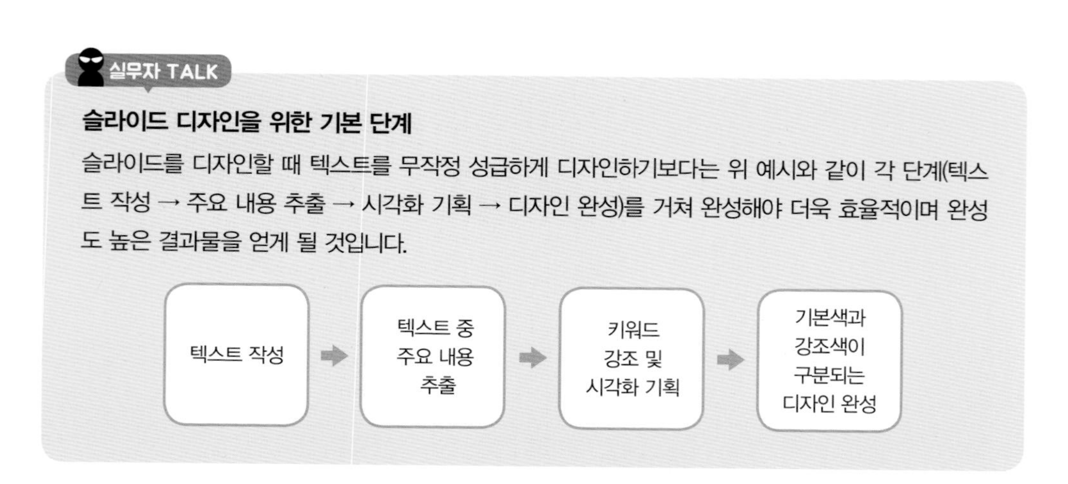

실무자 TALK

슬라이드 디자인을 위한 기본 단계

슬라이드를 디자인할 때 텍스트를 무작정 성급하게 디자인하기보다는 위 예시와 같이 각 단계(텍스트 작성 → 주요 내용 추출 → 시각화 기획 → 디자인 완성)를 거쳐 완성해야 더욱 효율적이며 완성도 높은 결과물을 얻게 될 것입니다.

CHAPTER 1

002 전달력을 높이는 디자인 업그레이드

프레젠테이션 기획 및
디자인 실무 미리보기

슬라이드 디자인을 완성하는 단계에서 시각화 기획은 매우 중요하며, 이를 제대로 실행에 옮겨 제작해야 합니다. 시각화 기획을 할 때 깊게 생각하지 않고 내용을 그저 보기 좋게 나열하거나, 새로운 아이디어를 떠올렸지만 미처 반영하지 못한다면 이 또한 결과물의 전달력을 높이는 측면에서 아쉬움이 많이 남을 것입니다.

프레젠테이션의 생명은 최단 시간에 설득력 있게 핵심 내용을 전달하는 데 있습니다. 그만큼 기획 과정에서 깊이 생각하고 더 좋은 표현 방법이 있는지 고민해야 합니다. 이제 실제 제작 현장에서 다루었던 사례를 바탕으로 전달력을 높일 수 있는 실무자의 디자인 노하우를 공유하겠습니다.

첫째, 대비되는 내용은 목록보다는 확실히 구분되는 이미지로 표현하라

아래 사례는 '위기와 기회'라는 자료입니다. 최초 시각화 단계에서는 일반적으로 사용되는 목록형 형태, 즉 별다른 관계 없이 내용을 나열하는 단순한 방법으로 표현했습니다. 디자인 과정 중 전달력을 높이기 위해 고민하면서 '위기'와 '기회'라는 단어의 상반되는 의미를 부각할 수 있도록 엄지손 이미지를 추가하여 '위기'와 '기회'라는 키워드를 직관적으로 알아볼 수 있도록 표현했습니다.

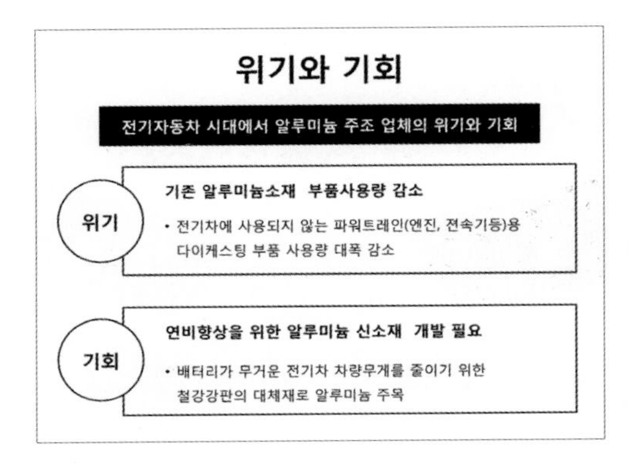

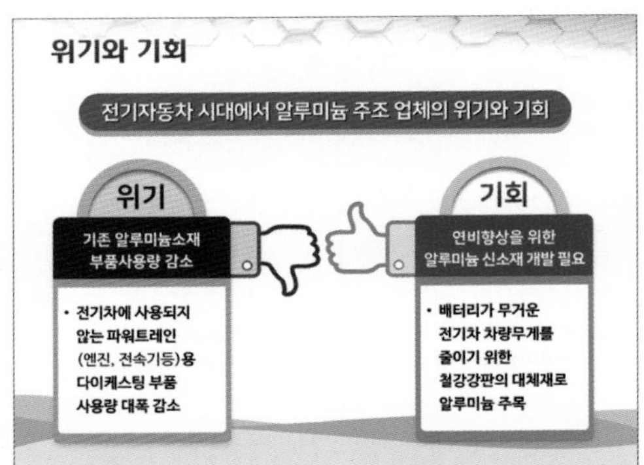

둘째, 둘 사이의 수치 비교는 표보다 그래프가 더 좋다

다음 예시는 누구나 쉽게 지나쳐 버릴 수 있는 표 디자인입니다. 왼쪽 예시를 언뜻 보면 더 이상 전달력을 높일 수 있는 아이디어가 없을 것 같습니다. 하지만 표 내용을 좀 더 자세히 살펴보면 이는 분명 그래프 이미지로 시각화할 수 있다는 것을 알 수 있습니다. 오른쪽 예시는 한국과 일본의 경쟁력 차이를 나타낸 그래프입니다. 왼쪽 예시처럼 숫자가 나열된 표는 수치를 꼼꼼하게 확인하지 않는다면 제대로 비교하기 어렵겠지요? 반면 오른쪽 예시에서는 표의 수치를 막대 그래프로 표현하여 한눈에 비교할 수 있고, 각 항목에 아이콘 이미지를 적절히 배치하여 전달력을 높였습니다.

연구사업 경쟁력 분석

기술 선진 국가 대비 5배 이상 고효율 추출 공법 개발

	대한민국	일본
연구기간	4년	30년
연구비용	연평균 23억원	연평균 83억엔
흡착속도	17mg/6day	3mg/6day
실증분석	1kg/6day	150g/42day
제조단가	6300 USD/ton	32000 USD/ton

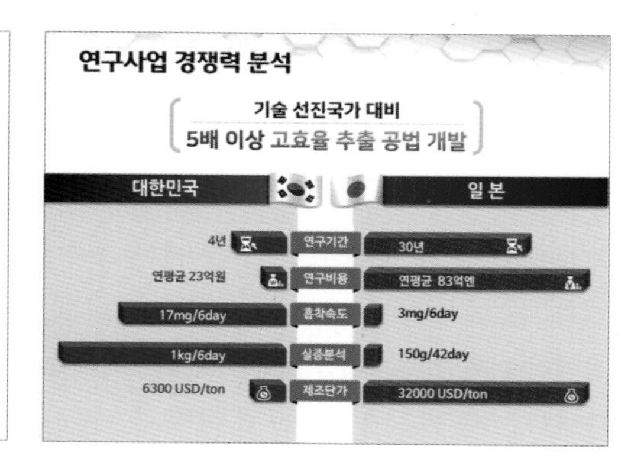

셋째, 핵심 내용을 내포하는 이미지를 활용하라

기대효과를 표현할 때는 여러 개의 항목을 단순히 나열하는 경우가 대부분입니다. 그래서 왼쪽과 같이 일반적인 목록형 다이어그램을 많이 쓰고 있습니다. 하지만 이 슬라이드에서 '기대효과'만큼 핵심적인 키워드가 또 있습니다. 바로 '협업'입니다. 수요 기업과 공급 기업이 협업하여 신성장 동력을 창출하는 특별한 관계가 핵심 내용이므로 협업 관계를 강조할 수 있게 악수하는 이미지를 추가하여 전달력을 높이는 디자인을 완성했습니다.

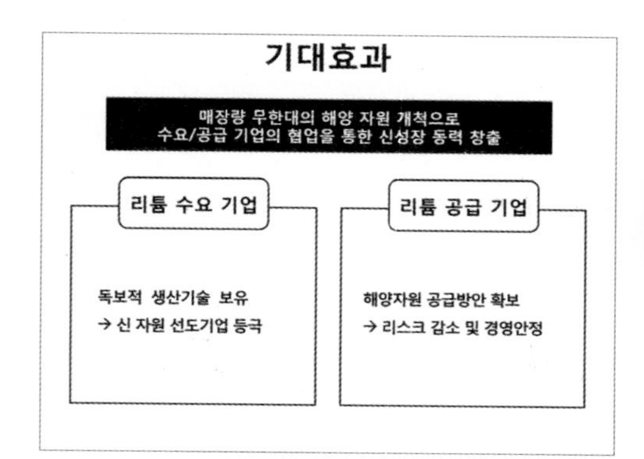

003 제안서의 슬라이드화를 위한 세부 작업

실무에서 프레젠테이션 자료가 처음부터 시각화 및 디자인되어 있는 경우는 거의 없습니다. 제안서나 보고서와 같은 프레젠테이션 자료는 대부분 텍스트 위주로 구성되어 있습니다. 한글이나 워드 등의 문서 작성 도구로 만든 텍스트 위주의 제안서를 바탕으로 프레젠테이션 슬라이드로 만들 때 단계별 작업 과정을 자세히 살펴보겠습니다.

프레젠테이션 시간 고려하기

슬라이드 디자인을 준비하면서 가장 먼저 고려해야 요소는 프레젠테이션 시간입니다. 프레젠터에게 주어진 시간에 따라 준비해야 할 슬라이드 개수가 정해지기 때문입니다. 대부분 30초에 한 장씩 슬라이드를 준비한다면 비교적 유연한 프레젠테이션을 할 수 있습니다. 만일 프레젠테이션 시간이 20분이라면 슬라이드는 약 40장을 준비하면 되겠죠?

이렇게 프레젠테이션 시간을 먼저 파악하면 제안서의 텍스트 분량이 많든 적든 상관없이 슬라이드의 개수를 정할 수 있게 됩니다. 따라서 제안서의 분량이 많더라도 주어진 프레젠테이션 시간에 맞게 이를 요약하고, 프레젠테이션에서 청중에게 보여 줄 내용만을 추려내야 합니다.

슬라이드 개수를 정했다고 무작정 디자인을 시작하는 것이 아니라 앞서 설명한 것처럼 시각화 기획 과정을 거쳐 디자인을 완성해야겠죠? 다음 예시는 워드프로세서로 제작된 텍스트 위주의 1차 제안서 원본입니다. 대부분 텍스트이며 표와 사진도 일부 포함되어 있습니다.

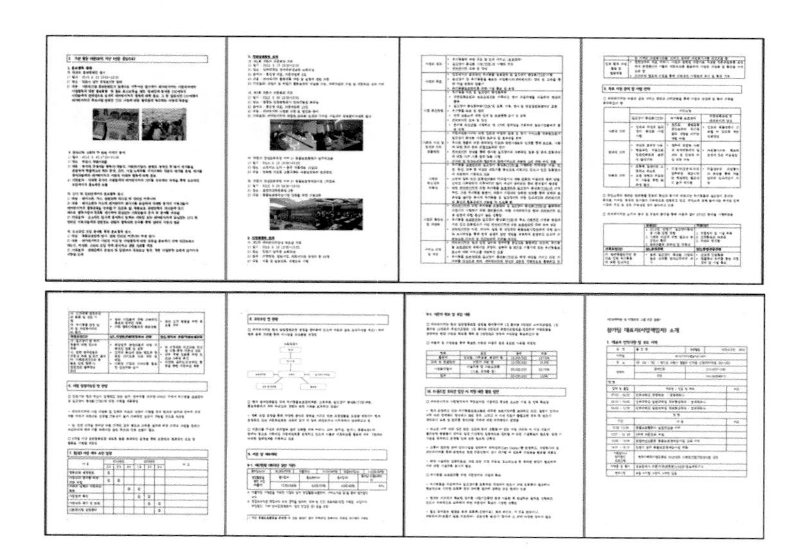

계속해서 아래 이미지는 프레젠테이션 시간에 맞게 슬라이드 개수를 정하고 시각화 기획까지 마친 슬라이드 모음입니다. 10분 안에 끝나는 프레젠테이션을 염두에 두고 제작했으며, 중요한 내용은 진한 색으로 구분했습니다. 마지막으로 시각화한 슬라이드에 색을 입히고, 디자인을 완성한 모습입니다.

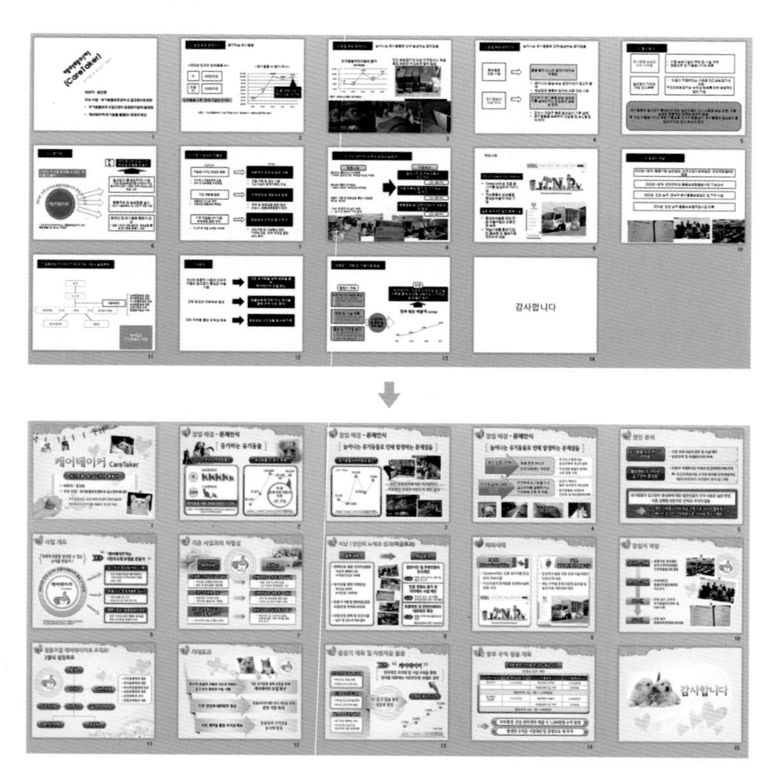

슬라이드 디자인을 위한 4단계

글꼴 크기 11pt 정도로 작성한 제안서 한 장을 가지고 프레젠테이션용 슬라이드 한 장을 만든다고 한다면 모든 내용을 다 담을 수는 없습니다. 제안서 한 장의 내용은 슬라이드에 효과적으로 넣을 수 있는 양보다 언제나 훨씬 많기 때문입니다.

이런 상황에서 무작정 파워포인트를 실행하고 디자인하는 것이 아니라 반드시 선행해야 할 4단계 과정이 필요합니다. 프레젠테이션 시간을 고려하여 슬라이드 개수를 정했다면 이제 다음 과정을 거칩니다.

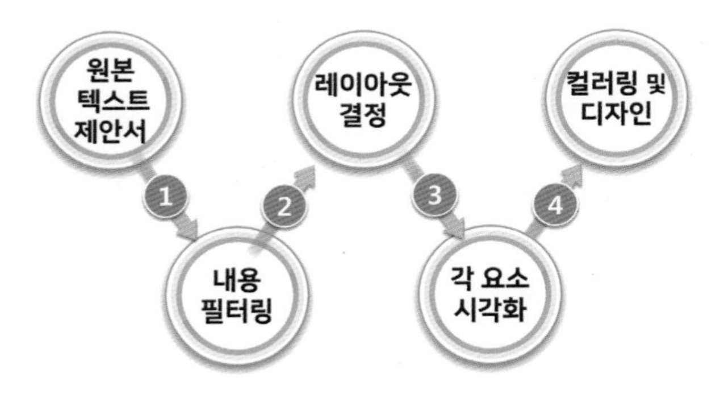

① 긴 텍스트 중 필요한 내용만 추출하여 정리합니다.

② 추출한 내용을 슬라이드별로 구분한 후 슬라이드의 레이아웃을 구상합니다.

③ 레이아웃에 맞게 내용을 시각화하고, 수치는 가급적 그래프로 표현합니다.

④ 시각화 기획을 반영하여 색을 입히고, 전체적인 슬라이드 디자인을 완성합니다.

위 과정을 실제 사례로 설명해 보겠습니다. 아래 예시는 한 장의 슬라이드에 넣을 제안서의 원본 텍스트입니다. 그냥 봐도 슬라이드 한 장으로 표현하기에는 분량이 너무 많습니다.

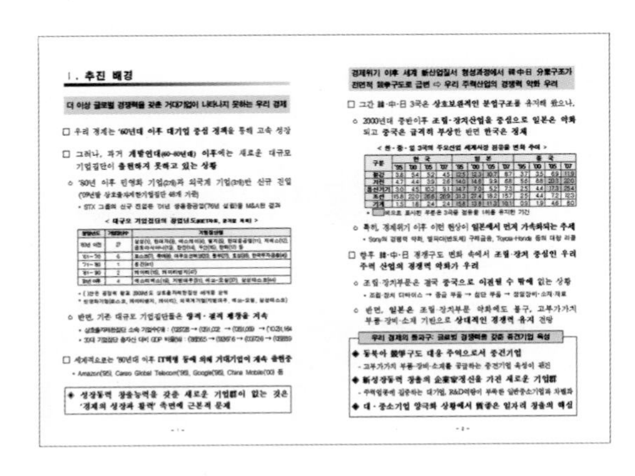

Ⅰ. 추진 배경

더 이상 글로벌 경쟁력을 갖춘 거대기업이 나타나지 못하는 우리 경제

□ 우리 경제는 '60년대 이후 **대기업 중심 경제**를 통해 고속 성장

□ 그러나, 과거 **개발연대(60~80년대)** 이후에는 새로운 대규모 기업집단이 **출현하지 못하고 있는 상황**

ㅇ '80년 이후 민영화 기업(2개)과 외국계 기업(3개)만 신규 진입 ('09년말 상호출자제한기업집단 48개 기준)

- STX 그룹의 신규 진입은 '01년 [illegible] M&A한 결과

< 대규모 기업집단의 [illegible] >

[illegible]	[illegible]	[illegible]
'60년 이전	27	[illegible]
'61~'70	6	[illegible]
'71~'80	1	[illegible]
'81~'90	2	[illegible]
'91년 이후	4	[illegible]

ㅇ 반면, 기존 대규모 기업집단들은 **양적·질적 팽창을 지속**

- 상호출자제한집단 소속 기업수(개) : ('02)728 → ('05)1,002 → ('08)1,069 → ('10)1,164
- 30대 기업집단 총자산 대비 GDP 비율(%) : ('99)65.5 → ('03)67.6 → ('07)72.6 → ('09)89.9

□ 세계적으로는 '90년대 이후 **IT혁명 등에 의해 거대기업이 계속 출현중**

- Amazon('95), Carso Global Telecom('96), Google('98), China Mobile('00) 등

> ◆ **성장동력 창출능력을 갖춘 새로운 기업群이 없는 것은 '경제의 성장과 활력' 측면에 근본적 문제**

- 1 -

경제위기 이후 세계 新산업질서 형성과정에서 韓中日 分業구조가 전면적 競爭구도로 급변 ⇨ 우리 주력산업의 경쟁력 약화 우려

□ 그간 韓·中·日 3국은 **상호보완적인 분업구조를** 유지해 왔으나,

ㅇ 2000년대 중반이후 **조립·장치산업을 중심으로 일본은 약화**되고 **중국은 급격히 부상한** 반면 **한국은 정체**

< 한·중·일 3국의 주요산업 세계시장 점유율 변화 추이 >

구분	한국				일본				중국			
	'95	'00	'05	'07	'95	'00	'05	'07	'95	'00	'05	'07
[illegible]	3.8	5.4	5.2	4.5	12.5	12.3	10.7	8.7	3.7	3.5	6.9	11.9
가전	4.7	4.4	3.9	2.6	14.0	14.8	9.9	6.8	5.6	8.8	20.3	22.0
통신기기	3.0	4.5	10.3	9.1	14.7	7.0	5.2	7.3	2.5	4.4	17.3	25.4
조선	15.8	22.0	36.6	30.9	31.3	27.4	18.2	15.7	2.5	4.4	7.2	12.3
기계	1.5	1.8	2.4	2.4	15.8	13.8	11.3	10.1	0.9	1.9	4.6	8.0

- [illegible]으로 표시된 부분은 3국중 점유율 1위를 유지한 기간

ㅇ 특히, 경제위기 이후 이런 현상이 **일본에서 먼저 가속화되는 추세**

- Sony의 경쟁력 약화, 엘피다(반도체) 구제금융, Toyota·Honda 등의 대량 리콜

□ 향후 韓·中·日 경쟁구도 변화 속에서 **조립·장치 중심인 우리 주력 산업의 경쟁력 약화가 우려**

ㅇ 조립·장치부문은 결국 **중국으로 이전될 수 밖에** 없는 상황

- 조립·장치 디바이스 → 중급 부품 → 첨단 부품 → 정밀장비·소재·재료

ㅇ 반면, **일본은** 조립·장치부문 약화에도 불구, 고부가가치 부품·장비·소재 기반으로 **상대적인 경쟁력 유지** 전망

우리 경제의 돌파구: 글로벌 경쟁력을 갖춘 중견기업 육성

◆ **동북아 競爭구도 대응 주역으로서 중견기업**

- 고부가가치 부품·장비·소재를 공급하는 중견기업 육성이 관건

◆ **新성장동력 창출의 企業家정신을 가진 새로운 기업群**

- 주력업종에 집중하는 대기업, R&D역량이 부족한 일반중소기업과 차별화

◆ **대·중소기업 양극화 상황에서 良質은 일자리 창출의 핵심**

- 2 -

다음은 핵심만 추출한 상태로, 하나의 슬라이드 안에 들어갈 수 있는 만큼의 내용을 일단 모아 두었습니다.

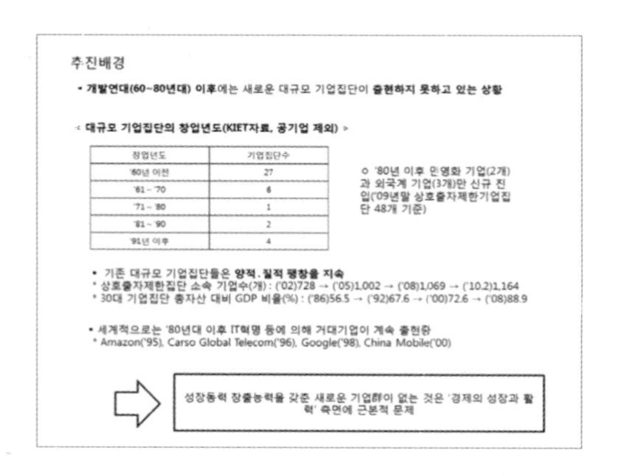

이제 추출한 텍스트를 시각화하기 위해 기본 레이아웃을 고민해야 합니다. 하나의 슬라이드에 포함되는 내용이 많기 때문에 슬라이드의 공간을 최대한 활용하되 구분이 명확하고 균형과 안정감을 갖춘 레이아웃을 그려 줍니다.

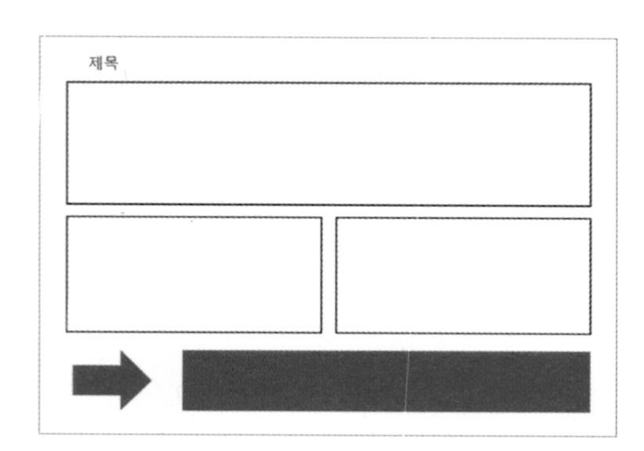

이어서 전체 슬라이드의 통일성을 유지하는 기본 레이아웃에 맞춰 각 내용을 시각화하여 배치합니다. 그대로 색을 입히고 디자인을 완성합니다.

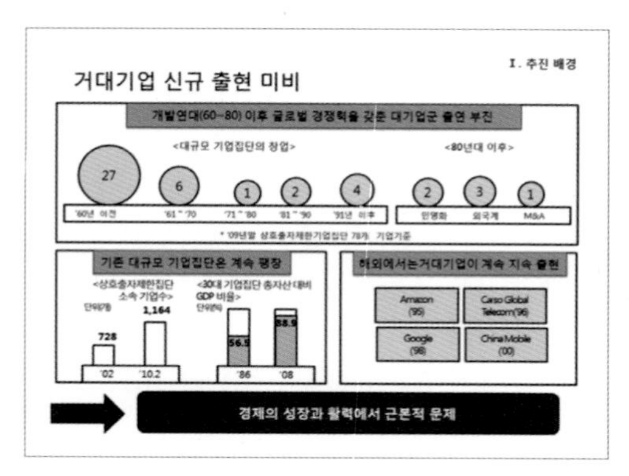

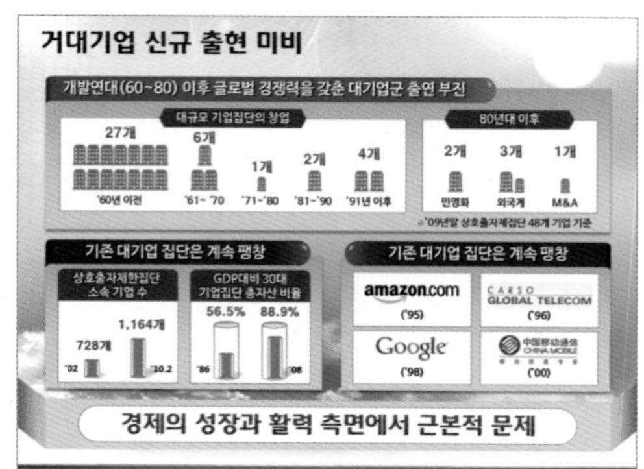

CHAPTER 1

004 텍스트가 많은 슬라이드에서 가독성 높이기

프레젠테이션 기획 및 디자인 실무 미리보기

슬라이드는 대부분 텍스트, 이미지, 도형으로 이뤄집니다. 때로는 구성이 단순한 슬라이드도 있지만 대부분의 슬라이드는 내용을 줄여도 상당한 많은 요소로 가득 찰 것입니다. 이는 프레젠테이션하면 떠오르는 대표적인 인물인 스티브 잡스의 프레젠테이션 스타일과 비교할 수 있습니다. 스티브 잡스의 프레젠테이션은 이미지 하나, 또는 텍스트 한두 줄 정도로 엄청나게 요약된 슬라이드를 활용하고 나머지는 입말로 해결합니다. 프레젠테이션 성공 여부가 오로지 프레젠터의 몫이 되는 셈이지요. 그만큼 프레젠터의 프레젠테이션 능력이 중요하여 많은 연습과 노력이 필요합니다. 스티브 잡스의 프레젠테이션 스타일은 철저한 준비가 되어 있고, 그러한 프레젠테이션을 수용할 수 있는 환경이라면 더 없이 훌륭할 것입니다. 하지만 우리가 일반적으로 준비해야 하는 프레젠테이션과는 거리가 먼 내용일 수 있습니다.

회사 IR(Investor Relations, 기업설명), 행사, 연설, 비딩용 R&D 제안서 등은 기본적으로 적지 않은 내용이 포함되어야 합니다. 심지어 프레젠터 없이 프레젠테이션 자료만으로 상대방을 이해시켜야 하는 상황도 생길 수 있습니다. 그러므로 다음과 같이 여러 줄의 텍스트가 나열되기도 합니다.

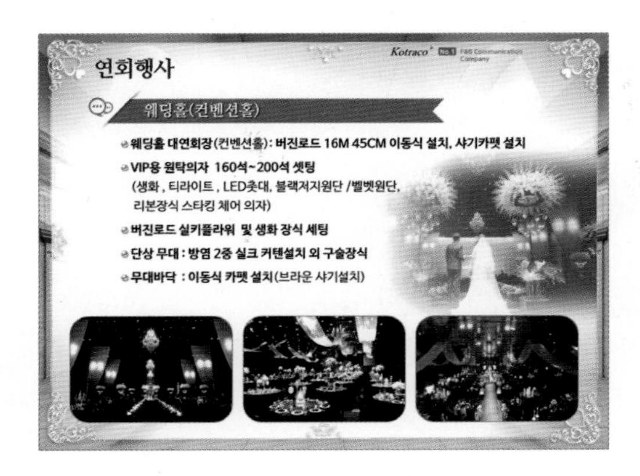

위와 같이 어쩔 수 없이 텍스트가 많은 상황이라면 최대한 읽기 쉽게, 가독성을 높이는 표현 방법이 중요합니다. 그 비법은 바로 줄 간격입니다.

일반적으로 한정된 공간 안에 텍스트를 배치할 때 텍스트가 잘 읽히려면 글꼴 크기를 최대로 키워야 한다고 생각합니다. 하지만 이는 잘못된 생각입니다. 물론 글자가 작은 것보다는 큰 것이 나을 수 있습니다. 하지만 아래 사례를 살펴보면 이야기가 달라질 것입니다.

다음 슬라이드는 여백이나 간격을 무시하고, 글꼴 크기만 키워 내용을 빼곡하게 채워 넣은 디자인입니다. 보기만 해도 답답할 뿐만 아니라 줄과 줄 사이의 구분이 어려워 가독성이 매우 떨어지는 결과를 초래했습니다.

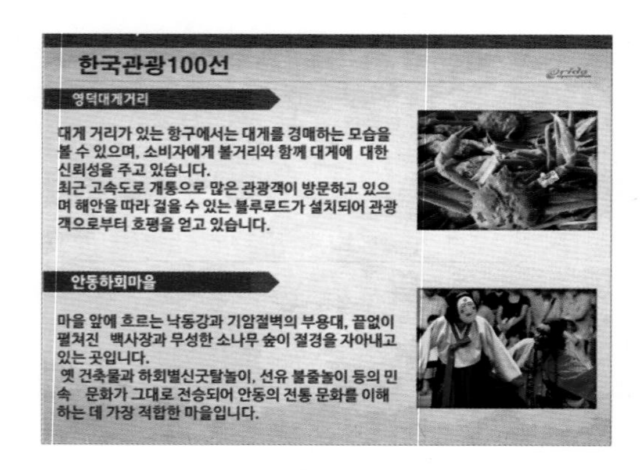

다음 예시를 살펴봅시다. 텍스트 내용은 이전과 같습니다. 글꼴 크기는 작아졌지만, 줄 사이에 충분한 여백을 확보하고 글머리 기호를 활용함으로써 보기에도 편하고 가독성도 좋아졌습니다.

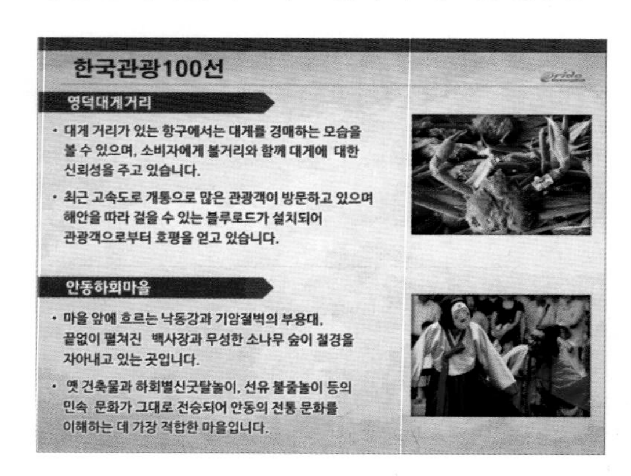

이처럼 가독성을 높이려면 글꼴 크기를 무조건 키우는 것이 아니라 줄 간격을 적절히 조정해야 함을 알 수 있습니다. 여기에 글머리 기호를 활용함으로써 단락을 좀 더 명확하게 구분 지을 수 있습니다.

CHAPTER 1

005 효율적인 작업을 위한 파워포인트 다이어그램 활용하기

프레젠테이션 기획 및 디자인 실무 미리보기

정부 사업계획서 혹은 비딩을 위한 R&D 제안서는 1차로 만든 워드프로세서 초안의 분량이 적게는 수십 장에서 수백 장에 이릅니다. 각 장에는 어렵고 복잡하면서, 깊이 있는 내용이 많아 다이어그램으로 요약한 그림이 일부 삽입되기도 합니다.

앞에서 제안서를 바탕으로 프레젠테이션용 슬라이드를 제작한다고 누차 이야기했습니다. 초안인 한글 제안서와 프레젠테이션용 슬라이드에는 같은 내용이 사용되며, 결국 다이어그램 역시 공통적으로 사용될 것입니다.

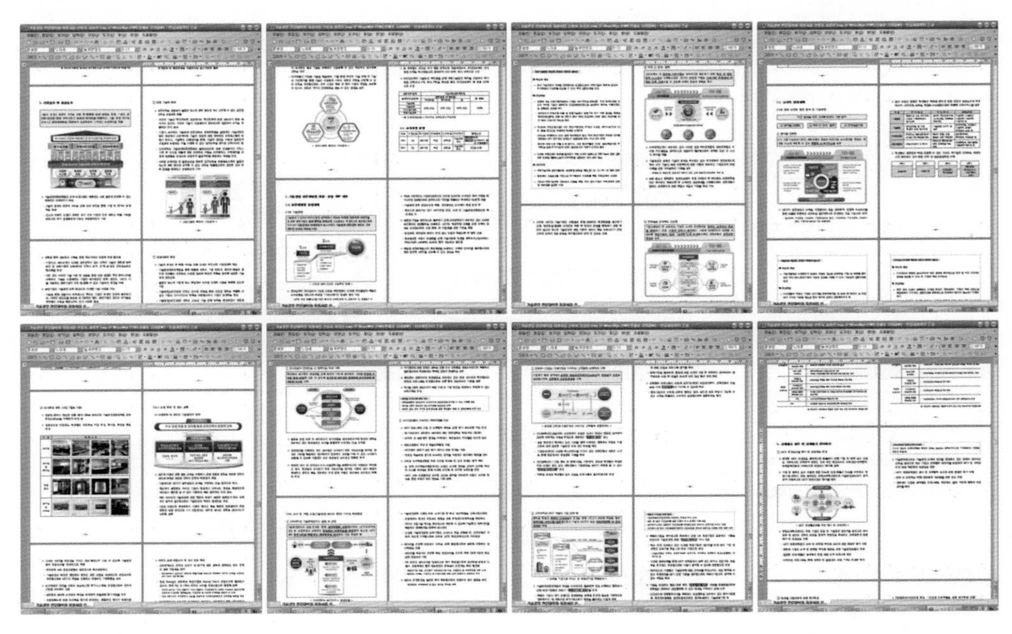

» 한글 문서로 작성된 1차 제안서 초안

깨알 TIP 다이어그램이란 글만으로는 의미를 전달하기 어려운, 복잡하고 난해한 내용을 흐름, 순환, 관계 등의 의미를 살려 도식화한 이미지입니다.

따라서 이러한 다이어그램 이미지는 초안과 슬라이드를 작성하며 각각 따로 제작할 것이 아니라 초안에서 사용할 다이어그램을 처음부터 파워포인트로 제작한 후 초안과 슬라이드에서 모두 사용하는 방법이 효과적입니다. 단, 초안에 사용할 다이어그램은 최소한으로 작업하고, 이후 슬라이드 작업 중에 좀 더 디자인적인 요소를 추가하거나 보강하는 것이 좋습니다.

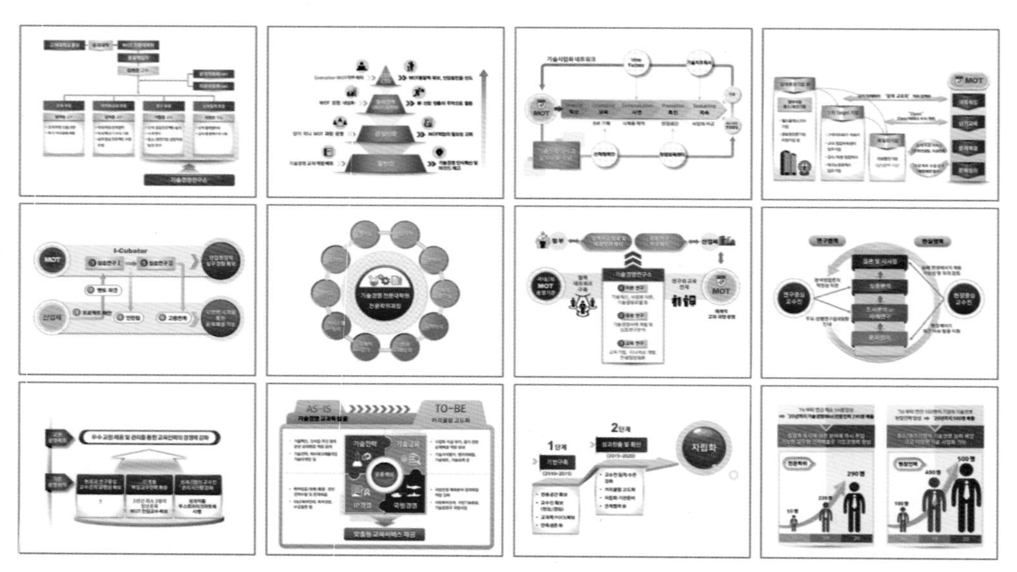

» 파워포인트로 미리 제작한 다이어그램

» 슬라이드 디자인에 적용한 다이어그램

이렇듯 다이어그램을 미리 파워포인트에서 제작하여 준비하면 이후 작업이 훨씬 수월해지는 장점이 있습니다. 또한 워드프로세서의 기능으로만 다이어그램을 그리려고 하면 아무래도 시각적으로 완성도가 떨어지거나 좀 더 많은 노력이 필요하므로 파워포인트를 이용한 도식화 작업을 추천합니다.

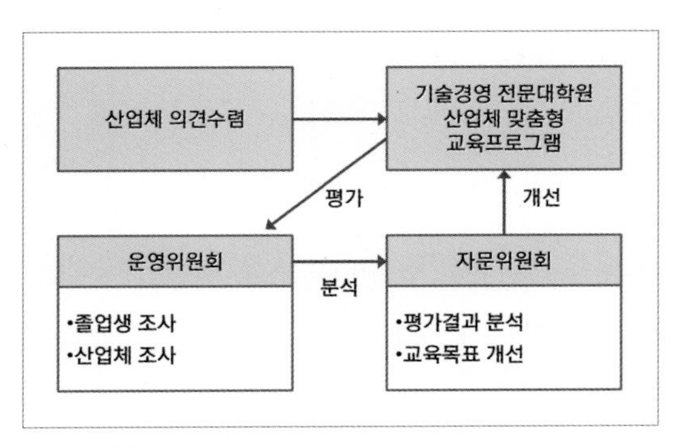

» 워드프로세서에서 표현한 도식

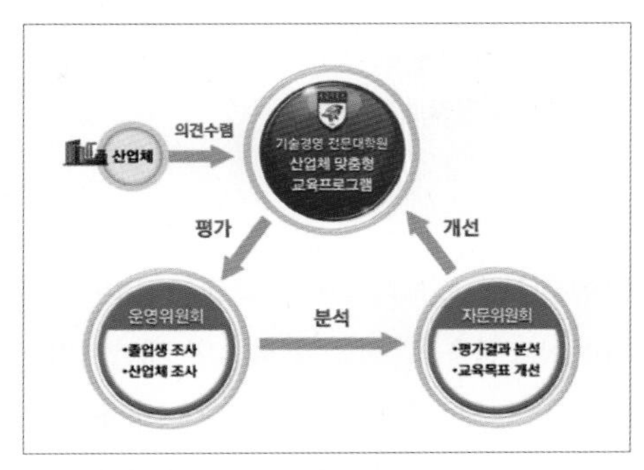

» 파워포인트를 이용한 다이어그램

다이어그램을 워드에 붙여 넣기

파워포인트에서 다이어그램을 제작한 후에는 특정 다이어그램에 포함된 모든 도형과 텍스트를 한 번에 선택한 후 복사하고(Ctrl+C) 이후 워드에 붙여 넣으면(Ctrl+V) 됩니다. 만약 워드프로세서에서 수정할 필요가 없다고 판단되면 파워포인트에서 다이어그램을 전체 선택하고 마우스 오른쪽 버튼을 클릭한 후 [그림으로 저장]을 선택하면 png 파일 형식으로 저장할 수 있습니다. png 파일 형식은 투명한 배경을 지원합니다.

CHAPTER 1

006 다양한 도식화 사례로 실무 감각 익히기

프레젠테이션 기획 및 디자인 실무 미리보기

앞에서 텍스트보다 다이어그램이 의미를 더 효율적으로 전달할 수 있다는 것을 배웠고, 하나의 다이어그램을 잘 만들어 놓으면 제안서와 슬라이드에 모두 활용할 수 있다는 것도 살펴봤습니다. 실제 다이어그램을 제작하는 방법에 대해서는 CHAPTER 2에서 다루고, 여기서는 효과적인 의미 전달을 위해 어떤 종류의 다이어그램을 선택할지, 어떤 색상과 서식을 적용할지를 실제 사례를 바탕으로 알아보겠습니다.

연결성을 표현하는 주기형 다이어그램

제안서에 삽입할 다이어그램은 많은 내용을 최대한 간단하게 요약하는 하나의 응축된 이미지로 표현해야 합니다. 말은 쉽지만 실제로는 엄청난 고민이 필요한 일입니다. 제안서의 모든 텍스트를 하나하나 살리려고 한다면 제대로 된 다이어그램을 만들 수 없으며, 반대로 텍스트를 마구잡이로 쳐내면 의미를 제대로 전달하지 못할 수 있습니다. 그러므로 핵심 내용만 걸러내야 하는데 이때 어떤 형태의 다이어그램으로 표현할지 먼저 정하는 것도 중요합니다.

◆ MOT인재 양성은 기업 경쟁력 확보와 국가발전에 기여

기술과 경영의 융합적 지식을 갖춘 실무인재의 육성으로 기업경쟁력 향상

- 실무형 MOT 전문인력 배출로 기업 R&D의 효과적·효율적 관리 및 성공적 사업화 연계에 핵심적 역할
- 기업의 CTO·CGO 역할로서 신성장동력 창출 →기업 경쟁력 향상

R&D 예산의 효율적인 투자를 통한 국가 경쟁력의 확보

- 실무형 인재들이 정부, 기업, 연구소에서 R&D 투자와 효율적인 관리→ 기업성장에 이바지
- 저비용-고효율 기술혁신 효과 창출 → 국가 경쟁력 확보

기술혁신을 주도할 인력 배출을 통해 국가의 신성장동력 원천 확보

- 고객과 시장이 요구하는 필요 기술 개발 및 사업화할 수 있는 창의적 연구 개발 인력 배출
- 신규 시장 확대와 벤처 기업창업 도모→ 국가 신성장 동력 원천 확보

01 작성된 제안서를 보면 초안 자체가 이미 목록형 다이어그램입니다. 구성 요소 간에 연관성이 적을 때 나열하는 형식입니다. 하지만 이 많은 텍스트를 모두 살리고자 한다면 빠른 의미 전달에 방해가 될 것입니다.

◆ MOT인재 양성은 기업 경쟁력 확보와 국가발전에 기여

기술과 경영의 융합적 지식을 갖춘 실무인재의 육성으로 기업경쟁력 향상

- 실무형 MOT 전문인력 배출로 기업 R&D의 효과적·효율적 관리 및 성공적 사업화 연계에 핵심적 역할
- 기업의 CTO·CGO 역할로서 신성장동력 창출 →기업 경쟁력 향상

R&D 예산의 효율적인 투자를 통한 국가 경쟁력의 확보

- 실무형 인재들이 정부, 기업, 연구소에서 R&D 투자와 효율적인 관리→ 기업성장에 이바지
- 저비용-고효율 기술혁신 효과 창출 → 국가 경쟁력 확보

기술혁신을 주도할 인력 배출을 통해 국가의 신성장동력 원천 확보

- 고객과 시장이 요구하는 필요 기술 개발 및 사업화할 수 있는 창의적 연구 개발 인력 배출
- 신규 시장 확대와 벤처 기업창업 도모→ 국가 신성장 동력 원천 확보

02 우선 제안서에서 핵심적인 텍스트를 추출하여 별도의 색으로 구분합니다. 여기서는 빨간색과 보라색으로 표시했습니다.

◆ MOT →기업 경쟁력 확보 및 국가발전 기여

(기술 –경영) 실무인재 육성

- 실무형 MOT 전문인력 배출
- 기업의 CTO·CEO 역량 제고

(정부-기업-연구소)R&D 효율화

- R&D 투자와 효율적 관리
- 저비용-고효율 기술 혁신 효과

신성장동력 확보

- 창의적 연구개발 인력 배출
- 신규 시장 확대 및 벤처 창업 도모

03 추출된 텍스트만 모아 보면 다음과 같이 그럴듯한 한 장의 슬라이드처럼 표현할 수 있습니다. 여기서 아이디어가 필요합니다. 이를 그대로 사용할지 아니면 또 다른 표현 방법이 없는지 고민해야 합니다.

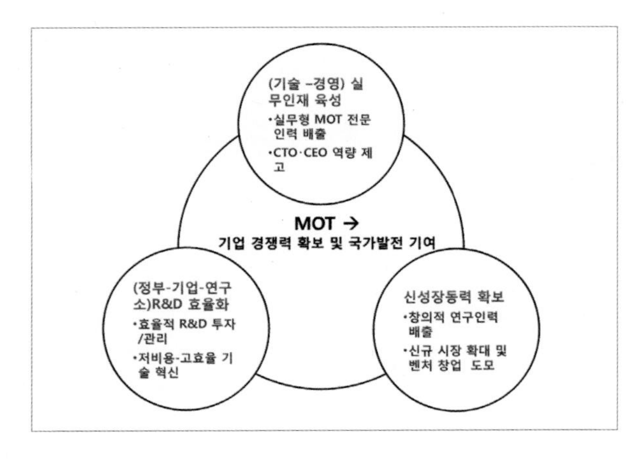

04 단순히 나열한 각 항목을 살펴보니 세 요소 사이에 연결성이 있어 보입니다. 이럴 때 주기형 다이어그램이 효과적이므로, 이에 맞게 전체 레이아웃을 수정했습니다.

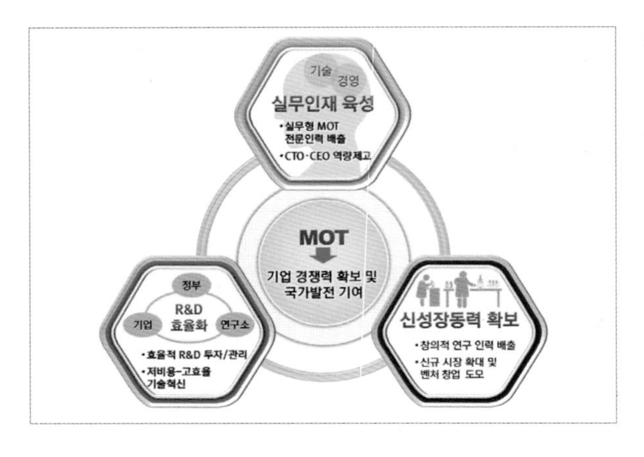

05 마지막으로 보기에도 좋으면서, 중요한 메시지를 제대로 전달할 수 있도록 이미지와 색상을 활용하여 디자인을 완성했습니다.

계급적 의미를 부여하는 피라미드형 다이어그램

아무리 머리를 굴려봐도 도저히 텍스트 분량을 줄일 수 없다면 어떻게 해야 할까요? 어쩔 수 없이 텍스트의 글꼴 크기를 조정해서 다이어그램에 짜임새 있게 배치해야 하겠죠? 이번 사례는 일반인, 관심인력, 참여인력, CEO/CTO 네 가지로 구분한 인력군을 MOT의 직접적 연관성에 따라 계급으로 표현했습니다. 계급 표현에 힌트를 얻어 다이어그램 종류를 피라미드 구조로 결정했습니다.

Mot에 4가지 단계별 계급을 부여하고 각 계급에 제공될 내용과 그로인한 성과를 나타낸다.

- 1단계(일반인) : 일반인에게는 기술경영 교재를 개발하고 배포해서 기술경영에 대한 마인드를 제고 및 인식을 확산시킨다.
- 2단계(관심인력) : MOT에 관심있는 인력에게는 단기 미니 MOT 과정을 열어 MOT학업 필요성 고취 시킨다.
- 3단계(참여인력) : MOT 직접적 참여인력은 MOT 운영 내실화에 집중하여 이를 통해 新 산업 창출의 주역으로 활동가능하게 한다.
- 4단계(CEO,CTO) : CEO 및 CTO 등 최고경영진을 대상으로 Executive-MOT 아카데미를 개최함으로써 MOT통찰력을 확보하고, 산업발전을 선도할 수 있도록 한다.

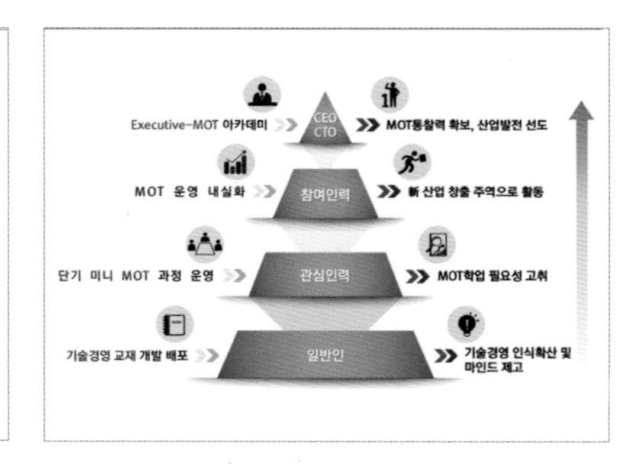

본래 피라미드형 다이어그램은 특정 구조 및 체제 정보에 계급적 의미를 부여하여 각 요소의 비율을 상위부터 하위까지 단계적으로 표시할 때 사용됩니다. 여기서는 기본적인 계급 표현에 더하여 왼쪽에는 각 구성원이 선행할 작업을 제시하고, 오른쪽에는 그로 인해 기대할 수 있는 성과를 나타냈으며, 화살표를 추가해 관계성까지 표현했습니다.

특별한 관계를 표현하는 관계형 다이어그램

이번 사례는 1, 2, 3번으로 구분되어 있어 얼핏 보면 목록형 다이어그램으로 정리할지도 모릅니다. 하지만 각 단락을 잘 분석해 보면 각 내용 사이에 상호 관계가 있습니다. 색으로 표시된 텍스트를 살려 관계형 다이어그램으로 구성하되, 구성 요소 간의 균형도 살리면서 관계도 제대로 표현할 방법을 고민한 결과가 오른쪽의 다이어그램입니다.

① MOT 대학원은 한국형 MOT 인재상을 효과적으로 배출하기 위해, 대학의 인재 육성 핵심요소인 교육-연구-산학협력-대학원특성화에 지속적으로 반영할 계획

② 또한 MOT 대학원은 기업 및 정부의 요구 사항에 대한 수요중심의 연구 평가 Gate와 시장진출에 대한 전문인력 양성 · 배출의 Gate를 구성

③ 공학교육혁신센터와 기술경영연구소는 각 Gate 를 지원하고 또한 MOT 운영사업을 자체적 평가 하는 등 MOT 대학원과의 교류를 지속할 예정

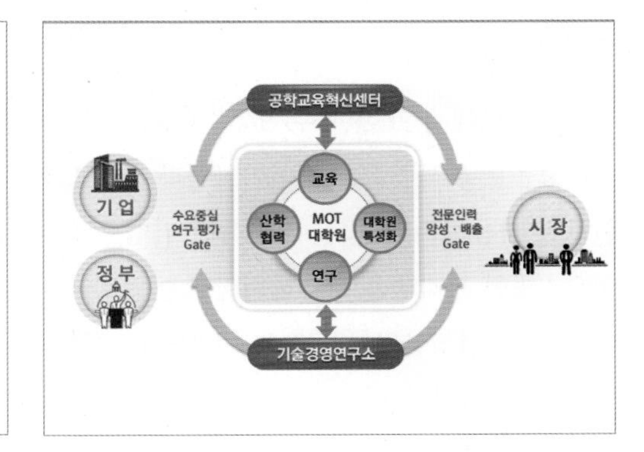

실무자 TALK

다이어그램은 복잡하고 어려운 내용을 최대한 쉽게 이해할 수 있게 하기 위한 노력의 결과물입니다. 많은 내용을 연결 지어 하나의 그림으로 보여 주면서도 구성 요소 하나하나에 시각적으로 생명력을 불어넣어야 하는 작업이기에 결코 쉽지 않을 것입니다. 하지만 이런 작업도 자주 하다 보면 글을 읽기만 해도 대략적인 구상이 머리에 선명하게 떠오르는 경지에 이를 수 있습니다. 우선은 텍스트 하나하나에 집중해서 그 안에서 관계를 파악하고, 차츰 확대해서 전체 다이어그램을 완성하는 연습을 하는 것이 좋습니다.

CHAPTER 1

007 비주얼 프레젠테이션을 위한 적절한 도형 사용하기

프레젠테이션 기획 및 디자인 실무 미리보기

'비주얼'이란 단어를 듣는 순간 떠오르는 느낌은 무엇인가요? 대부분 예쁘다, 아름답다 등의 디자인적인 접근에서 나오는 생각들일 것입니다. 하지만 프레젠테이션을 위한 슬라이드 디자인에서 비주얼이란 흔한 표현 방식을 사용하더라도 프레젠테이션의 전달력을 강화하는 디자인을 의미합니다.

파워포인트에서 표현할 수 있는 도형은 수없이 많은데, 그중에 어떤 도형을 어떻게 사용해야 할까요? 보통 사람들은 다이어그램과 같은 도식화 과정에서 도형을 사용할 때 원형, 사각형, 화살표만 사용하곤 합니다. 그렇다면 어떤 경우에 사각형을 사용하고 어떤 경우에 원형을 사용할까요? 또한 사각형을 사용하더라도 어떤 경우에 각진 사각형을 사용하고 어떤 경우에는 모서리가 둥근 사각형을 사용할까요? 단순히 제작자의 선호도나 편의에 따라 도형을 사용해서는 안 됩니다. 도형마다 내포하는 성격이 있고, 합리적으로 사용될 상황들이 있습니다. 이번 사례를 통해 조금이나마 감을 잡을 수 있길 바랍니다.

단순히 '예쁘게'만 초점을 맞춘 비주얼

다음 슬라이드는 생태환경 구축에 대한 9가지 성과를 나열한 것입니다. 일반적으로 왼쪽과 같은 초안이 나왔다면 레이아웃을 유지한 채 색상을 입히고, 서식을 더해 오른쪽처럼 디자인을 완성할 수도 있습니다. 직사각형보다는 모서리가 둥근 사각형을 이용하는 편이 좀 부드러운 느낌을 살릴 수 있고, 9가지나 되는 많은 항목 사이에서 조금이나마 더 여백을 확보하여 시각적으로 여유 있게 보일 수 있습니다.

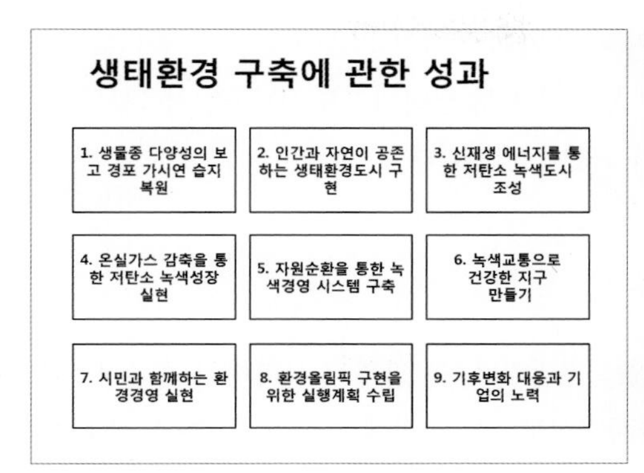

위와 같은 결과는 파워포인트를 다루는 사람이라면 흔하게 작업해 왔을 것입니다. 이런 결과물이 잘못되었다고 말할 수는 없지만 조금은 아쉬움이 남습니다. 9가지 성과를 그저 나열만 했고, 단지 예쁘게 표현하는 데 그쳤기 때문입니다.

예쁘면서 의미 있는 비주얼 프레젠테이션

위 슬라이드에서 중요한 '성과'의 의미를 강조하고 '성과'를 표현할 다양한 방법을 구상해 보면 어떨까요? 단순히 성과를 표현할 수 있는 이미지를 추가하여 각 도형을 꾸미는 것도 하나의 방법입니다. 하지만 선택한 이미지가 반드시 성과라는 뜻에 부합하는지도 고려해야 합니다. 오해의 여지 없이 누가 봐도 성과라는 의미로 이해할 만한 이미지를 찾기가 쉽지는 않을 것입니다.

또한 이미지를 찾았다 하더라도 9개나 되는 도형이 빽빽하게 배치된 공간에 이미지를 더하는 것은 효율적이지 못한 방법입니다. 여기서는 다른 아이디어를 구상해서 나무 이미지를 배경으로 활용하고, 9개의 성과가 마치 열매처럼 나뭇가지에 달려 있는 형상을 표현했습니다. 성과와 관련이 없어 보이는 도형이라도 적절하게 사용함으로써 오히려 '성과'를 강조할 수 있게 된 것입니다.

앞에서 왼쪽에 있는 나무 이미지만 보면 나뭇잎이 거의 없어 삭막한 느낌이 들 수 있습니다. 하지만 여기에 9개나 되는 성과 열매를 배치한다면 느낌이 사뭇 달라지지요. 오히려 처음부터 잎이 무성했다면 오히려 배경 때문에 산만한 결과가 되었을 것입니다.

육각형의 마법

앞의 결과를 보면 한 가지 의문을 떠올릴 수도 있을 것입니다. 왜 갑자기 사각형이 육각형으로 바뀌었을까요? 육각형에는 큰 장점이 있습니다. 사각형보다는 원형에 가까운 모양이므로 다닥다닥 붙이면 공간을 최대한으로 활용할 수 있으면서도 별로 답답해 보이지 않습니다. 또한 도형 내부에 텍스트를 효율적으로 채워 넣을 수도 있어서 원형보다 효율성도 높습니다.

9가지 성과 열매에는 적지 않은 텍스트가 포함되어 있습니다. 그래서 원형을 이용했다면 도형의 크기를 키워야 하고, 결국 여백이 줄어 답답한 형태가 되었을 것입니다. 물론 텍스트를 가장 많이 담을 수 있는 도형은 사각형이지만, 사각형으로 열매를 표현하기에는 적절하지 않기 때문에 가장 효과적인 육각형을 선택하게 된 것입니다.

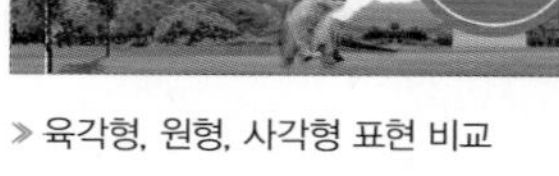
» 육각형, 원형, 사각형 표현 비교

이렇듯 '성과'라는 키워드를 표현하기 위해 '나무의 열매'라는 구체적인 비유를 활용하여 전달력을 높일 수 있었습니다. 여기에 가장 적절한 도형을 선택하는 것까지 다양한 방향으로 고민이 필요한 것입니다.

» 실무에서 다양하게 활용되는 육각형 사례

비주얼 프레젠테이션은 단순히 그림의 완성도나 미적 감각이 목표가 아닌 프레젠테이션 내용을 쉽고 명확하게 전달하는 전달력 향상에 목표가 있음을 늘 염두에 둬야 합니다.

CHAPTER 1

008 디자인의 완성, 적재적소에 색상 적용하기

프레젠테이션 기획 및 디자인 실무 미리보기

슬라이드를 디자인하면서 도형, 텍스트, 이미지 등 다양한 개체를 적재적소에 배치하고 구성하기는 상당히 어려운 일입니다. 하지만 그걸로 끝이 아닙니다. 그 개체들이 각각의 위치에서 제 역할을 할 수 있도록 색상을 입혀 디자인을 완성해야 합니다. 여기서 다시 한번 고민할 시점이 옵니다. 각 개체에 수많은 색상 중 어떤 색상을 적용해야 할까요?

기본색과 강조색의 중요성

일반적으로 관공서 등에서 많이 사용되는 파란색 계통은 오래전부터 지금까지도 널리 사용되고 있습니다. 식상할 수도 있지만 사실 이보다 좋은 색상을 찾기도 힘듭니다. 가볍지 않은 깊이, 바다를 떠올리게 하는 시원함, 솔직한 느낌, 거기에 편안함과 안정감까지, 파란색 계열은 프레젠테이션에서 꼭 필요한 대부분의 느낌을 내포하고 있습니다. 그러므로 많은 슬라이드에서 파란색 계통을 기본으로 사용한 후, 강조해야 할 부분이나 포인트에 다른 색상을 활용하곤 합니다. 이를테면 파란색이 주는 차가움을 완화하기 위해 반대되는 따뜻한 느낌의 빨간색 계통을 조합하면 중요한 부분을 확실히 눈에 띄게 강조할 수 있습니다.

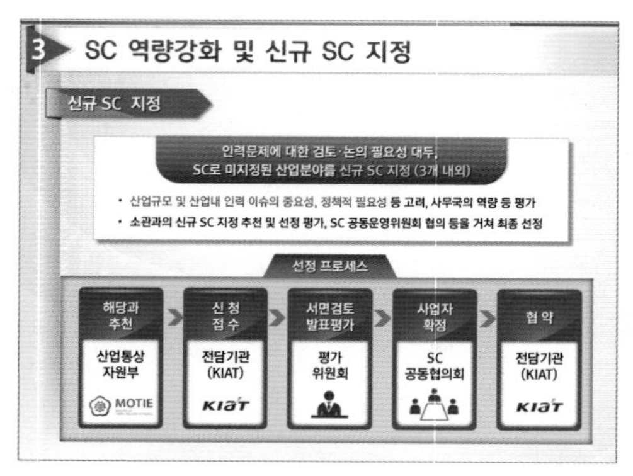

≫ 빨간색 계통의 따뜻한 색으로 강조한 슬라이드

CHAPTER 1

009 실무에서 자주 쓰는 단축키 파악하기

프레젠테이션 기획 및 디자인 실무 미리보기

누구나 맘에 쏙 들 만한 좋은 디자인 결과물을 기대하지만, 제작 속도가 빠르지 않은 사용자라면 좋은 디자인은커녕 슬라이드 한 장 한 장 만들어 내기에도 시간이 촉박할 수밖에 없습니다. 쉽게 작업을 할 수 있어야 더 좋은 디자인으로 업그레이드할 의욕도 생길 텐데 제작 과정이 힘들기에 좋은 디자인으로 수정하고 업그레이드하는 것은 엄두도 내지 못하게 됩니다. 반면 제안서를 좀 만든다는 사람들은 대부분 슬라이드 제작 시간도 남들보다는 빠른 편입니다. 보통 이런 사람들은 손이 빨라서 일도 빠르고 잘한다고 생각하기 쉽지만 그것은 잘못된 생각입니다. 손이 빠른 것이 아니고 일하는 습관 자체가 효율적인 것입니다. 효율적으로 일하는 습관의 첫 걸음은 바로가기 키(단축키)를 능수능란하게 사용하는 것입니다.

슬라이드 작업은 보통 텍스트, 도형, 이미지 등 수많은 개체를 다루는 작업이므로 아주 기본적이지만 자주 사용되는 단축키는 숙지한 후 한 손으로 익숙하게 사용할 수 있도록 연습하는 것이 중요합니다.

단축키	기능
Ctrl+C	선택한 개체를 클립보드에 복사합니다.
Ctrl+X	선택한 개체를 잘라내고 클립보드에 이동합니다.
Ctrl+V	클립보드에 복사된 개체를 붙여 넣습니다.
Ctrl+D	선택한 개체를 곧바로 복제합니다.
Ctrl+A	모든 개체를 선택합니다.
Ctrl+M 또는 Enter	새 슬라이드를 삽입합니다.
Shift+[기본] 보기	슬라이드 마스터 상태로 전환됩니다. [기본] 보기 아이콘은 슬라이드 영역 오른쪽 하단에 있습니다.
Tab	텍스트 상자에서 텍스트 개요 수준을 한 단계 내립니다.
Shift+Tab	텍스트 상자에서 텍스트 개요 수준을 한 단계 올립니다.

Print Screen	전체 화면을 클립보드에 그림 형식으로 복사합니다. Ctrl+V를 눌러 저장된 화면을 붙여 넣을 수 있습니다.
Alt+Print Screen	화면 중 활성화된 창만을 클립보드에 그림 형식으로 복사합니다.

≫ 알아 두면 좋은 단축키

단축키	기능
Ctrl+Shift+C	선택한 개체의 서식을 클립보드에 복사합니다.
Ctrl+Shift+V	클립보드에 복사된 개체의 서식을 붙여 넣습니다.
Ctrl+Z	현재 명령을 취소하고 이전 명령으로 되돌아갑니다.
Ctrl+Y	이전 명령을 반복합니다.
Ctrl+G	선택한 개체들을 그룹으로 묶습니다.
Ctrl+Shift+G	그룹을 해제합니다.

≫ 반드시 기억해야 하는 단축키

CHAPTER 1

010 풍부한 색감의 슬라이드를 위한 그라데이션 사용하기

프레젠테이션 기획 및 디자인 실무 미리보기

그라데이션(gradation)은 두 가지 이상의 색으로 색상별, 명도별, 채도별 단계를 두고 조화롭게 배색하는 것을 의미합니다. 제안서 등의 문서를 작성할 때 도형이나 텍스트의 색상을 단색으로 표현할 수 있지만, 그라데이션을 적용하면 강조하는 효과와 함께 시각적으로도 우수한 결과를 완성할 수 있습니다. 또한 여러 색을 배색한다고 무조건 화려한 것이 아니라 잔잔하게 색이 변하는 느낌을 연출할 수 있어 고급스러운 분위기를 연출할 때도 효과적입니다.

다양한 그라데이션 적용 사례

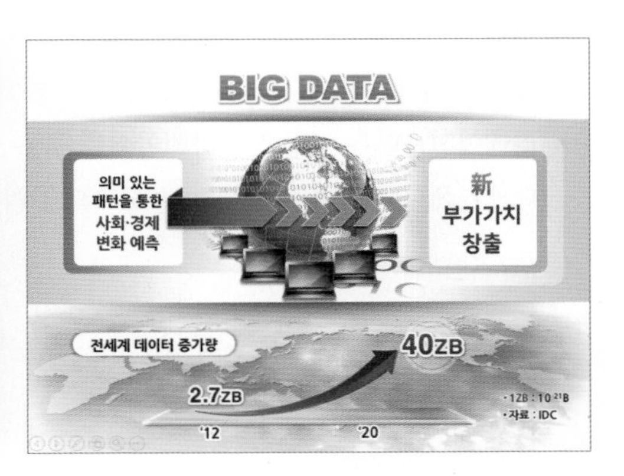

≫ 배경 및 도형 개체에 적용한 그라데이션

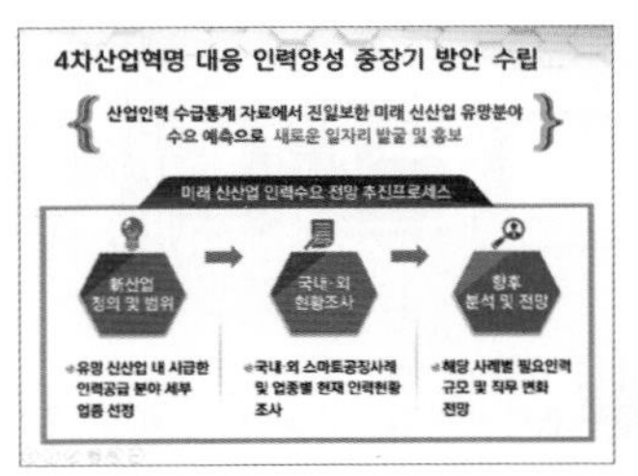

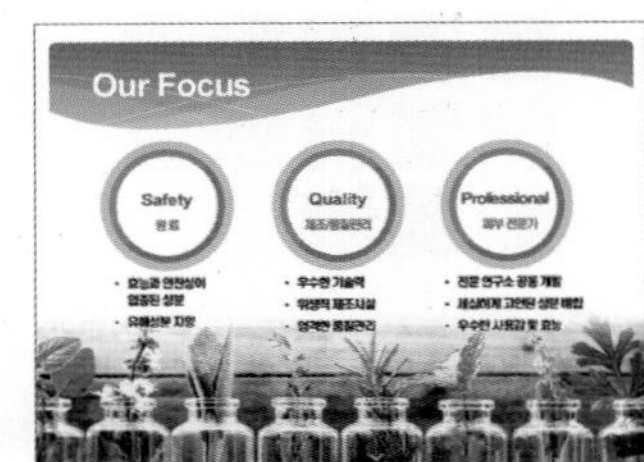

≫ 텍스트, 도형, 윤곽선에 적용한 그라데이션

그라데이션의 핵심, 중지점

그라데이션의 형태를 결정하는 것이 바로 중지점입니다. 중지점 일부를 투명하게 처리해서 한 쪽이 점차 투명해지게 배색할 수도 있습니다.

≫ 투명 중지점을 사용한 그라데이션

그라데이션은 클릭 한 번으로 매우 간단하게 적용할 수도 있지만 제대로 사용하려면 중지점을 활용해 다양한 색 변화를 연출할 수 있습니다.

- **클릭 한 번으로 그라데이션 적용하기:** 도형 개체를 단색으로 채우고 개체를 선택한 상태에서 **[도형 서식] 탭-[도형 스타일] 그룹**에서 **[도형 채우기-그라데이션]**을 선택합니다. 이때 밝은 그라데이션보다는 어두운 그라데이션을 주로 사용합니다. 아래와 같이 어두운 그라데이션을 텍스트에 적용하면 무게감 있는 제목으로 활용할 수 있습니다.

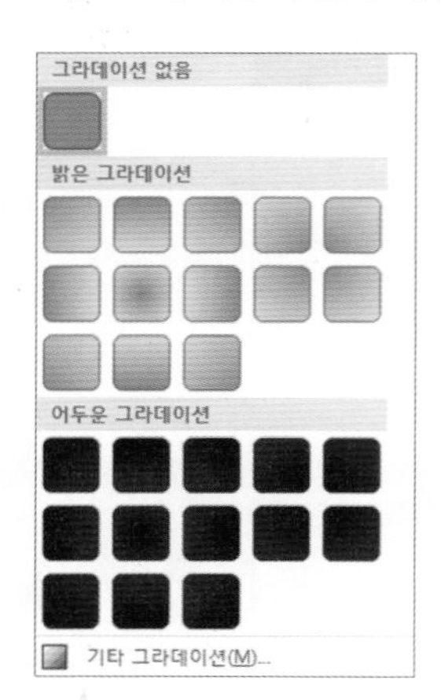

깨알 TIP 텍스트에 그라데이션을 적용하려면 [서식] 탭-[WordArt 스타일] 그룹에서 [텍스트 채우기-그라데이션]을 선택합니다.

- **그라데이션 중지점 편집하기:** 도형 개체를 선택한 상태에서 **[서식] 탭-[도형 스타일] 그룹**에서 **[도형 채우기-그라데이션-기타 그라데이션]**을 선택합니다. 화면 오른쪽에 나타나는 도형 서식 패널에서 **[그라데이션 채우기]**를 선택하면 중지점을 이용해 그라데이션의 색상 변화를 조절할 수 있습니다.

  하나의 중지점이 하나의 색상을 표현하므로, 여러 색상을 배색하려면 중지점을 추가해야 합니다. 여러 개의 중지점을 편집해 다양한 색상 변화를 표현할 수 있습니다. 중지점은 단순히 배색 개수만 정하는 것이 아닙니다. 각 색상이 차지하는 비중이나 투명도까지 편집할 수 있습니다. 그라데이션을 다양하게 연출하려면 중지점의 개수와 위치, 옵션 등에 대해 제대로 이해하고 편집할 수 있어야 합니다.

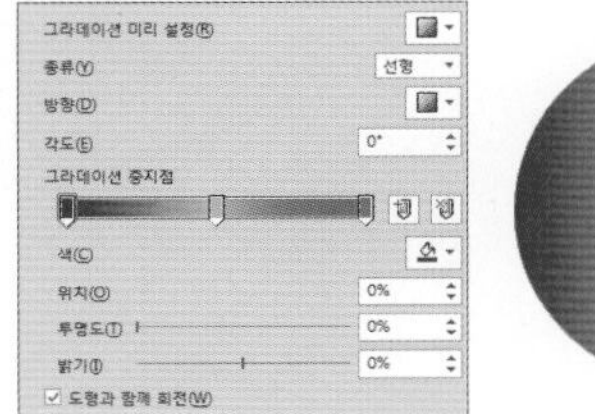

≫ 세 개의 중지점으로 표현한 그라데이션

≫ 중지점 위치에 따른 그라데이션 변화

≫ 추가 및 삭제가 자유로운 중지점

≫ 중지점의 투명도가 100%일 때

깨알 TIP 중지점을 이용한 실제 실습은 이후 114쪽을 참고합니다.

파워포인트 프로그램은 버전이 업그레이드되면서 제안서 제작에 유용한 기능들이 많이 추가되었습니다.
덕분에 이제는 포토샵, 일러스트레이터 같은 디자인 전문 도구를 쓰지 않고 파워포인트만으로도
퀄리티가 높은 슬라이드 디자인 결과물을 얻을 수 있게 되었습니다.
그렇다면 훌륭한 제안서를 제작하기 위해 파워포인트의 수많은 기능을 모두 다 익혀야 할까요?
물론 모든 파워포인트 기능에 능숙해지면 제안서 디자인에도 도움이 되겠지만,
단순히 기능을 실행할 줄만 알고 정작 어떤 상황에 활용할 수 있는지를 모른다면 별 의미가 없겠지요.
따라서 개별 기능보다는 상황에 맞는 해결 방법을 익히는 것이 중요합니다.
지금부터 실무에서 자주 등장하는 중요한 상황을 살펴보고 각각의 상황에 맞는 기능을 연결 지어
실무 슬라이드 제작을 실습해 보겠습니다.

CHAPTER

2

프레젠테이션을 위한 디자인 실무 비법 69선

CHAPTER 2

011 다양한 서식 기능으로 텍스트 디자인하기

슬라이드 디자인의 50%, 텍스트 디자인 실무

실습 파일 1-1 텍스트 디자인하기_실습.pptx, 전자회로.jpg

텍스트는 슬라이드 디자인에서 많은 비중을 차지하는 요소입니다. 파워포인트의 다양한 서식 기능을 활용하여 텍스트를 꾸민다면 훌륭한 결과물을 만들 수 있습니다. 다양한 서식을 적용하고, 배경으로 그림을 사용하여 슬라이드를 완성해 보겠습니다.

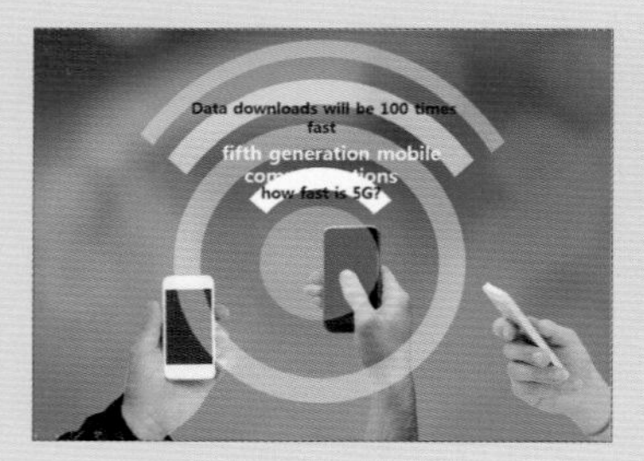

▲ Before

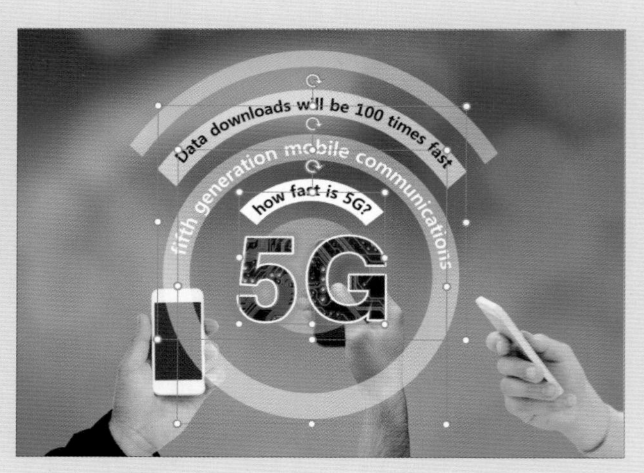

▲ After

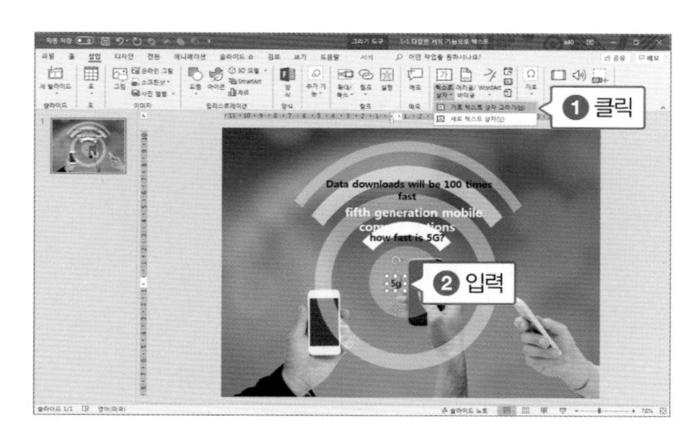

01 실습 파일을 열고 ❶ **[삽입] 탭-[텍스트] 그룹**에서 **[텍스트 상자]**의 아래쪽 확장 버튼을 클릭한 후 **[가로 텍스트 상자 그리기]**를 선택합니다. ❷ 슬라이드에서 와이파이 배경의 중간 부분을 클릭하고 '5g'를 입력합니다.

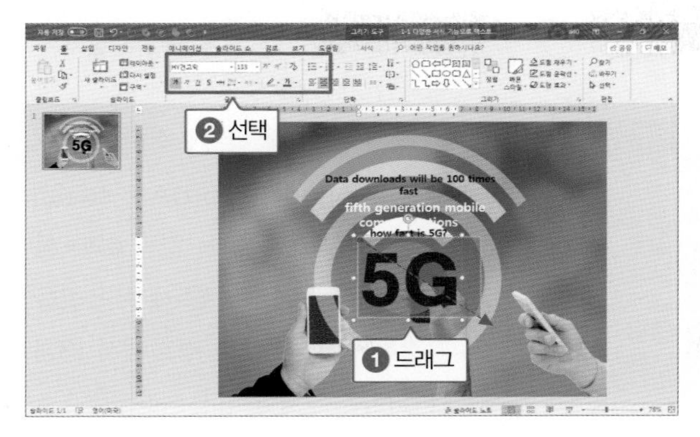

02 ❶ 입력한 '5g'를 드래그해서 선택합니다. ❷ **[홈] 탭-[글꼴] 그룹**에서 글꼴을 **[HY견고딕]**, 크기를 [133], **[굵게]**로 설정합니다. 계속해서 **[대/소문자 바꾸기-대문자로]**를 선택합니다. **[단락] 그룹**에서 **[가운데 맞춤]**을 클릭합니다.

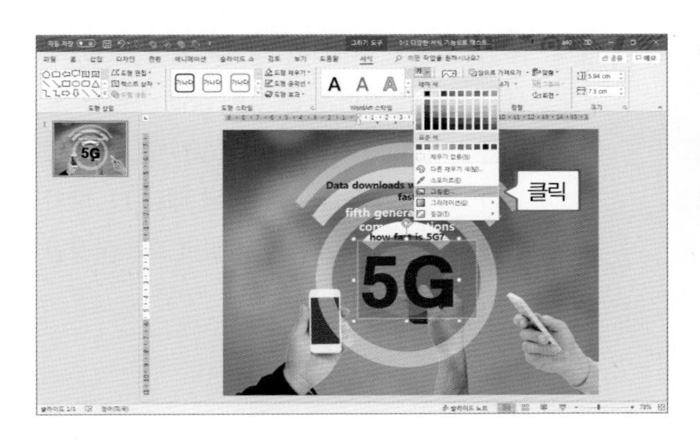

03 텍스트에 배경을 채우기 위해 텍스트를 선택한 채 **[서식] 탭-[WordArt 스타일] 그룹**에서 **[텍스트 채우기-그림]**을 선택합니다.

04 ❶ 그림 삽입 창이 열리면 **[파일에서]**를 선택합니다. ❷ 그림 삽입 대화상자에서 실습 파일 [전자회로.jpg]를 선택하고 ❸ [삽입]을 클릭합니다.

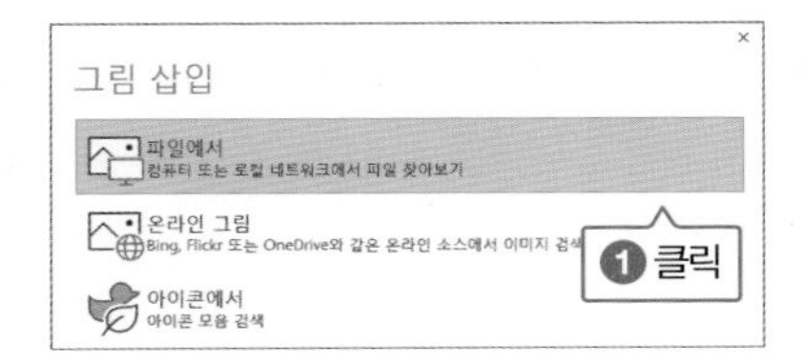

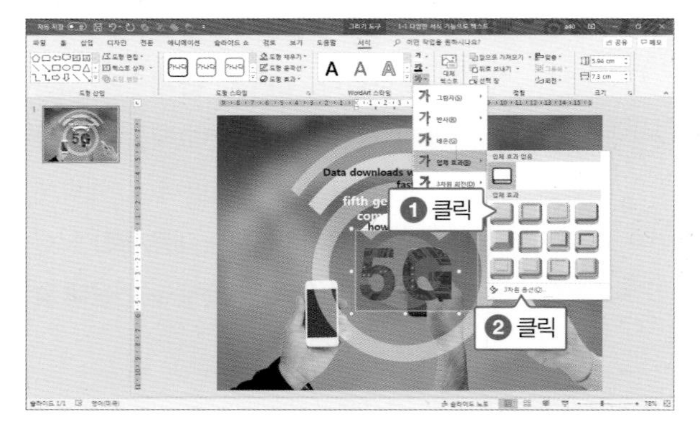

05 텍스트 상자를 화면 중앙에 배치합니다. ❶ 더욱 입체적으로 보여 주기 위해 텍스트가 선택된 상태에서 **[서식] 탭-[WordArt 스타일] 그룹**에서 **[텍스트 효과-입체 효과-둥글게]**를 선택합니다. ❷ 세부 옵션을 변경하기 위해 같은 경로에서 **[3차원 옵션]**을 선택합니다.

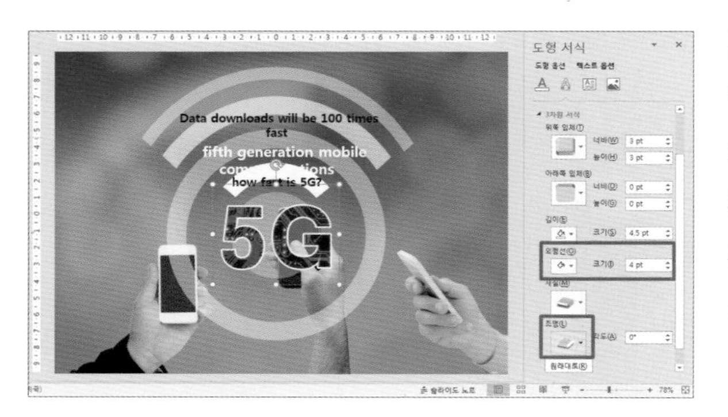

06 화면 오른쪽에 도형 서식 패널이 열리고 **[텍스트 옵션-텍스트 효과] 탭**이 표시됩니다. **[3차원 서식] 항목**에서 외형선을 **[흰색, 배경 1]**, 크기를 [4 pt], 조명을 **[네온]**으로 설정합니다.

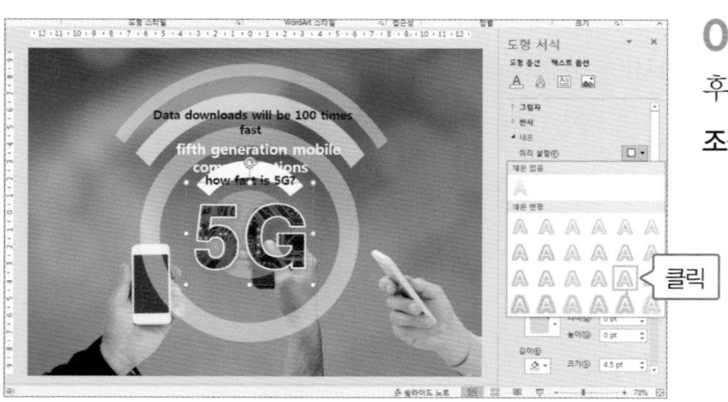

07 **[네온] 항목**을 클릭해서 펼친 후 **[미리 설정-네온: 11pt, 바다색, 강조색 5]**로 설정합니다.

08 위쪽에 배치된 영문 텍스트 상자 세 개를 모두 선택한 후 **[서식] 탭-[WordArt 스타일] 그룹**에서 **[텍스트 효과-변환-원호]**를 선택합니다.

깨알 TIP Shift 를 누른 채 각 개체를 클릭하면 모두 선택할 수 있습니다.

09 세 개의 텍스트 상자를 모두 선택한 상태에서 배경 이미지에 맞게 크기를 아래로 늘려 슬라이드를 완성합니다.

CHAPTER 2

012 줄 간격을 조정하여 가독성 높이기

슬라이드 디자인의 50%, 텍스트 디자인 실무

실습 파일 1-2 줄 간격 조정하기_실습.pptx

CHAPTER 1에서 분량이 많은 텍스트를 사용할 때 가독성을 높이는 비결을 다뤘습니다. 이번 실습에서는 실제 글줄로 이루어진 결과물에서 줄 간격과 문단 간격을 조정하고, 글머리 기호로 정리하여 더 읽기 좋은 슬라이드로 만들어 보겠습니다.

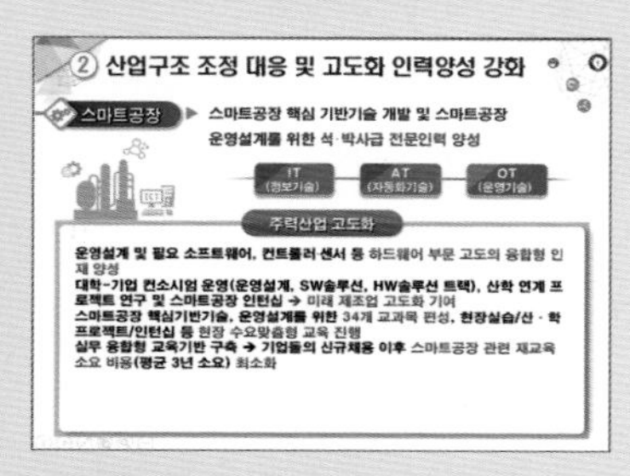

▲ Before

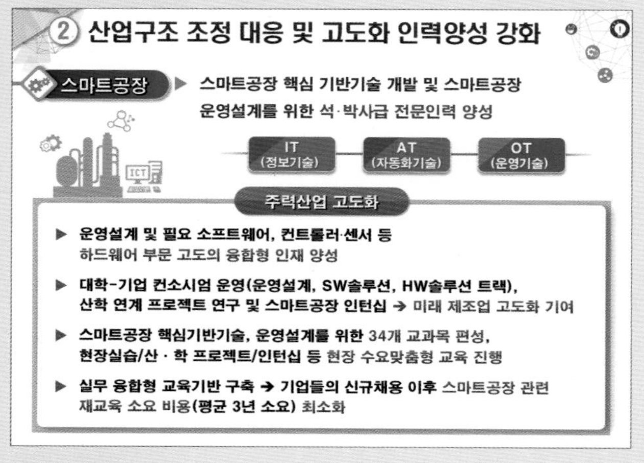

▲ After

01 실습 파일을 열고 ❶ 텍스트 상자를 선택하거나 텍스트 상자 내 모든 텍스트를 드래그해서 선택합니다. ❷ **[홈] 탭-[단락] 그룹**에서 **[줄 간격]**을 클릭한 후 **[줄 간격 옵션]**을 선택합니다.

깨알 TIP 텍스트 상자를 선택하려면 텍스트 상자의 테두리를 클릭해야 하며, 텍스트 상자 내 모든 텍스트에 동일한 서식을 적용할 때 사용합니다. 텍스트 상자를 선택하면 테두리가 점선에서 실선 형태로 바뀝니다.

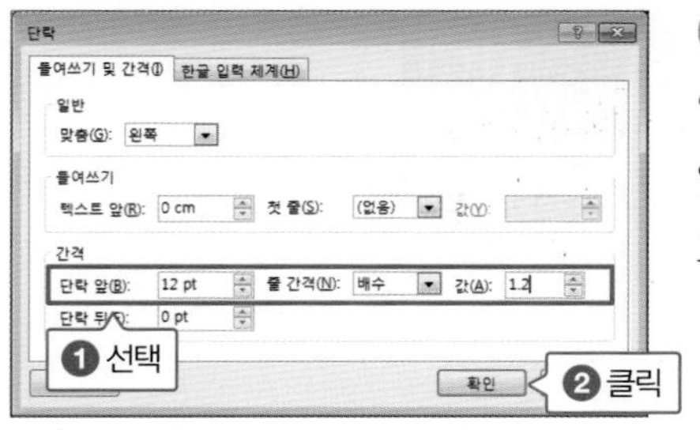

02 단락 대화상자가 열리면 **[들여쓰기 및 간격] 탭**에서 단락 사이 간격을 충분히 벌리기 위해 ❶ 단락 앞을 **[12 pt]**, 줄 간격을 **[배수]**, 값을 **[1.2]**로 설정하고 ❷ [확인]을 클릭합니다.

깨알 TIP 줄 간격은 [고정]과 [배수] 중 하나를 선택할 수 있습니다. [고정]은 포인트(pt) 단위로 고정된 수치를 입력하는 것이므로 텍스트의 크기에 따른 정확한 수치를 입력하기 어렵습니다. 따라서 [배수]를 선택해서 현재 글꼴 크기의 몇 배로 줄 간격을 설정할지 결정하는 것이 편리합니다. 1.5배는 너무 크고, 1.1~1.3배 정도로 사용하는 것이 좋습니다.

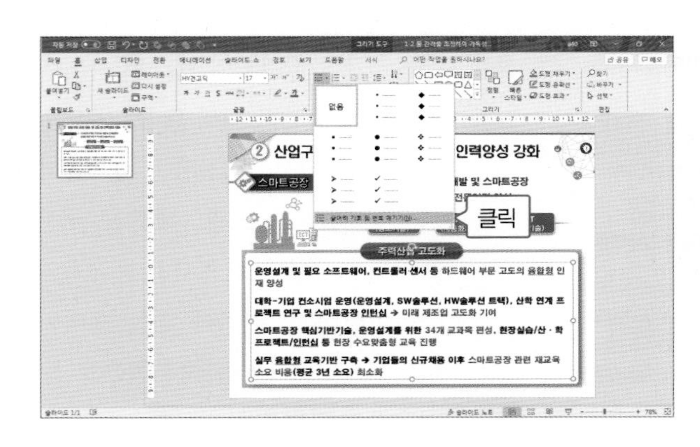

03 각 단락 앞에 글머리 기호를 넣기 위해 **[홈] 탭-[단락] 그룹**에서 **[글머리 기호]**의 오른쪽 확장 버튼을 클릭한 후 **[글머리 기호 및 번호 매기기]**를 선택합니다.

04 글머리 기호 및 번호 매기기 대화상자가 열리면 ❶ **[사용자 지정]**을 클릭하고 이어서 기호 대화상자에서 ❷ 하위 집합을 **[도형 기호]**로 설정합니다. ❸ 표시된 도형 중 오른쪽 방향 삼각형을 선택하고 ❹ [확인]을 클릭합니다.

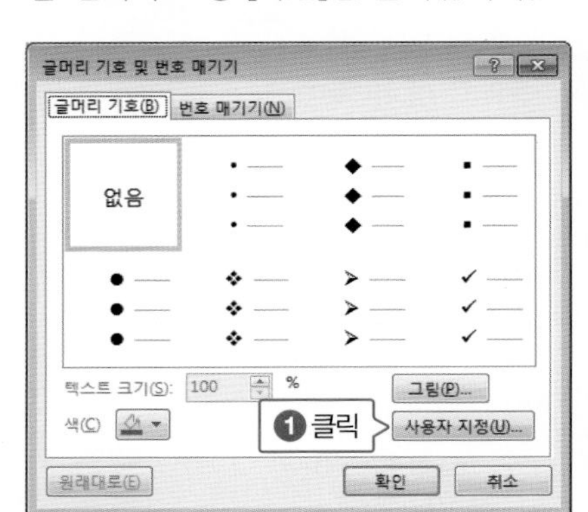

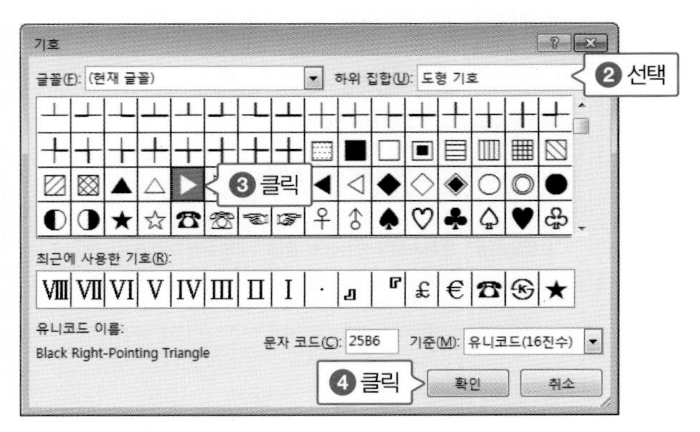

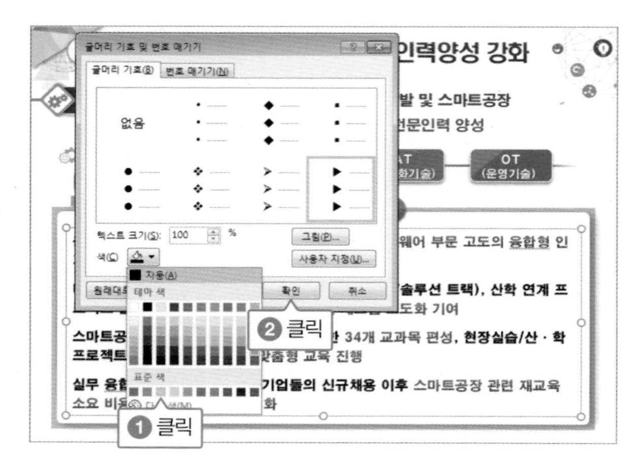

05 다시 글머리 기호 및 번호 매기기 대화상자가 나타나면 글머리 기호를 좀 더 보기 좋게 꾸미기 위해 ❶ [색]을 클릭하고 주황색을 선택한 후 ❷ [확인]을 클릭해 적용합니다.

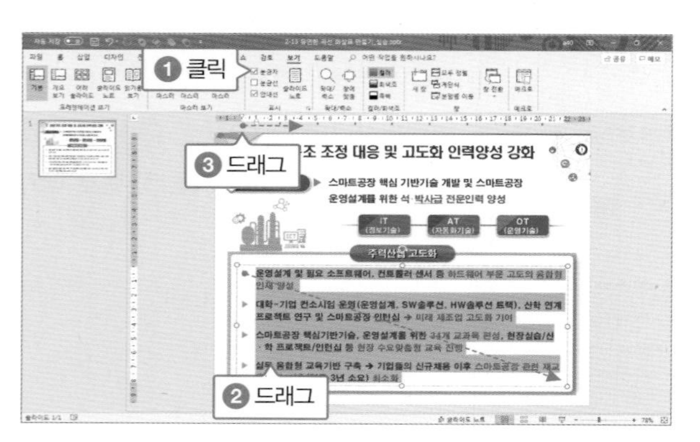

06 글머리 기호와 텍스트 사이의 간격을 조정하기 위해 ❶ **[보기] 탭-[표시] 그룹**에서 **[눈금자]**에 체크합니다. ❷ 텍스트를 드래그해서 모두 선택한 후 ❸ 상단에 표시된 눈금자의 슬라이더 중 오른쪽에 있는 슬라이더의 상단 오각형을 오른쪽으로 드래그하여 간격을 늘립니다.

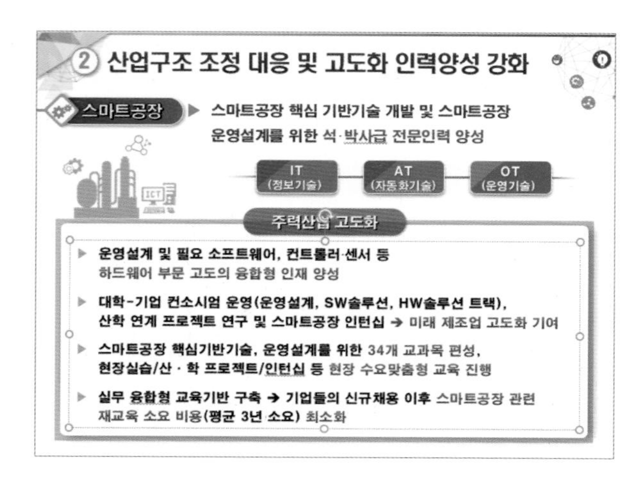

07 가독성을 높이기 위해 강제 줄 바꿈을 해 보겠습니다. 다음과 같이 각 문단에서 Shift + Enter 를 눌러 줄 바꿈을 실행하여 슬라이드를 완성합니다.

눈금자 슬라이더의 기능

눈금자에는 다음과 같이 세 종류의 슬라이더가 있습니다. 각 슬라이더를 직접 드래그해 보면 그 기능을 알 수 있을 것입니다. 오른쪽 아래부터 각 슬라이더의 기능은 다음과 같습니다.

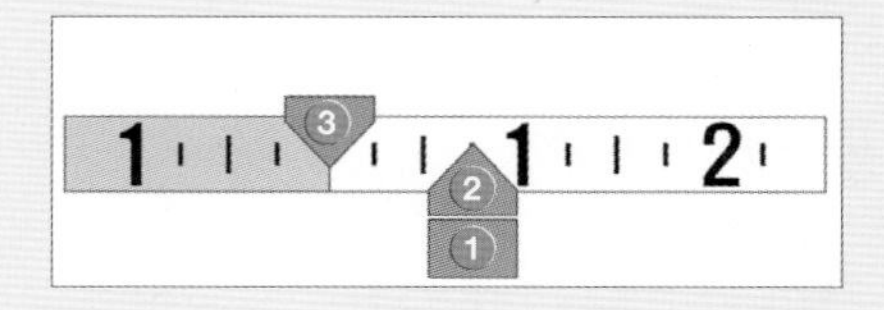

❶번 사각형을 좌우로 드래그하면 ❷번과 ❸번이 함께 움직입니다. 즉, 글머리 기호 및 텍스트 전체 위치를 조정합니다.

❷번 오각형을 좌우로 드래그하면 글머리 기호는 고정된 상태에서 텍스트 위치만 조정됩니다. 그러므로 이번 실습처럼 기호와 텍스트 간격을 조정합니다.

❸번 거꾸로 된 오각형을 좌우로 드래그하면 텍스트의 위치는 고정되고 글머리 기호의 위치만 조정됩니다. 기호와 텍스트 간격이 조정되긴 하지만 ❷번과 달리 시작점이 바뀌게 됩니다.

CHAPTER 2

013 레이아웃 유지를 위한 문자 간격 조정하기

슬라이드 디자인의 50%, 텍스트 디자인 실무

실습 파일 1-3 문자 간격 조정하기_실습.pptx

한정된 공간에 텍스트를 배치하다 보면 한 줄로 표현할 내용이 두 줄로 넘어가 레이아웃을 망치는 경우가 종종 있습니다. 텍스트 분량이 아주 많다면 이를 감안해서 여러 줄의 텍스트 공간을 만들겠지만 한두 글자만 넘어가는 정도라면 문자 사이 간격을 조절해서 문제를 해결할 수 있습니다.

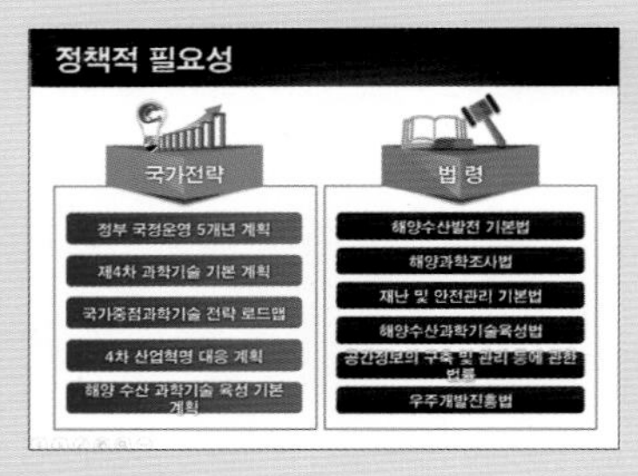

▲ Before

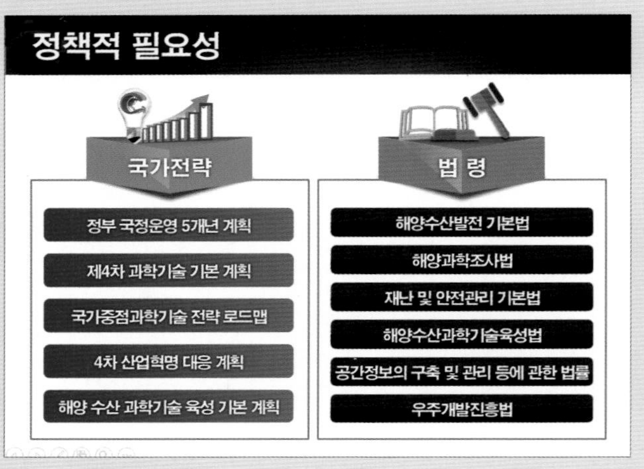

▲ After

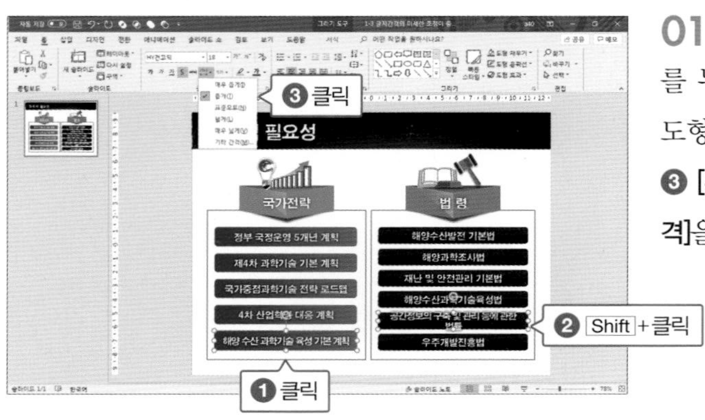

01 실습 파일을 열고 ❶❷ Shift를 누른 채 텍스트가 두 줄로 넘친 도형을 모두 클릭해서 선택합니다. ❸ **[홈] 탭-[글꼴] 그룹**에서 **[문자 간격]**을 클릭하고 **[좁게]**를 선택합니다.

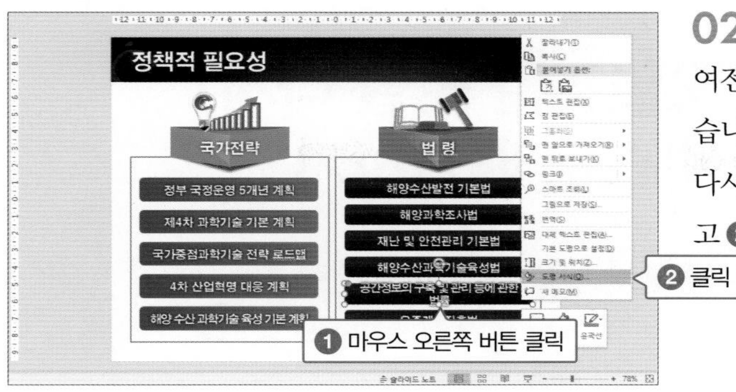

02 문자 간격을 좁게 변경해도 여전히 두 줄로 표시되는 도형이 있습니다. ❶ 해당 도형만 선택한 후 다시 마우스 오른쪽 버튼을 클릭하고 ❷ **[도형 서식]**을 선택합니다.

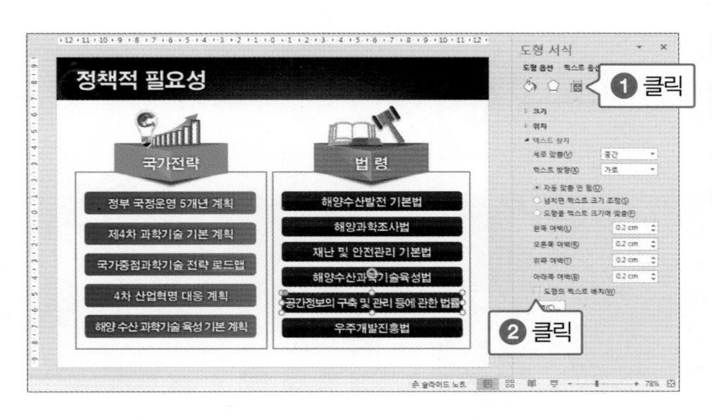

03 도형 서식 패널이 열리면 ❶ **[도형 옵션–크기 및 속성] 탭**을 클릭한 후 ❷ **[텍스트 상자] 항목**에서 **[도형의 텍스트 배치]**의 체크를 해제합니다.

실무자 TALK

[문자 간격]에서 [좁게]를 선택하면 글꼴 크기에 따라 문자 간격이 지나치게 좁아질 수도 있습니다. 글꼴 크기에 따라 문자 간격이 달라지기 때문인데, 기본 설정된 [좁게]의 값은 1.5pt 기준입니다. [홈] 탭–[글꼴] 그룹에서 [문자 간격]을 클릭하고 [기타 간격]을 선택하면 간격에 따른 값을 조절할 수 있습니다. 간격을 [좁게]로 설정한 상태에서 값을 얼마든지 조정할 수는 있으나 일반적으로 사용하는 0~1.5pt 사이로 조정하면서 적절한 값을 찾아봅니다.

좁게 1.5 ▶ **공간정보의 구축 및 관리 등에 관한 법률**
좁게 1 ▶ **공간정보의 구축 및 관리 등에 관한 법률**
좁게 0.8 ▶ **공간정보의 구축 및 관리 등에 관한 법률**
좁게 0.5 ▶ **공간정보의 구축 및 관리 등에 관한 법률**

여기서 레이아웃을 맞추려고 지나치게 간격을 좁히다가 가독성이 현저하게 떨어지지 않도록 주의해야 합니다.

CHAPTER 2

014 오밀조밀 맛깔 나게 텍스트 배치하기

슬라이드 디자인의 50%, 텍스트 디자인 실무

실습 파일 1-4 오밀조밀 맛깔나는 배치_실습.pptx

텍스트를 디자인할 때 조금만 노력을 기울인다면 더욱 맛깔 나게 텍스트 디자인을 완성할 수 있습니다. 각 문자를 텍스트 상자에 넣어 배치를 자유롭게 조절하는 기법입니다. 조금 번거로울 수는 있으나 특별한 느낌을 기대할 수 있습니다. 하나의 텍스트 상자를 복제해서 각기 다른 텍스트로 채운 후 서식을 변경하는 방법으로 배치해 보겠습니다.

▲ Before

▲ After

01 실습 파일을 열고 'S'가 입력된 텍스트 상자를 선택합니다. Ctrl + Shift 를 누른 채 텍스트 상자를 오른쪽으로 드래그해서 텍스트 상자를 복제합니다.

> **깨알 TIP** Ctrl 을 누른 채 개체를 드래그하면 복제되며, Shift 를 함께 누름으로써 나란한 위치로 복제합니다. 또한 개체를 선택하고 Ctrl + D 를 눌러도 복제됩니다.

02 같은 방법으로 총 7개의 텍스트 상자를 복제합니다.

03 각 텍스트 상자의 문자를 변경하여 'STARTUP'을 완성합니다.

04 'T'와 'A'가 입력된 텍스트 상자를 선택하고 **[홈] 탭-[글꼴] 그룹**에서 글꼴 크기를 [72]로 변경합니다. 같은 방법으로 'R'과 'T'의 텍스트 상자를 선택하고 글꼴 크기를 [88]로 변경하여 다양한 크기로 배치합니다.

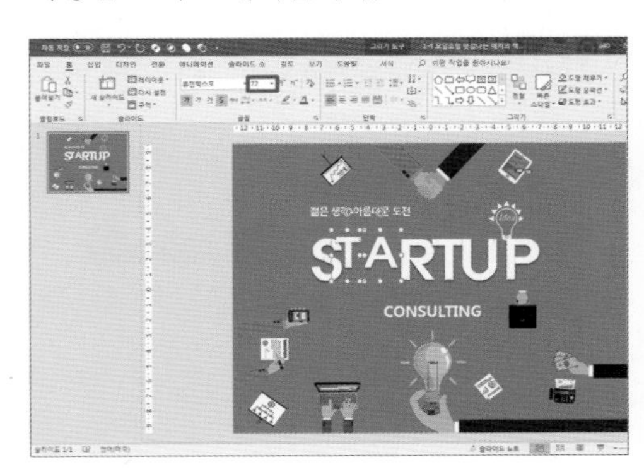

05 주변의 다른 개체와 어울리면서 스타트업의 활동성이 느껴지도록 자유롭게 배치하여 슬라이드를 완성합니다.

실무자 TALK

입체 효과를 적용한 텍스트 배치

위 실습 같이 평면의 텍스트를 각각 배치하는 것만으로도 충분하지만 텍스트 각각에 다양한 크기와 색상, 입체 효과 및 3차원 회전 등의 서식을 적용한 후 이를 서로 겹치게 하고 일부는 회전해서 아기자기하게 보이도록 배치하면 좀 더 색다른 디자인 결과물을 얻을 수 있습니다.

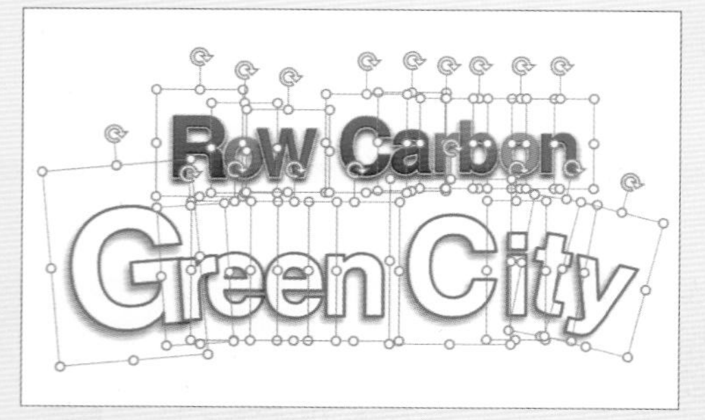

CHAPTER 2

015 제목을 더욱 강조할 때 효과적인 외형선 기능

슬라이드 디자인의 50%, 텍스트 디자인 실무

실습 파일 1-5 텍스트 외형선으로 강조하기_실습.pptx

텍스트의 그림자 효과는 크기가 상대적으로 큰 제목 텍스트가 배경에 묻히지 않고 더욱 또렷하고 명확하게 보이게 하는 가장 기본적인 방법입니다. 하지만 배경이 어두우면 그림자가 잘 드러나지 않고, 텍스트 자체가 어둡다면 텍스트가 번진 것처럼 보이게 됩니다. 이때 텍스트에 입체 효과를 적용한 후 외형선 기능을 추가하면 텍스트가 더욱 강조되면서 그림자도 명확하게 구분됩니다.

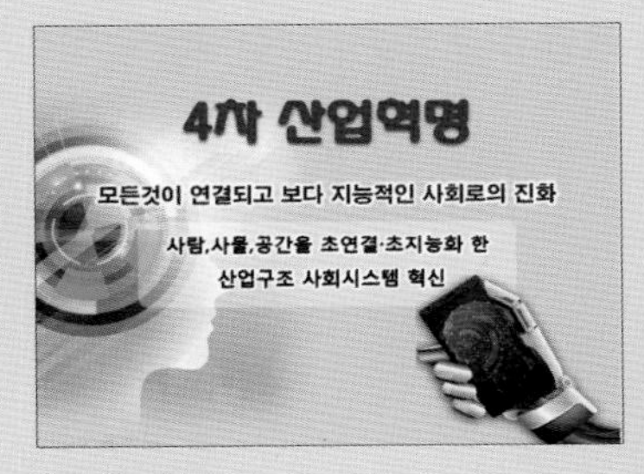

▲ Before

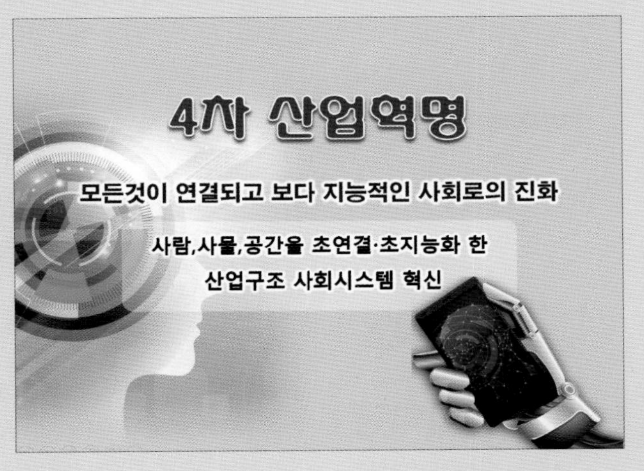

▲ After

01 ❶ 그림자 효과가 적용되어 번져 보이는 '4차 산업혁명' 텍스트 상자를 선택합니다. ❷ **[서식] 탭–[WordArt 스타일] 그룹**에서 **[텍스트 효과–입체 효과–3차원 옵션]**을 선택합니다.

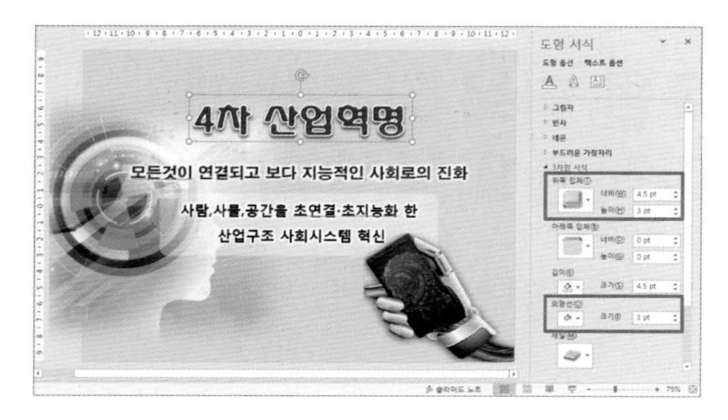

02 도형 서식 패널이 열리면 **[텍스트 옵션-텍스트 효과]** 탭의 **[3차원 서식] 항목**에서 위쪽 입체 종류를 **[아트 데코]**, 외형선 색을 **[흰색, 배경 1]**, 크기를 **[3 pt]**로 설정합니다.

외형선 vs 텍스트 윤곽선

제목 텍스트를 강조할 때 외형선 기능보다 쉽게 사용할 수 있는 텍스트 윤곽선 기능이 있습니다. [서식] 탭-[WordArt 스타일] 그룹에서 [텍스트 윤곽선]을 클릭한 후 테마 색 영역의 [흰색, 배경 1]을 선택하고 윤곽선 두께를 조정하면 됩니다.

4차 산업혁명
4차 산업혁명
4차 산업혁명

언뜻 보면 두 방법의 결과가 같아 보이지만, 다음 예시와 같이 텍스트 윤곽선 기능에서 윤곽선의 두께가 두꺼워지면 그만큼 텍스트 안쪽이 윤곽선으로 채워져 보기 좋지 않게 됩니다.

그렇다고 외형선 기능이 무조건 좋다는 뜻은 아닙니다. 일단 텍스트 윤곽선에 비해 적용하는 과정이 복잡하고, 텍스트를 드래그한 상태에서는 서식 복사가 되지 않습니다(서식 복사에 대한 자세한 내용은 71쪽 참고). 두 기능의 차이를 표로 정리하면 다음과 같습니다.

	텍스트 윤곽선	입체 효과 외형선
적용 과정	비교적 간단함	도형 서식 패널을 열어야 하므로 비교적 복잡함
텍스트 드래그해서 서식 복사	가능	불가능. 텍스트 상자를 선택한 상태에서는 가능
윤곽선 두께에 따른 텍스트 변화	윤곽선이 두꺼워지면 텍스트가 얇아짐	영향 없음

CHAPTER 2

016 배경과 텍스트를 명료하게 구분하는 네온 효과 사용하기

슬라이드 디자인의 50%, 텍스트 디자인 실무

실습 파일 1-6 네온 효과의 효과적 사용법_실습.pptx

파워포인트 2007 버전 이후 등장한 다양한 서식 중 네온 효과의 활용 방법에 대해서는 의문이 많았습니다. 네온 효과는 흔히 도형에 적용하는데, 오히려 지저분해 보일 뿐, 그다지 보기 좋지 않았기 때문입니다. 하지만 제안서 등을 제작할 때 텍스트를 두드러지게 하는 용도로는 제법 효과적입니다. 밝은 배경에는 흰색 네온을, 어두운 배경에서는 검은색 네온을 적용하면 텍스트가 배경에 묻히지 않고 명료하게 분리되어 보입니다.

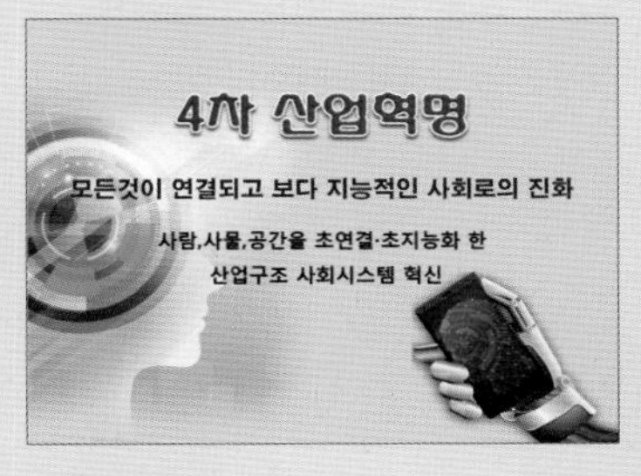

▲ Before

▲ After

01 실습 파일을 보면 배경과 본문 텍스트의 색이 유사하여, 가독성이 떨어져 보입니다. 본문에 있는 작은 텍스트 상자 두 개를 선택한 후 **[서식] 탭 – [WordArt 스타일] 그룹**에서 **[텍스트 효과 – 네온 – 네온 옵션]**을 선택합니다.

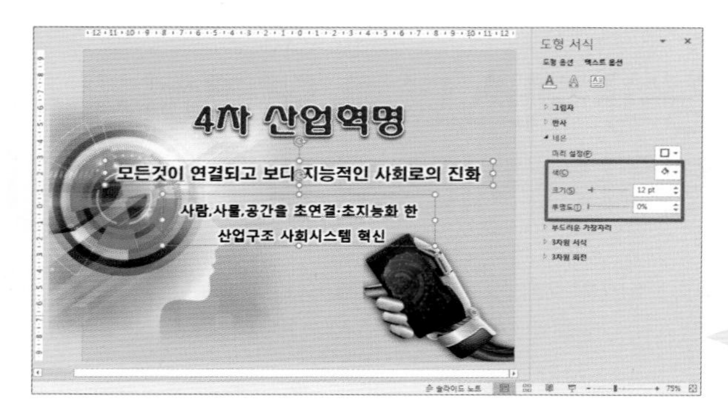

02 도형 서식 패널이 열리면 **[텍스트 옵션 – 텍스트 효과] 탭**에서 **[네온] 항목**의 색을 **[흰색, 배경 1]**, 크기를 [12 pt], 투명도를 [0%]로 설정합니다.

깨알 TIP 네온 옵션에서 투명도를 0%에 가깝게 설정할수록 더욱 진한 네온 효과를 적용할 수 있습니다.

실무자 TALK

앞서 밝은 배경에는 흰색 네온을, 어두운 배경에는 검은색 네온을 사용한다고 이야기했습니다. 일반적으로 반대로 생각할 수 있습니다. 밝은 배경일 때 검은색 네온을 쓴다고 말이죠. 하지만 밝은 배경에는 당연히 어두운 색의 텍스트를 사용합니다. 그러므로 텍스트 주변에 밝은 흰색 네온이 있어야 더욱 텍스트를 돋보이게 할 수 있는 것입니다. 그러므로 어두운 배경에 사용된 밝은 텍스트에는 검은색 네온을 적용하는 것이 좋습니다.

CHAPTER 2

018 서식 복사로 텍스트 서식 빠르게 가져오기

슬라이드 디자인의 50%, 텍스트 디자인 실무

슬라이드 내 많은 개체가 있고, 전체 슬라이드의 통일성에 따라 모두 동일한 서식을 적용해야 한다면 어떻게 해야 할까요? 모든 개체를 선택하고 하나씩 서식을 지정하고 있을 여유가 없습니다. 이럴 때 서식 복사 기능만 알면 빠르게 처리할 수 있습니다.

하나의 텍스트 상자 내에서 서식 복사하기

앞서 필수 단축키로 소개한 Ctrl + Shift + C (서식 복사하기)와 Ctrl + Shift + V (서식 적용하기)를 사용하면 더욱 편리하게 서식을 복사할 수 있습니다.

실습 파일 **1-8 서식복사 1_실습.pptx**

▲ Before

▲ After

01 간단하게 단축키를 이용해 서식을 적용해 보겠습니다. 상단 파란색 텍스트를 모두 드래그해서 선택하고 Ctrl+Shift+C를 눌러 서식을 복사합니다.

깨알 TIP 텍스트의 단락 기능인 줄 간격, 글머리 기호 등까지 모두 서식 복사하려면 해당 단락 전체를 선택해야 합니다.

02 아래쪽에 있는 '초저지연성과 ~'라고 작성된 단락을 모두 드래그해서 선택하고 Ctrl+Shift+V를 눌러 복사한 서식을 적용합니다.

깨알 TIP 리본 메뉴의 [홈] 탭-[클립보드] 그룹에서 [서식 복사]를 이용해도 됩니다. 서식을 복사할 개체를 선택한 다음 [서식 복사]를 클릭한 후 서식을 적용할 개체를 찾아 클릭합니다. 이때 [서식 복사]를 한 번 클릭하면 하나의 개체에만 서식을 적용할 수 있고, 더블클릭하면 ESC를 누를 때까지 연속해서 서식을 적용할 수 있습니다.

깨알 TIP 리본 메뉴의 [서식 복사]를 이용하면 자칫 엉뚱한 개체를 클릭하는 등 실수할 수 있으므로 단축키를 외워 사용하는 것이 더욱 편리하고 안정적입니다.

03 같은 방법으로 위쪽 'LTE에~'로 시작하는 단락을 드래그해서 선택하고 서식을 복사한 후 아래쪽 '1㎢ 반경 안의 ~'로 시작하는 단락을 드래그해서 선택하고 서식을 적용합니다.

텍스트 상자 전체 서식 복사하기

앞서 한 텍스트 상자 안에서 서로 다른 서식을 적용할 때와 달리 텍스트 상자 전체의 서식을 복사해야 할 때도 있습니다.

실습 파일 **1-9 서식복사 2_실습.pptx**

▲ Before

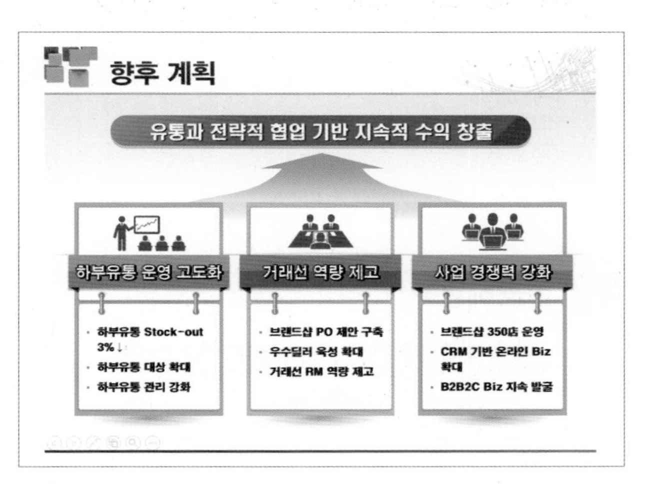

▲ After

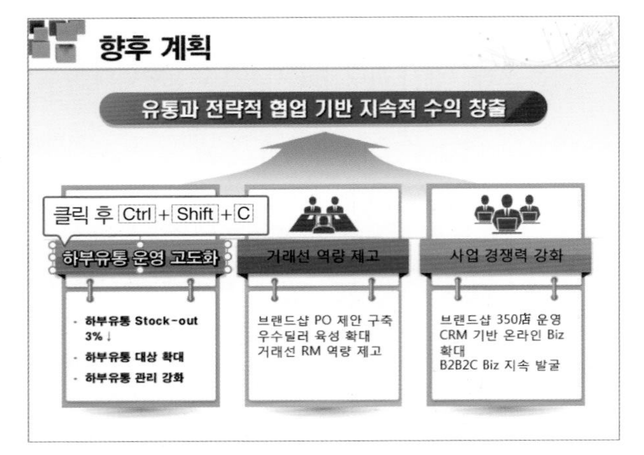

01 왼쪽 '하부유통 운영 고도화' 텍스트 상자를 선택한 후 Ctrl+Shift+C를 눌러 서식을 복사합니다. 텍스트 상자를 선택했을 때 테두리가 점선으로 보인다면 제대로 선택된 것이 아니니 실선인지 확인해야 합니다.

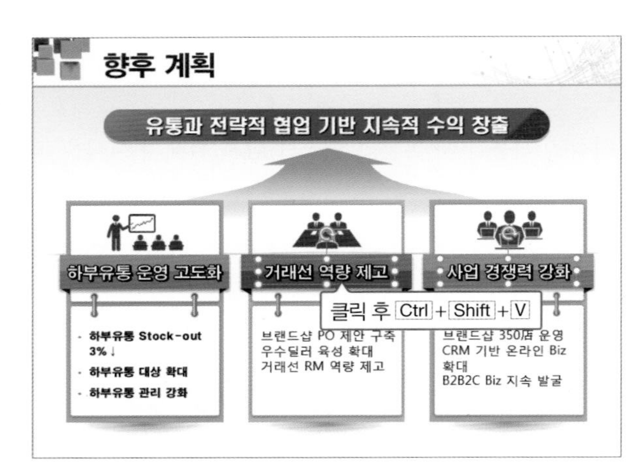

02 Shift를 누른 채 오른쪽 두 개의 텍스트 상자를 각각 클릭해서 모두 선택하고 Ctrl+Shift+V를 눌러 서식을 적용합니다. 이렇게 텍스트 상자의 서식을 복사하면 한 번에 여러 개체에 서식을 적용할 수 있습니다.

03 같은 방법으로 왼쪽 아래 글머리 기호가 적용된 텍스트 상자의 서식을 복사해 오른쪽에 있는 텍스트 상자에 적용합니다.

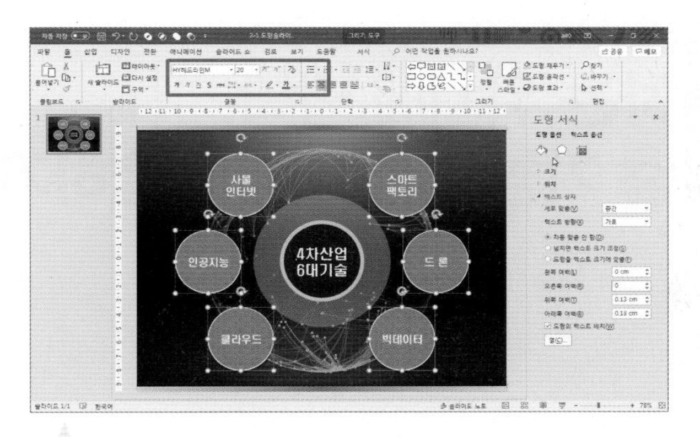

08 이제 각 도형을 선택한 후 알맞은 텍스트를 입력합니다. 배경이 어둡기 때문에 **[홈] 탭-[글꼴] 그룹**에서 글꼴은 **[HY헤드라인M]**, 크기는 **[20 pt]**, 글꼴 색은 **[흰색, 배경 1]** 정도로 설정하고, **[단락] 그룹**에서 **[가운데 맞춤]**을 클릭해 서식을 적용합니다.

쌩알 TIP 개체를 정확하게 정렬하는 방법은 다음 실습을 참고합니다.

실무자 TALK

도형 개체는 기본적으로 텍스트 상자의 역할도 합니다. 즉, 도형을 선택한 후 Enter 를 누르면 바로 텍스트 편집 모드가 되어 원하는 내용을 입력할 수 있습니다. 이렇게 도형에 내용을 입력하다 한두 글자로 글줄이 바뀐다면 다음과 같이 도형 안에 설정된 여백을 조정해서 문제를 해결할 수 있습니다.

01 도형에서 마우스 오른쪽 버튼을 클릭한 후 [도형 서식]을 선택해서 도형 서식 패널을 엽니다.

02 [텍스트 옵션-텍스트 상자] 탭의 [텍스트 상자] 항목에서 왼쪽, 오른쪽, 위쪽, 아래쪽 여백을 조정합니다.

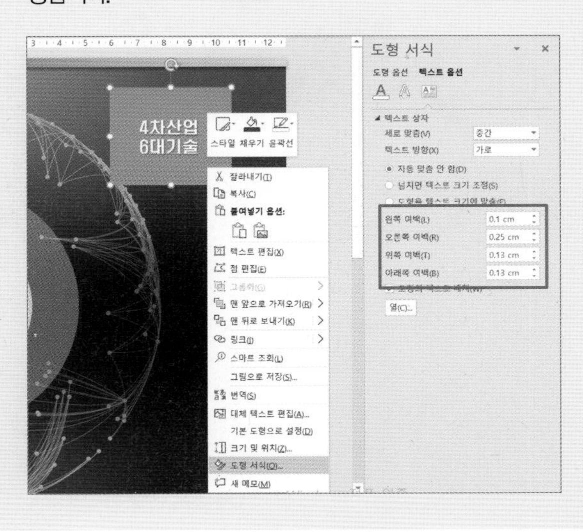

CHAPTER 2

021 원하는 위치에 딱딱, 맞춤 기능으로 도형 정렬하기

도형으로 핵심 내용 표현하기

실습 파일 2-2 맞춤 기능으로 정렬하기_실습.pptx

SmartArt 기능이 아닌 일반 도형 개체를 활용하여 다이어그램을 제작할 때 눈대중으로는 각 도형 개체를 원하는 위치에 정확하게 배치하기 어렵습니다. 맞춤 기능은 다른 개체와 간격 등을 정렬해서 레이아웃을 정리하는 중요한 기능입니다. 여러 도형을 선택하고 가로 방향이나 세로 방향을 기준으로 일괄적으로 정렬하거나 일정한 간격으로 배치할 수 있습니다.

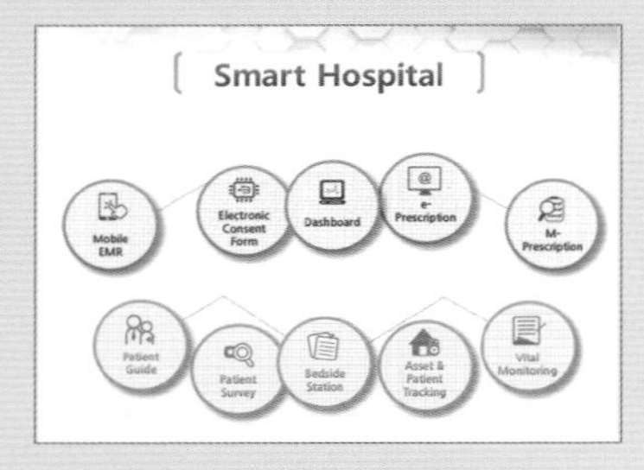

▲ Before

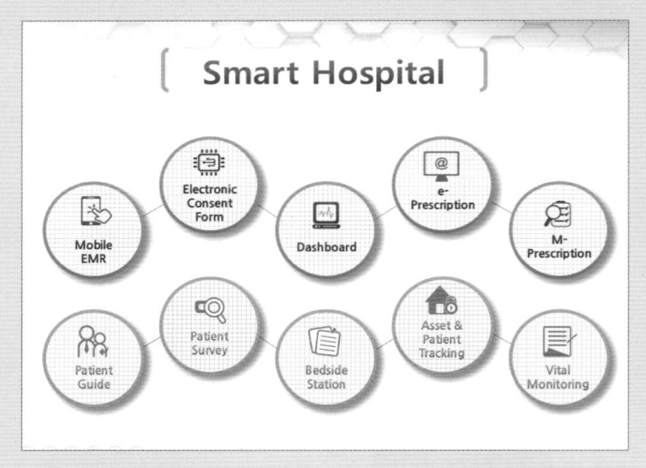

▲ After

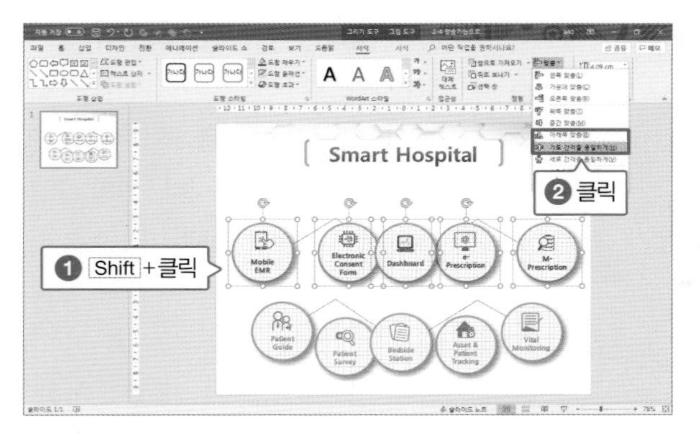

01 실습 파일을 열면 회색과 주황색 도형들이 무작위로 배치되어 있습니다. ❶ Shift 를 누른 채 회색 도형 5개를 모두 클릭해서 선택합니다. ❷ **[서식] 탭-[정렬] 그룹**에서 **[맞춤-아래쪽 맞춤]**을 선택하고 이어서 **[가로 간격을 동일하게]**를 선택해서 정렬합니다.

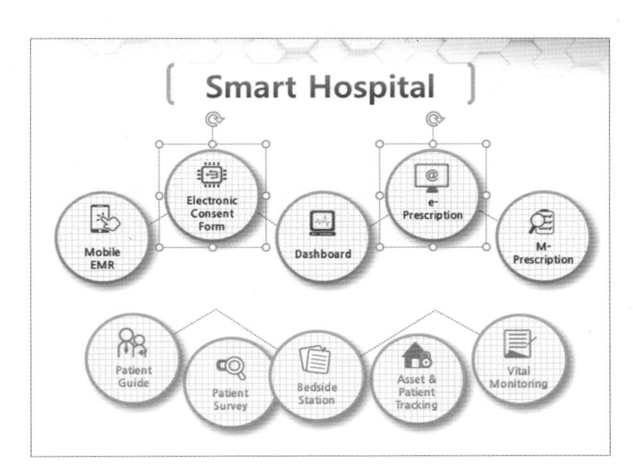

02 두 번째와 네 번째 회색 도형만 선택한 후 키보드에서 위쪽 방향키를 여러 번 눌러 다음과 같이 위아래로 자연스럽게 이동하는 형태로 배치합니다.

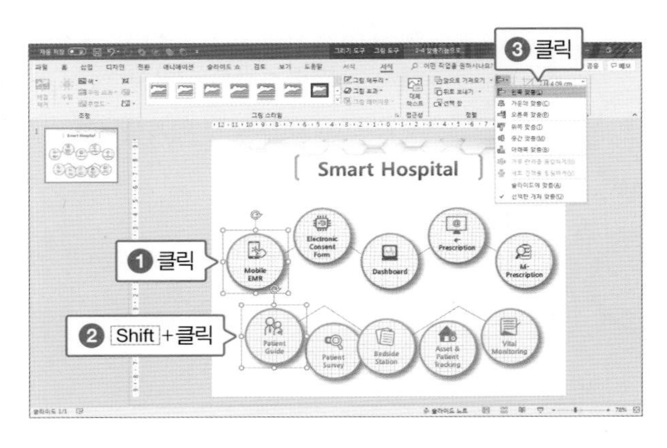

03 이제 주황색 도형을 배치합니다. ❶❷ Shift 를 누른 채 왼쪽에 있는 회색 도형과 주황색 도형을 선택합니다. ❸ **[서식] 탭-[정렬] 그룹**에서 **[맞춤-왼쪽 맞춤]**을 선택합니다. 가장 왼쪽에 있는 회색 도형을 기준으로 왼쪽 정렬됩니다.

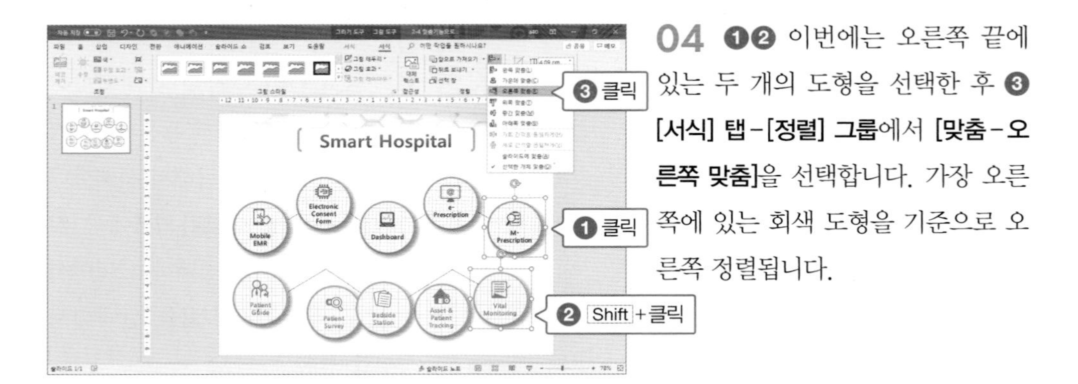

04 ❶❷ 이번에는 오른쪽 끝에 있는 두 개의 도형을 선택한 후 ❸ **[서식] 탭-[정렬] 그룹**에서 **[맞춤-오른쪽 맞춤]**을 선택합니다. 가장 오른쪽에 있는 회색 도형을 기준으로 오른쪽 정렬됩니다.

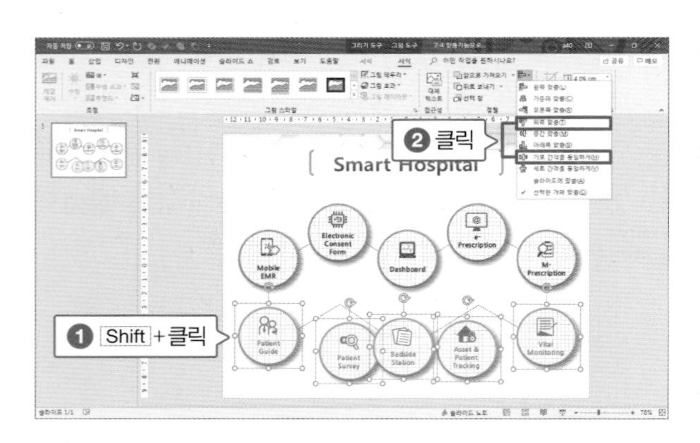

05 좌우 배치가 끝났으니 ❶ 아래쪽 주황색 도형을 모두 선택한 후 ❷ **[서식] 탭-[정렬] 그룹**에서 **[맞춤-위쪽 맞춤]**을 선택하고 이어서 **[가로 간격을 동일하게]**를 선택합니다.

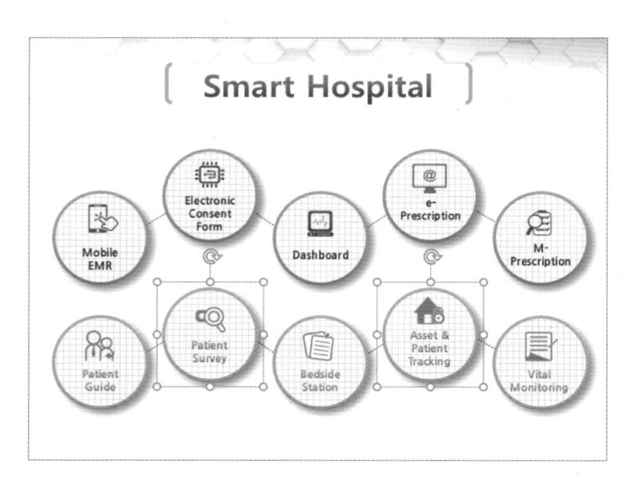

06 마지막으로 두 번째와 네 번째 주황색 도형을 선택하고 키보드에서 위쪽 방향키를 여러 번 눌러 다음과 같이 보기 좋게 배치합니다.

CHAPTER 2

022 투명도 조정하여 배경과 자연스럽게 어울리는 도형 만들기

도형으로 핵심 내용 표현하기

실습 파일 **2-3 투명도 설정하기_실습.pptx**

도형의 채우기 색에 투명도를 적용하면 도형의 채우기 색이 자연스럽게 연해지면서 슬라이드 배경이 살짝 비치게 됩니다. 그 결과 도형과 배경이 더욱 조화롭게 어우러지는 효과가 있습니다. 도형의 채우기 색뿐만 아니라 윤곽선에도 투명도를 설정할 수 있습니다. 두꺼운 윤곽선일수록 답답해 보일 수 있는 단점을 보완해 주고, 도형과 배경 사이의 자연스러운 경계를 만들어 디자인적으로도 완성도를 높일 수 있습니다.

▲ Before

▲ After

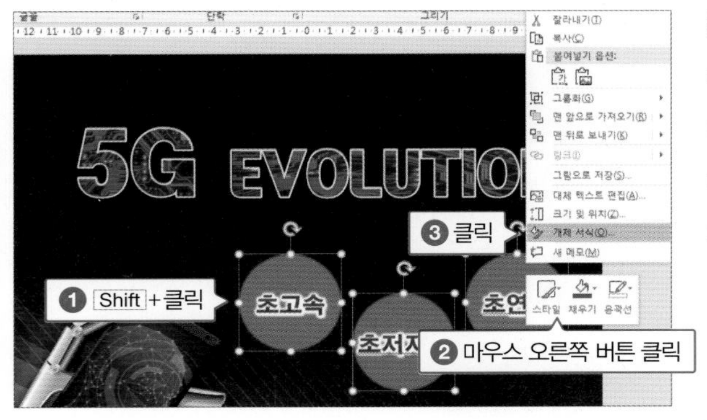

01 ❶ **Shift** 를 누른 채 정원을 각각 클릭해서 세 개를 모두 선택합니다. ❷ 도형 위에서 마우스 오른쪽 버튼을 클릭하고 ❸ **[개체 서식]**을 선택합니다.

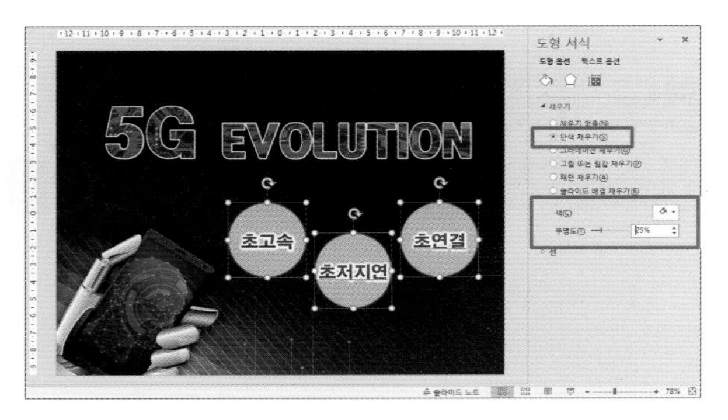

02 도형 서식 패널에서 **[도형 옵션-채우기 및 선]** 탭의 **[채우기] 항목**을 **[단색 채우기]**로 선택하고 색을 **[흰색, 배경 1]**, 투명도를 **[25%]**로 설정합니다.

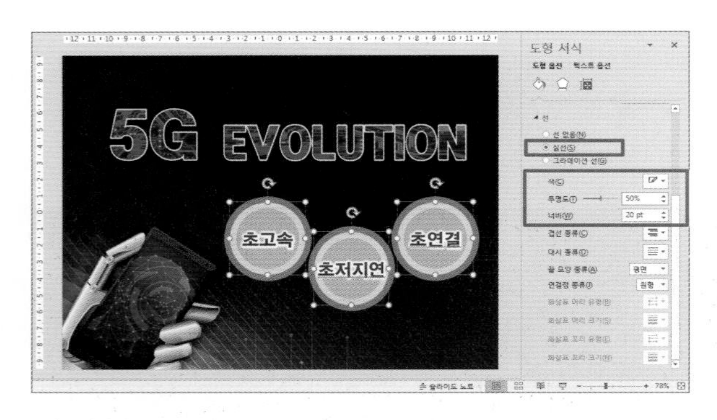

03 이번에는 도형에 적용된 윤곽선의 투명도를 조정합니다. 도형 서식 패널의 같은 위치에서 **[선] 항목**을 클릭해서 옵션을 펼칩니다. **[선] 항목**에서 **[실선]**을 선택하고, 색을 **[흰색, 배경 1]**, 투명도를 **[50%]**, 너비를 **[20 pt]**로 설정해서 완성합니다.

CHAPTER 2

023 겹친 도형으로 계단식 그라데이션 표현하기

도형으로 핵심 내용 표현하기

실습 파일 2-4 투명도로 그라데이션 표현하기_실습.pptx

파워포인트에 있는 기본 기능으로 그라데이션을 적용할 수 있습니다. 하지만 기본 그라데이션 기능과 달리 같은 모양이지만 크기를 점차 작거나 크게 하여 겹친 후 투명도를 설정하면 여러 개의 도형이 겹칠수록 진하게 표시되어 계단식 그라데이션을 표현할 수 있습니다. 같은 색이므로 단계별 구분이 뚜렷해도 이질감이 없으며, 가운데 배치한 텍스트로 시선을 모으는 효과도 얻을 수 있습니다.

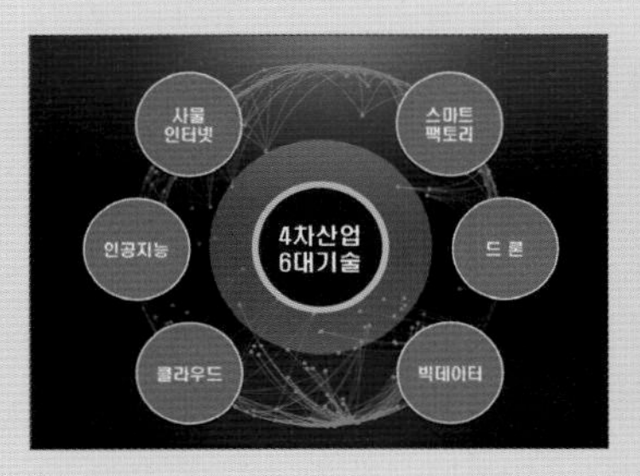

▲ Before

▲ After

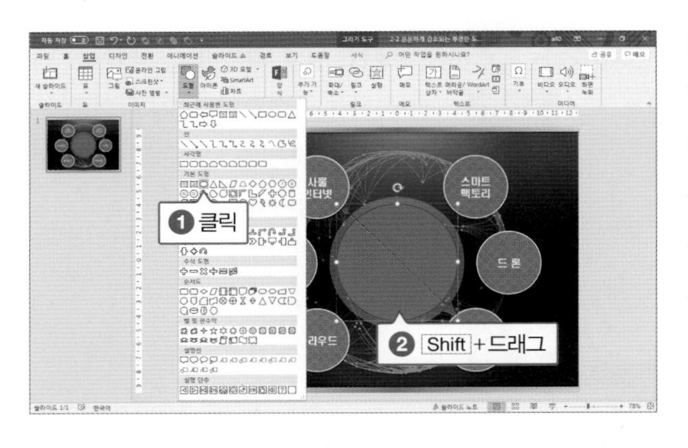

01 실습 파일을 열고 ❶ **[삽입] 탭 – [일러스트레이션] 그룹**에서 **[도형 – 타원]**을 선택합니다. ❷ Shift 를 누른 채 드래그해서 중앙에 있는 가장 큰 원보다 조금 작은 크기로 정원을 그립니다.

02 ❶ Ctrl 을 누른 채 새로 그린 정원을 드래그하여 복제한 후 ❷ Shift 를 누른 채 조절점을 드래그하여 크기를 줄입니다.

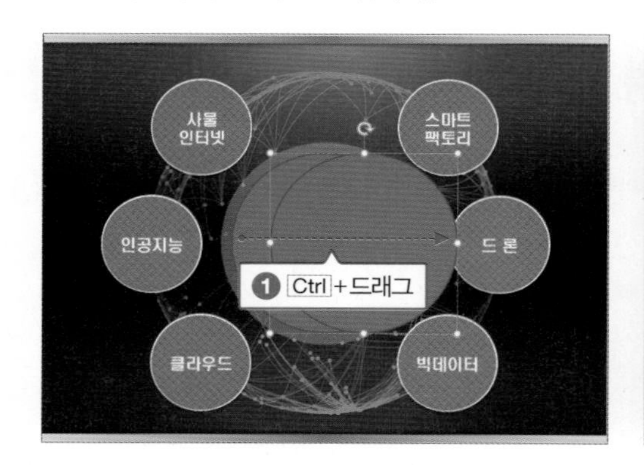

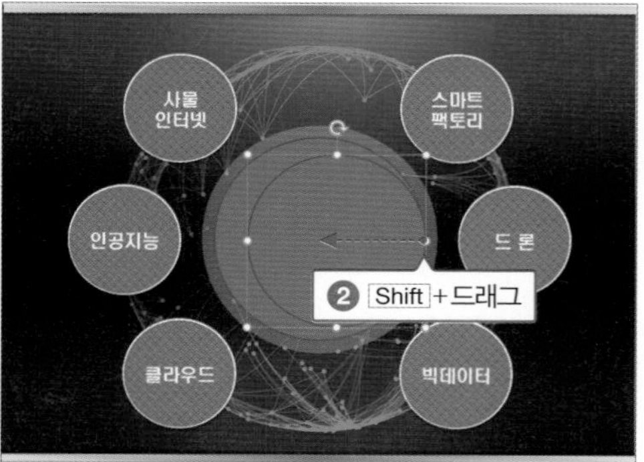

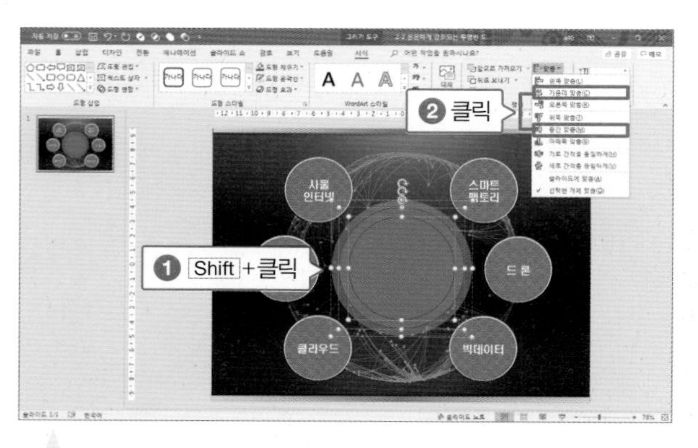

03 이제 추가한 두 개의 정원과 맨 뒤에 있던 투명한 정원을 중앙 정렬해야 합니다. ❶ Shift 를 누른 상태에서 세 개의 정원을 각각 클릭해서 모두 선택합니다. ❷ **[서식] 탭-[정렬] 그룹**에서 **[맞춤]**을 클릭하고 **[가운데 맞춤]**과 **[중간 맞춤]**을 각각 선택해서 정렬합니다.

깨알 TIP 정렬에 대한 내용은 82쪽에서 자세하게 확인할 수 있습니다.

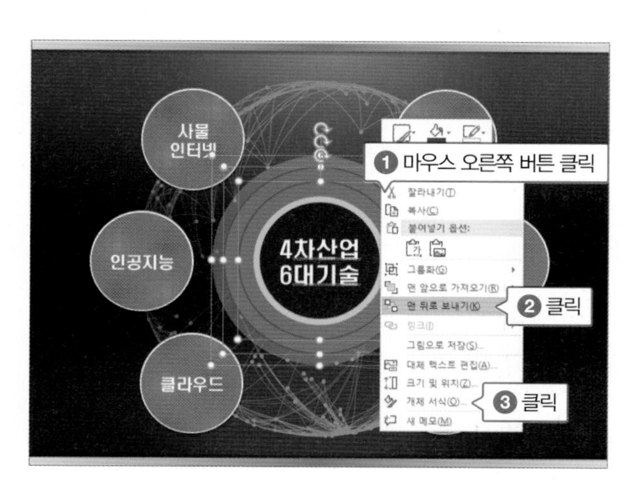

04 ❶ 정원이 모두 선택된 상태에서 마우스 오른쪽 버튼을 클릭하고 ❷ **[맨 뒤로 보내기]**를 선택해서 배치 순서를 조정합니다. ❸ 다시 마우스 오른쪽 버튼을 클릭하고 **[개체 서식]**을 선택합니다.

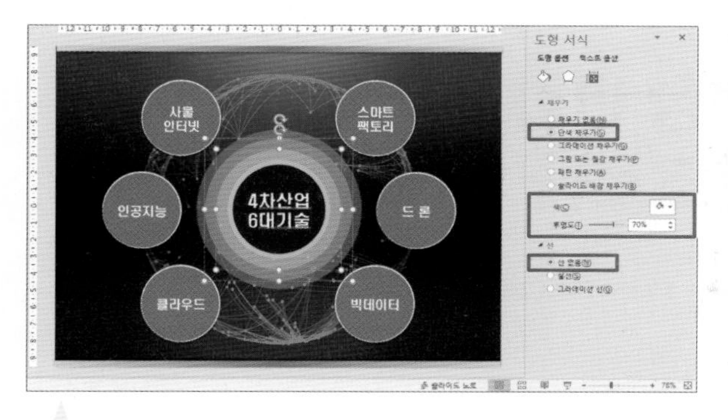

05 도형 서식 패널이 열리면 **[도형 옵션-채우기 및 선]** 탭의 **[채우기]** 항목에서 **[단색 채우기]**를 선택하고 색을 **[흰색, 배경 1]**, 투명도를 **[70%]**로 변경합니다. 계속해서 **[선] 항목**에서 **[선 없음]**을 선택해서 도형 윤곽선을 없애 완성합니다.

깨알 TIP 실습 예제에서 기본으로 있던 정원은 투명도 70%가 이미 설정되어 있었습니다. 그러므로 가장 뒤에 있는 정원을 복제해서 크기를 줄여 배치하는 것만으로 동일한 결과를 얻을 수 있습니다. 하지만 좀 더 다양한 기능을 실습해 볼 수 있도록 위와 같이 과정을 구성했습니다.

실무자 TALK

위 실습과 같이 같은 색에 동일한 투명도를 적용하여 겹치면 비교적 쉽게 그라데이션 효과를 표현할 수 있습니다. 이때 주의할 점은 배경에 따른 색상 사용입니다. 밝은 배경이라면 파란색, 녹색, 회색, 주황색 등 사용자가 원하는 다양한 색상을 선택하여 투명도를 조정해도 무방합니다. 하지만 반대로 어두운 배경일 경우 흰색을 사용해서 연출하는 것이 어울립니다. 아래 예시에서 주황색의 투명 도형은 도형에 투명도만 설정한 것이 아니라 도형 채우기를 투명도를 포함한 그라데이션으로 설정한 형태입니다.

» 밝은 배경에서 투명도를 적용한 도형 겹치기

CHAPTER 2

024 색상 변화로 병렬형 개체의 단조로움 없애기

도형으로 핵심 내용 표현하기

실습 파일 2-5 유사색으로 목차 꾸미기_실습.pptx

제안서나 보고서의 목차와 같이 상하 구분이 없는 개체는 병렬형으로 구성합니다. 이때 일괄적으로 같은 색을 적용하면 지루해 보일 수 있습니다. 그렇다고 일부 항목만 다른 색을 사용하면 해당 부분만 강조하는 것처럼 보입니다. 이럴 때 유사색을 사용해 변화를 주며 단조로움을 피할 수 있습니다. 병렬형으로 구성된 개체를 초록색 – 청록색 – 파란색으로 꾸며보겠습니다.

▲ Before

▲ After

01 실습 파일을 열고 왼쪽 끝에 있는 육각형 도형 두 개를 선택한 후 ❶ **[서식] 탭-[도형 스타일] 그룹**에서 **[도형 채우기-다른 채우기 색]**을 선택합니다. ❷ 색 대화상자가 열리면 **[표준] 탭**에서 다음과 같은 초록색을 적용합니다. ❸ [확인]을 클릭합니다.

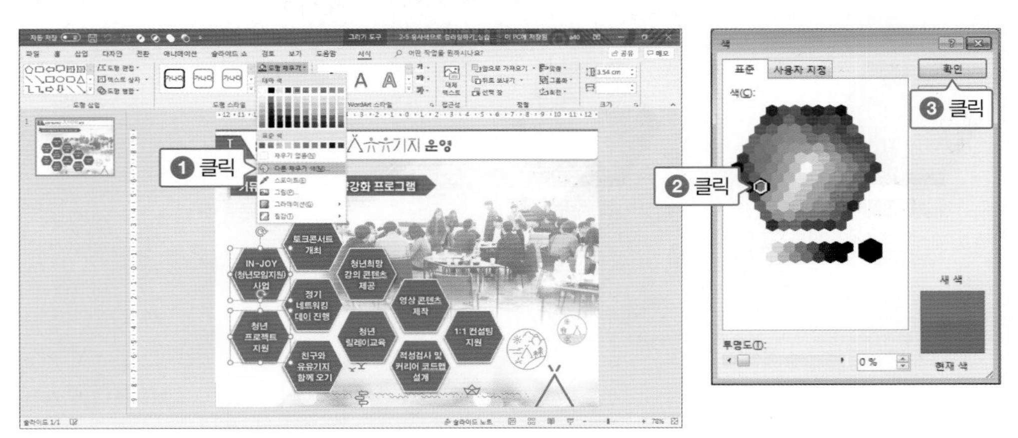

02 이번에는 두 번째 열에 있는 세 개의 육각형 도형을 선택합니다. ❶ **[서식] 탭-[도형 스타일] 그룹**에서 **[도형 채우기-다른 채우기 색]**을 선택하고 ❷ 색 대화상자의 **[표준] 탭**에서 다음과 같은 색을 선택해서 살짝 푸른 색감이 추가된 초록색으로 표현합니다. ❸ [확인]을 클릭합니다.

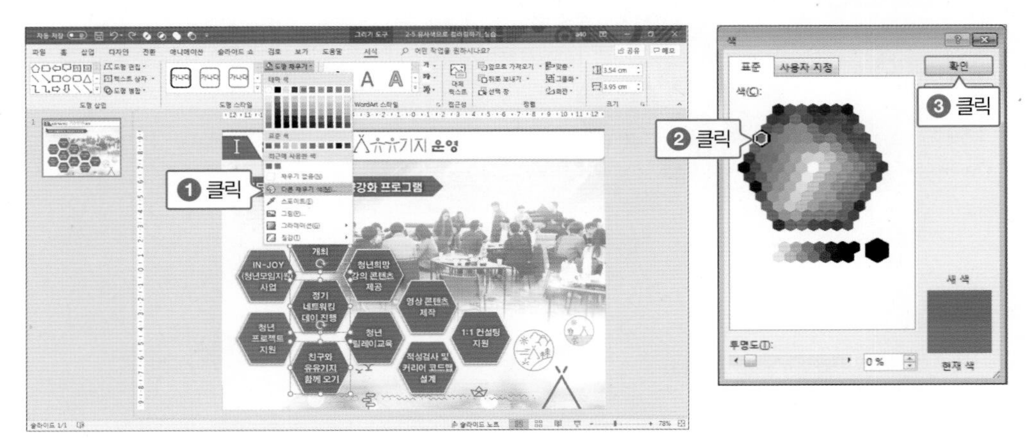

03 위와 같은 방법으로 세 번째 열에 있는 도형 두 개와 네 번째 열에 있는 도형 두 개를 각각 다음과 같이 색을 선택해서 점점 파란색에 가깝게 설정합니다.

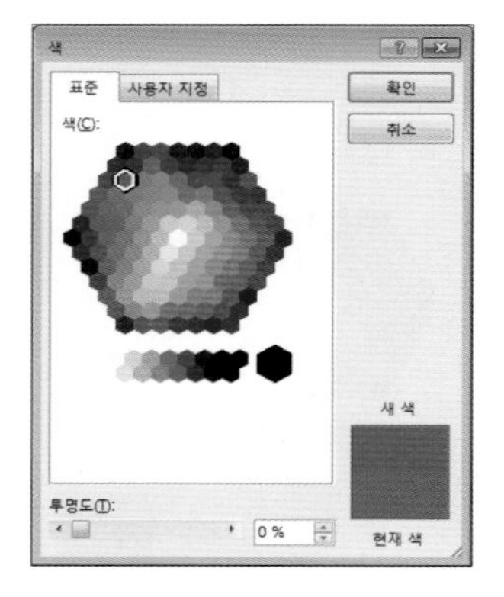

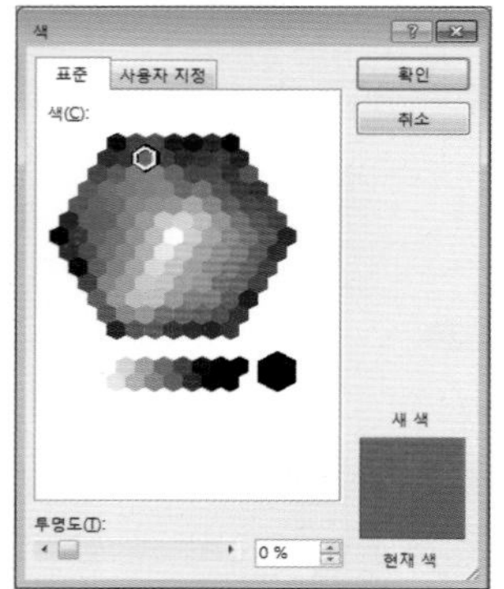

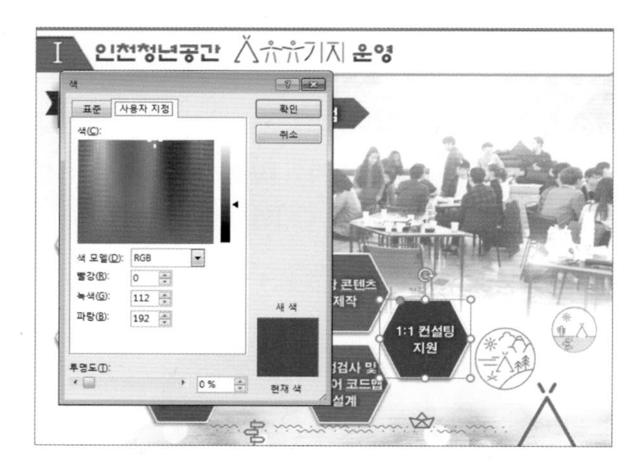

04 마지막으로 다섯 번째 열의 도형을 선택한 후 색 대화상자에서 **[사용자 지정] 탭**을 클릭하고 빨강, 녹색, 파랑 값을 [0, 112, 192]로 설정하면 초록에서 점점 파랑으로 변하는 병렬형 구성을 완성합니다.

유사색을 활용할 때 주의할 점

슬라이드에서 특별히 강조되는 부분이 없을 때 같은 색을 나열하기보다는 약간의 색 변화로 지루함을 없애는 것은 분명 좋은 방법입니다. 하지만 목차나 병렬형 개체의 개수가 많거나 진한 색 배경을 사용할 때는 유사색이 산만해 보일 수 있으므로 동일한 색으로 통일하는 것이 좋습니다.

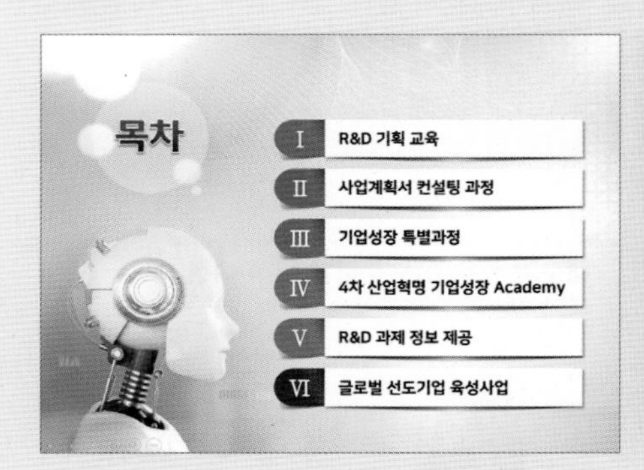

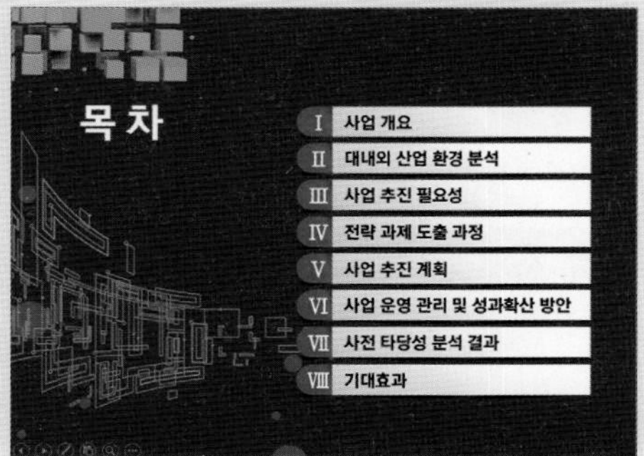

또한 유사색을 사용하더라도 화려한 색보다는 파란색 계열을 유지하면서 조금씩 변화를 주는 것이 깔끔합니다. 그렇다고 파란색 계열로만 사용하면 표현 범위가 한정적이고, 차가운 느낌을 전달할 수 있으므로 프레젠테이션 주제에 맞게 선택해야 합니다.

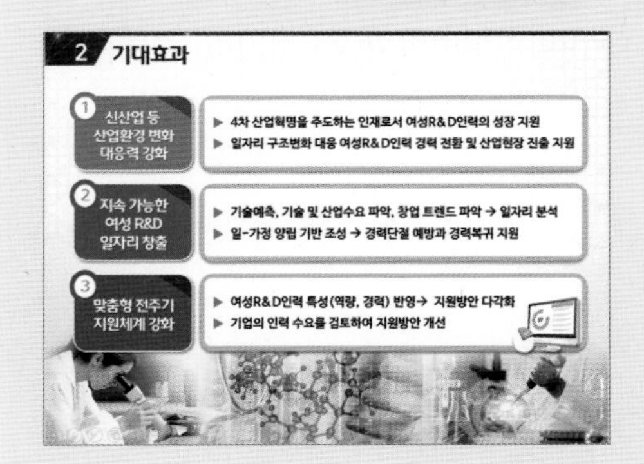

유사색을 사용할 때 차가운 느낌을 완화하면서 선택하는 색의 폭을 넓히고 싶다면 실습과 같이 초록색 계열부터 시작하면 됩니다. 또한 여러 색감을 사용할 때는 명도와 채도를 비슷하게 하여 색에서 느껴지는 무게감을 통일하는 것이 좋습니다. 그래야만 다양한 색상으로도 전체적인 조화를 이룰 수 있습니다.

유사색을 적용한 다양한 사례

어떤 색을 사용할지 선택하기 어렵다면 초록→청록→파랑→보라 순서로 사용하면 어디서나 유연한 색감을 만들 수 있습니다. 그 사이에 중간색을 추가하여 더욱 다양하고 자연스러운 유사색 구조를 만들어 보세요.

» 유사색 구조

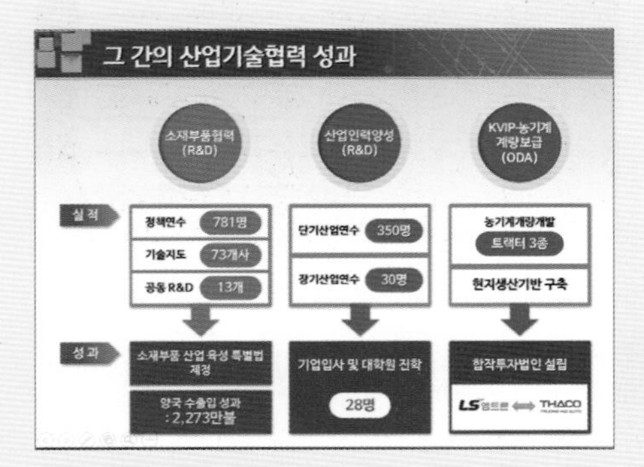

CHAPTER 2

025 스포이트 기능으로 주변에서 사용한 색 빠르게 적용하기

도형으로 핵심 내용 표현하기

실습 파일 2-6 스포이트 기능_실습.pptx

일반적으로 슬라이드를 제작할 때는 사용할 색을 먼저 정해 놓고 활용합니다. 그래야 전체 슬라이드 간에 통일성을 유지할 수 있기 때문입니다. 하지만 색상표에서 보는 색의 느낌과 실제 개체에 적용한 색의 느낌이 현저히 다를 수 있습니다. 이때 스포이트 기능을 이용해서 원하는 배색과 유사한 색으로 완성된 슬라이드나 이미지에 적용된 색을 그대로 사용하면 됩니다.

① 소재 · 부품 개념 및 가치사슬 구조

5대 소재 생산액 및 주요제품

	품목명	비 중	주요제품	주요기업
1	제1차금속	40.7%	철강, 알루미늄, 마그네슘	포스코 현대제철
2	화학물 및 화학	36.2%	합성수지, 합성고무, 의약물질	롯데케미칼 금호석유화학
3	고무 및 플라스틱	15.0%	타이어, 합성피혁, 플라스틱	한국타이어 에스케이씨
4	섬유제품	4.1%	직물, 화학섬유, 특수사	효성 코오롱인더스트리
5	비금속광물	3.9%	세라믹, 산업유리, 탄소섬유	쌍용양회 조선내화

▲ Before

① 소재 · 부품 개념 및 가치사슬 구조

5대 소재 생산액 및 주요제품

	품목명	비 중	주요제품	주요기업
1	제1차금속	40.7%	철강, 알루미늄, 마그네슘	포스코 현대제철
2	화학물 및 화학	36.2%	합성수지, 합성고무, 의약물질	롯데케미칼 금호석유화학
3	고무 및 플라스틱	15.0%	타이어, 합성피혁, 플라스틱	한국타이어 에스케이씨
4	섬유제품	4.1%	직물, 화학섬유, 특수사	효성 코오롱인더스트리
5	비금속광물	3.9%	세라믹, 산업유리, 탄소섬유	쌍용양회 조선내화

▲ After

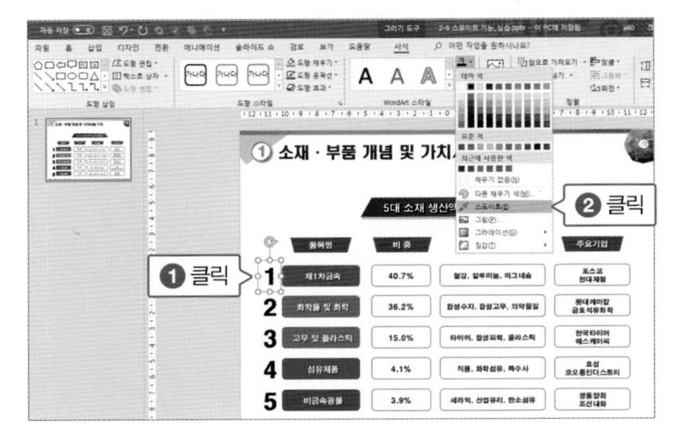

01 실습 파일에서 왼쪽 검은색 숫자가 전체적인 색감의 통일성을 해치고 있습니다. 왼쪽 도형 개체 색상과 동일하게 맞추면 좋을 것 같습니다. ❶ 숫자 '1'이 입력된 텍스트 상자를 선택하고 ❷ **[서식] 탭-[WordArt 스타일] 그룹**에서 **[텍스트 채우기-스포이트]**를 선택합니다.

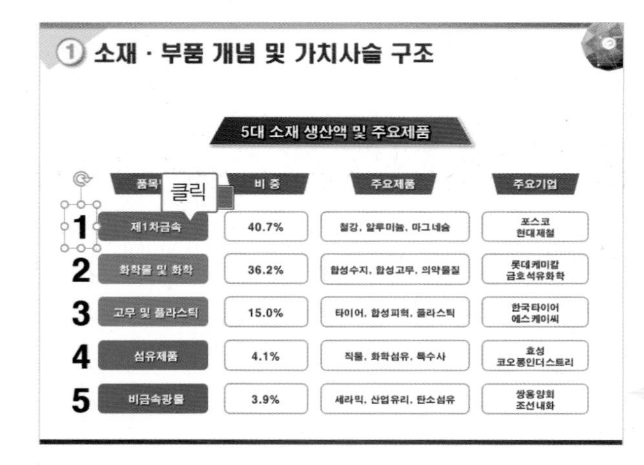

02 마우스 포인터가 스포이트 모양( )으로 바뀌고 선택한 부분의 색이 확대되어 표시됩니다. 스포이트로 숫자 '1'의 오른쪽에 있는 도형의 초록색을 클릭하면 선택한 숫자가 바로 초록색으로 바뀝니다.

> **깨알 TIP** 스포이트는 도형 개체뿐만 아니라 슬라이드에 삽입한 이미지 등에서도 색을 추출할 수 있습니다.

03 ❶ 이번에는 숫자 '2'의 텍스트 상자를 선택하고 위와 같은 방법으로 ❷ **[서식] 탭-[WordArt 스타일] 그룹**에서 **[텍스트 채우기-스포이트]**를 선택한 후 ❸ 숫자 '2'의 오른쪽에 있는 도형의 색상을 클릭해서 적용합니다.

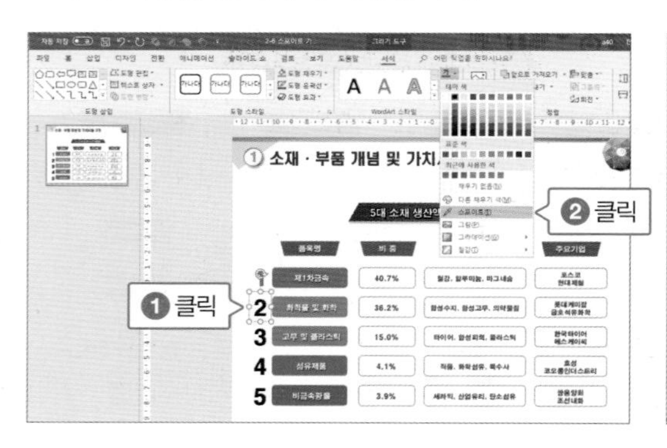

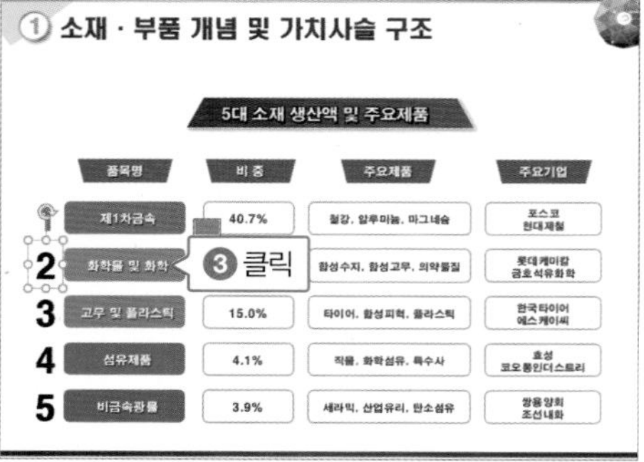

① 소재 · 부품 개념 및 가치사슬 구조

5대 소재 생산액 및 주요제품

	품목명	비 중	주요제품	주요기업
1	제1차금속	40.7%	철강, 알루미늄, 마그네슘	포스코 현대제철
2	화학물 및 화학	36.2%	합성수지, 합성고무, 의약물질	롯데케미칼 금호석유화학
3	고무 및 플라스틱	15.0%	타이어, 합성피혁, 플라스틱	한국타이어 에스케이씨
4	섬유제품	4.1%	직물, 화학섬유, 특수사	효성 코오롱인더스트리
5	비금속광물	3.9%	세라믹, 산업유리, 탄소섬유	쌍용양회 조선내화

04 나머지 숫자도 모두 같은 방법으로 오른쪽 개체와 같은 색으로 변경해서 슬라이드를 완성합니다.

파워포인트 2007, 2010 버전에서 스포이트 기능 대체하기

파워포인트 2010 이하 버전에서는 스포이트 기능이 없습니다. 이럴 때 흔히 대체할 수 있는 다양한 소프트웨어가 있습니다. 별도로 설치해야 하지만 무료로 쉽게 사용할 수 있습니다. 네이버에서 '컬러 피커'를 검색하면 다음과 같이 컬러 피커 소프트웨어를 쉽게 찾을 수 있을 것입니다. 다운로드한 후 설치하면 바로 사용할 수 있습니다.

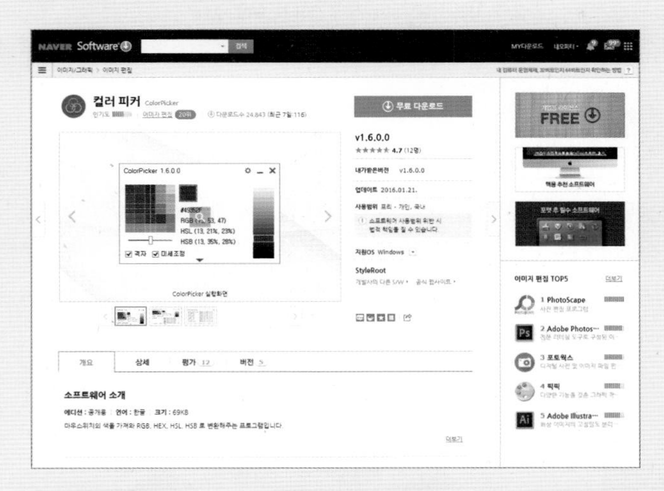

파워포인트의 스포이트는 슬라이드 내에서만 사용할 수 있지만 컬러 피커를 사용하면 컴퓨터 화면 내 어디서나 활용할 수 있습니다. 컬러 피커를 실행한 후 원하는 색상이 있는 위치로 마우스 포인터를 옮기면 빨강, 녹색, 파랑 값인 RGB 값을 바로 확인할 수 있습니다. 파워포인트에서 [다른 채우기 색] 메뉴를 선택하면 나오는 색 대화상자의 [사용자 지정] 탭을 선택하고 RGB 값을 입력하여 사용하면 됩니다.

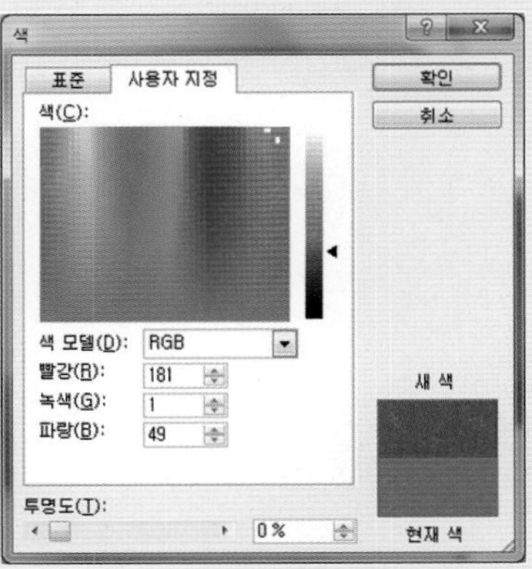

CHAPTER 2

026 기본 기능으로도 충분한 입체 도형 표현하기

도형으로 핵심 내용 표현하기

실습 파일 2-7 기본 기능으로 입체 표현하기_실습.pptx

도형에 입체 효과나 3차원 회전 기능을 사용하면 전문가처럼 멋진 도형 개체를 쉽게 완성할 수 있을 것만 같습니다. 분명 파워포인트를 이용하면 유리알처럼 반짝반짝 빛나는 질감의 정교한 개체를 만들 수 있습니다. 하지만 다양한 입체 효과 옵션을 조정해야 하는 복잡한 과정이 필요합니다. 꼭 이런 힘든 과정을 거쳐야만 할까요? 지금부터 매우 간단하면서 입체적으로 표현할 수 있는 방법을 소개합니다. 질감이나 회전 기능을 사용하지 않더라도, 미리 설정된 입체 효과를 잘 사용하면 충분히 입체적으로 표현할 수 있습니다.

▲ Before

▲ After

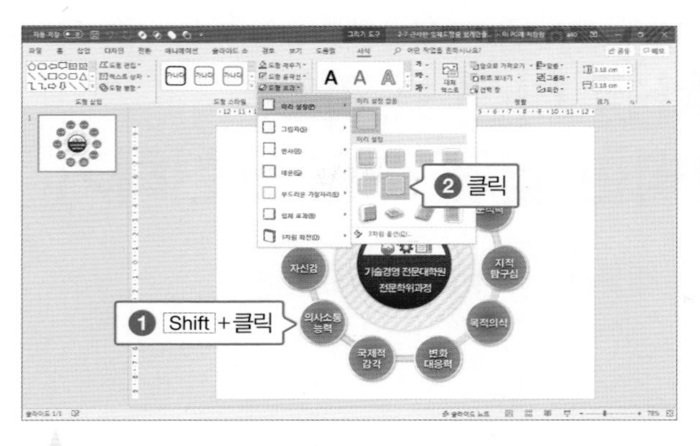

01 실습 파일에서 ❶ **Shift**를 누른 채 바깥쪽에 있는 10개의 원형 모두 클릭해서 선택합니다. ❷ **[서식] 탭-[도형 스타일] 그룹**에서 **[도형 효과-미리 설정-기본 설정 6]**을 선택합니다.

깨알 TIP 미리 설정은 일종의 스타일 모음으로 도형 효과에 있는 다양한 기능이 적용된 입체 표현을 선택해서 적용할 수 있습니다.

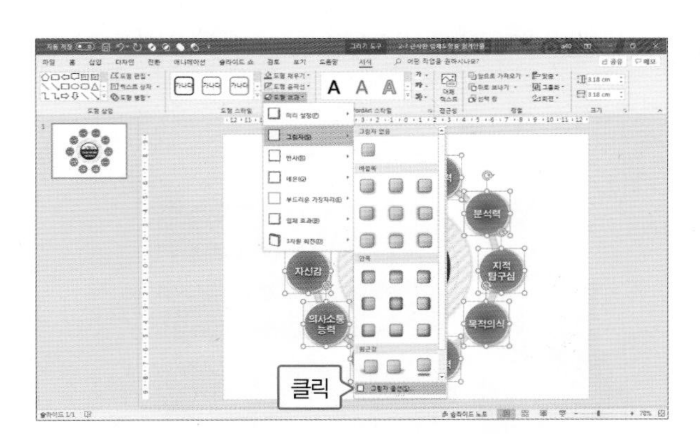

02 그림자를 조금 더 진하게 설정하기 위해 **[서식] 탭-[도형 스타일] 그룹**에서 **[도형 효과-그림자-그림자 옵션]**을 선택합니다.

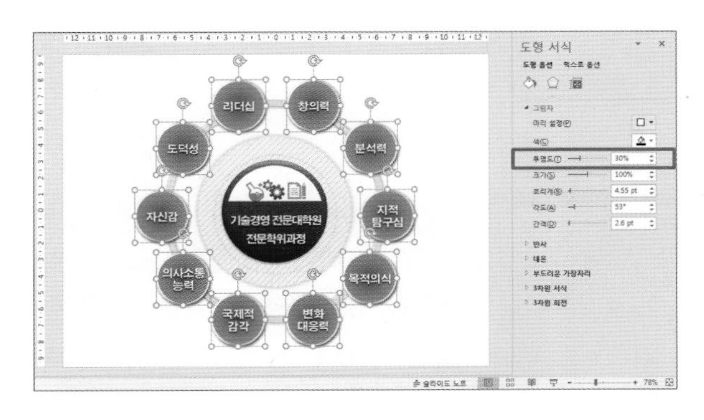

03 도형 서식 패널이 열리면 **[그림자] 항목**에서 투명도를 **[30%]** 정도로 조정하여 그림자를 좀 더 진하게 변경합니다. 배경과 대비하여 도형을 좀 더 명확하게 표현한 것입니다.

CHAPTER 2

027 3차원 회전 효과로 완벽한 입체 도형 표현하기

도형으로 핵심 내용 표현하기

실습 파일 2-8 3차원 효과 및 회전 기능_실습.pptx

가장 기본적인 그림자 효과를 이용한 입체 표현으로 만족할 수 없다면 볼록한 입체 효과 서식을 적절히 적용해서 주목성 높은 도형을 만들어 봅니다. 단순히 입체 효과만 적용하는 것보다는 입체 효과의 깊이 값을 충분히 크게 하고 3차원 회전 효과를 함께 적용하면 실제 상자 같은 느낌을 연출할 수 있습니다.

▲ Before

▲ After

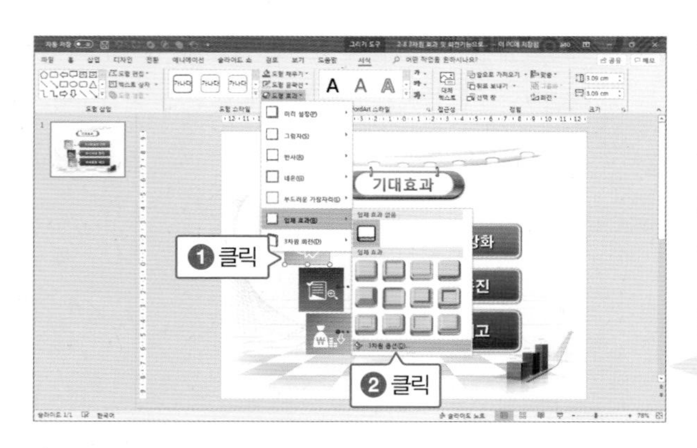

01 실습 파일을 열고 ❶ 왼쪽 첫 번째 사각형을 선택합니다. ❷ **[서식] 탭-[도형 스타일] 그룹**에서 **[도형 효과-입체 효과-3차원 옵션]**을 선택합니다.

꿀팁 TIP 사각형을 선택할 때 도형 위에 있는 아이콘 이미지가 아닌 사각형이 선택되도록 주의해서 클릭합니다.

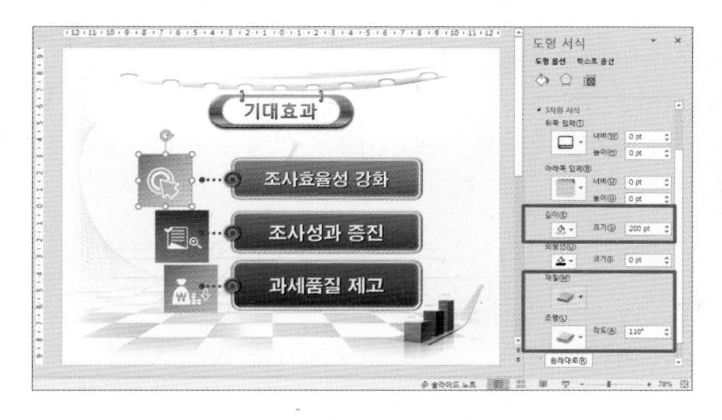

02 도형 서식 패널이 열리면 **[3차원 서식] 항목**에서 깊이의 크기를 [200 pt], 재질을 **[무광택]**, 조명의 각도를 [110]으로 설정합니다.

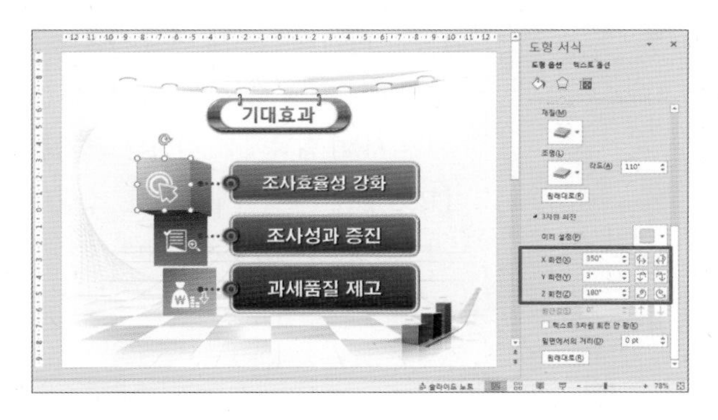

03 계속해서 **[3차원 회전] 항목**을 클릭해서 옵션을 펼친 후 X, Y, Z 회전 값을 각각 [350, 3, 180]으로 설정합니다.

04 두 번째 사각형을 선택하고 도형 서식 패널의 **[3차원 서식] 항목**에서 깊이의 크기를 [114 pt], 재질을 **[부드러운 무광택]**, 조명의 각도를 [80]으로 설정합니다.

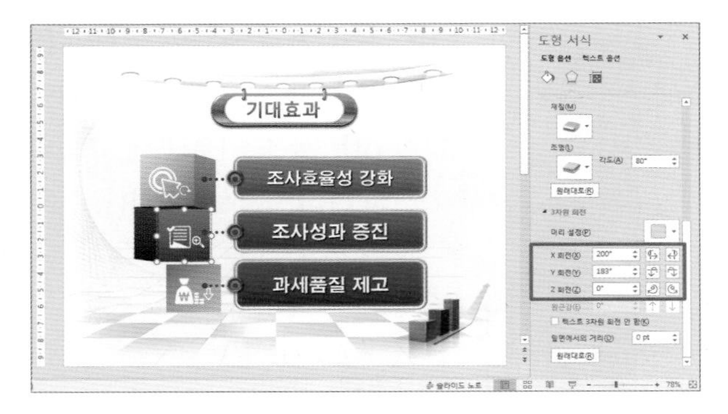

05 계속해서 **[3차원 회전] 항목**에서 X, Y, Z 회전 값을 각각 [200, 183, 0]으로 설정합니다.

06 마지막으로 세 번째 사각형을 선택합니다. 도형 서식 패널에서 **[3차원 서식] 항목**에서 깊이의 크기를 [120 pt], 재질을 **[무광택]**, 조명의 각도를 [80]으로 설정합니다.

07 **[3차원 회전] 항목**에서 X, Y, Z 회전 값을 각각 [220, 188, 0]으로 설정하여 완성합니다.

깨알 TIP 위 실습에서 표현한 직육면체는 [삽입] 탭－[일러스트레이션] 그룹에 있는 도형 기능을 이용해서 쉽게 그릴 수 있습니다. 하지만 위와 같은 표현 방법을 알아 놓으면 직육면체가 아닌 다양한 모양의 입체 도형을 만들 수 있습니다.

CHAPTER 2

028 선으로 개체 간 관계 표현하기

도형으로 핵심 내용 표현하기

실습 파일 2-9 연결선 그리기_실습.pptx

조직도, 다이어그램 등에 배치된 여러 도형 개체에는 저마다 역할과 상하 관계가 존재합니다. 그러므로 단순히 도형의 크기나 색상으로만 구분하는 것보다 명확하게 선을 그려 관계를 표현해 주는 것이 좋습니다. 파워포인트에 있는 다양한 선은 개체와 개체를 연결하는 기능이 있으며, 이렇게 도형에 연결된 선은 개체와 함께 이동합니다.

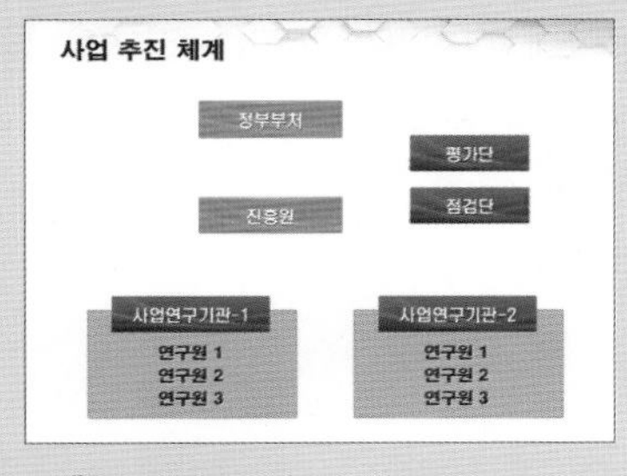

▲ Before

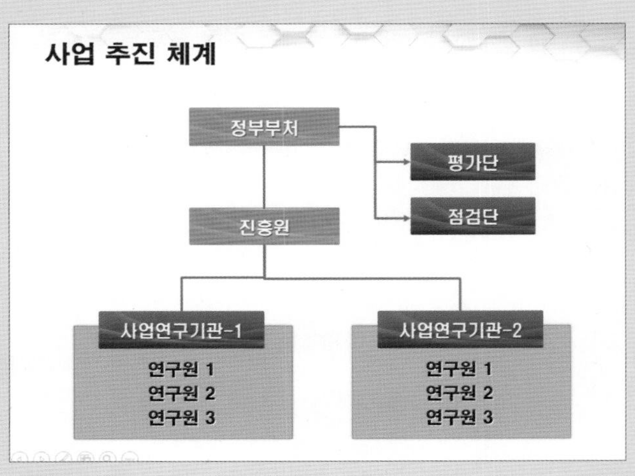

▲ After

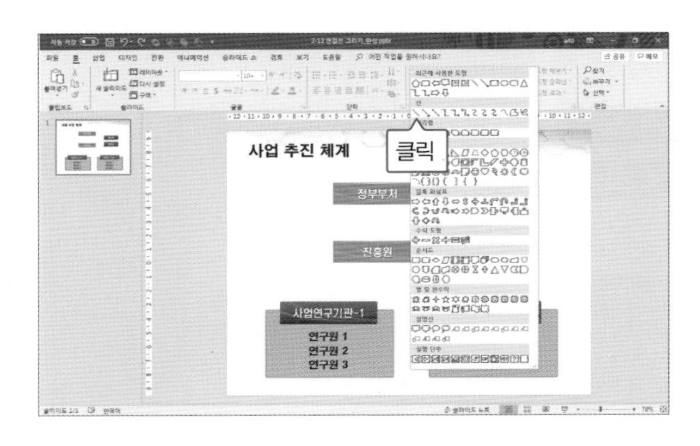

01 실습 파일을 열고 **[홈] 탭-[그리기] 그룹**에서 도형 목록의 **[자세히]**를 클릭해서 펼칩니다. 도형 목록 중 선 영역에서 맨 앞에 있는 **[선]**을 선택합니다.

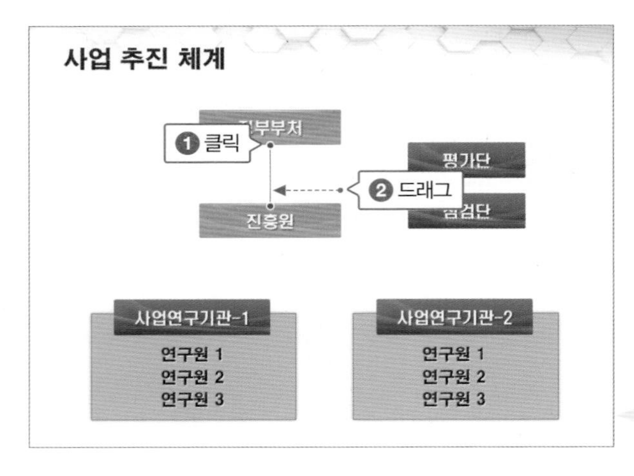

02 ❶ 마우스 포인터를 '정부부처' 도형으로 옮기면 회색 연결점이 표시됩니다. 도형 아래쪽 연결점을 클릭합니다. ❷ 아래쪽 연결점을 클릭한 채 '진흥원' 도형의 위쪽 연결점으로 드래그해서 두 도형을 연결합니다.

깨알 TIP 연결점 위치에 정확히 클릭하고 드래그해야 두 개체가 연결됩니다. 여러 도형이 겹친 상태에서는 연결하려는 도형이 아닌 다른 도형의 연결점과 헷갈릴 수 있습니다. 그럴 때는 해당 도형을 잠시 옮긴 후 연결하고 다시 원래 위치로 옮겨도 됩니다.

03 ❶ **[홈] 탭-[그리기] 그룹**에서 도형 목록을 펼친 후 선 영역에서 **[연결선: 꺾임]**을 선택합니다. ❷ '진흥원' 도형 아래쪽에서 시작해서 ❸ '사업연구기관-1' 도형 위쪽으로 연결합니다.

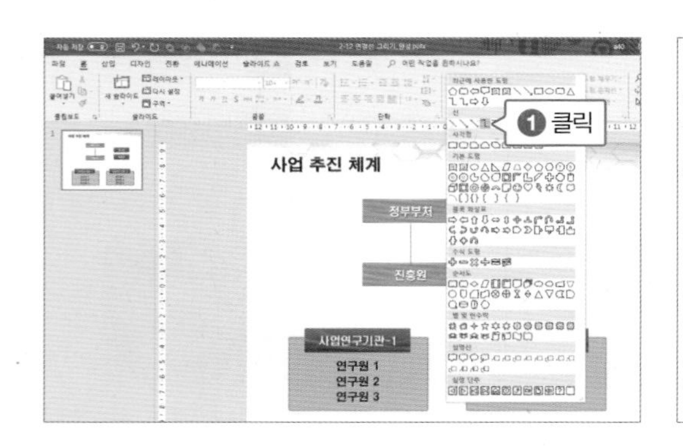

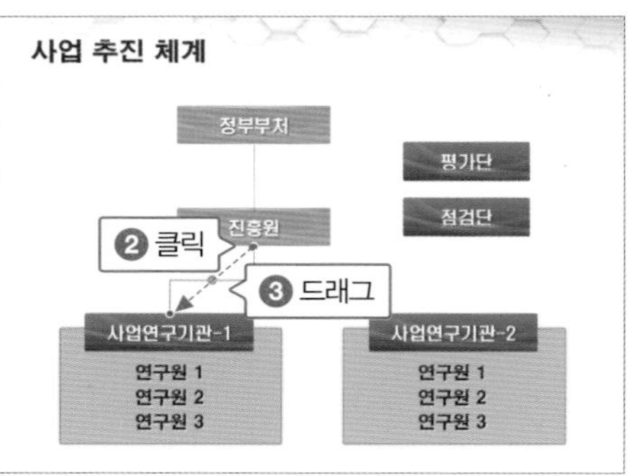

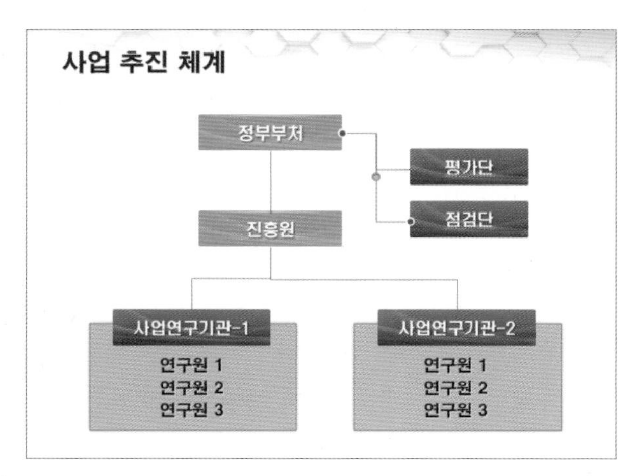

04 나머지 도형에서 **[선]**과 **[연결선: 꺾임]**을 적절하게 선택해서 연결합니다.

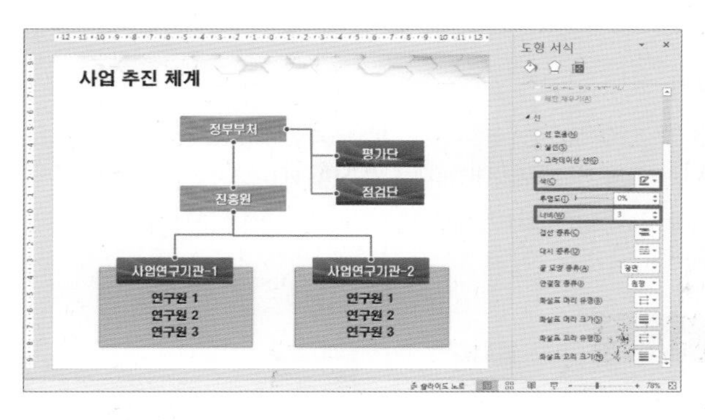

05 연결선들이 너무 얇아서 잘 보이지 않습니다. 서식을 변경하기 위해 연결선을 모두 선택하고 마우스 오른쪽 버튼을 클릭한 후 **[개체 서식]**을 선택합니다. 도형 서식 패널의 **[선] 항목**에서 색을 테마 색에 있는 **[검정, 텍스트 1, 50% 더 밝게]**, 너비를 [3 pt]로 설정합니다.

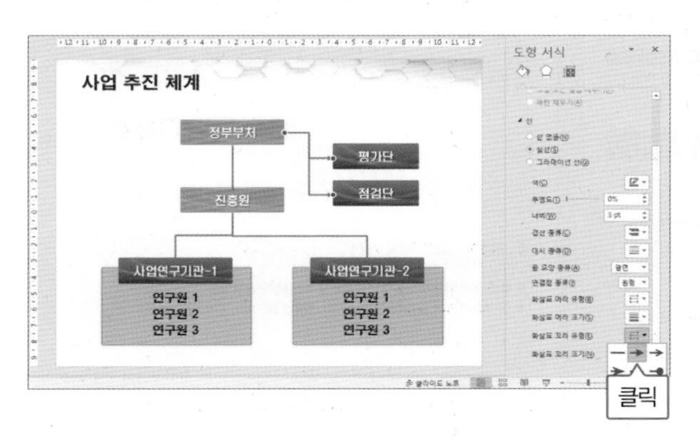

06 연결선의 유형을 간단히 변경할 수도 있습니다. '정부부처' 오른쪽에 연결된 두 개의 연결선을 선택한 후 도형 서식 패널에서 **[선] 항목** 가장 하단에 있는 화살표 꼬리 유형을 **[화살표]**로 변경해서 완성합니다.

연결선을 활용한 다양한 사례 살펴보기

연결선은 말 그대로 개체와 개체를 하나로 연결해 주는 선입니다. 그러므로 개체를 옮겨도 선이 자동으로 배치됩니다. 만일 연결선이 아닌 별개의 선 개체라면 개체를 수정할 때마다 선의 위치나 길이도 변경해야 하는 번거로움이 있습니다. 앞서 실습에서 제대로 연결점에 선을 배치하지 않으면 연결선이 아닌 일반 선이 되므로 주의해야 합니다.

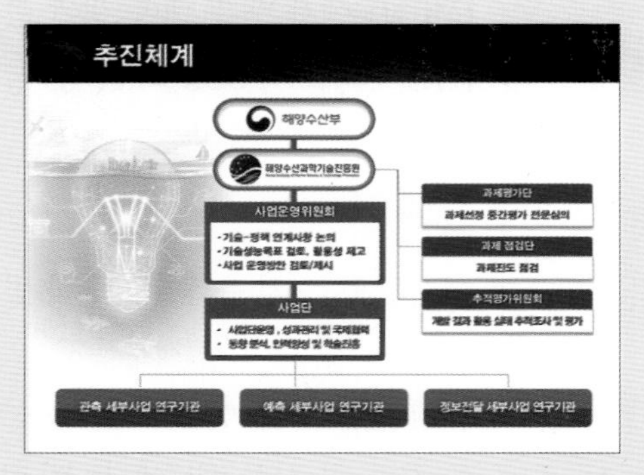

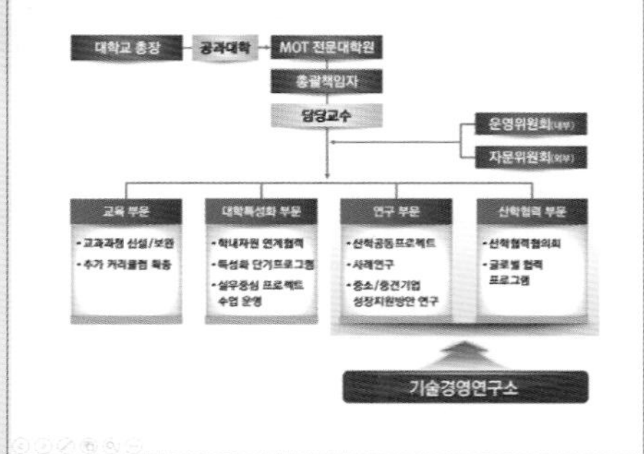

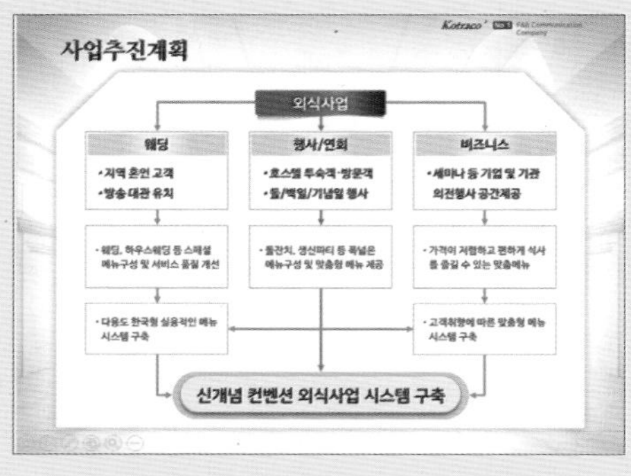

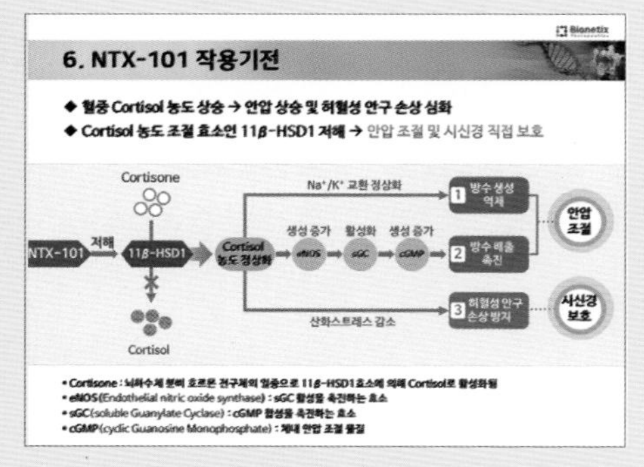

02 **[홈] 탭-[그리기] 그룹**에서 도형 목록을 펼친 후 블록 화살표 영역에 있는 **[화살표: 위쪽]**을 선택하고, 슬라이드에서 안내선에 맞춰 화살표를 그립니다.

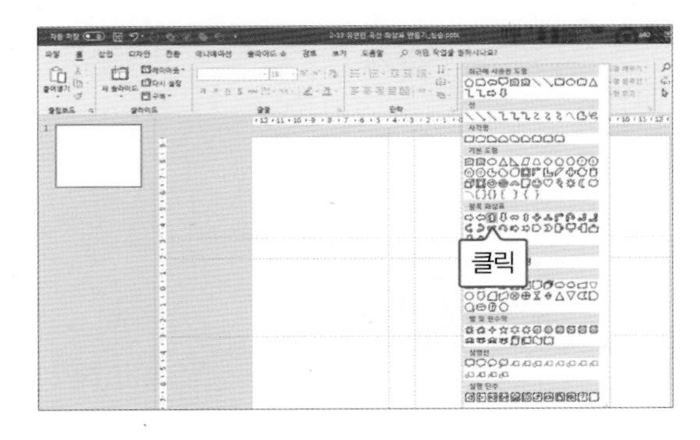

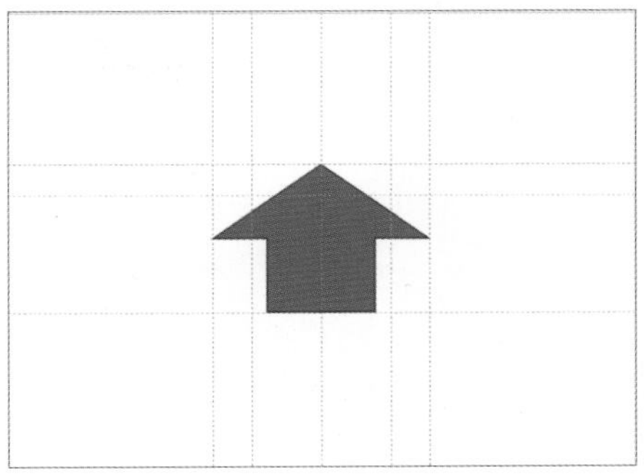

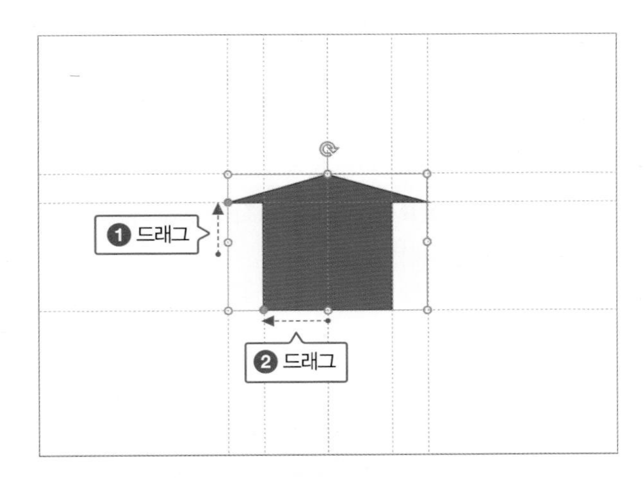

03 화살표에는 두 개의 노란색 모양 조정 핸들이 있습니다. 각각 드래그하여 ❶ 화살표 머리는 작게, ❷ 기둥은 두껍게 조정합니다.

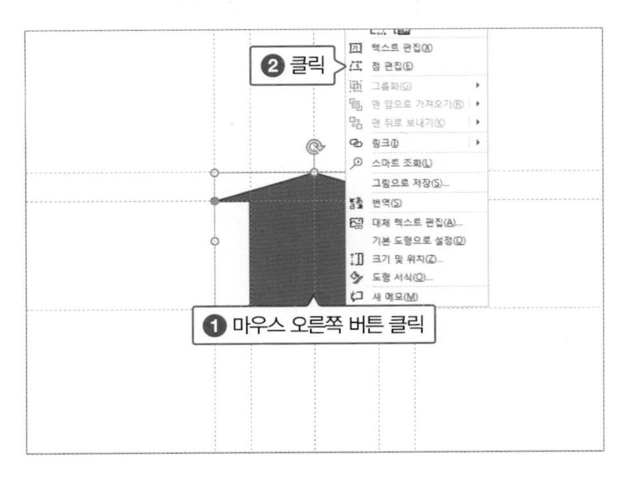

04 도형에서 마우스 오른쪽 버튼을 클릭하고 **[점 편집]**을 선택합니다.

05 점 편집을 실행하면 검은색 점이 표시됩니다. ❶ 먼저 왼쪽 아래에 있는 검은색 점을 왼쪽으로 드래그해서 아래쪽 폭을 넓히고, ❷ 반대쪽 점은 오른쪽으로 드래그해서 좌우 대칭을 맞춥니다.

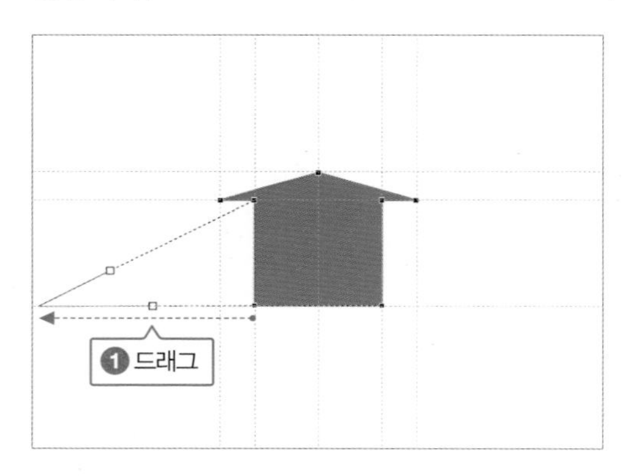

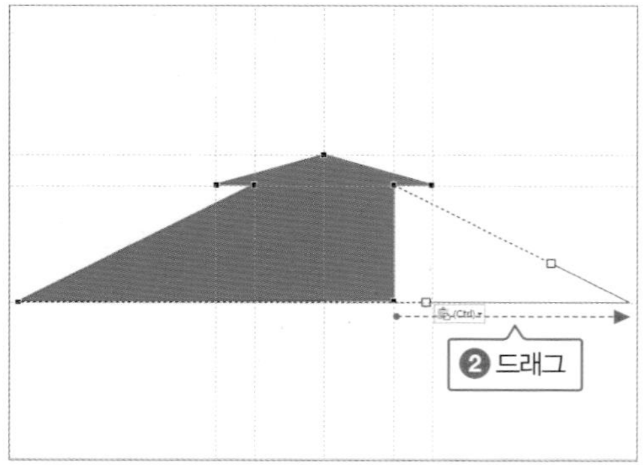

06 ❶ 다시 왼쪽 아래 검은색 점을 클릭합니다. 클릭한 검은색 점을 기준으로 위아래로 흰색 점이 표시됩니다. 이 점은 곡선을 표현하는 점으로 ❷ 위쪽에 있는 흰색 점을 클릭한 채 이리저리 드래그해서 적당한 굴곡을 만듭니다. ❸ 계속해서 화살표 머리와 몸통 사이에 있는 점을 클릭한 후 ❹ 아래에 있는 흰색 점을 드래그해서 굴곡을 표현합니다.

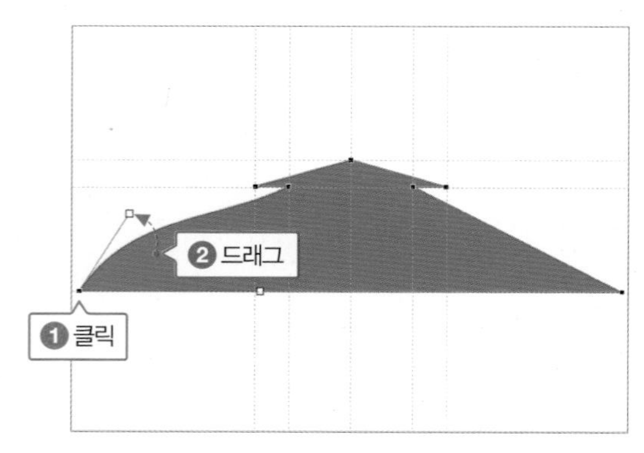

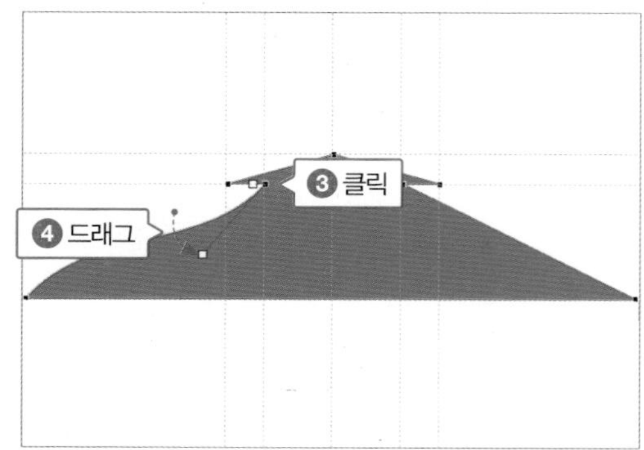

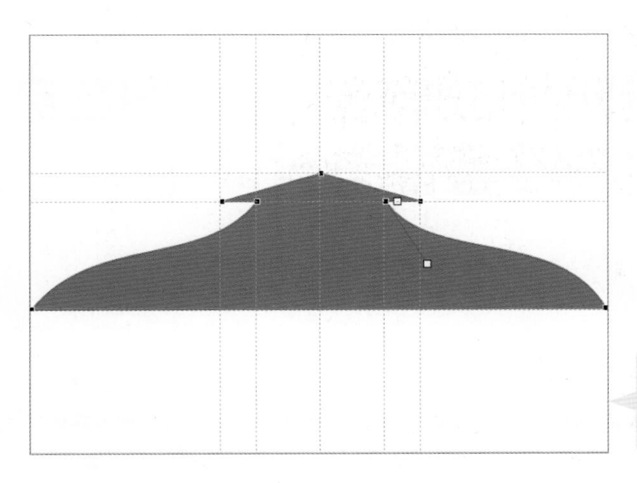

07 같은 방법으로 화살표 오른쪽에도 굴곡을 표현하여 화살표를 완성합니다.

깨알 TIP 완성한 화살표에 투명 그라데이션을 적용하면 더욱 멋진 화살표를 연출할 수 있습니다. 자세한 제작 방법은 119쪽을 확인하세요.

CHAPTER 2

031 간단한 그라데이션 표현으로 디자인 품질 향상하기

도형으로 핵심 내용 표현하기

실습 파일 2-10 간단 그라데이션 적용_실습.pptx

하나의 슬라이드 안에 개체가 많아지면 처음 계획한 배색만 활용하자니 디자인이 단조롭게 보이거나 품질이 떨어지는 문제가 발생할 수 있습니다. 이럴 때 한 듯 하지 않은 듯 과하지 않게 기본으로 적용한 단색을 기준으로 조금 더 진하거나, 조금 더 밝은 색으로 배색한 그라데이션을 적용하면 한층 고급스러운 디자인을 완성할 수 있습니다. 한 끗 차이로 다름을 느낄 수 있을 것입니다.

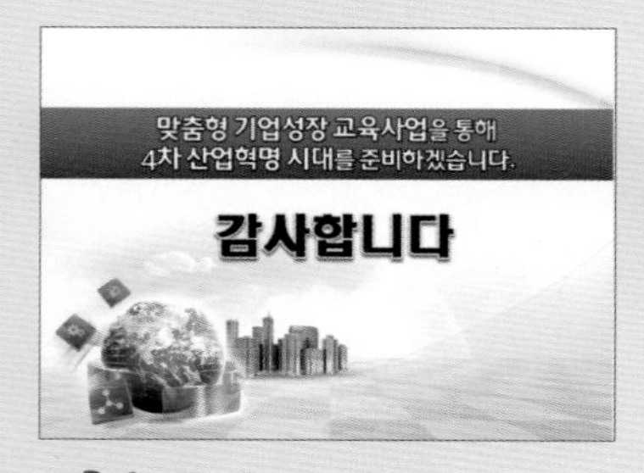

▲ Before

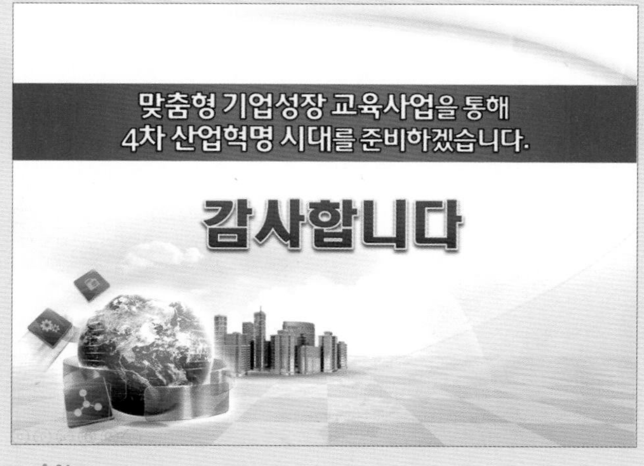

▲ After

01 실습 파일에서 ❶ '감사합니다' 텍스트 상자를 선택한 후 ❷ [서식] 탭 – [WordArt 스타일] 그룹에서 [텍스트 채우기 – 다른 채우기 색]을 선택합니다.

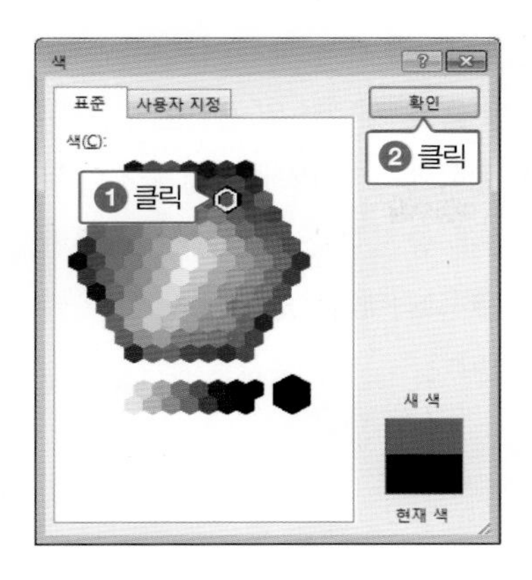

02 색 대화상자가 열리면 ❶ **[표준] 탭**에서 전체 슬라이드 분위기에 맞게 파란색 계열을 선택합니다. ❷ [확인]을 클릭합니다.

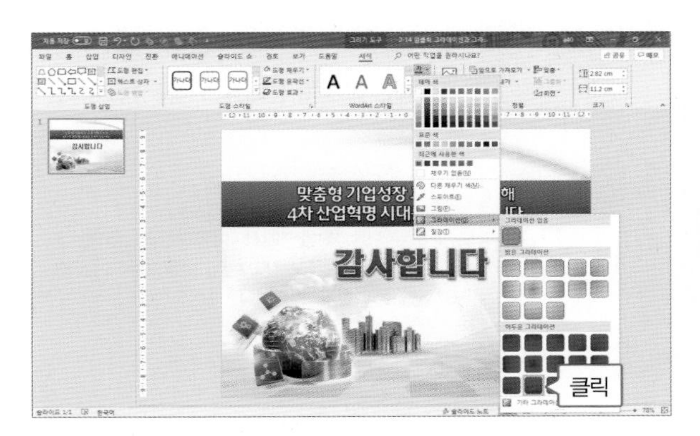

03 그라데이션을 적용하기 위해 **[서식] 탭–[WordArt 스타일] 그룹**에서 **[텍스트 채우기–그라데이션]**을 선택하고 어두운 그라데이션 영역에서 **[선형 위쪽]**을 선택합니다. 처음 적용한 색보다 살짝 진한 색으로 그라데이션이 적용됩니다.

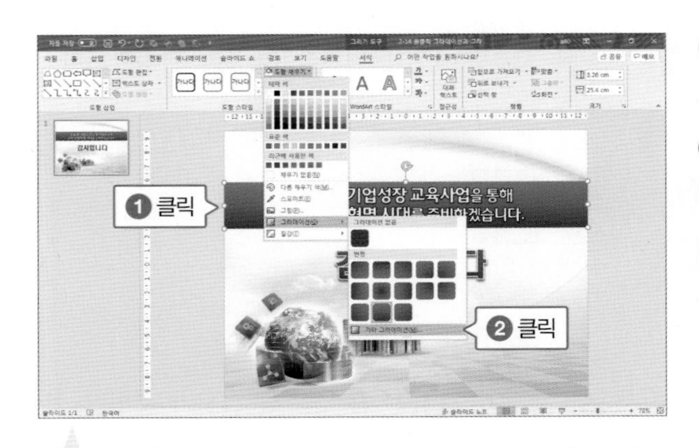

04 중지점을 활용하여 이미 적용된 그라데이션을 편집하겠습니다. ❶ 그라데이션이 적용된 회색 사각형을 선택하고 ❷ **[서식] 탭–[도형 스타일] 그룹**에서 **[도형 채우기–그라데이션–기타 그라데이션]**을 선택합니다.

깨알 TIP 회색 사각형에는 이미 그라데이션이 적용되어 있으므로, 사각형에서 마우스 오른쪽 버튼을 클릭한 후 [도형 서식]을 선택해서 도형 서식 패널을 표시한 후 편집해도 됩니다.

05 도형 서식 패널이 열리면 ❶ **[도형 옵션–채우기 및 선] 탭**의 **[채우기] 항목**에서 그라데이션 중지점의 가운데 중지점을 클릭해서 선택한 후 ❷ **[그라데이션 중지점 제거]**를 클릭합니다.

06 이번에는 왼쪽 중지점을 클릭한 후 색의 RGB 값을 [42, 144, 224], 위치를 [30%]로 설정합니다.

> **깨알 TIP** 색 옵션에서 [다른 색]을 선택한 후 색 대화상자의 [사용자 지정] 탭을 이용해 RGB 값을 입력할 수 있습니다.

07 계속해서 오른쪽 중지점을 선택한 후 색의 RGB 값을 [32, 110, 173], 위치를 [80%]로 설정합니다.

08 끝으로 색 변화가 중앙을 기준으로 변화되도록 종류를 **[방사형]**으로 설정해서 완성합니다.

CHAPTER 2

032 경계선이 명확한 그라데이션

도형으로 핵심 내용 표현하기

실습 파일 2-11 극단적인 색 변화 그라데이션_실습.pptx

그라데이션은 통상적으로 자연스럽게 색이 변하는 것이라고 생각합니다. 하지만 중지점을 잘 조정하면 경계선이 명확하게 구분되는 그라데이션을 만들 수 있습니다. 경계선이 될 부분에서 두 개의 중지점의 간격을 협소하게 조정하면 됩니다. 이렇게 하면 하나의 도형이지만 마치 두 개의 도형을 나란히 배치한 것처럼 특별한 디자인을 완성할 수 있습니다.

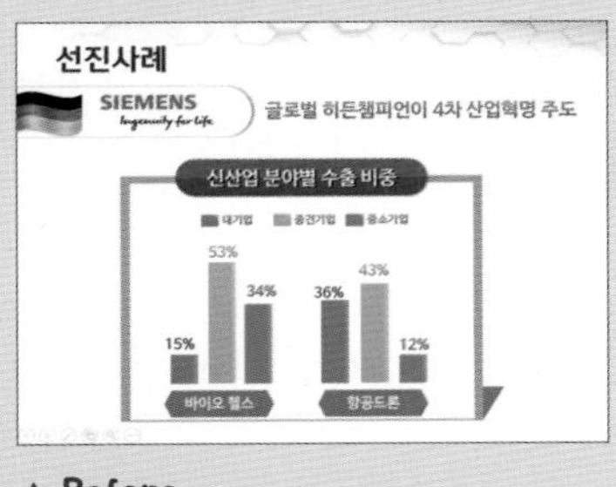

▲ Before

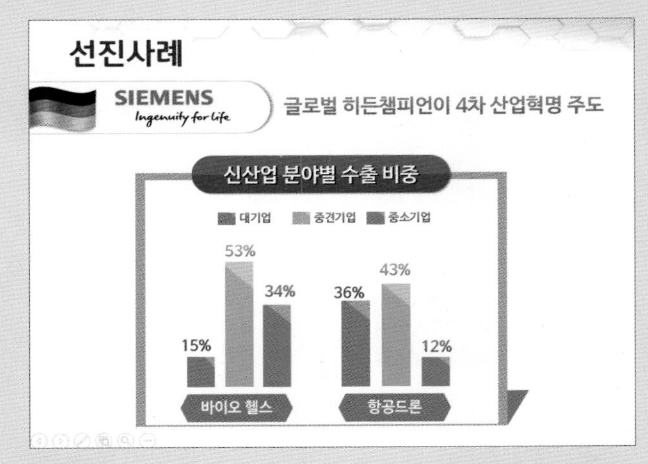

▲ After

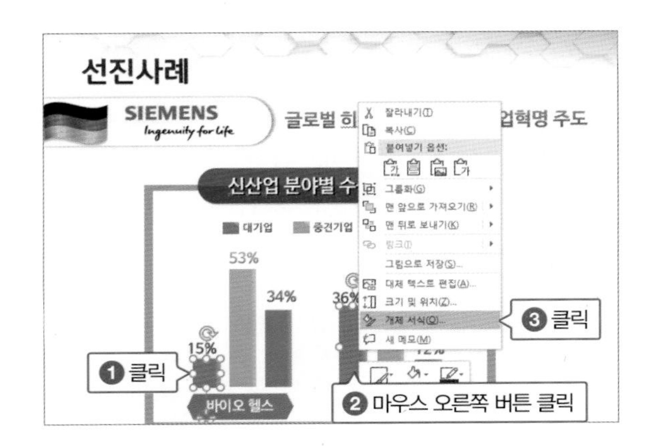

01 실습 파일을 열면 그라데이션이 적용된 막대 차트가 배치되어 있습니다. ❶ 차트에서 파란색 막대 두 개를 선택하고 ❷ 마우스 오른쪽 버튼을 클릭한 후 ❸ **[개체 서식]**을 선택합니다.

02 도형 서식 패널의 **[채우기] 항목**이 열립니다. 그라데이션 중지점에서 오른쪽 중지점을 선택하고 위치를 **[83%]**로 설정합니다. 두 중지점이 밀착됩니다. 이어서 각도를 **[315]**로 설정하여 다음과 같이 사선 형태의 그라데이션을 완성합니다.

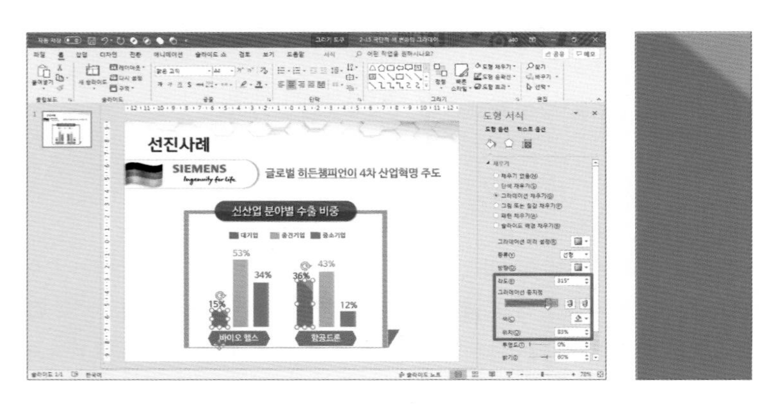

03 나머지 막대도 각각 선택해서 중지점 위치와 각도를 조정하여 다음과 같이 완성합니다.

실무자 TALK

위 실습과 같은 극단적인 변화는 평면 도형뿐만 아니라 아래와 같이 정육면체나 원통 같은 기본으로 제공되는 입체 도형에서 적용하면 또 다른 느낌을 연출할 수 있습니다. 또한 다음 차트 아래쪽에 있는 막대처럼 디자인적으로 활용할 수도 있습니다.

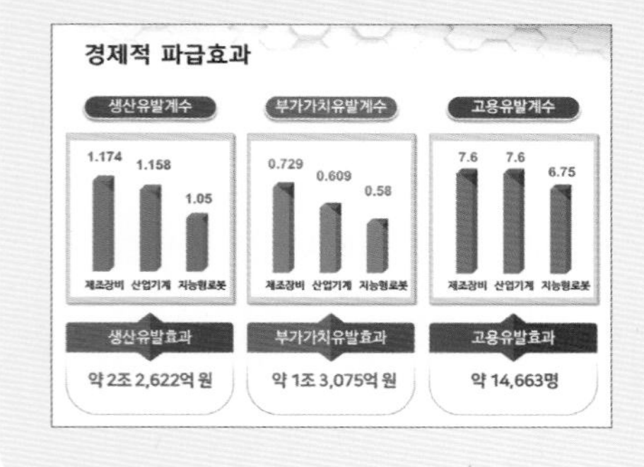

CHAPTER 2

036 상호 순환 구조를 나타내기 유용한 반쪽 화살표 만들기

도형으로 핵심 내용 표현하기

빼기 기능은 도형 병합 기능 중 가장 많이 사용하는 기능입니다. 빼기 기능은 두 개의 도형 중 첫 번째 선택한 도형에서 두 번째 선택한 도형과 겹친 부분을 잘라내는 기능입니다. 아래 예시를 보면 화살표가 반쪽씩 배치되어 순환 구조를 표현하고 있습니다. 양방향 화살표를 배치하는 것보다 의미 전달 측면에서 좀 더 확실하며, 디자인적으로도 훌륭해 보입니다. 또한 양방향 화살표보다 공간을 덜 쓰는 이점도 있습니다.

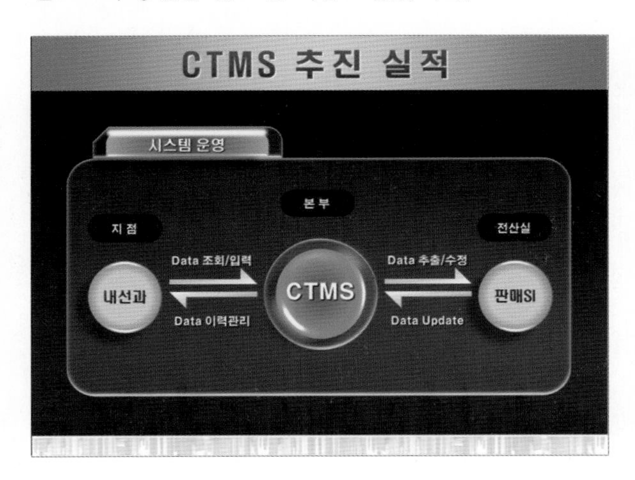

위 예시에서 사용한 반쪽 화살표 도형이 바로 빼기 기능을 이용해서 만든 사례입니다. 화살표와 직사각형 도형을 준비해서 화살표의 절반이 가려지도록 배치합니다. 화살표를 먼저 선택한 후 직사각형을 선택합니다. **[서식] 탭-[도형 삽입] 그룹**에서 **[도형 병합-빼기]**를 선택하여 반쪽 화살표를 완성합니다.

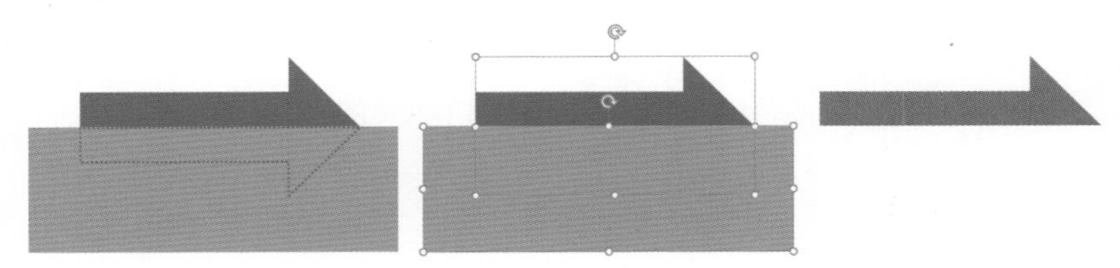

CHAPTER 2

037 디자인 진행 중 급히 변경이 필요할 때 효과적인 도형 병합

도형으로 핵심 내용 표현하기

실습 파일 2-14 도형 병합 기능 원하는 모양 만들기_실습.pptx

도형 병합은 기존에 없는 다양한 새로운 형태의 도형을 만들 때 사용하는 기능입니다. 병합 기능을 적절하게 활용하면 디자인 작업 효율도 높일 수 있습니다. 예를 들어 디자인을 거의 완성했는데, 갑작스럽게 도형의 모양을 변경해야 한다면 어떻게 할까요? 해당 도형을 지우고, 새로운 도형을 추가한 후 배치 등을 재조정해야 할 것입니다. 하지만 도형 병합 기능을 이용하면 기존 개체와 배치를 유지한 채 원하는 형태로 모양을 바꿀 수도 있습니다.

▲ Before

▲ After

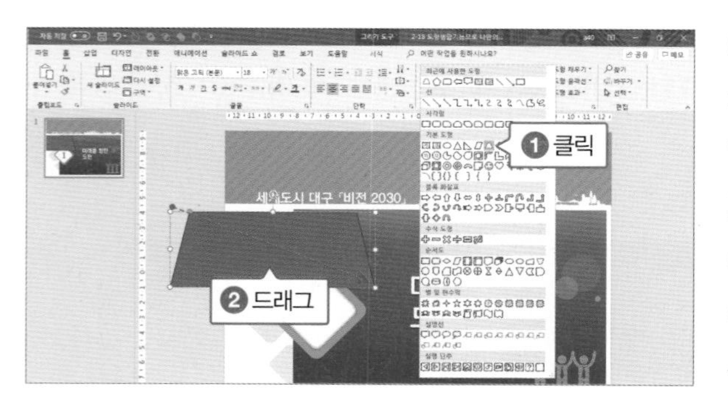

01 실습 파일을 열면 왼쪽 숫자와 배경 배치가 어울리지 않아 보입니다. ❶ **[홈] 탭-[그리기] 그룹**에서 도형 목록을 펼치고 기본 도형 영역에서 **[사다리꼴]**을 선택한 후 ❷ 슬라이드 영역에서 드래그하여 사다리꼴을 그립니다.

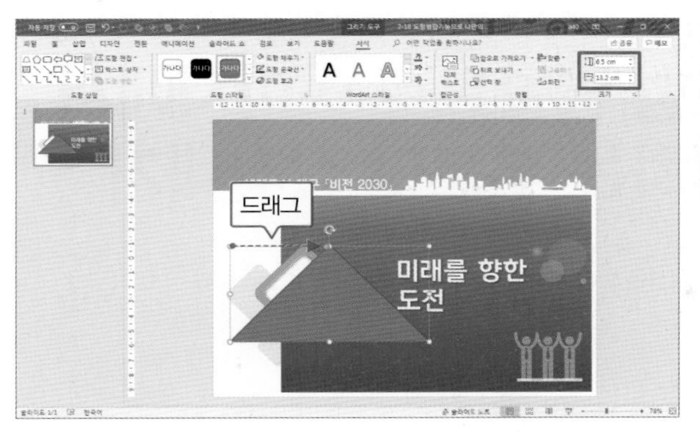

02 추가한 사다리꼴을 선택한 후 **[서식] 탭-[크기] 그룹**에서 높이를 [6.5 cm], 너비를 [13.2 cm]로 설정하여 크기를 조정합니다. 사다리꼴 상단에 있는 모양 조정 핸들을 오른쪽으로 드래그하여 윗변이 매우 좁은 사다리꼴로 만듭니다.

03 ❶ Shift를 누른 채 도형 상단에 있는 회전 핸들을 오른쪽 시계 방향으로 90도 회전한 후 다음과 같이 배치합니다. ❷ 그라데이션이 적용되어 있는 직사각형을 선택한 후 ❸ Shift를 누른 채 사다리꼴을 선택합니다. ❹ **[서식] 탭-[도형 삽입] 그룹**에서 **[도형 병합-빼기]**를 선택합니다.

04 직사각형에서 사다리꼴 부분이 제거되면서 전체적으로 조화로운 배치가 완성되었습니다.

CHAPTER 2

038 도형 병합으로 이미지에서 원하는 부분만 잘라내기

도형으로 핵심 내용 표현하기

실습 파일 2-15 도형 병합을 마스크처럼 활용하기_실습.pptx

파워포인트 2013 버전부터는 도형과 이미지 간 도형 병합 기능을 사용할 수 있습니다. 이 기능으로 인해 이미지에서 사용자가 원하는 형태만 남기는 방법을 활용할 수 있게 되었습니다. 그래픽 프로그램에서 마스크와 같은 기능입니다.

▲ Before

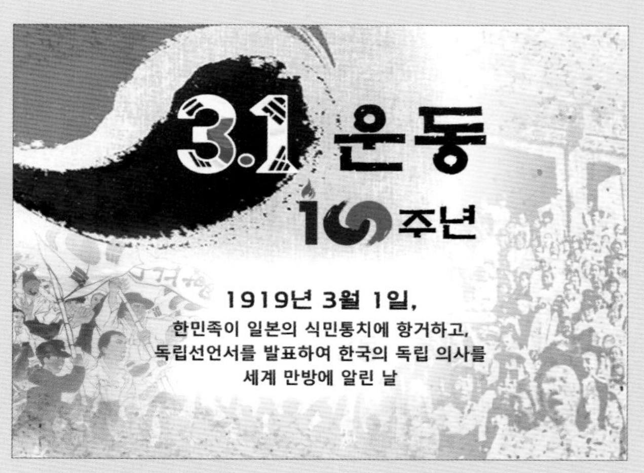

▲ After

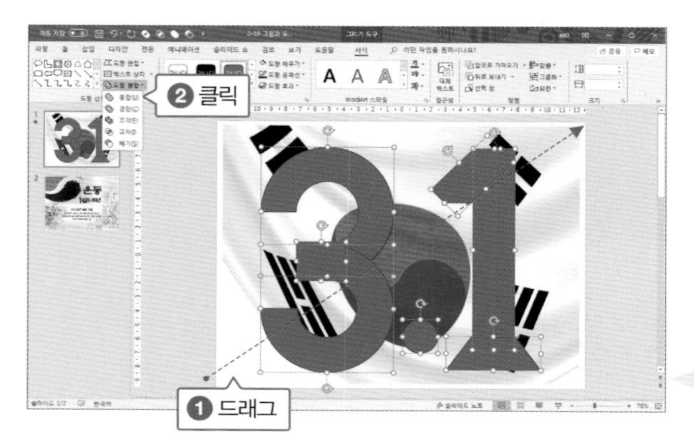

01 실습 파일을 열고 1번 슬라이드에서 ❶ '3.1'을 표현한 모든 도형을 선택한 후 ❷ **[서식] 탭-[도형 삽입] 그룹**에서 **[도형 병합-통합]**을 선택해서 하나의 개체로 통합합니다.

깨알 TIP 실습 파일의 '3.1'은 텍스트가 아닌 여러 도형을 결합하여 만든 형태입니다. 실습할 기능은 텍스트를 이용해도 가능합니다. 하지만 여기서는 원하는 모양으로 글자를 표현하기 위해 도형을 이용해 만들었습니다.

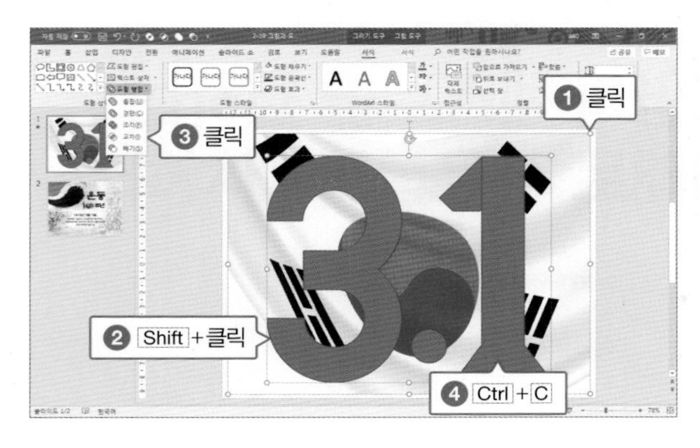

02 ❶ 태극기 이미지를 선택한 후 ❷ Shift 를 누른 채 '3.1' 도형을 선택합니다. ❸ **[서식] 탭-[도형 삽입] 그룹**에서 **[도형 병합-교차]**를 선택합니다. '3.1' 도형에 해당하는 부분만 태극기 이미지가 남습니다. ❹ 그대로 Ctrl+C를 눌러 복사합니다.

03 ❶ 2번 슬라이드를 선택하고 ❷ Ctrl+V를 눌러 복사한 이미지를 붙여 넣은 후 크기 및 서식을 보기 좋게 정리합니다.

실무자 TALK

여러 개체 선택하기

여러 개체를 한 번에 선택할 때는 범위를 드래그해서 선택합니다. 이때 범위 안에 개체가 완전히 포함되어야만 선택됩니다.

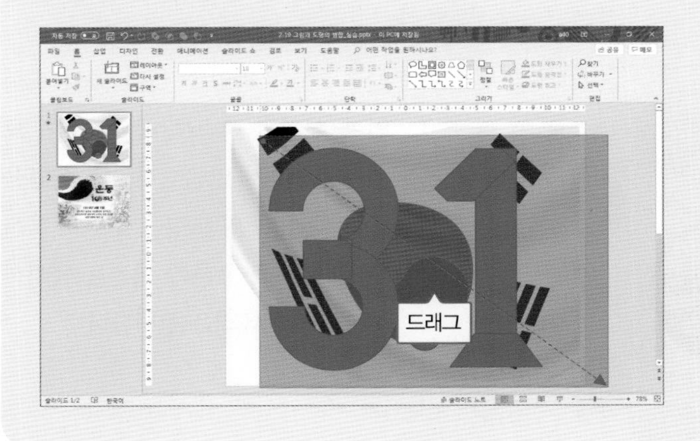

CHAPTER 2

039 도형의 텍스트를 원하는 형태로 자유롭게 배치하기

도형으로 핵심 내용 표현하기

실습 파일 2-16 도형의 텍스트 배치_실습.pptx

도형 안에 텍스트를 직접 입력할 때 텍스트의 배치에 대해 불만족스러운 경우가 있습니다. 여백을 조정해도 해결되지 않거나 도형의 형태를 벗어난 자유로운 레이아웃으로 배치하고 싶다면 도형의 텍스트 배치 기능을 해제하면 됩니다.

▲ Before

▲ After

01 실습 파일을 열면 회색 도형 안에 배치된 텍스트 레이아웃이 보기에 썩 좋지 않습니다. ❶ Ctrl을 누른 채 10개의 도형을 모두 선택한 후 ❷ 마우스 오른쪽 버튼을 클릭하고 ❸ **[개체 서식]**을 선택합니다.

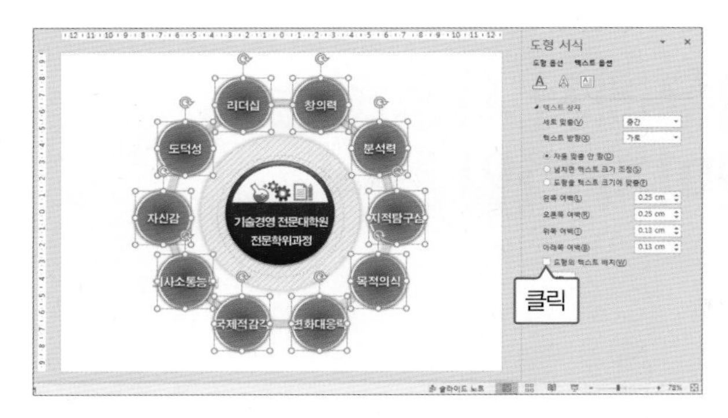

02 도형 서식 패널이 열리면 **[텍스트 옵션-텍스트 상자] 탭**에서 **[도형의 텍스트 배치]**의 체크를 해제합니다. 도형에 배치된 텍스트가 모두 일렬로 나열됩니다.

03 이제 도형의 형태와 상관없이 자유롭게 텍스트를 배치할 수 있습니다. 텍스트 사이에 적당한 위치에서 **Enter**를 눌러 보기 좋게 텍스트 배치를 완성합니다.

CHAPTER 2

040 실무에서 사용하는 이미지 파일 형식

프레젠테이션 전달력을 높여 주는 이미지 사용

프레젠테이션에서 활용할 수 있는 이미지(그림) 파일에는 매우 다양한 파일 형식(포맷)이 있습니다. 하지만 실무에서 가장 많이 사용하는 이미지 파일은 jpg, png, wmf 정도입니다. 이미지 파일은 크게 비트맵과 벡터로 나눌 수 있으며, 이에 따라 이미지 파일을 활용하는 방법에 차이가 있습니다. 본격적으로 이미지를 활용하기에 앞서 다양한 파일 형식과 그 특징을 알아 두는 것이 좋습니다.

파일 형식	색 지원	특징 및 파워포인트에서 활용하는 방법
jpg	비트맵 (24bit)	투명한 배경 지원하지 않음. 파워포인트에 액자 틀과 같은 형태 혹은 부드러운 가장자리로 활용.
png	비트맵 (24bit)	투명한 배경 지원. 프레젠테이션 내용을 뒷받침해 주는 보조 이미지 혹은 픽토그램 그래프 형태로 활용.
gif	비트맵 (8bit)	투명한 배경 지원. 256색만 지원하므로 간단한 형태의 이미지에 적합하며, 화질 손실 없이 표현. 움직이는 이미지를 웹에서 구현할 때 유용.
wmf	벡터 (16bit)	주로 벡터 도형 이미지를 표현할 때 사용. 주로 일러스트 이미지처럼 보이나, 비트맵 이미지처럼 정교하게 표현하기도 함. 파워포인트에서 그룹 해제 후 도형 개체로 변경하여 2차 활용 가능.
eps	벡터	wmf와 같은 벡터 방식으로 고품질의 인쇄용 파일을 만드는 데 적당한 포맷. 파워포인트에서는 wmf 파일이 더욱 안정적임.

이미지 파일 형식별 활용 사례

대체로 비트맵 이미지는 실사 느낌이어서 현실감이 높고, 벡터 이미지는 정교한 작품이 많긴 하지만 자세히 살펴보면 일러스트임을 금세 식별할 수 있습니다.

- **jpg(비트맵):** 실사 느낌이지만 투명 배경을 지원하지 않아, 직사각형 형태인 기본 이미지를 그대로 적용하거나 각종 꾸밈 효과 및 아이디어를 더해 활용합니다.

≫ 다양한 jpg 이미지

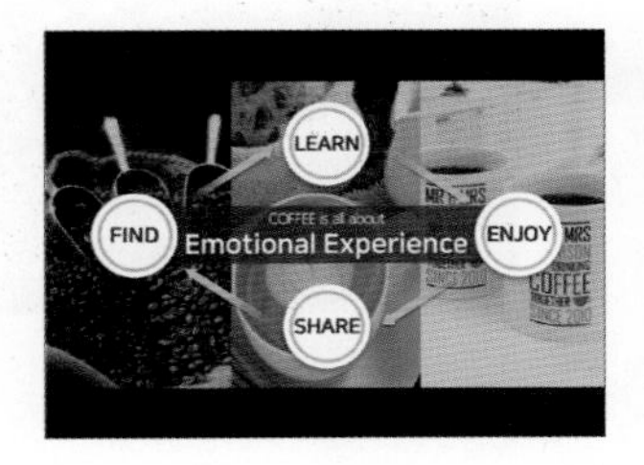

≫ 슬라이드 배경에 활용한 jpg 이미지

- **png(비트맵):** 투명한 배경을 지원하므로 슬라이드 빈 여백에 이미지를 배치해서 활용하거나 png 이미지를 조합해서 보조 이미지로 활용하기 좋습니다.

≫ 다양한 png 이미지

≫ 보조 이미지로 활용한 png 이미지

- **wmf(벡터):** 일러스트 이미지로, 요즘에는 높은 품질의 실사처럼 보이는 벡터 이미지도 많습니다. 투명한 배경을 지원하므로 두 개 이상의 이미지를 조합해서 사용할 수 있으며, 그룹 해제하여 일반 도형 개체처럼 사용할 수 있는 이미지도 있습니다. 또한 도형 서식을 이용해서 이미지의 일부의 색상을 변경할 수도 있습니다.

≫ 다양한 wmf 이미지

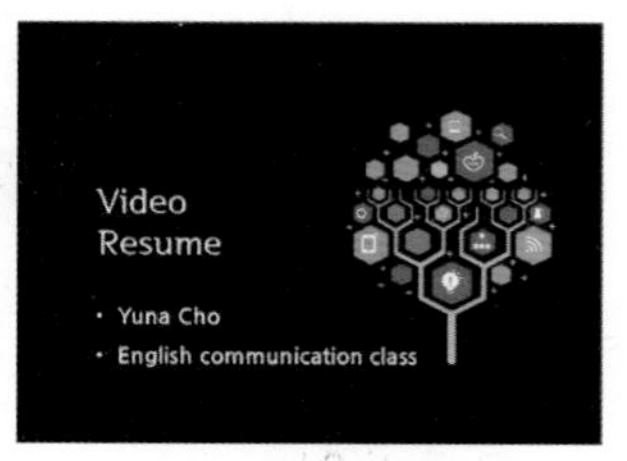

≫ 보조 이미지로 활용한 wmf 이미지

벡터와 비트맵의 활용과 구분

최근 디자인 트렌드는 '단순함'입니다. 그러다 보니 실사보다 각종 아이콘 이미지를 주로 활용합니다. 이러한 아이콘 이미지는 제작 당시 대부분 벡터 이미지로 만들지만 이후 저장 과정에서 벡터 상태를 유지하지 않고, png 등의 비트맵 이미지로 저장하곤 합니다. 이러한 아이콘 이미지를 활용하는 과정에서 벡터인지, 비트맵인지에 따라 색을 변경하는 방법에 차이가 있습니다. 벡터 이미지라면 그룹 해제 후 도형의 채우기 색을 변경하면 되지만, 비트맵 이미지는 그림 서식을 이용하기 때문입니다. 아래 이미지 예시를 보면 모두 벡터처럼 보이지만 실제 왼쪽 이미지는 비트맵이며, 오른쪽은 벡터입니다.

≫ 육안으로 구분할 수 없는 비트맵과 벡터 이미지

이렇게 눈으로만 봐서는 식별하기 어렵다면 이미지를 선택하고 Ctrl + Shift + G를 눌렀을 때 다음 예시와 같이 그룹 해제가 되는지 살펴보면 됩니다. 그룹이 해제된다면 벡터 이미지이므로 도형 서식을 이용할 수 있습니다.

≫ 그룹 해제된 벡터 이미지

CHAPTER 2

041 프레젠테이션의 전달력을 더하는 이미지 선택 방법

프레젠테이션 전달력을 높여 주는 이미지 사용

프레젠테이션을 준비하면서 온통 텍스트만으로 구성된 슬라이드만 있다면, 원하는 바를 온전하게 전달하기 어려울 것입니다. 그러므로 텍스트와 함께 적절한 이미지를 활용해 시각적으로 전달력을 높이는 것이 좋습니다.

적절한 이미지 선택하기

텍스트와 이미지를 함께 활용하라고 해서 아무 이미지나 사용하면 안 되겠죠? 대부분 프레젠테이션 자료를 준비하면서 어떤 이미지를 활용할지 고민해 봤을 것입니다. 여기서 그 고민에 대한 모범 답안을 제시해 보려고 합니다.

- 첫째, 무작정 예쁜 이미지가 아닌 주제와 부합하는 이미지를 고르라.
- 둘째, 선택한 이미지가 여러 개라면 전체 분위기에 맞는 이미지를 선택하라.
- 셋째, 이미지를 삽입할 여유 공간의 크기 및 위치에 맞게 이미지 파일 형식을 선택하라.

슬라이드에 배치할 이미지를 검색하면 키워드에 따라 수를 헤아릴 수 없이 많은 이미지가 검색됩니다. 이 중 어떤 이미지를 넣을지에 대한 100% 확실한 정답은 없습니다. 하지만 최대한 의미 전달에 충실하며, 전체 분위기에 잘 어울리는 이미지를 선택하는 것이 좋습니다.

예를 들어 다음 이미지는 제안서 표지 슬라이드 디자인입니다. 슬라이드에 사용한 이미지는 드론과 3D 프린터로 제목으로 뽑을 수 있는 단순한 이미지처럼 보입니다. 하지만 실제 포털 사이트에서 '드론'이라는 키워드로 검색해 보면 수많은 드론 이미지가 나타납니다. 과연 어떤 드론 이미지가 적합할까요? 우선은 누가 봐도 드론처럼 보이는 이미지를 선택하는 건 기본 중에 기본일 겁니다. 그 다음에는 예쁜 이미지도 중요하지만, 드론과 함께 배치할 3D 프린터 이미지와 서로 잘 어울리는지도 고려해야 합니다. 예를 들어 색감이나 방향, 원근감 등이 일치해야 함께 배치했을 때 어색함이 없을 것입니다.

추상적이거나 복합 키워드에 맞는 이미지

사실 드론이나 3D 프린터처럼 키워드가 명확한 이미지는 찾기 쉬운 편입니다. 요즘 많이 사용하고 있는 클라우드 서비스를 표현할 때도 구름 이미지를 사용하여 비교적 표현할 수 있습니다. 문제는 추상적인 키워드입니다. 예를 들어 '협력'이라면 악수하는 이미지 혹은 퍼즐 맞추는 이미지가 적당하겠지만, '산업간 협력'이라면 어떤 이미지를 사용해야 할까요?

» '협력'을 표현하는 이미지 사례

텍스트 자체를 1차원적으로 해석해서 악수하는 손 양쪽에 산업 관련 이미지를 배치하는 방법으로 표현할 수 있을 것입니다. 하지만 이는 누구나 사용할 법한 다소 낮은 수준의 표현이라고 할 수 있습니다. 그보다는 협력을 '네트워크'로 확대 해석하여 다음 예시처럼 다양한 산업이 서로 연결되어 상생하는 듯한 느낌으로 표현할 수 있을 것입니다. 약간은 과장이라고 할 수 있지만 제안서와 같은 프레젠테이션에서 품위를 높이고, 통상적으로 무리 없이 의미를 전달할 수 있다면 좋은 이미지 활용 사례가 될 것입니다.

≫ 산업간 협력을 표현한 이미지

간혹 키워드가 두 개 이상의 단어가 결합된 합성어라면 크게 고민할 필요 없이 각 단어에 맞는 이미지를 찾아 배치하는 다소 1차원적인 방법이 해결 방법일 때도 있습니다. 몇 가지 사례를 살펴보겠습니다.

- **문서 감정:** 문서 감정이라는 키워드에서 문서는 서류 관련 이미지를, 감정은 돋보기 이미지를 각각 준비해서 겹쳐 배치했습니다.

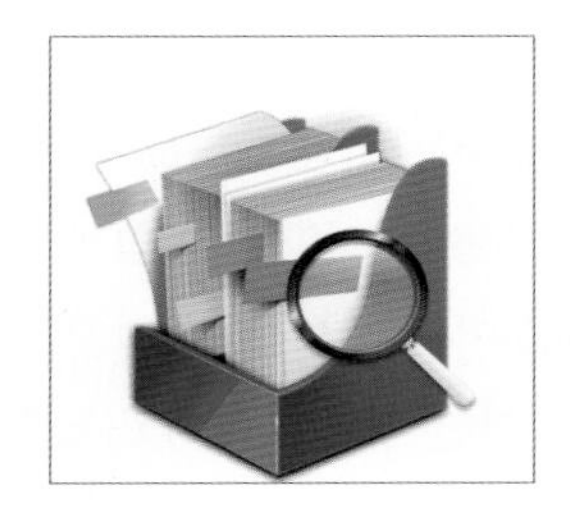

- **클라우드 기반 네트워크 서비스:** 클라우드는 구름 이미지로 나타내고 네트워크는 컴퓨터 네트워크 관련 이미지로 나란히 배치하고, 화살표를 추가하여 표현했습니다.

이미지를 잘못 사용한 사례

제안서와 같은 문서에서 이미지를 사용할 때 통상적으로 쓸 만한 것과 사용해도 될 듯 보이나 사용하지 않는 편이 나은 것이 있습니다. 예를 들어 아래 이미지는 '친환경'을 표현하는 데 전혀 손색이 없는 이미지입니다.

하지만 다음과 같은 실제 사용되는 로고 이미지를 넣는 것은 주의해야 합니다. 제안서에서 전달하고자 하는 내용은 친환경적인 사업을 의미하는 것인데, 친환경 로고를 사용함으로써 자칫 해당 인증을 받은 것이라는 오해를 불러일으킬 수도 있습니다.

≫ 친환경 로고

또 다른 잘못된 사례를 한 가지 더 살펴보겠습니다. 예를 들어 '세계 전통 의약 엑스포' 유치 제안서 표지를 제작한다고 하면 어떤 이미지를 사용하는 게 좋을까요? '전통 의약'하면 쉽게 떠오르는 이미지는 인삼, 한약재, 한약 꾸러미 등일 겁니다. 여기서 인삼 이미지를 활용하면 어떨까요? 아무리 인삼이 대표적인 전통 의약재지만 그 자체로도 매우 명확한 의미를 가지고 있습니다. 그러므로 인삼 이미지를 활용하면 자칫 인삼이 주를 이루는 것으로 착각할 수 있습니다. 혹시라도 의미 전달을 방해한다면 사용하지 않는 것이 좋습니다. 여기서는 누가 보더라도 전통 의약임을 인지할 수 있고, 디자인적으로도 전통을 살릴 수 있는 약탕기를 활용하면 좋을 것 같습니다.

≫ 전통 의약 관련 제안서 활용 이미지

부드러운 가장자리 기능에 어울리는 배경색

부드러운 가장자리 기능을 사용할 때는 반드시 배경색을 고려해야 합니다. 예를 들어 아래 두 개의 이미지를 보면 왼쪽 이미지는 밝은 편이고, 오른쪽 이미지는 어두운 편입니다. 이 이미지에 각각 부드러운 가장자리 기능을 적용한 후 배경에 배치한다면 어떤 배경색이 어울릴까요?

밝은 이미지라면 밝은 배경이, 어두운 이미지라면 어두운 배경에 더 잘 어울립니다. 만약 서로 반대 느낌의 배경색에 배치한다면 이질감이 느껴지며 보기에도 썩 좋지 않게 됩니다.

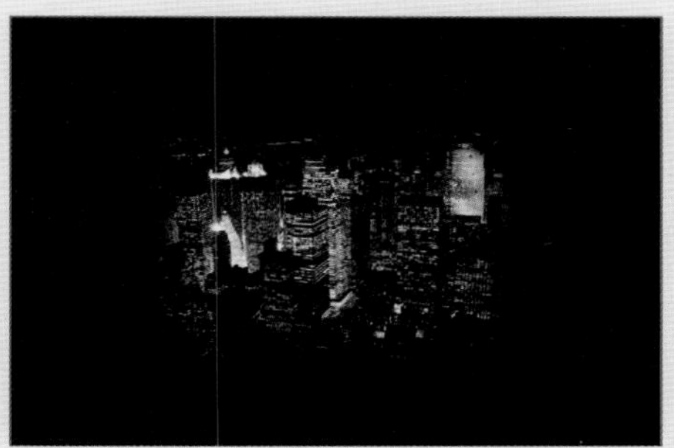

CHAPTER 2

044 내용의 전달력을 높여 줄 보조 이미지 삽입하기

프레젠테이션 전달력을 높여 주는 이미지 사용

실습 파일 **3-2 보조 이미지 배치하기_실습.pptx, 3-5-1.png ~ 3-5-11.png**

처음부터 배경이 투명한 이미지는 대부분 파일 형식이 png입니다. 그러므로 이미지를 검색할 때 파일 형식을 png로 설정한 후 검색하면 배경이 투명한 이미지를 좀 더 쉽게 구할 수 있습니다. 배경이 투명한 이미지는 서로 겹쳐서 표현하기도 하고 텍스트 등과 함께 배치하여 전달력을 높이는 보조 이미지로 활용합니다.

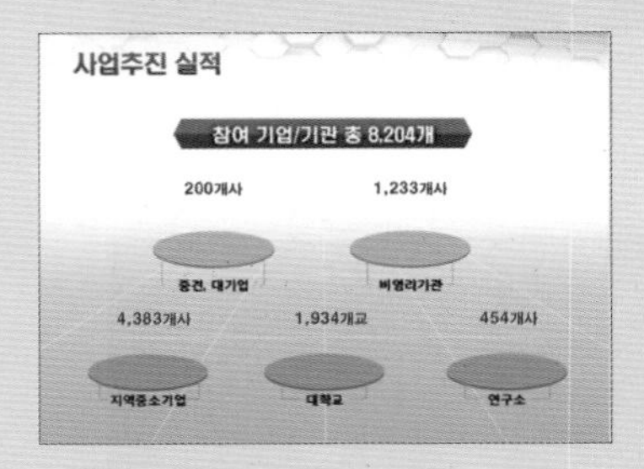

▲ Before

▲ After

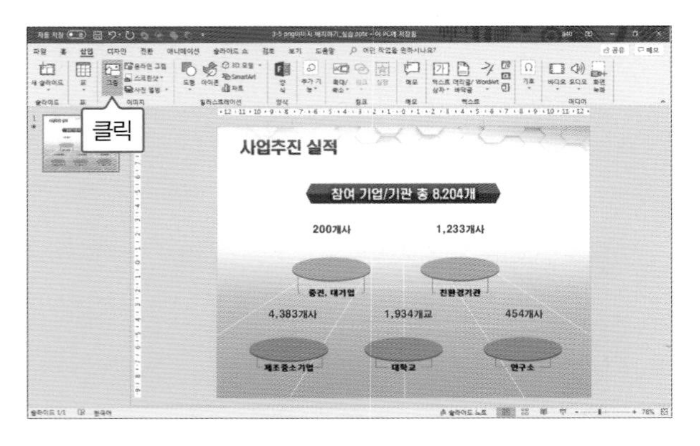

01 실습 파일을 보니 원형 이미지와 텍스트 개체만으로 내용이 부실해 보입니다. **[삽입] 탭-[이미지] 그룹**에서 **[그림]**을 클릭합니다.

02 그림 삽입 대화상자에서 ❶ 실습 파일 중 [3-5-1.png]와 [3-5-2.png]를 선택하고 ❷ [삽입]을 클릭합니다.

03 삽입한 이미지의 크기 조절 핸들을 드래그하여 크기를 줄이고, 다음과 같이 첫 번째 도형 개체 위에 배치합니다.

> **깨알 TIP** 많은 이미지를 한 번에 선택해서 삽입할 수 있지만, 그랬다간 오히려 슬라이드 내에서 원하는 이미지를 찾거나 선택하기 어려워 작업 시간이 더 많이 소요될 수 있습니다. 그러므로 필요한 이미지부터 하나둘씩 선택해서 삽입하는 것이 좋습니다.

04 계속해서 **[삽입] 탭-[이미지] 그룹**에서 **[그림]**을 클릭하고 [3-5-3.png, 3-5-4.png], [3-5-5.png, 3-5-6.png, 3-5-7.png], [3-5-8.png, 3-5-9.png], [3-5-10.png, 3-5-11.png]를 각각 삽입해서 다음과 같이 배치합니다.

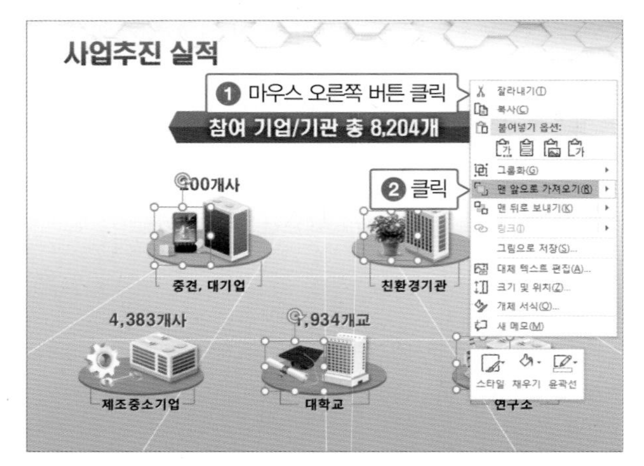

05 이미지를 겹쳐서 배치하다 보면 앞뒤 순서가 의도와 다를 수 있습니다. 핸드폰, 화분, 학사모, 현미경 이미지를 선택하고 ❶ 마우스 오른쪽 버튼을 클릭한 후 ❷ **[맨 앞으로 가져오기]**를 선택해 이미지가 겹쳐도 가리지 않도록 조정합니다.

실무자 TALK

실무자를 위한 보조 이미지 활용 Tip

프레젠테이션에서 전달력을 더욱 증진시키기 위한 보조 이미지는 한 개만 단독으로 사용하기도 하지만 두 개 이상을 겹쳐서 사용할 때도 많습니다. 그러므로 투명한 배경을 지원하는 png 이미지가 자주 사용됩니다. 보조 이미지를 사용할 때는 전체적인 조화에 주의해야 합니다. 한정된 공간에 어떻게 배치하는지에 따라 전체 결과물의 완성도가 높아지거나 낮아질 수 있습니다. 아래 예시는 협소한 공간에서 효과적으로 보조 이미지를 활용하고 있습니다.

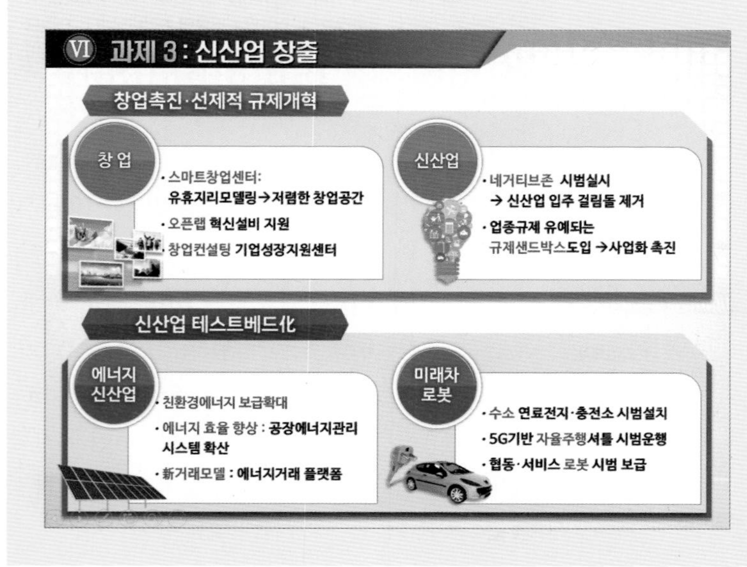

또한 전달하려는 메시지에 부합하는 이미지 선택이 무엇보다 중요합니다. 아래 예시는 전체적으로 색감이 화려하지만 특별히 튀는 이미지 없이 조화롭고, 공간도 효율적으로 사용하고 있습니다. 무엇보다 사용한 이미지가 전달하려는 메시지를 시각적으로 잘 표현하고 있습니다.

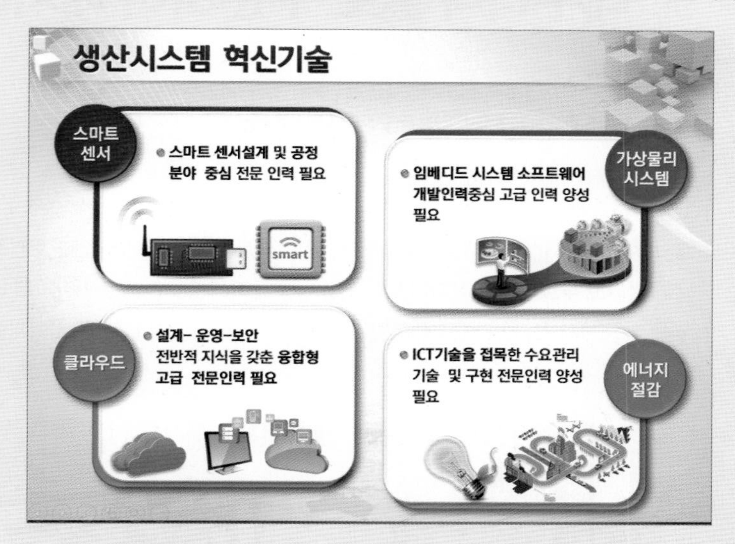

보조 이미지는 슬라이드에서 꼭 필요한 요소가 아니라 어디까지나 보조 역할을 합니다. 그러므로 공간이 없는데도 억지로 이미지를 배치하면 오히려 역효과가 날 수 있으니 주의해야 합니다. 하지만 아래 예시처럼 특정 제품명이거나 확실한 고유명사이지만 생소한 제품이라면 가급적 보조 이미지를 사용하는 것이 좋습니다.

CHAPTER 2

045 실사의 기본 형태를 유지할 때 테두리나 틀로 구분하여 배치하기

프레젠테이션 전달력을 높여 주는 이미지 사용

실습 파일 3-3 폴라로이드 사진틀 만들기_실습.pptx, 3-1-1 피자.png, 3-1-2 압정.png, 3-1-3 텍스트.png

실사와 같은 비트맵 이미지를 배치할 때 기본 형태 그대로 배치하면 다양한 색상이 사용되어 배경과 자연스럽게 어울리지 못할 수 있습니다. 그렇다고 부드러운 가장자리를 사용하자니 어색하게 보인다면 이미지에 테두리를 지정하면 어떨까요? 테두리 기능에서 조금 더 손을 쓴다면 폴라로이드 사진처럼 틀을 만들어 배치할 수도 있습니다.

▲ Before

▲ After

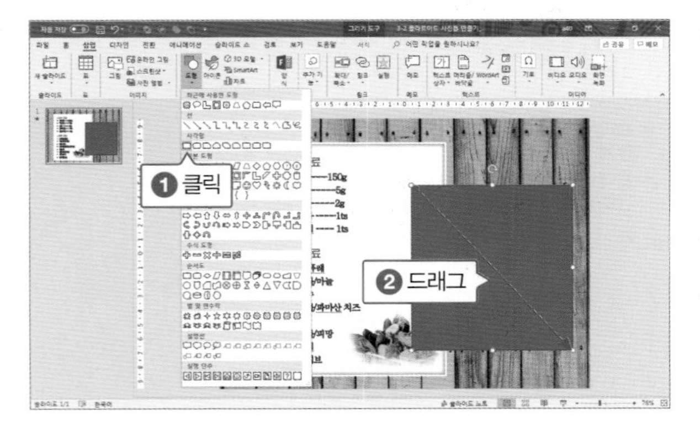

01 실습 파일의 오른쪽 영역이 허전해 보입니다. 여기를 대표 메뉴 사진으로 꾸며 보겠습니다. ❶ **[삽입] 탭 – [일러스트레이션] 그룹**에서 도형 목록을 펼친 후 사각형 영역에서 **[직사각형]**을 선택합니다. ❷ 사진을 배치할 위치에 적당한 크기로 드래그해서 사각형을 그립니다.

02 사각형은 사진의 틀로 사용할 것입니다. 사각형을 선택하고 **[서식] 탭-[도형 스타일] 그룹**에서 ❶ **[도형 채우기-흰색, 배경 1]**, ❷ **[도형 윤곽선-윤곽선 없음]**을 선택합니다.

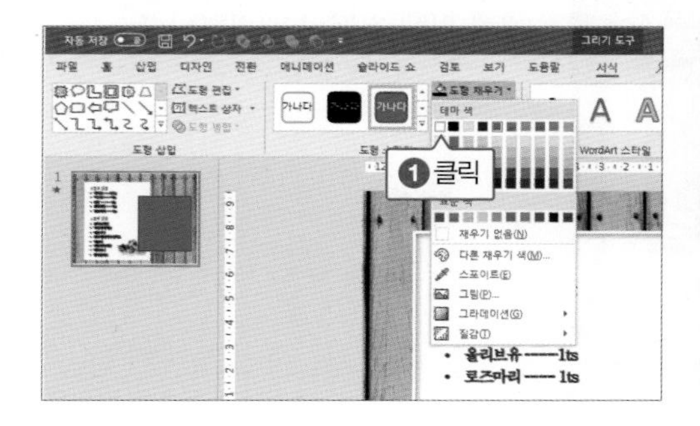

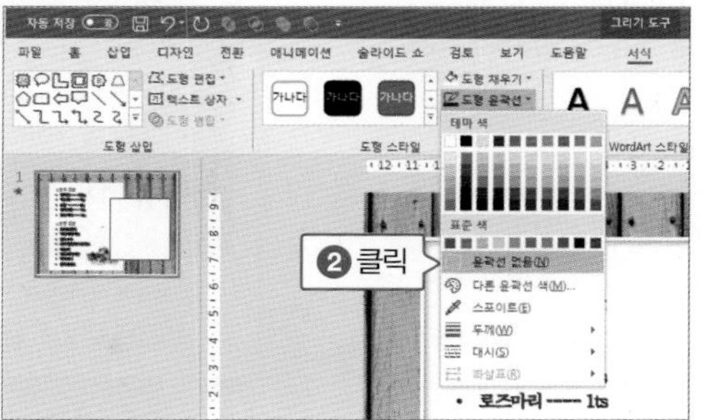

03 **[서식] 탭-[도형 스타일] 그룹**에서 **[도형 효과-그림자-그림자 옵션]**을 선택합니다. 도형 서식 패널이 열리면 미리 설정을 바깥쪽 영역의 **[오프셋: 가운데]**, 투명도를 **[23%]**, 크기를 **[103%]**, 흐리게를 **[13 pt]**로 설정합니다.

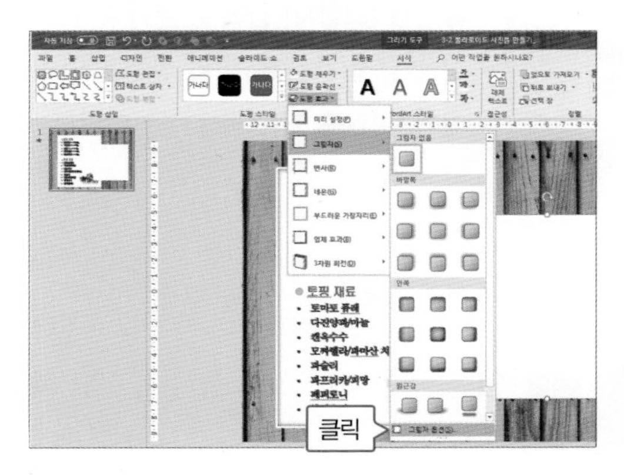

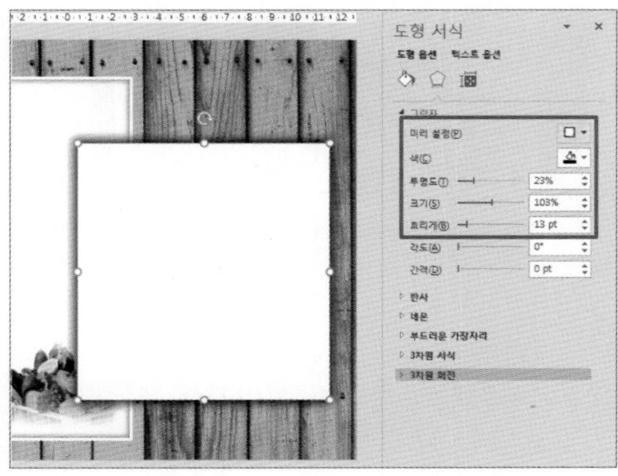

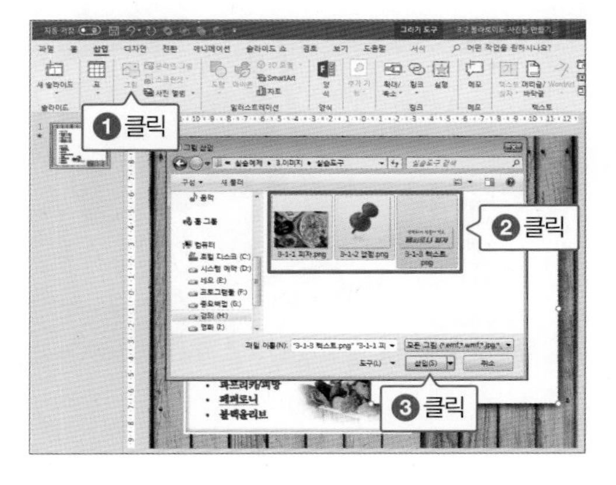

04 ❶ **[삽입] 탭-[이미지] 그룹**에서 **[그림]**을 클릭한 후 ❷ 그림 삽입 대화상자에서 실습 파일 [3-1-1 피자.png, 3-1-2 압정.png, 3-1-3 텍스트.png]를 모두 선택한 후 ❸ [삽입]을 클릭합니다.

05 삽입한 이미지의 크기 및 위치를 조정하여 다음과 같이 사각형 개체 위에 적절히 배치합니다.

06 ❶ 피자 이미지를 선택하고 그림 서식 패널의 **[도형 옵션–효과]** 탭에서 **[그림자] 항목**을 클릭해서 옵션을 펼칩니다. ❷ 미리 설정을 안쪽 영역의 **[안쪽: 가운데]**로 설정합니다.

07 사각형과 삽입한 이미지를 모두 선택한 후 Ctrl+G를 눌러 그룹으로 묶습니다. 상단 회전 핸들을 살짝 드래그해서 기울인 형태로 배치합니다.

다양한 형태로 실사 이미지 배치하기

지금쯤이면 배경에 자연스럽게 어울리는 방법으로 부드러운 가장자리 기능도 사용해 봤고, 테두리도 활용해 봤을 것입니다. 테두리를 적용하는 방법은 도형을 다루면서 소개한 방법과 동일하므로 별도로 설명하지 않아도 아래 예시와 같이 활용하는 데 무리가 없을 것입니다.

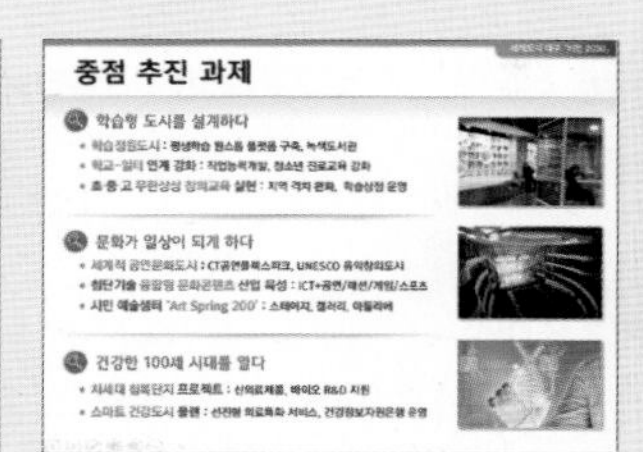

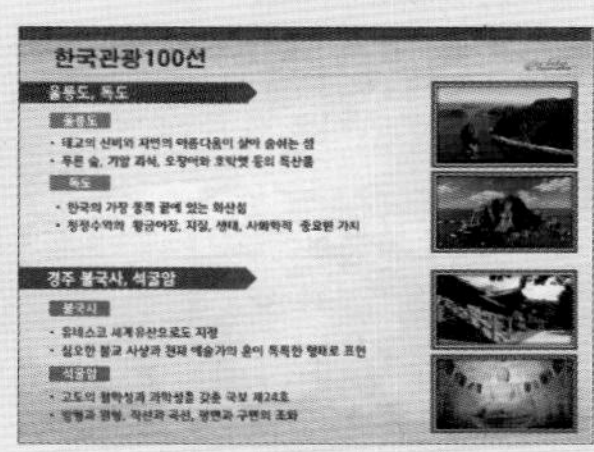

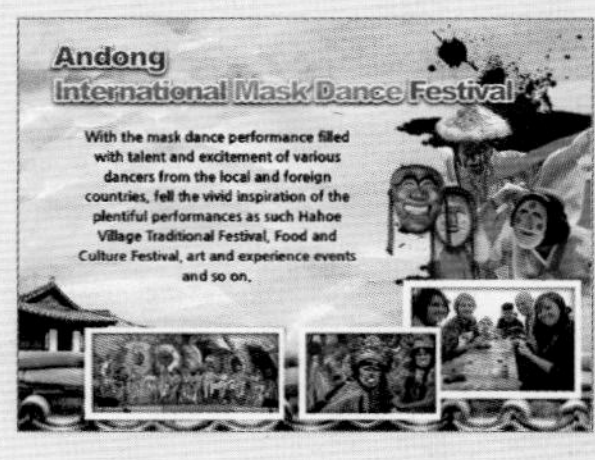

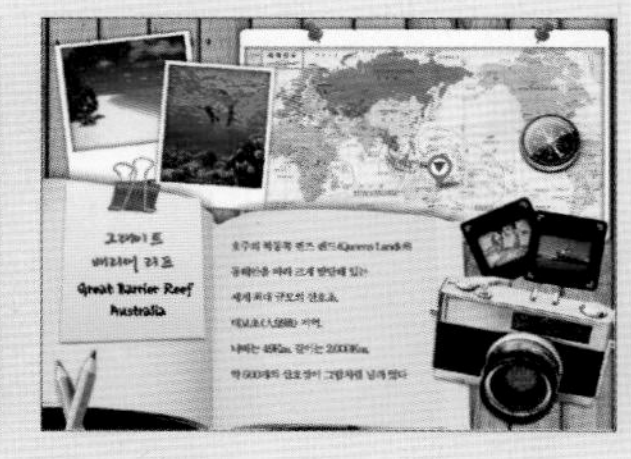

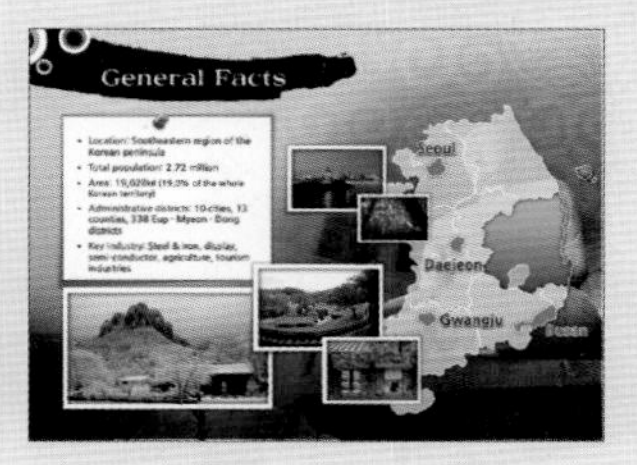

≫ 틀 및 테두리 등 다양한 방법으로 배치한 실사 이미지

테두리나 틀을 이용하는 방법 이외에도 실사 이미지를 특정 도형 형태로 변형하여 배치할 수도 있습니다. 적용 방법은 간단합니다. 실사 이미지를 선택하고 [서식] 탭-[크기] 그룹에서 [자르기-도형에 맞춰 자르기]를 선택한 후 원하는 형태의 도형을 선택하면 됩니다.

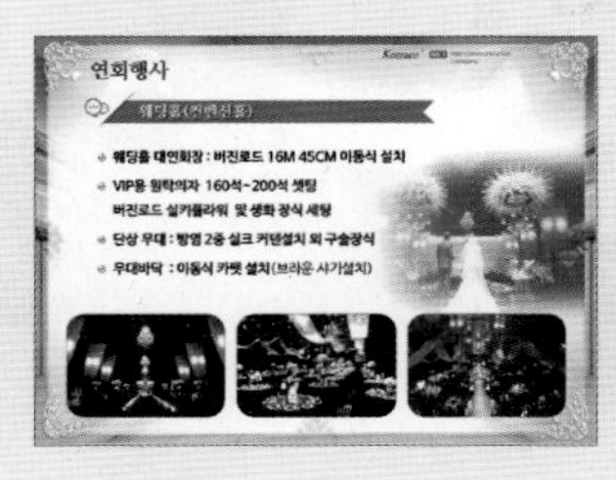

≫ 도형에 맞춰 잘라 배치한 실사 이미지

CHAPTER 2

046 클릭 한 번으로 배경 제거하고 채도 조정하기

프레젠테이션 전달력을 높여 주는 이미지 사용

실습 파일 **3-4 배경 제거하기_실습.pptx**

jpg 파일 형식의 이미지는 투명한 배경을 지원하지 않습니다. 그러므로 다운로드할 때는 배경이 투명해 보일지라도 슬라이드에 배치해 보면 흰색 배경이 표시되는 경우가 많습니다. 배경이 있는 채 이미지를 사용한다면 앞의 실습과 같이 배경에 자연스럽게 어울릴 수 있게 편집되어야 합니다. 배경이 필요 없다면 배경 제거 기능으로 투명하게 제거한 후 사용하면 됩니다.

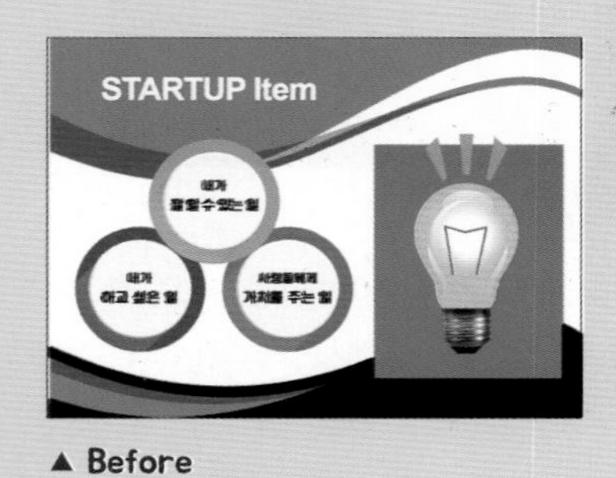

▲ Before

▲ After

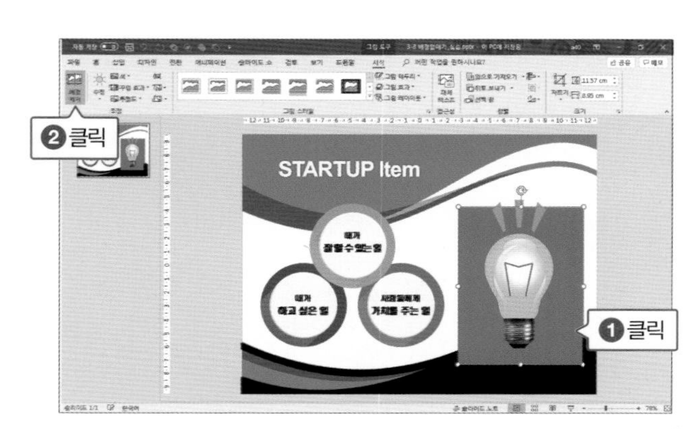

01 실습 파일을 열면 초록색 배경이 눈에 거슬리는 전구 이미지가 있습니다. ❶ 전구 이미지를 선택하고 ❷ **[서식] 탭-[조정] 그룹**에서 **[배경 제거]**를 클릭합니다.

02 파워포인트에서 자동으로 제거할 부분을 판단해서 보라색으로 표시해 줍니다. 제거할 부분이 제대로 표시되었다면 **[변경 내용 유지]**를 클릭하거나 슬라이드 빈 공간을 클릭해서 완료합니다.

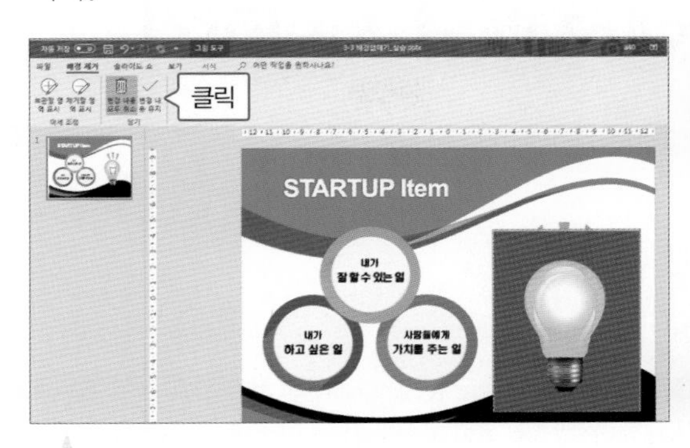

깨알 TIP 제거할 부분의 상세 조정은 다음 실습에서 다룰 것입니다.

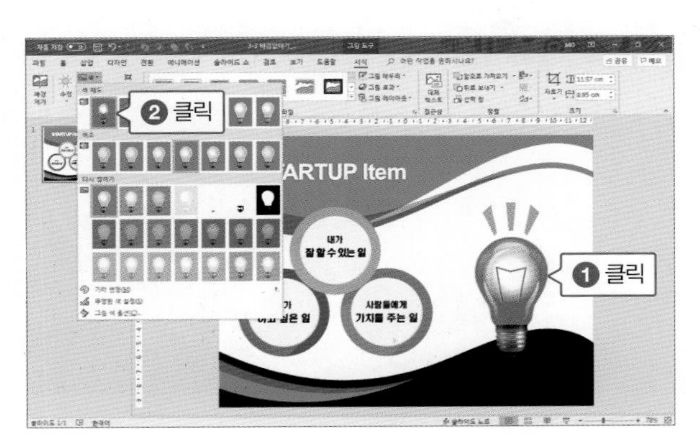

03 전구 색상이 전체 배경에 어울리지 않게 도드라집니다. ❶ 전구를 선택하고 ❷ **[서식] 탭-[조정] 그룹**에서 **[색-채도: 0%]**를 선택합니다.

실무자 TALK

파워포인트 배경 제거 기능

배경 제거 기능은 파워포인트 2010 버전부터 제공되었습니다. 배경 제거 기능은 실습 예제처럼 투명하게 만들 영역과 남길 영역의 차이가 명확하고, 배경이 비교적 단조로울 때 매우 편리합니다. 파워포인트에서 자동으로 선택된 영역의 정확도 또한 높은 편입니다. 하지만 배경이 복잡하고 여러 색이 혼합되어 있다면 추가 작업이 필요하고, 그마저도 힘들다면 전문 그래픽 프로그램을 활용해야 합니다.

CHAPTER 2

047 남길 영역과 제거할 영역 선택해서 배경 처리하기

프레젠테이션 전달력을 높여 주는 이미지 사용

실습 파일 3-5 배경 제거하기2_실습.pptx

배경 제거 기능을 적용했을 때 단번에 원하는 부분이 제거 영역으로 선택되지 않는다면? 바로 포기하기엔 이릅니다. 아직 보관할 영역과 제거할 영역 표시 기능이 남아 있습니다. 제거할 부분으로 표시된 보라색 영역에서 보관할 영역, 즉 남길 영역을 추가로 선택하거나 제거할 영역을 추가로 선택할 수 있습니다.

▲ Before

▲ After

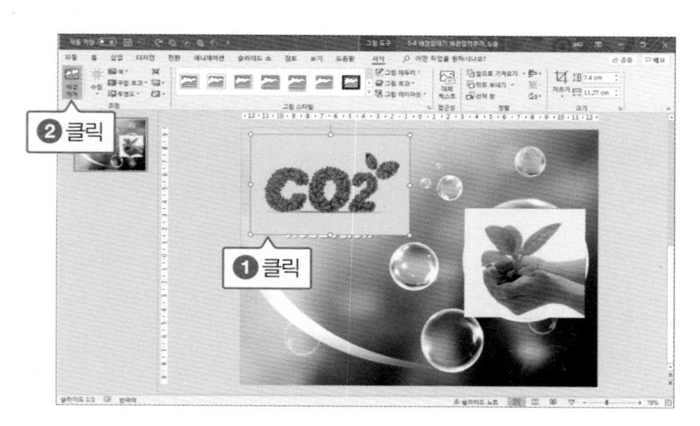

01 실습 파일을 열면 CO2 이미지와 손 이미지의 배경이 부자연스럽습니다. ❶ CO2 이미지를 선택하고 ❷ **[서식] 탭 – [조정] 그룹**에서 **[배경 제거]**를 클릭합니다.

02 O만 보관할 영역으로 표시됩니다. ❶ **[배경 제거] 탭–[미세 조정] 그룹**에서 **[보관할 영역 표시]**를 클릭한 후 ❷ 나머지 C, 2, 나뭇잎 부분을 각각 클릭합니다. 보관할 영역이 원하는 대로 표시될 때까지 각 부위를 클릭한 후 ❸ **[변경 내용 유지]**를 클릭합니다.

03 이번에는 손 이미지를 선택한 후 위와 같은 방법으로 남길 영역을 모두 선택한 후 배경을 제거합니다.

04 손 이미지는 배경을 제거했지만 손목 부분이 자연스럽지 않습니다. 주변 개체들과 어울리도록 둥근 형태로 이미지를 자르겠습니다. 손 이미지가 선택된 상태에서 **[서식] 탭–[크기] 그룹**에서 **[자르기–도형에 맞춰 자르기–타원]**을 선택해서 완성합니다.

CHAPTER 2

048 내용을 빠르게 파악할 수 있는 픽토그램 차트

프레젠테이션 전달력을 높여 주는 이미지 사용

실습 파일 3-6 픽토그램 차트 만들기_실습.pptx, 3-6-1.png, 3-6-2.png

일반적으로 차트라고 이야기하면 막대, 선, 원형 등의 도형 개체로 구성된 형태를 떠올립니다. 물론 기본 도형 개체로도 충분히 보기 좋고 이해하기 쉬운 차트를 만들 수 있습니다. 하지만 단순한 도형 개체 대신 각 항목이 의미하는 내용을 시각적으로 전달할 수 있는 픽토그램 이미지를 활용하면 범례를 살펴보지 않고도 더욱 쉽고 빠르게 차트 내용을 전달할 수 있습니다.

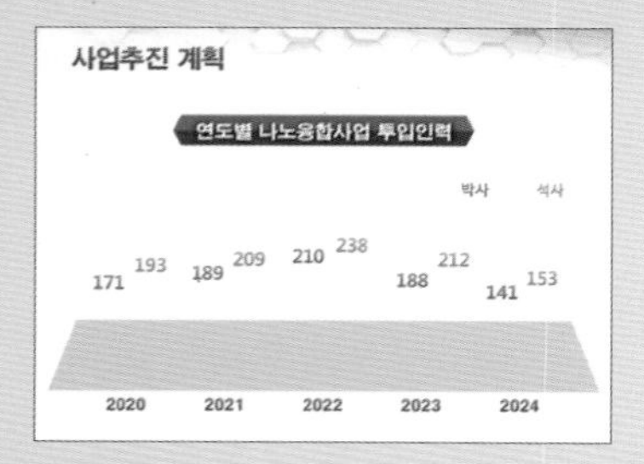

▲ Before

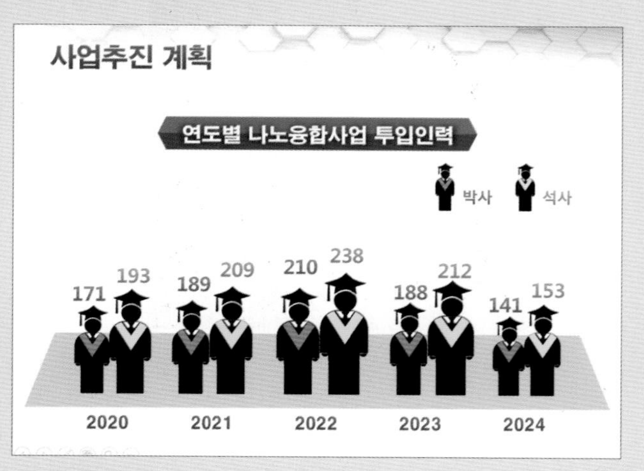

▲ After

01 실습 파일을 열고 ❶ **[삽입] 탭-[이미지] 그룹**에서 **[그림]**을 클릭합니다. 그림 삽입 대화상자에서 ❷ [3-6-1.png], [3-6-2.png]를 선택하고 ❸ [삽입]을 클릭합니다.

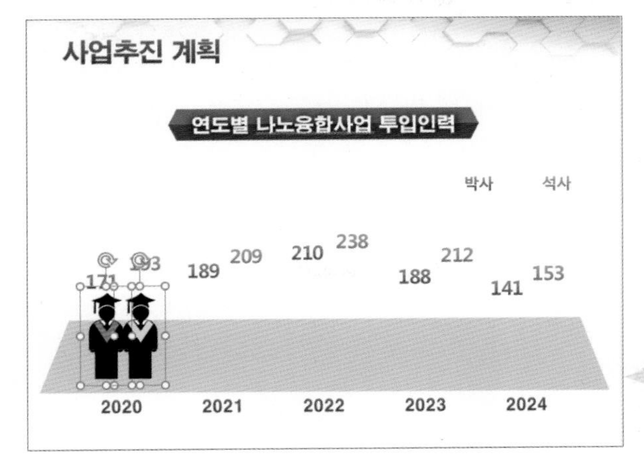

02 이미지의 가로 세로 비율이 틀어지지 않도록 모서리에 있는 크기 조절 핸들을 드래그해서 크기를 조절한 후 다음과 같이 배치합니다.

> 꿀팁 TIP 도형 개체와 같이 모서리에 있는 핸들을 드래그해도 가로 세로 비율이 틀어지는 경우 Shift 를 누른 채 드래그하면 비율을 유지할 수 있습니다.

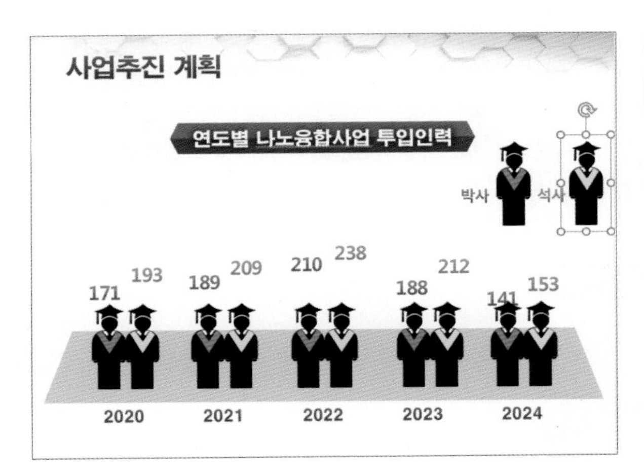

03 두 개의 이미지를 선택하고 Ctrl 을 누른 채 오른쪽으로 드래그해서 다음과 같이 여러 쌍을 복제해 배치합니다.

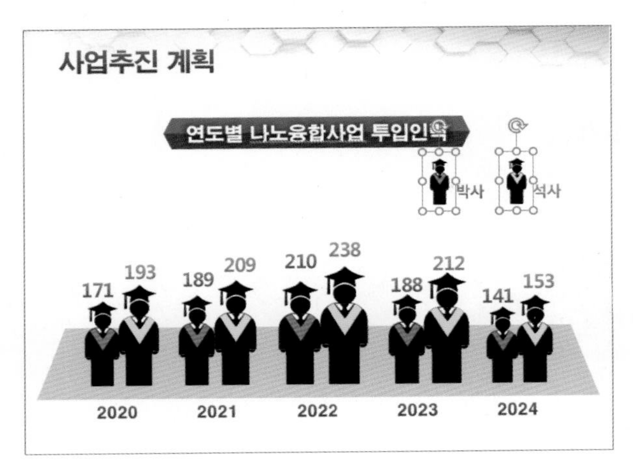

04 복제 배치한 각 픽토그램 이미지의 크기를 수치에 맞게 조절해서 픽토그램 차트를 완성합니다.

앞의 실습은 박사와 석사 인력을 표현하기 위해 학사모 이미지를 기본으로 한 후 도형에 색을 다르게 표현하여 박사와 석사를 구분할 수 있도록 별도로 제작한 것입니다.

≫ 원본 이미지와 도형 개체를 더해 제작한 이미지

슬라이드에서 학사모 이미지가 아닌 단순한 막대로 표현해도 깔끔하게 내용을 전달할 수 있을 것입니다. 하지만 이미지를 사용했을 때만큼 빠르게 내용을 판단하는 데는 한계가 있을 것입니다. 단, 이렇게 이미지를 사용하는 픽토그램 차트는 일반 도형 개체를 사용한 차트에 비해 공간을 조금 더 많이 차지할 수 있습니다. 그러므로 협소한 공간에서 픽토그램 차트 사용은 자제하는 것이 좋습니다.
앞의 실습처럼 흔히 사용하는 막대 차트 이외에도 다양한 형태의 차트를 픽토그램으로 표현할 수 있습니다. 아래 예시는 각각 담수화와 무역수지에 대한 픽토그램 차트입니다. 값의 차이를 이미지 크기로 구분했으며, 강조할 부분을 더욱 선명하게 보이도록 조정했습니다.

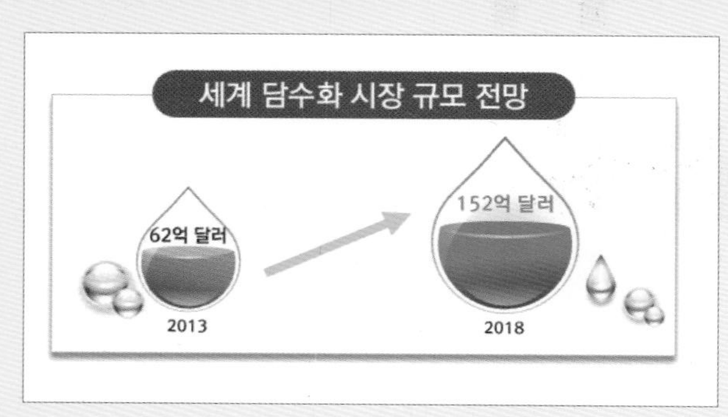

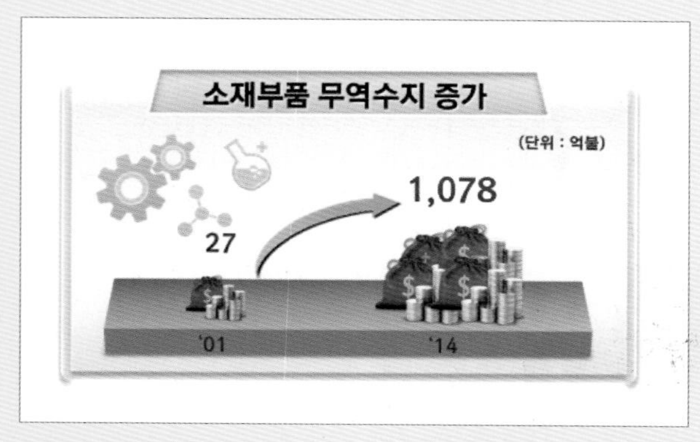

CHAPTER 2

049 필요할 때 분해할 수 있는 wmf 및 eps 파일

프레젠테이션 전달력을 높여 주는 이미지 사용

실습 파일 3-7 벡터 이미지 분해하기_실습.pptx

이미지 파일 중 wmf 및 eps 형식은 파워포인트의 그룹 해제 기능으로 이미지를 분해한 후 필요한 부분만 따로 활용할 수 있습니다. 이렇게 그룹을 해제한 후에는 더 이상 이미지 개체가 아닌 각 요소 하나하나가 파워포인트 도형 개체로 인식됩니다. 리본 메뉴를 보면 그룹 해제 전에는 [그림 도구–서식] 탭으로 표시되지만, 그룹 해제 후에는 [그리기 도구–서식] 탭으로 표시됩니다.

▲ Before

▲ After

01 실습 파일을 열면 wmf 파일인 손 이미지가 배치되어 있습니다. ❶ 손 이미지를 선택하고 그룹 해제 단축키인 Ctrl + Shift + G를 누릅니다. ❷ 이미지를 도형 개체로 변환할지 묻는 창이 나타나면 [예]를 클릭합니다.

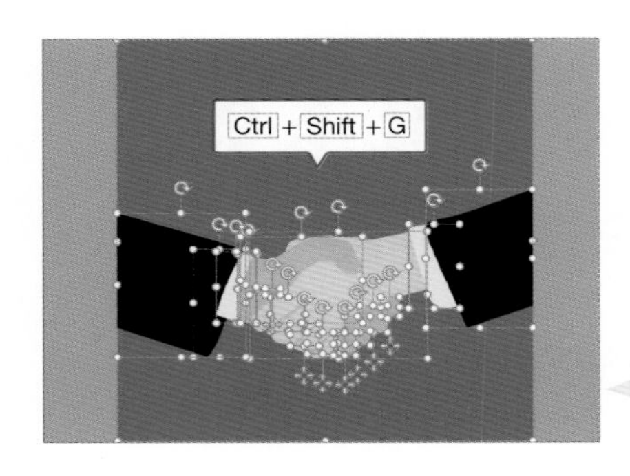

02 아직 완전히 그룹이 해제된 것이 아닙니다. 이미지가 일반 도형과 같은 형태로 변환되었을 뿐입니다. Ctrl + Shift + G를 한 번 더 눌러 그룹을 해제합니다.

> **깨알 TIP** 이미지 개체가 이중, 삼중으로 그룹으로 묶여 있을 수 있으므로 Ctrl + Shift + G를 여러 번 눌러 그룹을 완전하게 해제해도 됩니다.

03 빈 영역을 클릭해서 선택을 모두 해제한 후 ❶ 배경으로 사용된 초록색 도형만 클릭해서 선택하고 Delete 를 눌러 삭제합니다. ❷ 한 번 더 같은 위치를 클릭하면 투명한 개체가 선택됩니다. 역시 Delete 를 눌러 삭제합니다.

04 사용할 이미지는 악수하는 손입니다. ❶ 다음과 같이 범위를 드래그해서 선택한 후 ❷ Ctrl + G를 눌러 그룹으로 묶습니다.

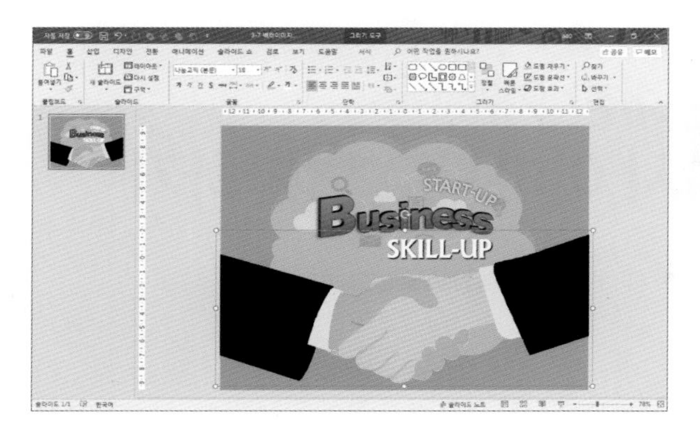

05 그룹으로 묶은 손 개체 그룹의 크기를 슬라이드 영역에 맞게 키운 후 다른 개체를 가리지 않도록 적당한 위치에 배치합니다.

06 손 개체 그룹이 선택된 상태에서 ❶ 왼쪽 소매 부분을 한 번 더 클릭해서 선택합니다. ❷ **[서식] 탭-[도형 스타일] 그룹**에서 **[도형 채우기-녹색, 강조 1]**을 선택합니다. ❸ 이어서 왼쪽 소매 안쪽을 선택하고 ❹ **[녹색, 강조 1, 50% 더 어둡게]**를 선택해서 색을 맞춥니다.

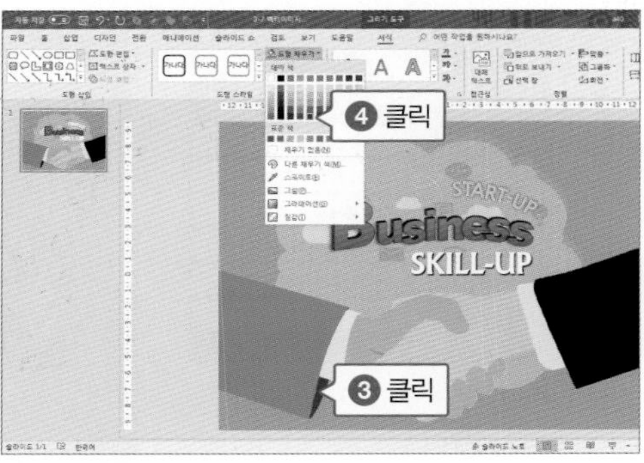

07 ❶ 끝으로 오른쪽 소매를 선택하고 ❷ **[서식] 탭-[도형 스타일] 그룹**에서 **[도형 채우기-청회색, 강조 4]**를 선택해서 완성합니다.

CHAPTER 2

050 분해한 개체를 다시 이미지로 변환하기

프레젠테이션 전달력을 높여 주는 이미지 사용

실습 파일 3-8 도형 개체를 이미지로 변환하기_실습.pptx

앞서 이미지를 개체로 분해해서 활용하는 방법을 소개했습니다. 여기서는 반대로 개체를 다시 이미지로 변환해서 활용하는 방법을 소개합니다. 굳이 분해한 개체를 다시 이미지로 만들 필요가 있는지 의아할 수 있습니다. 이미지 서식과 도형 서식에는 분명한 차이가 있습니다. 대표적으로 이미지일 때만 사용할 수 있는 [서식] 탭 - [조정] 그룹을 예로 들 수 있습니다. 우선은 앞선 예제처럼 wmf 파일을 분해해서 도형 서식을 활용한 후 도형 일부를 이미지로 변경해서 그림 서식을 활용해 보겠습니다.

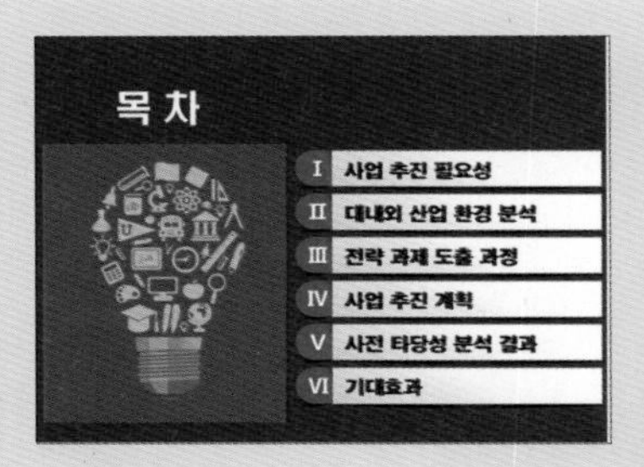

▲ Before

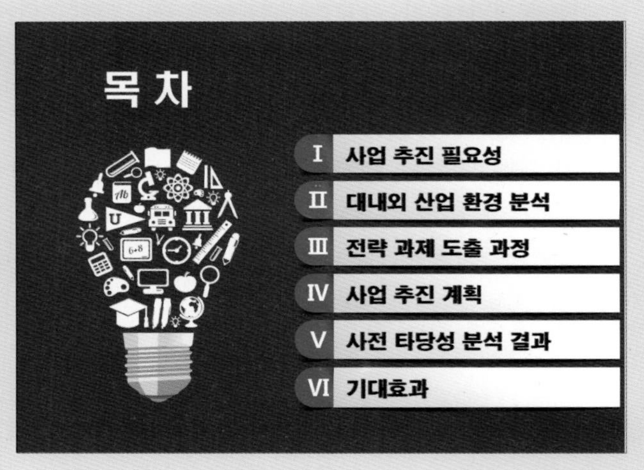

▲ After

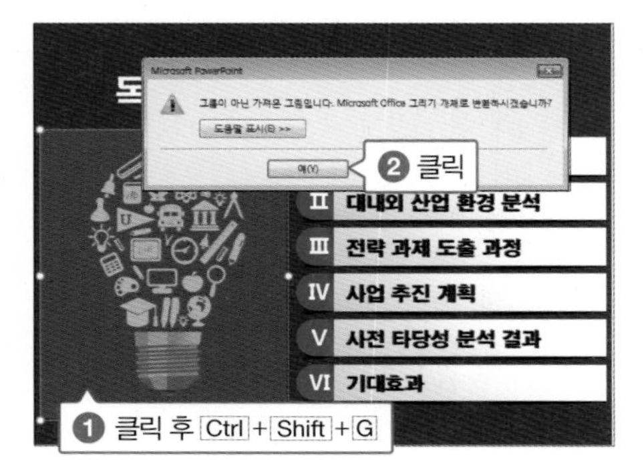

01 실습 파일의 전구 이미지는 wmf 형식으로 분해할 수 있습니다. ❶ 전구 이미지를 선택한 후 Ctrl + Shift + G 를 누릅니다. ❷ 도형 개체로 변환할지 묻는 창이 나오면 [예]를 클릭합니다.

02 ❶ Ctrl + Shift + G 를 몇 번 더 눌러 그룹을 완전히 해제하고 ❷ 배경인 회색과, 같은 위치에 있는 투명한 개체를 각각 선택한 후 Delete 를 눌러 삭제합니다.

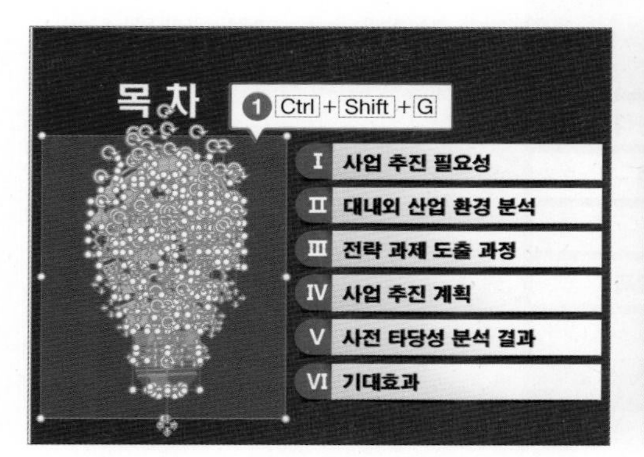

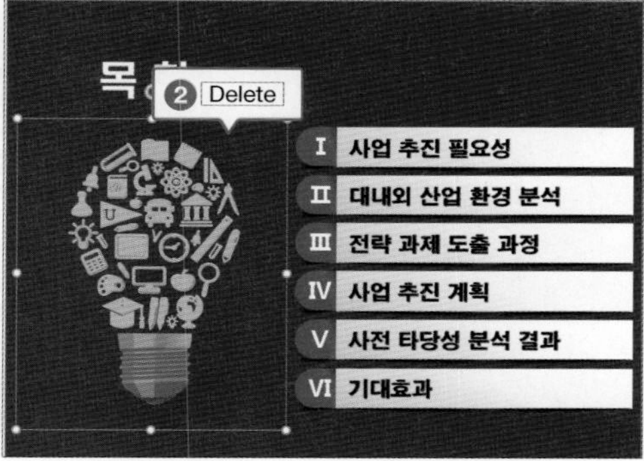

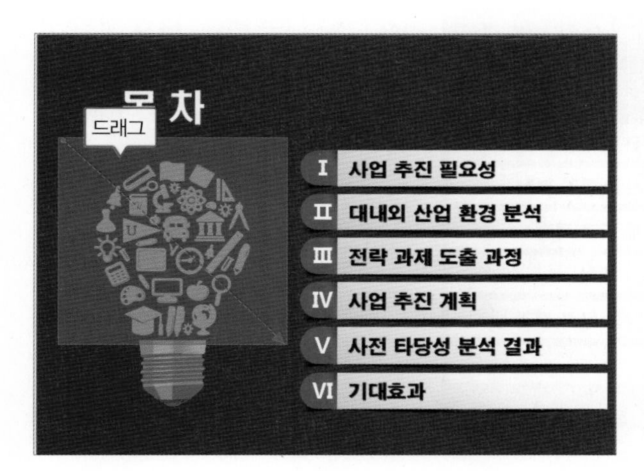

03 전구 위의 있는 다양한 아이콘이 선택되도록 범위를 드래그합니다. 이때 전구 소켓 부분은 선택되지 않도록 주의합니다.

04 ❶ **[서식] 탭-[그림 스타일] 그룹**에서 **[도형 채우기-흰색, 배경 1]**을 선택하고 ❷ 이어서 **[도형 윤곽선-윤곽선 없음]**을 선택합니다.

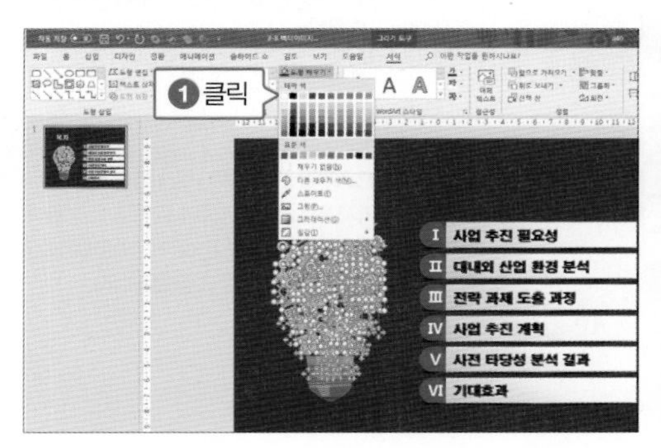

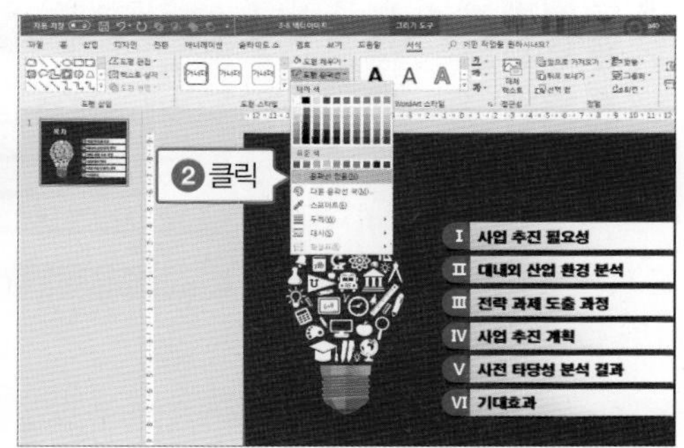

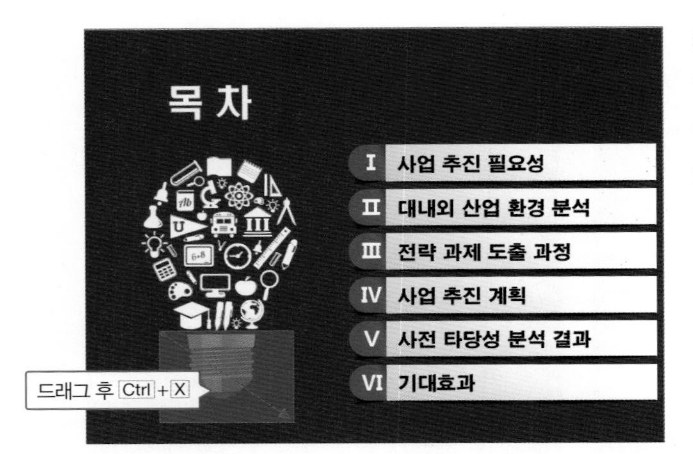

05 이제 소켓 부분만 범위를 드래그해서 선택한 후 Ctrl+X를 눌러 잘라냅니다. 도형 개체를 이미지 개체로 변환하기 위한 작업입니다.

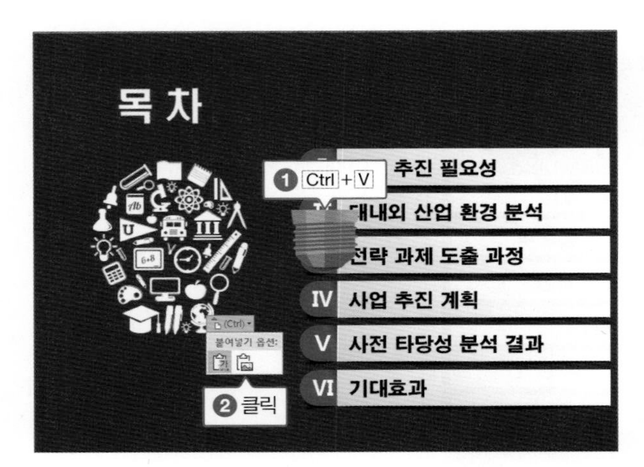

06 ❶ 바로 Ctrl+V를 눌러 잘라낸 소켓 부분을 붙여 넣습니다. 개체를 붙여 넣으면 오른쪽 아래에 붙여 넣기 옵션 버튼이 표시됩니다. ❷ 버튼을 클릭한 후 **[그림]** 아이콘을 클릭합니다. 도형 개체가 이미지 개체로 변환되었습니다.

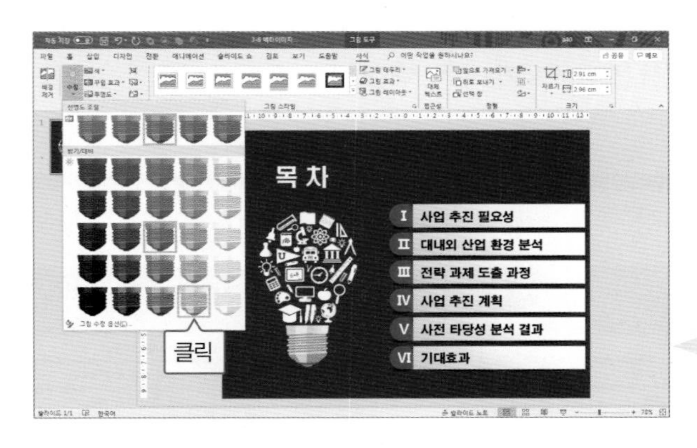

07 소켓 이미지를 적절한 위치에 배치한 후 **[서식] 탭-[조정] 그룹**에서 **[수정-밝기: +20% 대비: +40%]**를 선택해서 더욱 밝게 조정합니다.

깨알 TIP 소켓 부분은 단색이 아닌 여러 색으로 표현되어 있어서 하나씩 선택하여 밝기를 조정하려면 시간이 많이 소요됩니다. 그래서 이미지로 변환한 후 일괄적으로 밝기를 조정했습니다.

CHAPTER 2

051 자유롭게 사용 가능한 파워포인트 기본 아이콘 이미지

프레젠테이션 전달력을 높여 주는 이미지 사용

실습 파일 3-9 파워포인트 기본 아이콘 활용_실습.pptx

보조 이미지나 픽토그램에 이용할 이미지는 온라인 검색으로 쉽게 찾을 수 있습니다. 하지만 이 중에는 저작권이 설정된 이미지가 많아서 자칫 저작권 위반이라는 오명을 쓸 수도 있습니다. 하지만 파워포인트 2016 이상 버전을 사용한다면 걱정할 필요가 없습니다. 파워포인트에서 제공하는 다양한 아이콘 이미지가 있습니다. 필요에 따라 검색해서 바로 사용할 수 있는 파워포인트 기본 아이콘 사용 방법을 알아보겠습니다.

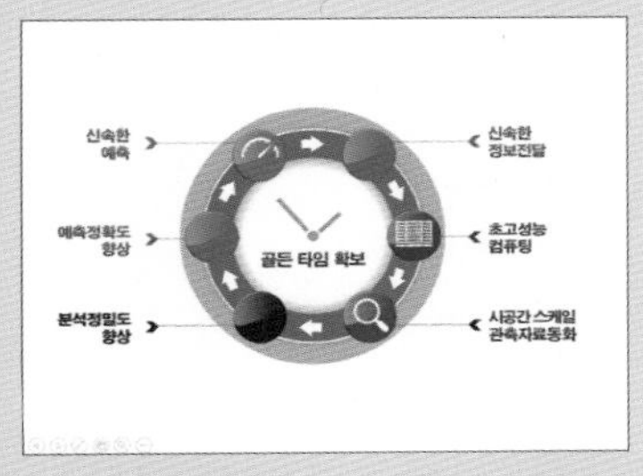

▲ Before

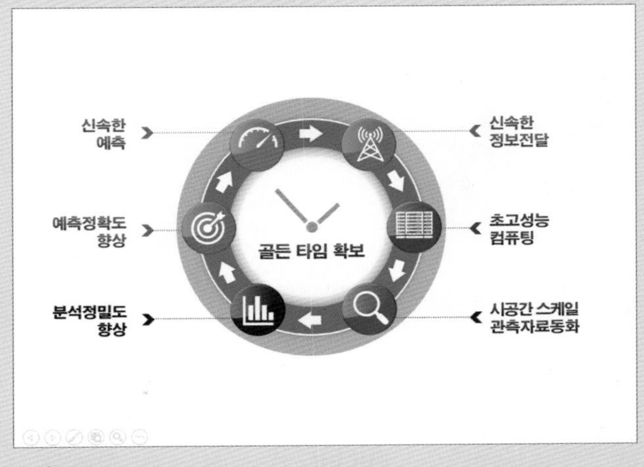

▲ After

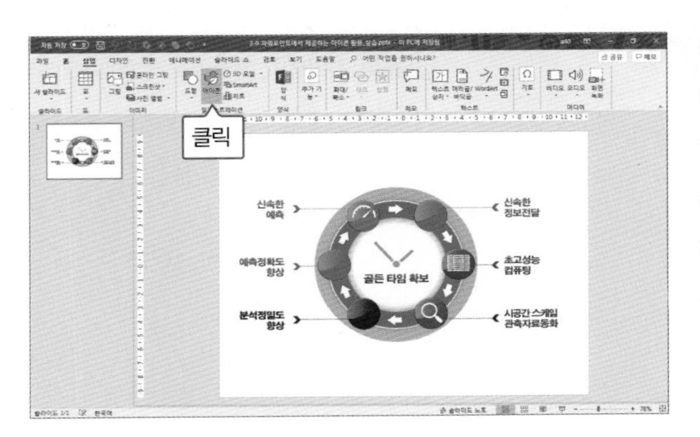

01 실습 파일을 열면 원 개체 위에 일부만 아이콘이 배치되어 있습니다. 나머지 공간에도 적절한 아이콘을 찾아 배치해야 합니다. **[삽입] 탭 - [일러스트레이션] 그룹**에서 **[아이콘]**을 클릭합니다.

02 처음 사용한다면 잠시 로딩하는 시간이 걸리고, 이후 다음과 같이 수많은 아이콘 목록이 카테고리별로 구분되어 표시됩니다. ❶ 분석 영역과 ❷ 기술 및 전자 제품 영역에서 다음과 같은 아이콘을 클릭해서 선택하고 ❸ [삽입]을 클릭합니다.

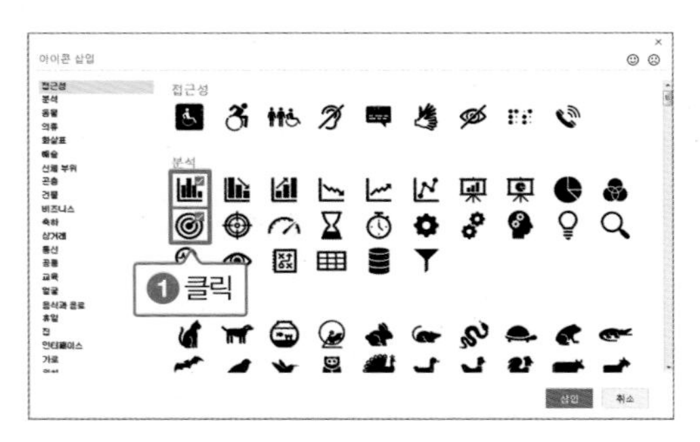

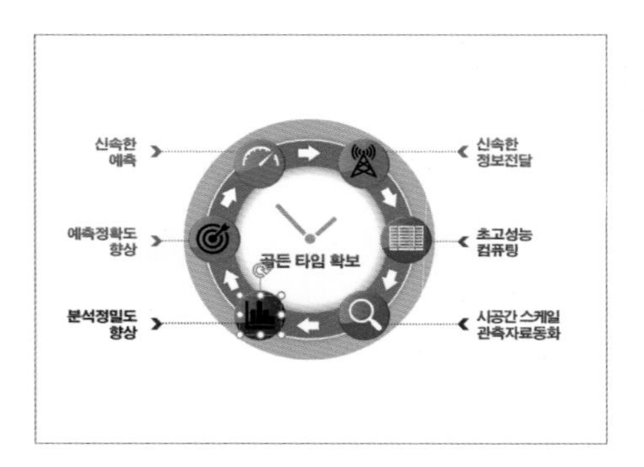

03 삽입한 아이콘의 크기를 각각 조정한 후 다음과 같이 원 위에 배치합니다.

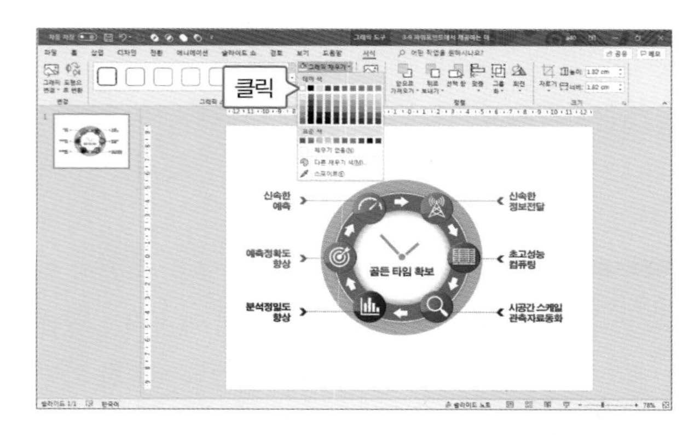

04 파워포인트 아이콘은 이미지 파일이나 도형 개체와는 또 다른 개체로 인식되지만, 이미지보다 도형 개체에 가깝습니다. 삽입한 아이콘 이미지를 모두 선택한 후 **[서식] 탭–[그래픽 스타일] 그룹**에서 **[그래픽 채우기–흰색, 배경 1]**을 선택해서 아이콘의 색상을 바꿔 완성합니다.

CHAPTER 2

052 다양한 색상의 비트맵 아이콘을 한 가지 색상 톤으로 변경하기

프레젠테이션 전달력을 높여 주는 이미지 사용

실습 파일 3-10 이미지 색상 조정하기_실습.pptx

프레젠테이션 중에 활용하는 아이콘은 검은색보다는 흰색 또는 은은한 파스텔 계열입니다. 파워포인트 기본 아이콘이나 도형이라면 채우기 색을 변경하면 되지만, 웹에서 구한 이미지라면 어떻게 해야 할까요? 웹에서 구한 이미지는 저마다 다른 색으로 표현되어 있어서 색상을 통일한 후 사용해야 합니다. 이미지를 한 가지 색상 톤으로 변경해서 활용하는 방법을 알아보겠습니다.

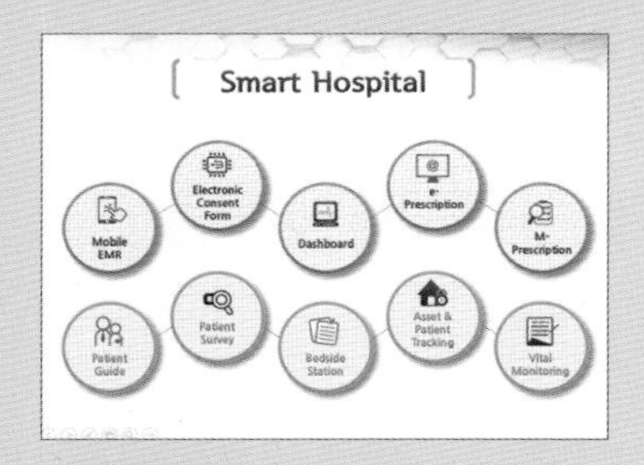

▲ Before

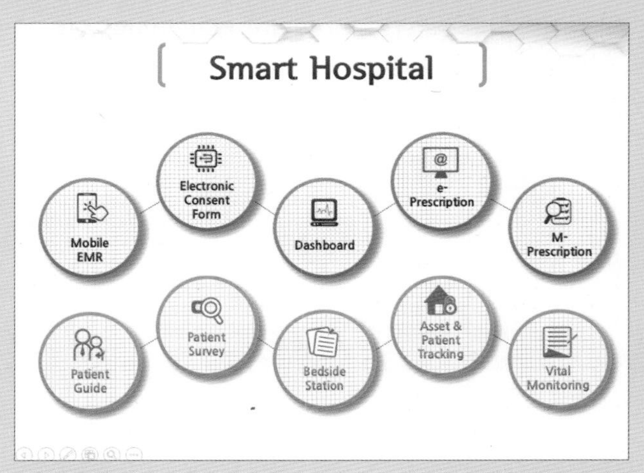

▲ After

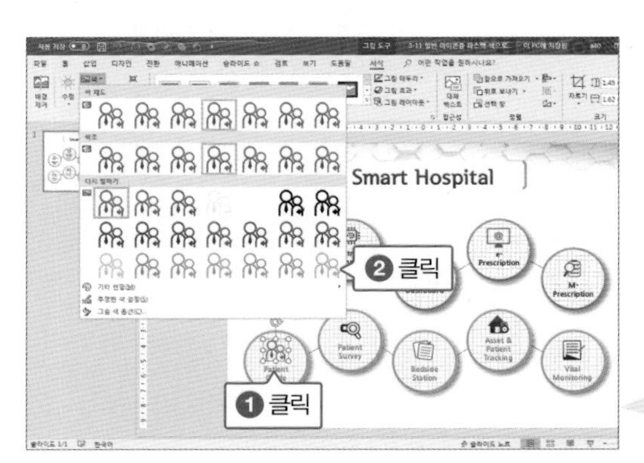

01 실습 파일을 열면 아래쪽 아이콘 다섯 개가 배경과 어울리지 않는 색상입니다. ❶ 다섯 개의 아이콘 중 하나를 선택한 후 ❷ **[서식] 탭-[조정] 그룹**에서 **[색-주황, 밝은 강조색 6]**을 선택합니다.

깨알 TIP 배치된 아이콘은 파워포인트 기본 아이콘이 아닌 웹에서 찾아 배치한 아이콘 형태의 이미지 파일입니다.

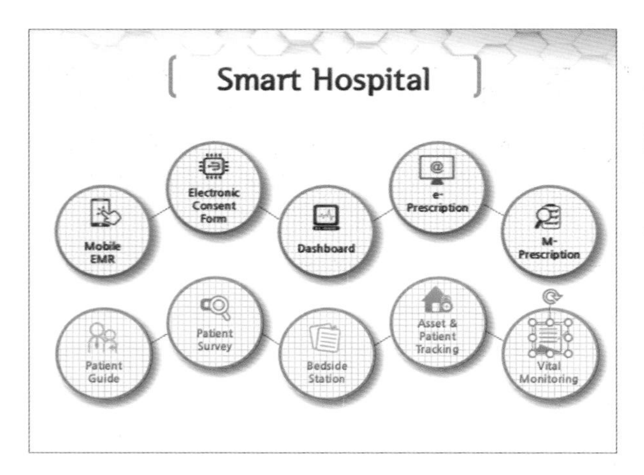

02 아래쪽에 있는 나머지 아이콘을 각각 선택하거나 모두 선택한 후 Ctrl+Y를 눌러 앞서 적용한 서식을 나머지 아이콘에도 동일하게 적용합니다.

03 ❶ 다시 한번 아이콘 중 하나를 선택한 후 마우스 오른쪽 버튼을 클릭하고 ❷ **[그림 서식]**을 선택합니다. 그림 서식 패널이 열리면 **[그림] 탭**을 클릭한 후 **[그림 수정] 항목**에서 밝기를 **[−40%]**, 대비를 **[100%]**로 설정하여 색을 조금 어둡게 조정합니다.

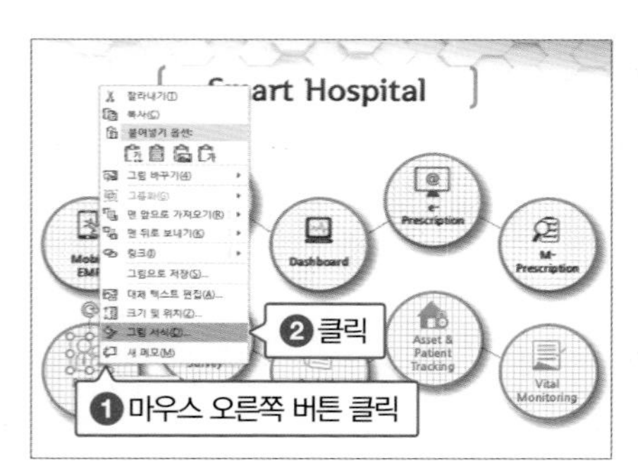

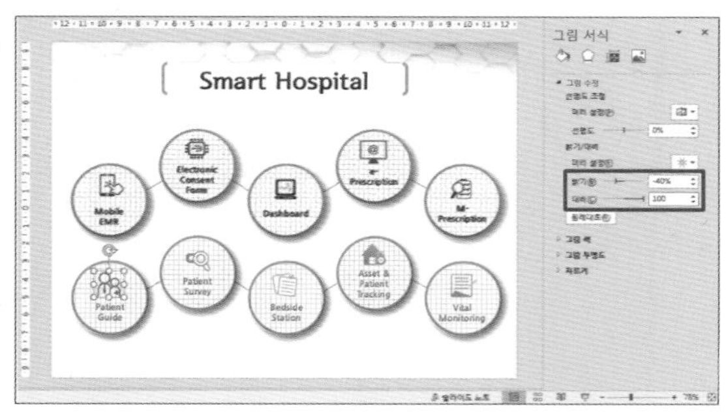

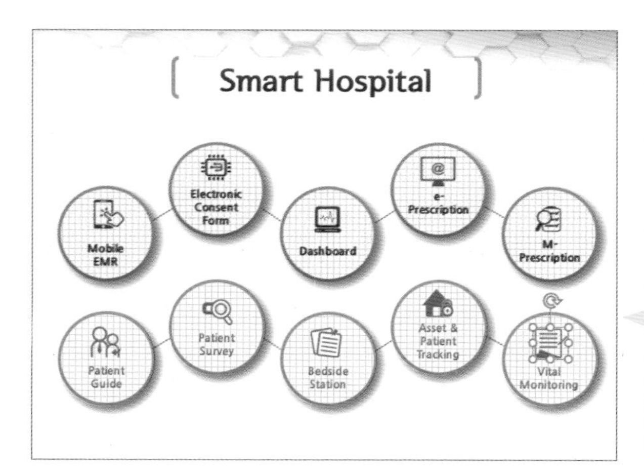

04 나머지 아이콘 네 개를 선택한 후 Ctrl+Y를 눌러 동일하게 어두운 색으로 조정합니다.

> **깨알 TIP** 파워포인트 2016보다 버전이 낮으면 파워포인트에서 제공하는 다양한 기본 아이콘을 사용할 수 없습니다. 또한 2016 이상의 버전에서 아이콘을 사용한다고 해도 원하는 모양을 찾지 못할 수도 있습니다. 외부에서 구한 아이콘은 모두 이미지 파일이며, 결국은 채우기 기능이 아닌 실습과 같은 색 기능을 이용할 일이 더 잦을 것입니다. 이미지 소스를 구할 수 있는 웹사이트에 대해서는 295쪽을 참조하세요.

흰색으로 일괄 적용하기

앞의 실습과 달리 일반적으로 아이콘과 같은 형태는 흰색을 주로 사용합니다. 방법이 많이 다르지는 않지만 간단하게 한 번 더 설명하고 넘어가겠습니다.

≫ 아이콘 형태의 이미지 색상 변경 전후 비교

위와 같이 다양한 색의 아이콘 형태의 이미지를 흰색으로 빠르게 변경하려면 그림 서식 기능과 단축키 Ctrl+Y를 이용합니다. 아이콘을 선택하고 그림 서식 패널에서 [그림] 탭의 [그림 수정] 항목 중 밝기를 [100%]로 조정하면 됩니다. 이후 나머지 아이콘 이미지를 선택하고 Ctrl+Y를 눌러 반복 실행하여 동일한 설정을 적용합니다.

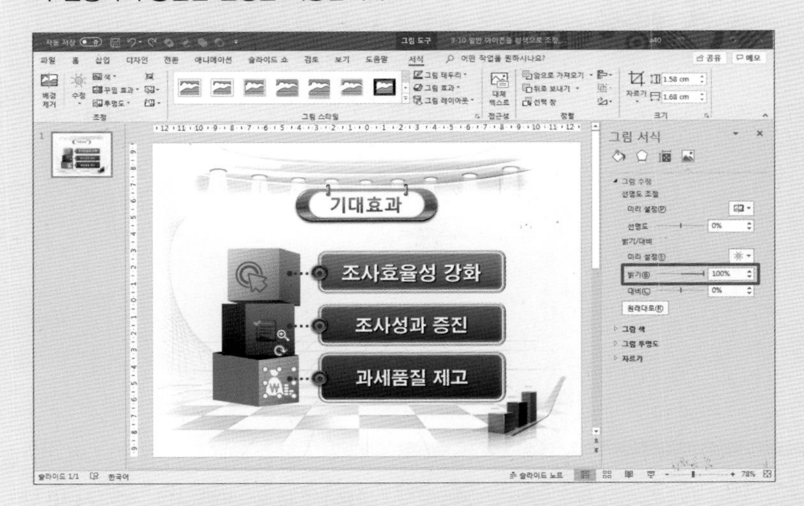

깨알 TIP 서식 기능을 이용하여 색을 조정할 때 모든 이미지를 함께 선택하고 한 번에 적용할 수 없습니다. 그러므로 하나의 이미지에 설정을 변경한 후 Ctrl+Y를 이용해서 반복 실행하는 것이 최선입니다.

CHAPTER 2

053 자주 사용하는 아이콘 직접 만들어 이미지로 저장하기

프레젠테이션 전달력을 높여 주는 이미지 사용

실습 파일 3-11 나만의 아이콘 만들기_실습.pptx

아이콘과 같은 이미지를 찾아만 쓰는 데는 한계가 있습니다. 또한 자신의 취향과 필요에 맞는 아이콘을 찾기란 그리 쉬운 일이 아닙니다. 이럴 때는 과감하게 직접 만들어 쓰면 됩니다. 파워포인트에서 제공하는 다양한 도형 개체를 잘 활용하여 원하는 형태의 아이콘을 만들고 이미지로 저장해서 필요할 때마다 삽입해 사용할 수 있습니다.

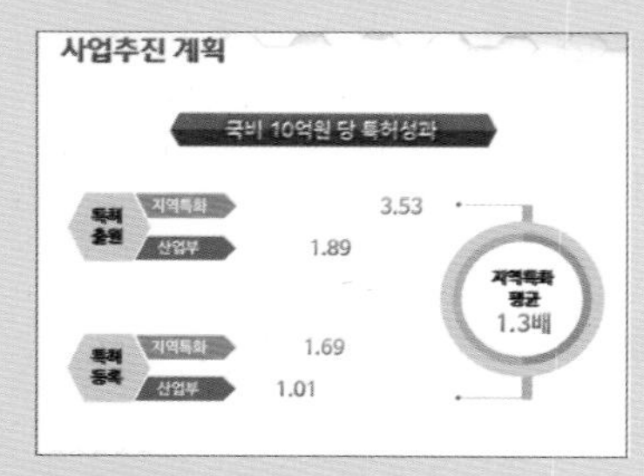

▲ Before

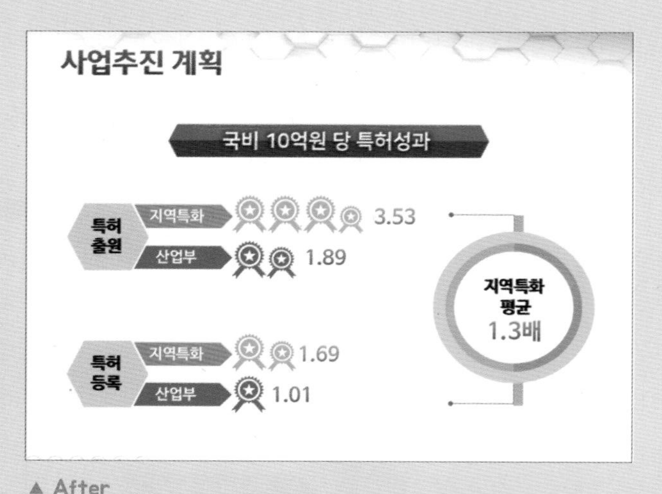

▲ After

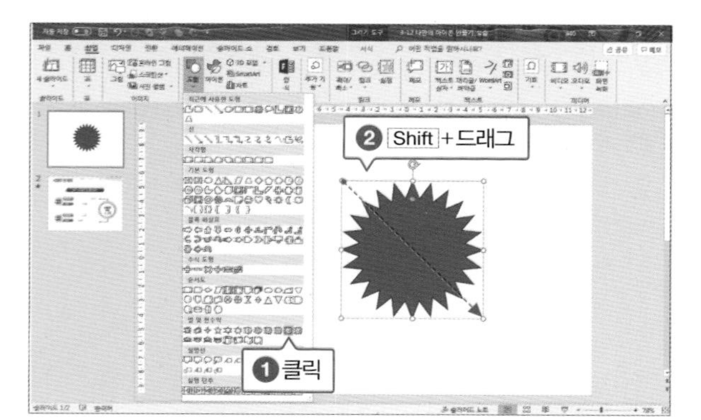

01 실습 파일을 열고 1번 빈 슬라이드를 선택합니다. ❶ **[삽입] 탭 - [일러스트레이션] 그룹**에서 도형 목록을 펼친 후 별 및 현수막 영역에서 **[별: 꼭짓점 24개]**를 선택합니다. ❷ 슬라이드에서 Shift 를 누른 채 드래그해서 도형을 그립니다.

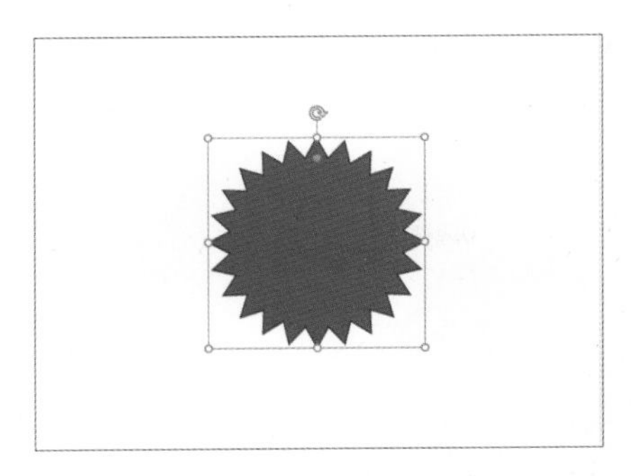

02 도형 개체를 보면 상단에 노란색 모양 조정 핸들이 있습니다. 이 핸들을 클릭한 채 드래그해서 꼭짓점의 뾰족한 부분의 깊이를 조금 얕게 조정합니다.

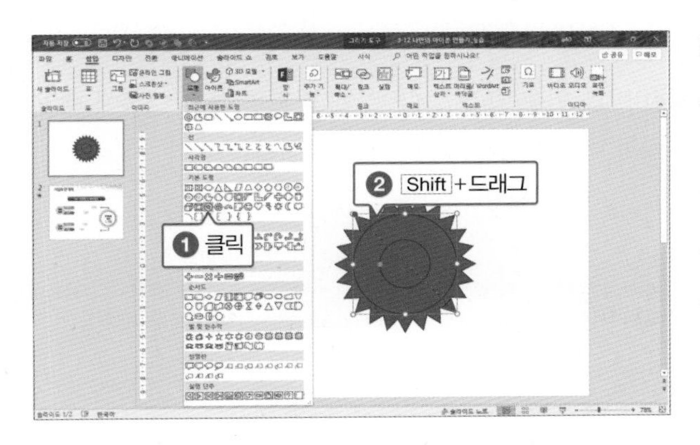

03 ❶ 다시 한번 **[삽입] 탭-[일러스트레이션] 그룹**에서 도형 목록을 펼친 후 기본 도형 영역에서 **[원형: 비어 있음]**을 선택합니다. ❷ Shift 를 누른 채 별 도형 안쪽에 드래그해서 속이 빈 원형을 그립니다.

04 이번에도 모양 조정 핸들이 있습니다. 핸들을 드래그해서 도형의 두께를 얇게 조정합니다.

05 이번에는 도형 목록에서 다음과 같은 **[타원]**과 **[별: 꼭짓점 5개]**를 각각 그립니다. 이때 별과 원을 겹쳤을 때 별의 꼭짓점이 살짝 삐져나올 정도로 크기를 조정합니다.

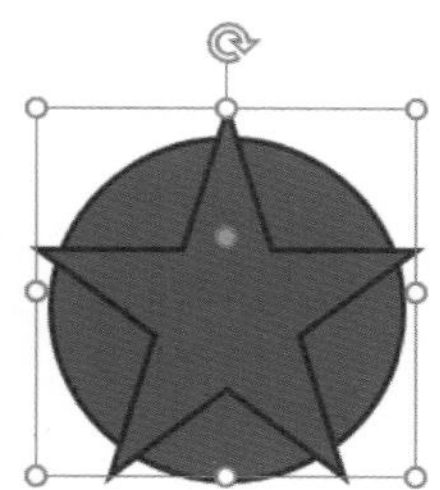

06 겹쳐진 별과 원을 앞서 그린 두 개의 도형 가장 안쪽에 배치하여 총 네 개의 도형을 다음과 같이 겹치게 배치합니다.

깨알 TIP 네 개의 도형이 정확하게 중간에 겹칠 때는 네 개의 도형을 선택한 후 [서식] 탭-[정렬] 그룹에서 [맞춤-가운데 맞춤], [맞춤-중간 맞춤]을 각각 실행하면 됩니다.

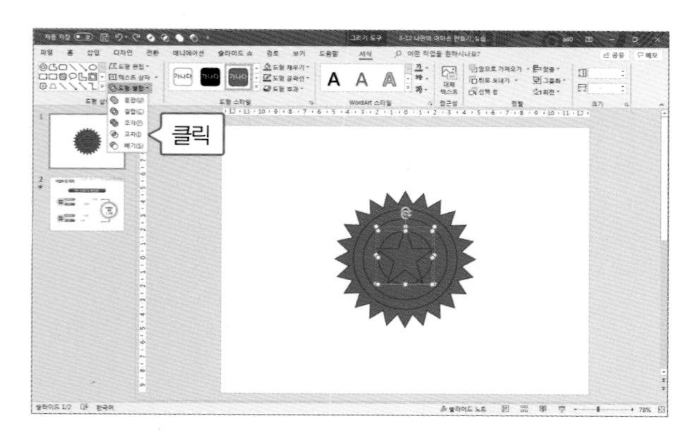

07 배치가 끝났으면 먼저 가장 안쪽에 있는 원과 별을 선택하고 **[서식] 탭-[도형 삽입] 그룹**에서 **[도형 병합-교차]**를 선택합니다. 별에서 원 밖으로 삐져나온 꼭짓점의 뾰족한 부분을 제외하고 두 도형의 겹친 부분만 남게 됩니다.

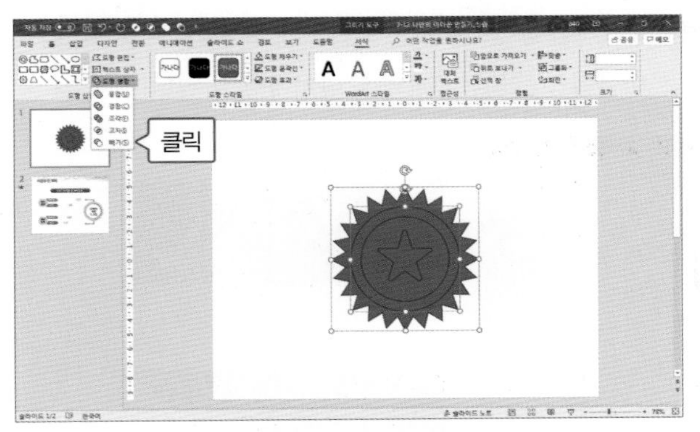

08 가장 바깥쪽 도형을 선택한 후 이어서 안쪽에 비어 있는 원형을 선택합니다. 그런 다음 **[서식] 탭-[도형 삽입] 그룹**에서 **[도형 병합-빼기]**를 선택합니다. 비어 있는 원형 부분이 빠지면서 안쪽에 흰색 테두리처럼 표현됩니다.

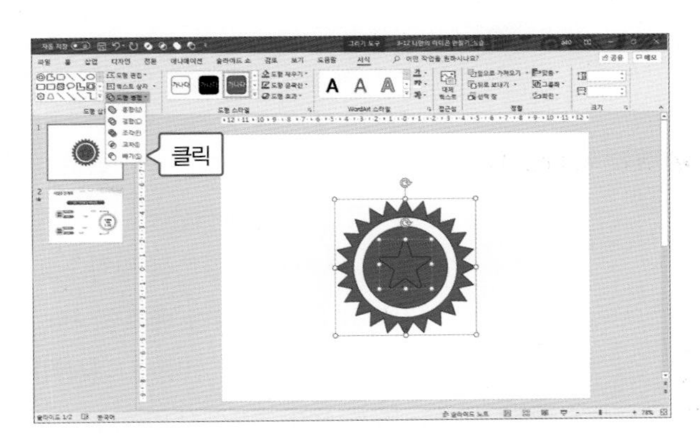

09 계속해서 가장 바깥쪽 도형을 선택하고 이어서 가장 안쪽 별을 선택한 후 **[서식] 탭-[도형 삽입] 그룹**에서 **[도형 병합-빼기]**를 선택합니다.

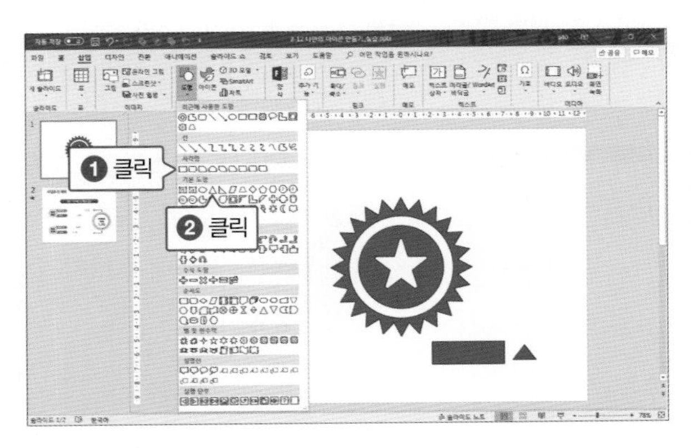

10 아이콘의 중앙이 완성되었습니다 **[삽입] 탭-[일러스트레이션] 그룹**에서 도형 목록을 펼친 후 ❶ **[직사각형]**과 ❷ **[이등변 삼각형]**을 각각 그립니다.

11 이등변 삼각형을 왼쪽으로 회전하여 직사각형 오른쪽 끝에 겹치게 배치한 후 **[서식] 탭-[도형 삽입] 그룹**에서 **[도형 병합-빼기]**를 선택합니다. 리본 형태의 도형이 만들어집니다.

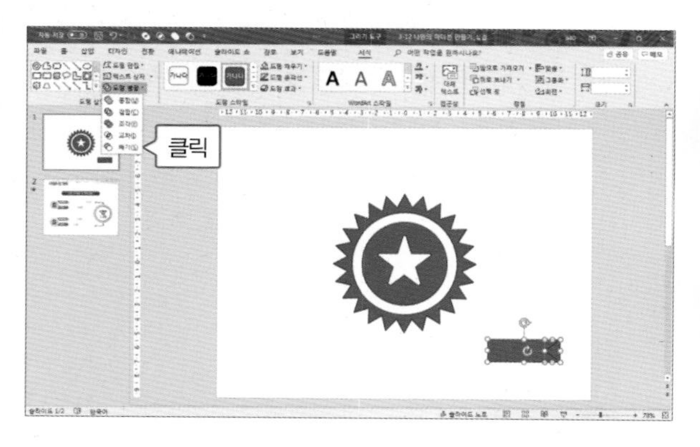

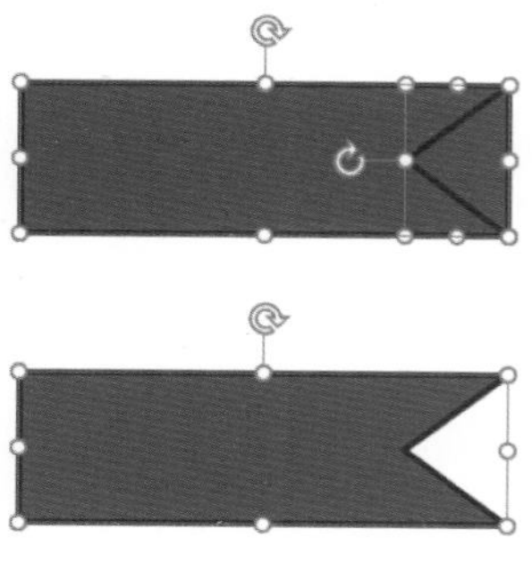

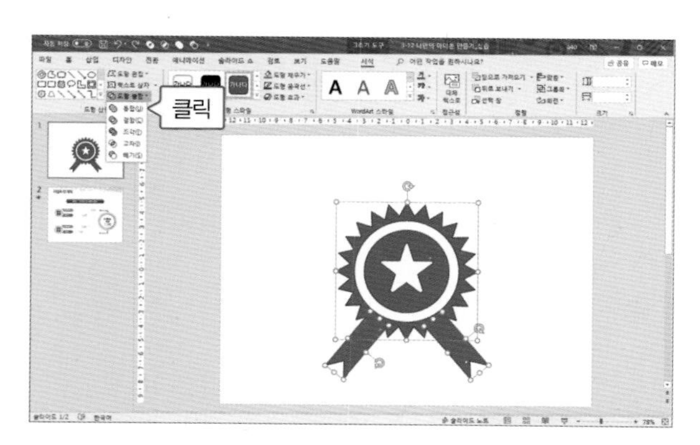

12 리본 형태의 도형을 선택하고 Ctrl+D를 눌러 복제한 후 두 개의 리본 모양 도형을 대각선 방향으로 회전해서 다음과 같이 배치합니다. 이어서 모든 개체를 선택하고 **[서식] 탭-[도형 삽입] 그룹**에서 **[도형 병합-통합]**을 선택해서 하나의 도형으로 완성합니다.

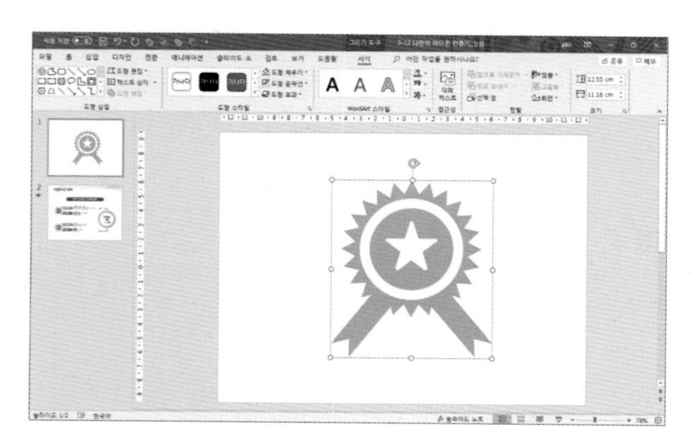

13 **[서식] 탭-[도형 스타일] 그룹**에서 **[도형 채우기-주황]**, **[도형 윤곽선-윤곽선 없음]**을 선택해서 보기 좋게 서식을 적용합니다.

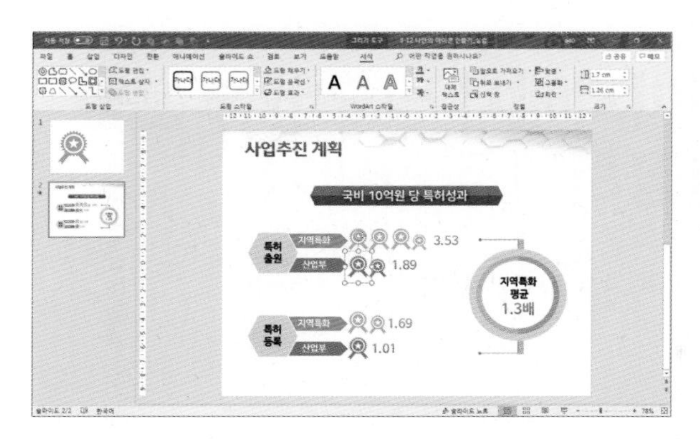

14 완성한 아이콘을 복사해서 2번 슬라이드에 붙여 넣고 크기 및 색상 등을 조정해서 슬라이드 디자인을 완성합니다.

15 끝으로 완성한 아이콘을 추후에 재사용하기 위해 저장해 놓겠습니다. ❶ 아이콘에서 마우스 오른쪽 버튼을 클릭한 후 ❷ **[그림으로 저장]**을 선택합니다. 그림으로 저장 대화상자에서 원하는 위치에 png 파일 형식으로 저장합니다. 이미지가 배경이 투명한 png 파일로 저장됩니다.

CHAPTER 2

054 이미지에서 필요한 부분만 깔끔하게 잘라내기

프레젠테이션 전달력을 높여 주는 이미지 사용

실습 파일 3-12 가져온 이미지 잘라 활용하기_실습.pptx

필요한 이미지를 찾았는데 원하는 부분은 전체의 일부분이거나, 하나의 이미지 파일 내에 여러 이미지가 포함되어 있을 때가 있습니다. 이럴 때는 부분별로 분리해서 사용해야 하지만, wmf 파일 형식과 같은 벡터 이미지가 아니라서 그룹 해제도 할 수 없다면 어떻게 해야 할까요? 배경을 제거하는 방법도 있지만 매끄럽게 제거되지 않을 수 있습니다. 이럴 때 도형을 활용한 자르기 기능을 사용하면 됩니다.

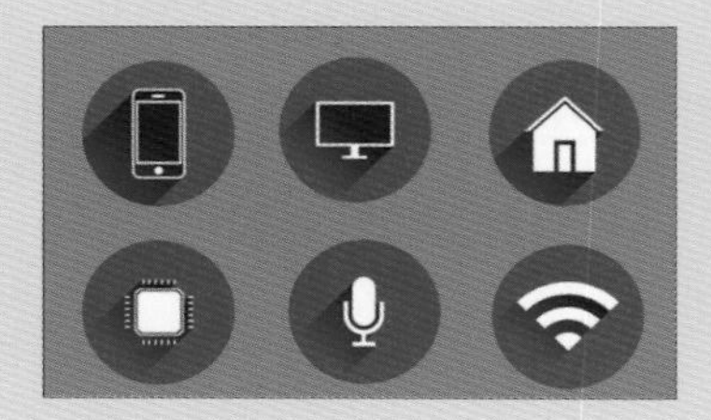

▲ Before

▲ After

01 실습 파일을 열면 1번 슬라이드에 이미지 파일이 삽입되어 있습니다. 여기서 파란색 원형 부분 6개를 각각 사용하려고 합니다. 이미지 파일을 선택한 후 **[서식] 탭-[크기] 그룹**에서 **[자르기]**를 클릭합니다.

02 사람 형태로 드래그해서 도형을 만들어 보겠습니다. 나중에 부드러운 가장자리 기능을 적용할 예정이므로 사람보다 살짝 넓은 범위로 드래그해서 도형을 그립니다.

03 처음 클릭한 지점을 다시 클릭해 완성합니다.

04 ❶ 삽입된 이미지를 선택하고 ❷ Shift 를 누른 채 자유형 도형을 선택합니다. ❸ **[서식] 탭-[도형 삽입] 그룹**에서 **[도형 병합-교차]**를 선택합니다.

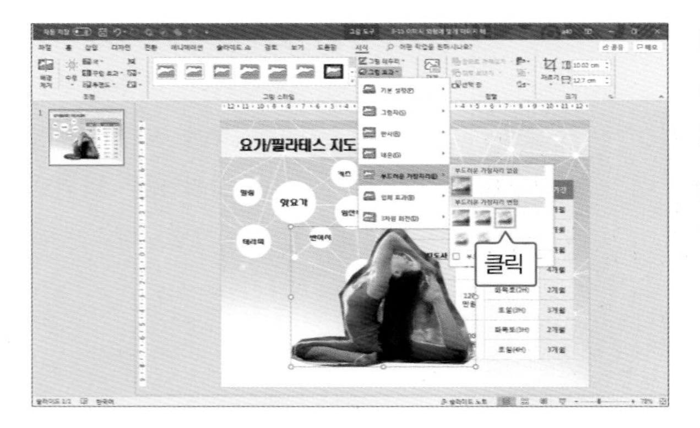

05 이미지에서 도형과 겹치는 부분만 남겨집니다. **[서식] 탭-[도형 스타일] 그룹**에서 **[도형 효과-부드러운 가장자리-25 포인트]**를 선택합니다.

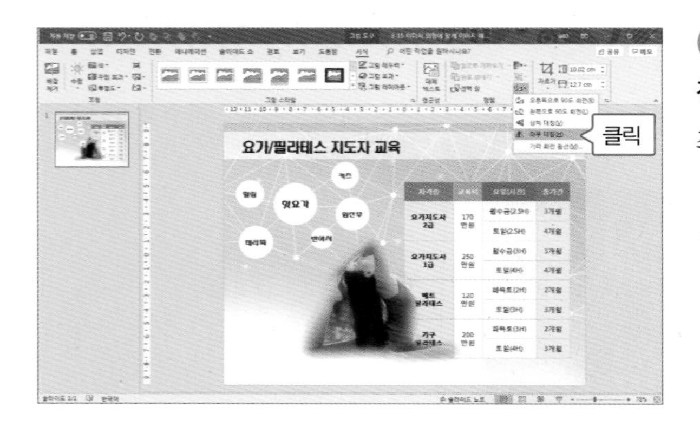

06 **[서식] 탭-[정렬] 그룹**에서 **[회전-좌우 대칭]**을 선택해서 이미지를 좌우로 반전합니다.

07 끝으로 이미지를 드래그해서 적당한 위치에 배치합니다.

02 먼저 첨성대 이미지를 선택하고 ❶ 마우스 오른쪽 버튼을 클릭한 후 ❷ **[그림 서식]**을 선택합니다.

03 그림 서식 패널이 열리면 **[크기 및 속성] 탭**을 클릭하고 **[크기] 항목**에서 **[가로 세로 비율 고정]**의 체크를 해제합니다. 그런 다음 높이와 너비에 각각 [6.2 cm]를 입력합니다.

04 계속해서 **[서식] 탭-[크기] 그룹**에서 **[자르기-도형에 맞춰 자르기-타원]**을 선택해서 첨성대 이미지를 원형으로 자릅니다. 타원을 선택했지만 이미지가 정사각형이므로 잘린 이미지도 정원이 됩니다.

05 첨성대 이미지를 다음과 같이 배치합니다. ❶ 이미지 중 하나를 선택해서 Ctrl+Shift+C를 눌러 서식을 복사합니다. ❷ 다시 첨성대 이미지를 선택한 후 Ctrl+Shift+V를 눌러 서식을 적용합니다.

06 끝으로 첨성대 이미지를 선택하고 ❶ 마우스 오른쪽 버튼을 클릭한 후 ❷ **[맨 뒤로 보내기-뒤로 보내기]**를 선택해서 가려진 텍스트가 표시되도록 순서를 변경하여 완성합니다.

실무자 TALK

가로 세로 비율을 유지한 채 동일한 크기로 배열하기

위 실습에서는 가로 세로 비율을 해제하는 방법을 소개했습니다. 만약 가로 세로 비율을 유지한 채 동일한 크기의 정원을 배치하려면 어떻게 해야 할까요?
방법은 간단합니다. 131쪽에서 사용한 [도형 병합-교차] 기능을 이용하면 됩니다. 즉 정원을 그리고 적당한 크기로 조정한 후 이미지와 같이 선택하여 [교차] 기능을 적용하는 것입니다.
이 방법을 사용하면 이미지의 가로 세로 비율을 강제로 변형하지 않고 삽입한 모든 이미지를 동일한 크기로 잘라서 배치할 수 있습니다. 단, 파워포인트 2013 이후 버전에서만 가능합니다.

CHAPTER 2

059 쉽고 빠르게 다이어그램을 만들 수 있는 SmartArt

효과적인 내용 전달을 위한 SmartArt, 표, 차트 활용

전달하려는 메시지의 상호 관계나 과정, 구조 등을 청중이 이해하기 쉽게 시각화해서 보여 주는 것을 도식 혹은 다이어그램이라 합니다. 파워포인트에서 다이어그램을 보다 쉽고 간편하게 만들어 활용할 수 있도록 SmartArt 기능을 제공합니다.

파워포인트의 SmartArt 개체는 다음과 같이 7가지 카테고리로 구분되며, 각 카테고리마다 다양한 형태의 레이아웃을 제공합니다.

- **목록형:** 단계나 순서와 상관없는 정보 혹은 그룹화된 정보를 나열해서 보여 줍니다. 2019 버전 기준 하위 레이아웃은 36개가 있습니다.

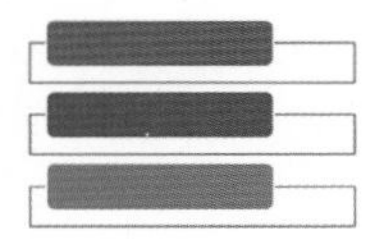

- **주기형:** 순환 또는 반복되는 유기적인 관계의 요소들이 연속적으로 영향을 주는 경우 사용합니다. 2019 버전 기준 하위 레이아웃은 16개가 있습니다.

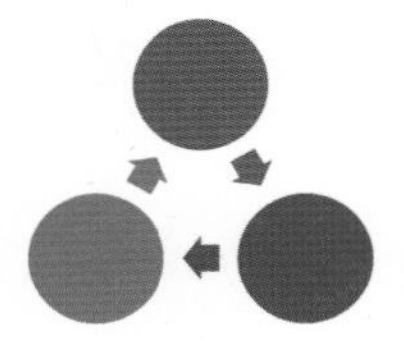

- **프로세스형:** 작업의 진행 방향이나 순차적인 단계를 보여 줍니다. 2019 버전 기준 하위 레이아웃은 44개가 있습니다.

- **피라미드형:** 특정 구조 및 체제 정보에 계급적 의미를 부여하여 각 요소의 비율을 상위부터 하위까지 단계적으로 표시합니다. 2019 버전 기준 하위 레이아웃은 4개가 있습니다.

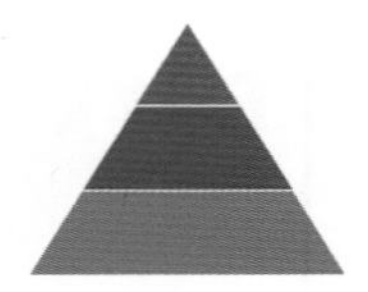

- **계층 구조형:** 회사 조직도로 많이 사용되며, 한 조직에서의 직위 관계나 계층 관계 등을 보여 줍니다. 2019 버전 기준 하위 레이아웃은 13개가 있습니다.

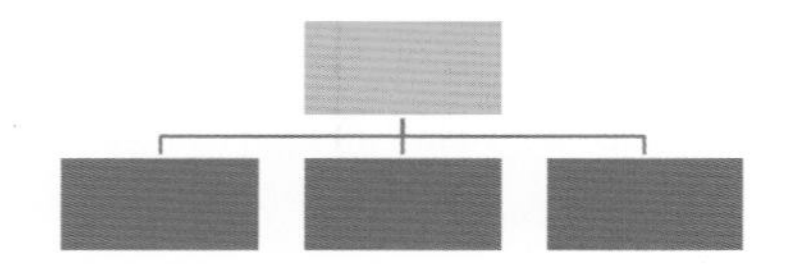

- **행렬형:** 전체 또는 중심 개념에 대한 각 부분의 관계를 보여 줍니다. 대표적으로 SWOT(강점, 약점, 기회, 위기) 분석을 예로 들 수 있으며, 2019 버전 기준 하위 레이아웃은 4개가 있습니다.

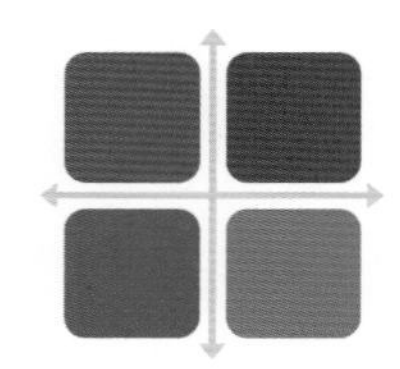

- **관계형:** 일반적으로 둘 이상의 집단 사이의 개념적 관계 또는 연결을 표현합니다. 2019 버전 기준 하위 레이아웃은 37개가 있습니다.

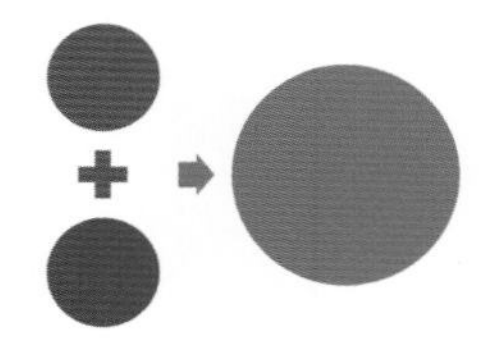

- **그림:** 일부 목록형과 프로세스형 SmartArt에 그림을 추가하여 전달력을 보강한 형태입니다. 2019 버전 기준 하위 레이아웃은 31개가 있으며, 2010 이후 버전부터 사용할 수 있습니다.

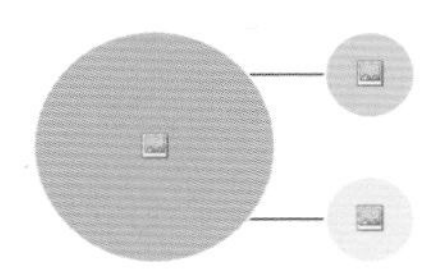

CHAPTER 2

060 순환 구조로 SmartArt 기본 사용법 익히기

효과적인 내용 전달을 위한 SmartArt, 표, 차트 활용

실습 파일 4-1 스마트아트로 순환 구조 표현하기_실습.pptx

SmartArt를 이용해서 다이어그램을 만드는 첫 번째 단계는 파워포인트에서 제공하는 다양한 레이아웃 중 적당한 레이아웃을 선택하는 것입니다. 선택한 레이아웃에 따라 기본적으로 배치되어 있는 도형 개체의 개수가 다르지만 함께 표시되는 텍스트 창에서 Enter 를 눌러 개수를 추가할 수 있고, Tab 또는 Shift + Tab 을 눌러 분류를 구분할 수도 있습니다.

▲ Before

▲ After

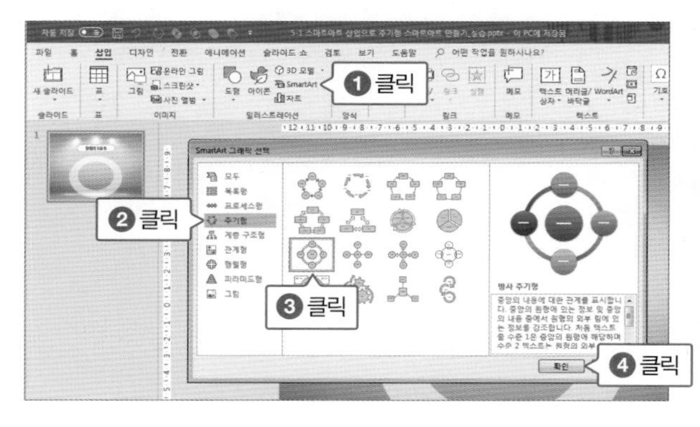

01 실습 파일을 열고 창업의 5요소를 순환 구조로 표현해 보겠습니다. ❶ **[삽입] 탭-[일러스트레이션] 그룹**에서 [SmartArt]를 클릭합니다. SmartArt 그래픽 선택 대화상자에서 ❷ **[주기형]**을 선택하고 ❸ **[방사 주기형]** 레이아웃을 선택한 후 ❹ [확인]을 클릭합니다.

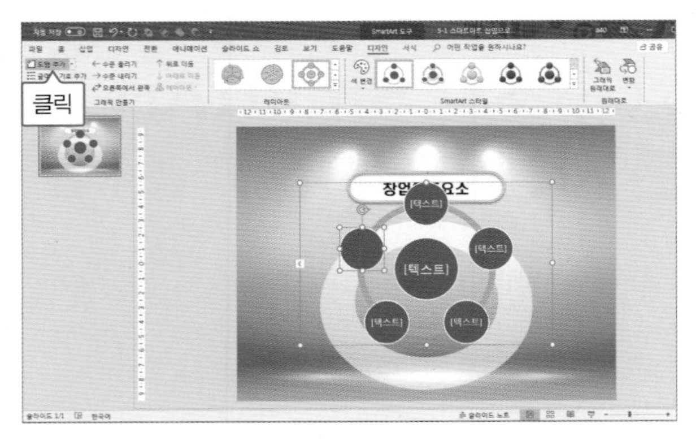

02 삽입된 SmartArt를 선택하고 **[디자인] 탭-[그래픽 만들기] 그룹**에서 **[도형 추가]**를 클릭합니다. 중앙의 원을 중심으로 네 개였던 도형이 다섯 개로 늘어납니다.

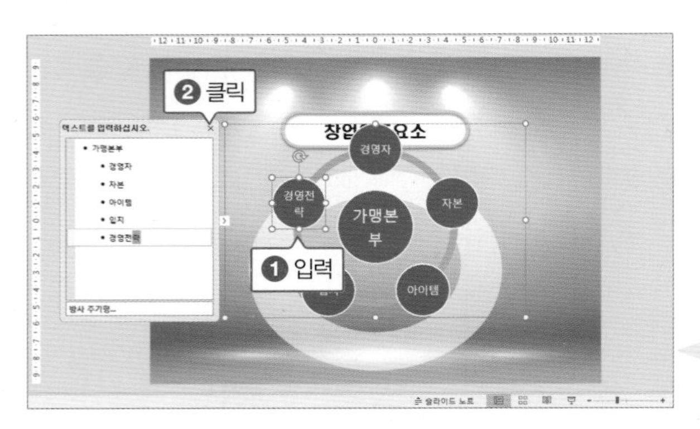

03 ❶ 각 도형을 클릭한 후 입력하거나 텍스트 창을 이용해 원하는 내용을 작성합니다. 내용을 입력한 후 ❷ 텍스트 창의 [×]를 클릭해서 창을 닫습니다.

깨알 TIP 텍스트 창은 선택하고 [디자인] 탭-[그래픽 만들기] 그룹에서 [텍스트 창]을 클릭해서 쉽게 열고 닫을 수 있습니다.

04 SmartArt를 선택하고 ❶ **[디자인] 탭-[SmartArt 스타일] 그룹**에서 **[색 변경-색상형 범위-강조색 5 또는 6]**을 선택합니다. ❷ 계속해서 SmartArt 스타일 목록을 펼친 후 3차원 영역에 있는 **[평면]**을 선택해서 3차원 효과를 적용합니다.

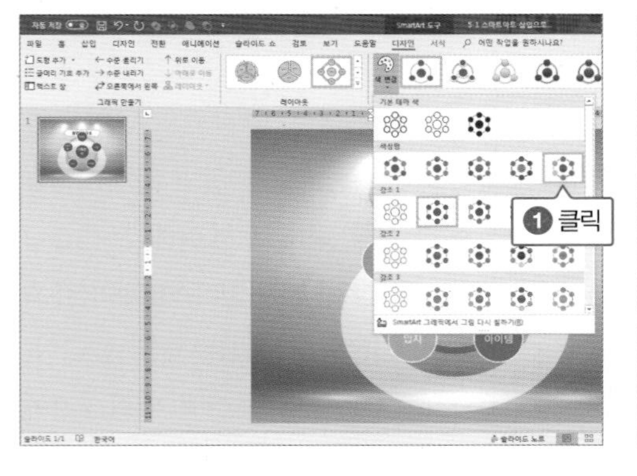

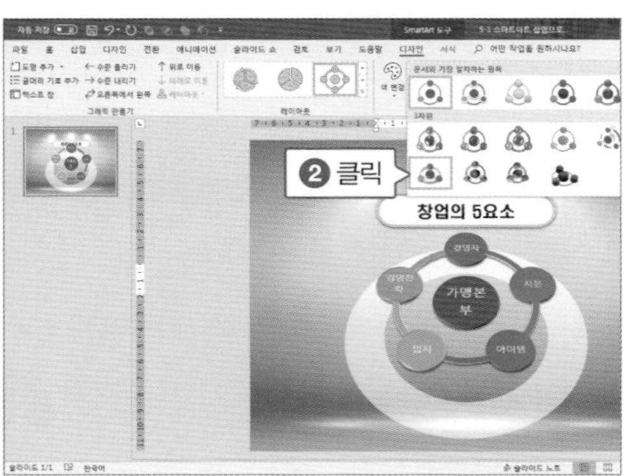

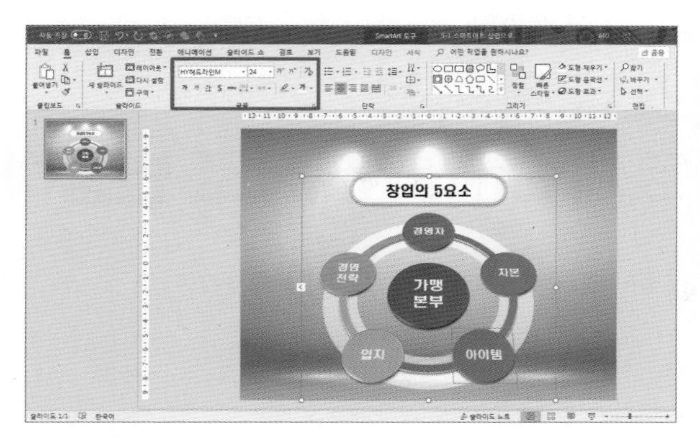

05 SmartArt 크기를 조정해서 배경에 있는 흰색 테두리에 맞게 배치합니다. '경영 전략'과 '가맹 본부'는 각각 '경영'과 '가맹' 뒤에서 Shift + Enter 를 눌러 줄 바꿈합니다. **[홈] 탭 – [글꼴] 그룹**에서 글꼴, 크기, 색상 등을 변경합니다.

실무자 TALK

실습에서는 SmartArt의 대략적인 사용 방법을 설명하기 위해 임의로 레이아웃을 지정해 주었습니다. 하지만 실제로는 시각화할 콘텐츠를 미리 파악한 후 그에 맞는 카테고리와 레이아웃을 직접 선택해야 합니다.

예를 들어 다음과 같이 과정을 나타내는 내용이 있다면 [프로세스형]이 적당할 것입니다. 그리고 6개의 과정이 동일한 레벨로 배치되면 좋을 듯하니 [기본 프로세스형]이나 [수장 프로세스형] 레이아웃이 적당할 것 같습니다. 아래 사례는 [프로세스형] 카테고리에서 [기본 벤딩 프로세스형]으로 시각화한 것입니다.

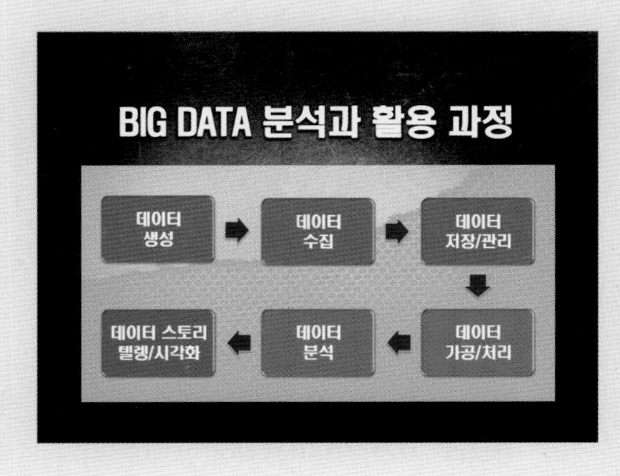

CHAPTER 2

061 텍스트 목록을 빠르게 SmartArt로 변형하기

효과적인 내용 전달을 위한 SmartArt, 표, 차트 활용

실습 파일 4-2 텍스트를 스마트아트로 변환하기_실습.pptx

SmartArt를 만들 때는 대부분 이미 시각화에 사용할 텍스트가 준비되어 있습니다. 이때 텍스트의 수준(들여쓰기 정도)이 미리 지정되어 있다면 SmartArt로 변환했을 때 수준에 따라 자동으로 시각화됩니다. 이렇게 수준을 결정하는 단축키는 Tab 과 Shift + Tab 입니다.

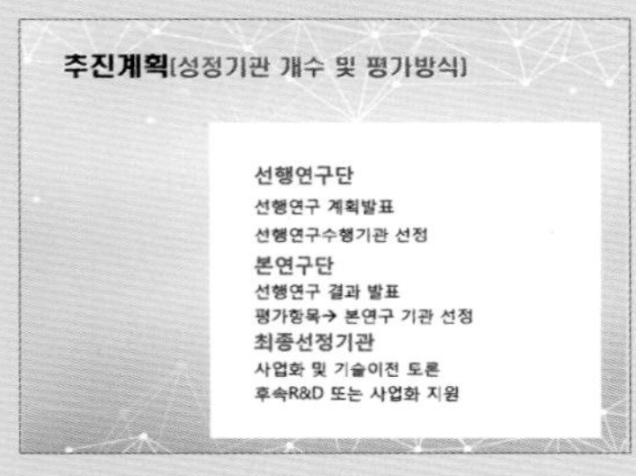

▲ Before

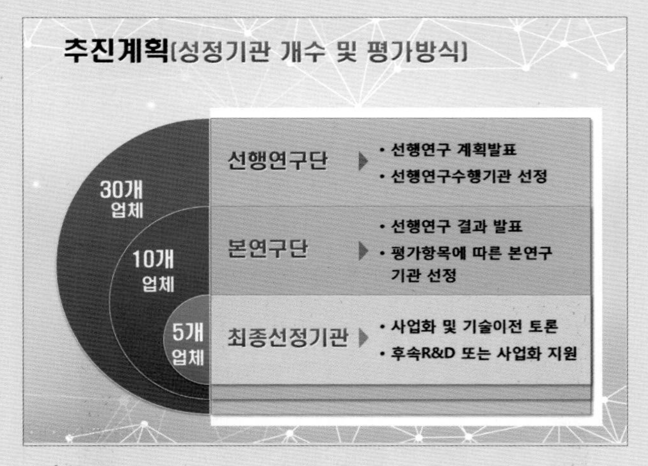

▲ After

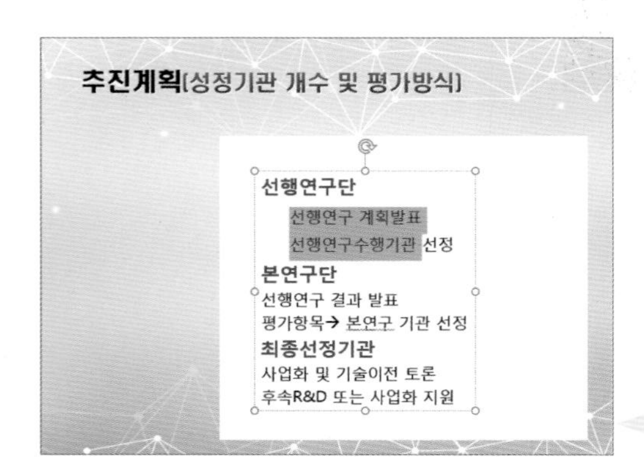

01 실습 파일을 열면 텍스트 목록이 나타납니다. 서식으로 구분되어 있지만, 이러한 서식은 SmartArt에서 인식되지 않습니다. 다음과 같이 검은색 텍스트 두 줄을 드래그해서 선택하고 Tab 을 눌러 텍스트를 한 단계 들여쓰기합니다.

깨알 TIP Tab 은 들여쓰기, Shift + Tab 은 내어쓰기입니다.

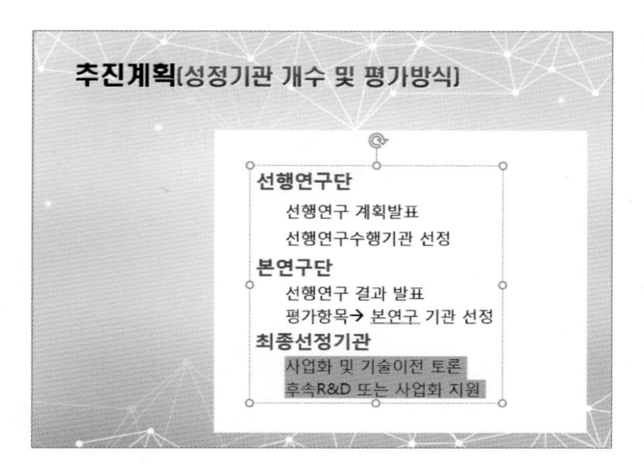

02 계속해서 나머지 검은색 텍스트도 모두 들여쓰기합니다.

03 임의의 텍스트를 선택하고 ❶ 마우스 오른쪽 버튼을 클릭한 후 ❷ **[SmartArt로 변환-과녁 목록형]**을 선택합니다.

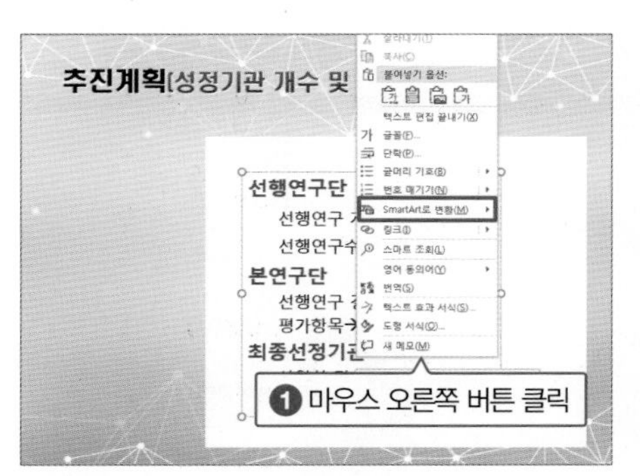

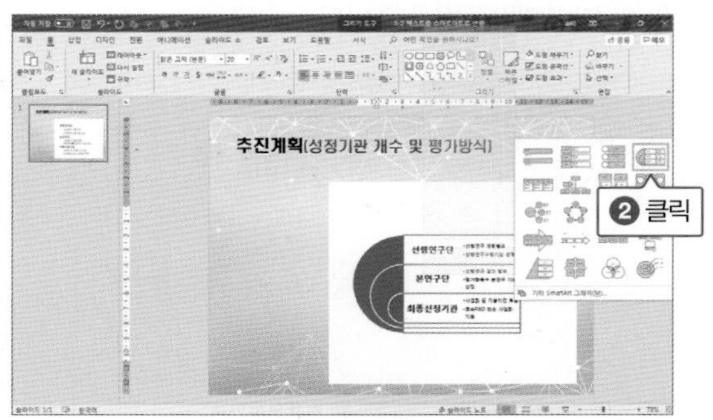

깨알 TIP SmartArt로 변환하기 위해 임의의 텍스트를 선택할 때 주의할 점이 있습니다. 이때 텍스트 상자를 선택하는 것이 아닌 텍스트를 클릭하거나 드래그한 다음 그 자리에서 마우스 오른쪽 버튼을 클릭해야 [SmartArt로 변환]이 있는 바로가기 메뉴가 나타납니다. 만일 텍스트 상자를 클릭하거나 혹은 다른 위치에서 마우스 오른쪽 버튼을 클릭하면 다른 바로가기 메뉴가 나올 수 있습니다.

04 텍스트 목록에서 지정한 수준과 동일하게 다이어그램이 완성됩니다. 적당한 크기로 저장한 후 배치합니다.

05 SmartArt를 선택하고 **[디자인] 탭-[SmartArt 스타일] 그룹**에서 **[색 변경-색상형 범위-강조색 4 또는 5]**를 선택합니다.

06 ❶ SmartArt에서 '선행연구단'이 있는 가로로 긴 사각형 도형을 선택한 후 **[서식] 탭-[도형 스타일] 그룹**에서 **[도형 채우기-자주, 강조 4, 60% 더 밝게]**를 선택합니다. ❷ 계속해서 '본연구단' 도형은 **[파랑, 강조 1, 60% 더 밝게]**를 적용하고, ❸ '최종선정기관' 도형은 **[바다색, 강조 5, 80% 더 밝게]**를 적용합니다.

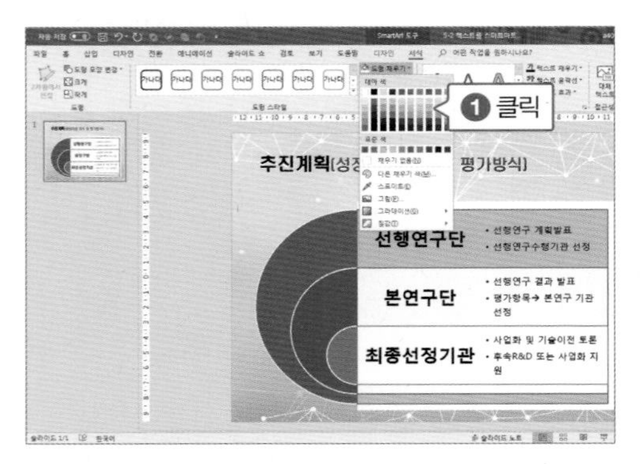

07 **Shift** 를 누른 채 세 개의 도형을 선택한 후 **[홈] 탭-[글꼴] 그룹**에서 글꼴은 **[HY헤드라인M]**, 글꼴 크기는 **[28 pt]**로 설정하고, **[단락] 그룹**에서 **[왼쪽 맞춤]**을 클릭해서 다음과 같이 조정합니다.

08 **Shift** 를 누른 채 오른쪽에 있는 작은 텍스트 상자를 모두 선택해서 너비를 넓게 조정합니다.

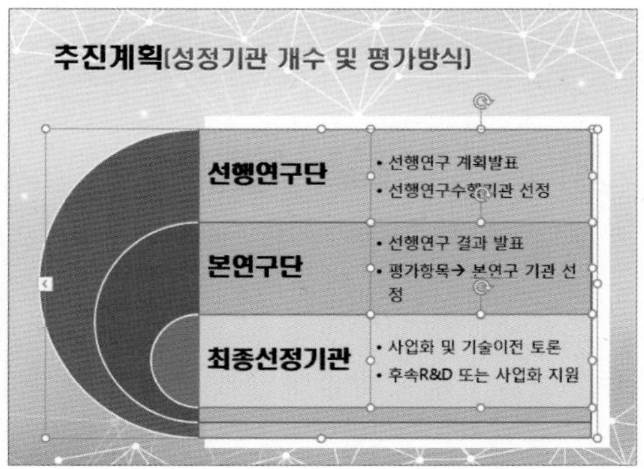

09 너비를 조정해도 넘치는 부분은 단어가 끝나는 부분에서 **Shift** + **Enter** 를 눌러 줄을 바꿉니다. 마지막으로 적당한 도형과 텍스트를 배치해서 완성합니다.

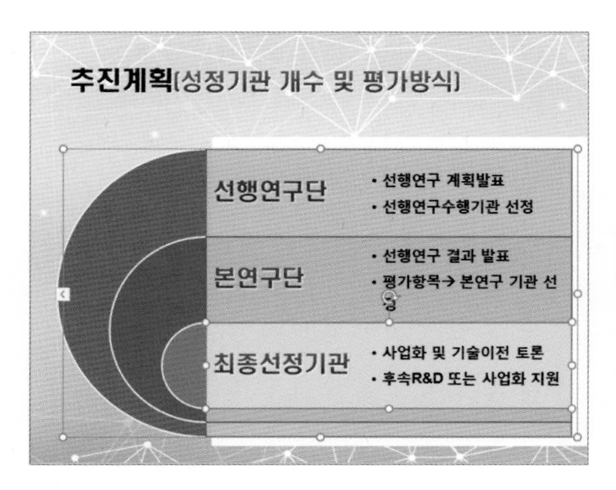

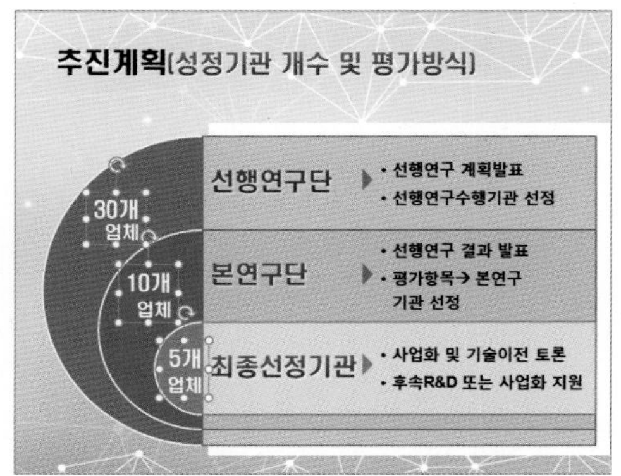

CHAPTER 2

062 이미지를 활용한 SmartArt 다이어그램 완성하기

효과적인 내용 전달을 위한 SmartArt, 표, 차트 활용

실습 파일 4-3 이미지를 스마트아트로 변환하기_실습.pptx

SmartArt의 다양한 레이아웃 중에 일부는 텍스트와 함께 이미지도 배치해서 사용할 수 있습니다.바로 [그림] 카테고리에 있는 레이아웃입니다. 삽입한 이미지를 SmartArt로 일괄 적용한 후 보기 좋게 꾸미는 방법을 실습을 통해 알아보겠습니다.

▲ Before

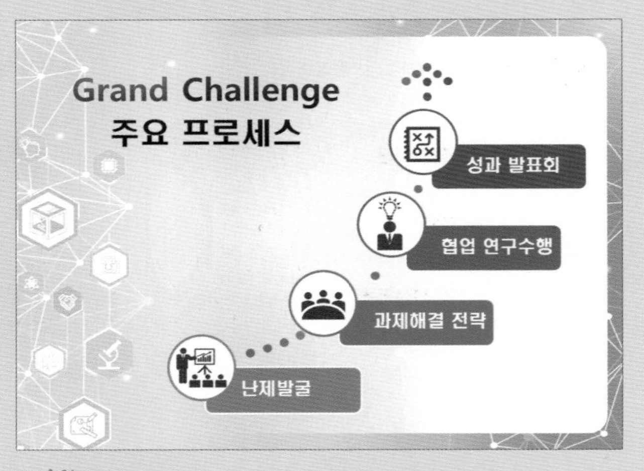

▲ After

01 실습 파일을 열고 Shift 를 누른 채 아이콘 이미지를 왼쪽부터 차례로 모두 선택합니다. **[그림 도구-서식] 탭-[그림 스타일] 그룹**에서 **[그림 레이아웃-오름차순 그림 강조 프로세스형]**을 선택해서 SmartArt를 적용합니다.

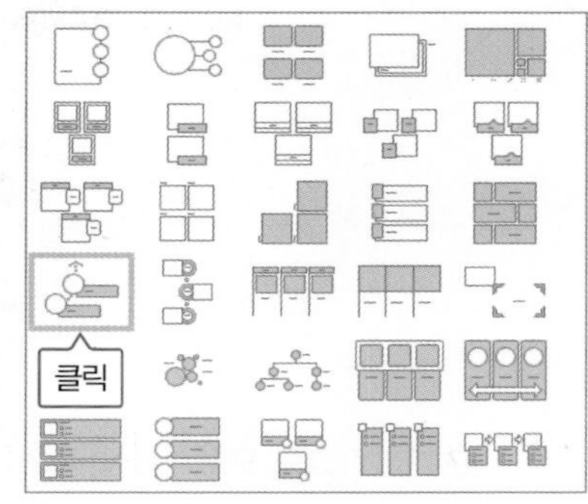

02 SmartArt 크기를 크게 조정한 후 항목에 맞는 텍스트를 입력합니다.

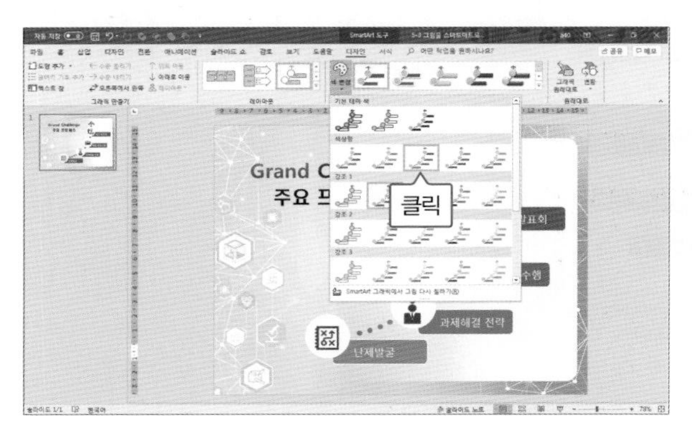

03 개체의 색을 변경하기 위해 SmartArt를 선택하고 **[디자인] 탭-[SmartArt 스타일] 그룹**에서 **[색 변경-색상형 범위-강조색 3 또는 4]**를 선택합니다.

04 원형으로 표현된 이미지 하나를 선택한 후 **[그림 도구-서식] 탭-[그림 스타일] 그룹**에서 **[그림 테두리-두께-3pt]**를 선택합니다.

05 ❶ 다시 **[그림 도구-서식] 탭-[그림 스타일] 그룹**에서 **[그림 테두리-스포이트]**를 선택합니다. ❷ 마우스 포인터에 스포이트가 표시되면 현재 선택한 이미지 오른쪽에 있는 텍스트 상자를 클릭해서 테두리 색을 변경합니다.

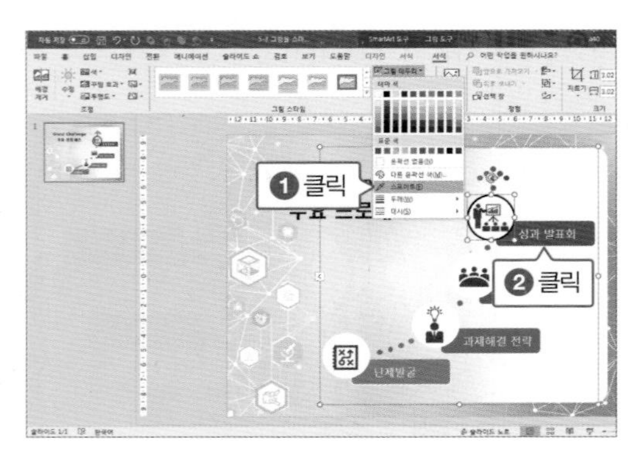

06 나머지 이미지에도 위와 같은 방법으로 각각 텍스트 상자와 테두리를 추가합니다.

07 마지막으로 **[홈] 탭-[글꼴]** 그룹에서 텍스트를 보기 좋게 변경해서 완성합니다.

실무자 TALK

파워포인트 기본 아이콘으로 SmartArt 사용하기

이미지를 선택한 후 바로 SmartArt로 변형하는 기능은 jpg 혹은 png 등의 이미지 파일을 삽입했을 때입니다. 즉, 이미지가 아닌 파워포인트에서 제공하는 기본 아이콘에서는 사용할 수 없는 방법입니다. 단, 아이콘을 이미지로 변경하면 위 실습과 동일하게 활용할 수 있습니다.

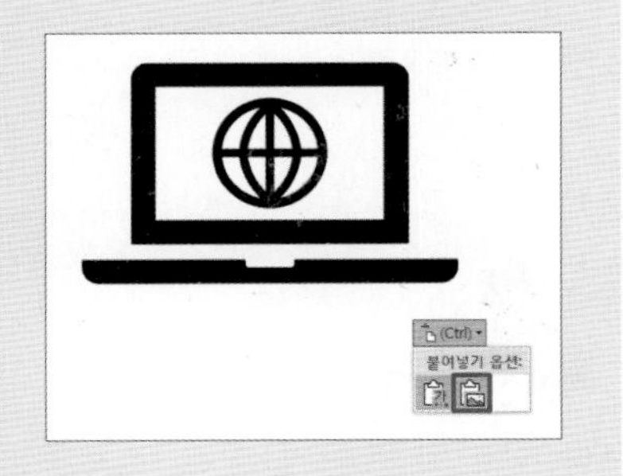

방법은 간단합니다. 파워포인트에서 아이콘을 삽입한 후 Ctrl+X를 눌러 잘라내고, 이어서 Ctrl+V를 눌러 붙여 넣습니다. 이때 붙여 넣기 옵션에서 [그림]을 선택하면 아이콘이 이미지로 변경됩니다.

CHAPTER 2

063 엑셀 데이터를 이용한 기본 표 디자인하기

효과적인 내용 전달을 위한 SmartArt, 표, 차트 활용

실습 파일 4-4 엑셀 데이터로 표 만들기_실습.pptx, 지도자교육.xlsx

파워포인트에서 직접 표를 삽입한 후 내용을 입력하는 방법이 있지만 실무에서는 워드프로세서나 엑셀 등에 있는 데이터를 파워포인트로 가져와서 간단하게 표를 완성하곤 합니다. 엑셀 데이터를 이용해 간단히 표를 생성한 후 강조색 등을 넣어 보면서 가장 기본적인 표 디자인 변경 방법을 알아보겠습니다.

▲ Before

요가/필라테스 지도자 교육

힐링 / 키즈 / 핫요가 / 임산부 / 테라피 / 빈야사 / 실버

자격증	교육비	요일(시간)	총기간
요가지도사 2급	170 만원	월수금(2.5H)	3개월
		토일(2.5H)	4개월
요가지도사 1급	250 만원	월수금(3H)	3개월
		토일(4H)	4개월
매트 필라테스	120 만원	화목토(2H)	2개월
		토일(3H)	3개월
기구 필라테스	200 만원	화목토(3H)	2개월
		토일(4H)	3개월

▲ After

	A	B	C	D
1	요가/필라테스 지도자 교육			
2				
3	자격증	교육비	요일(시간)	총기간
4	요가지도사 2급	170만원	월수금(2.5H)	3개월
5			토일(2.5H)	4개월
6	요가지도사 1급	250만원	월수금(3H)	3개월
7			토일(4H)	4개월
8	매트 필라테스	120만원	화목토(2H)	2개월
9			토일(3H)	3개월
10	기구 필라테스	200만원	화목토(3H)	2개월
11			토일(4H)	3개월

드래그 후 Ctrl + C

01 엑셀을 실행한 후 실습 파일에서 [지도자교육.xlsx]를 찾아 엽니다. 표의 제목을 제외하고 [A3] 셀에서 [D11] 셀까지 드래그해서 선택한 후 Ctrl + C 를 눌러 복사합니다.

02 파워포인트에서 실습 파일을 열고 Ctrl+V를 눌러 엑셀 데이터를 붙여 넣습니다. 생성된 기본 표를 드래그해서 크기 및 위치를 조정합니다.

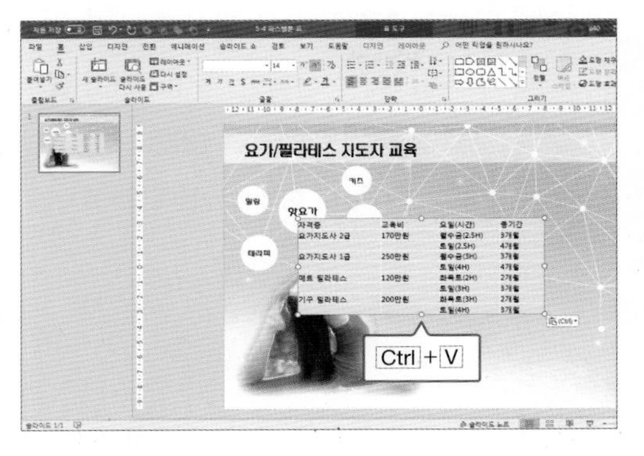

03 빈 셀을 하나로 병합해야 합니다. ❶ '요가지도사 2급' 셀과 바로 아래 빈 셀을 드래그해서 선택한 후 ❷ **[레이아웃] 탭–[병합] 그룹**에서 **[셀 병합]**을 클릭합니다.

04 계속해서 '요가지도사 1급' 셀과 그 아래 빈 셀을 드래그해서 선택한 후 Ctrl+Y를 누릅니다. 바로 전 셀 병합 작업이 반복 실행됩니다. 같은 방법으로 나머지 빈 셀들도 위의 셀과 병합합니다.

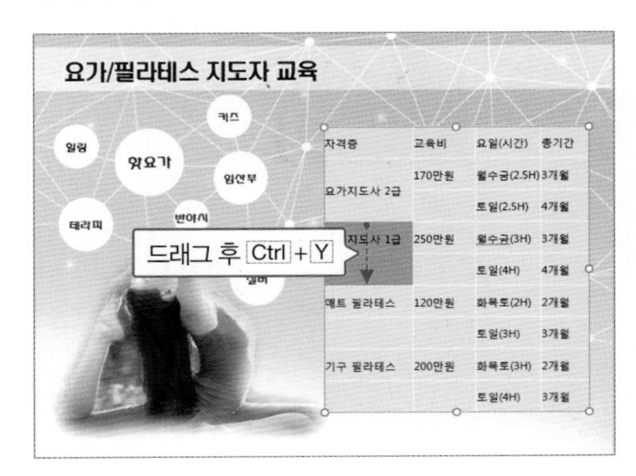

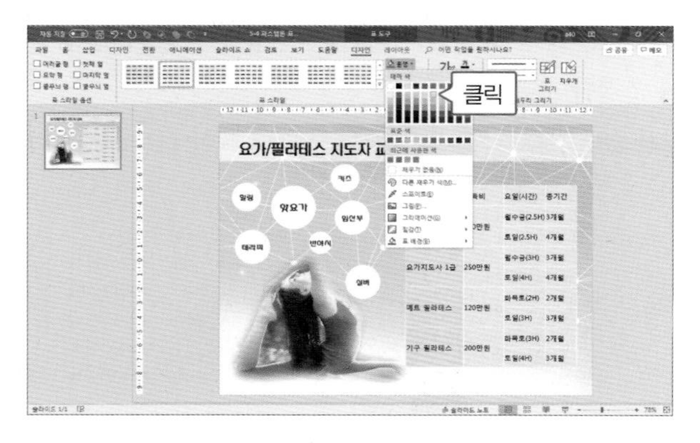

05 이제 각 영역을 꾸미겠습니다. 제목 행을 제외하고 '요가지도사 2급' 셀부터 '기구 필라테스' 셀까지 드래그해서 선택한 후 **[디자인] 탭-[표 스타일] 그룹**에서 **[음영-빨강, 강조 2, 80% 더 밝게]**를 선택합니다.

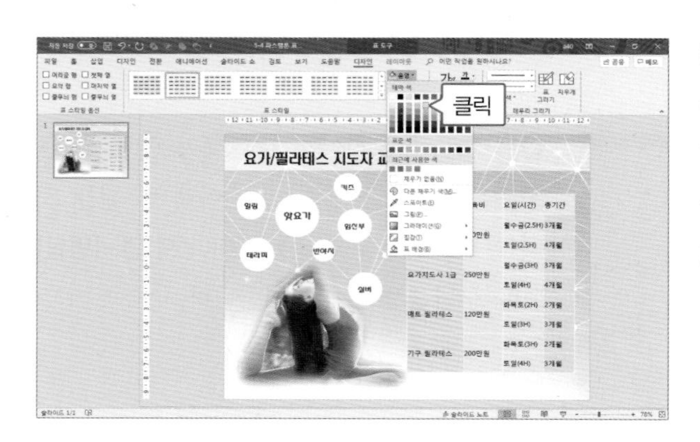

06 이번에는 '총기간' 열에서 제목을 뺀 나머지 셀을 드래그해서 선택하고 **[디자인] 탭-[표 스타일] 그룹**에서 **[음영-파랑, 강조 1, 80% 더 밝게]**를 선택합니다.

07 첫 번째 열의 제목 셀을 선택한 후 **[디자인] 탭-[표 스타일] 그룹**에서 **[음영-다른 채우기 색]**을 선택합니다. 색 대화상자에서 **[사용자 지정] 탭**에 RGB 값을 각각 **[179, 126, 129]**로 설정합니다.

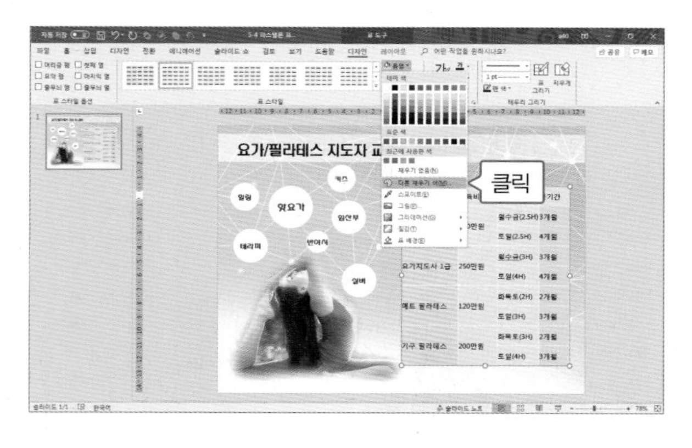

CHAPTER 2

065 데이터에 맞는 차트 선택하기

효과적인 내용 전달을 위한 SmartArt, 표, 차트 활용

제안서를 제작할 때 수치 데이터는 숫자를 표나 단순한 텍스트 상자로 표현하기보다는 시각적으로 수치를 빠르게 가늠할 수 있도록 차트로 보여 주는 것이 좋습니다. 파워포인트에서 제공하는 차트는 다양하지만 실무에서 주로 사용하는 차트는 정해져 있습니다. 대부분 표현하고자 하는 데이터 종류와 공간의 여유 등을 고려하여 막대형, 꺾은선형, 원형 중에서 선택합니다.

묶은 세로 막대형

세로 막대형 중 묶은 세로 막대형은 각 계열을 항목별로 묶은 형태입니다. 항목별, 계열별 값의 차이를 한눈에 확인할 수 있습니다.

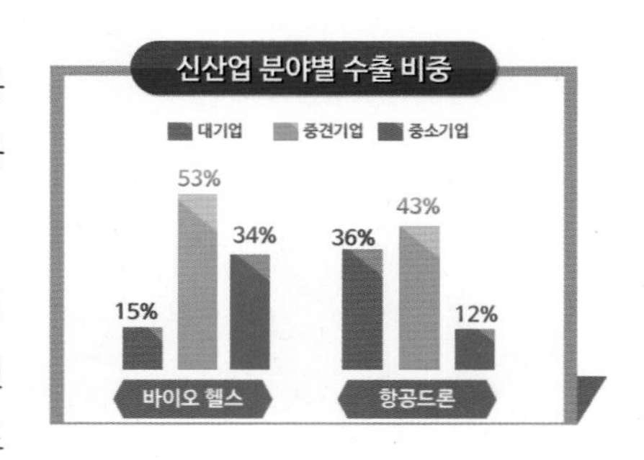

묶은 세로 막대형 차트에서는 시각적으로 값의 크기를 보여 주는 것도 중요하지만 수치를 정확하게 표현해야 하므로 데이터 레이블을 표시하거나 값 축을 표시하여 값의 기준을 마련해야 합니다. 특히 값 축을 표시할 때는 진하지 않더라도 눈금선을 표시하는 것이 좋습니다.

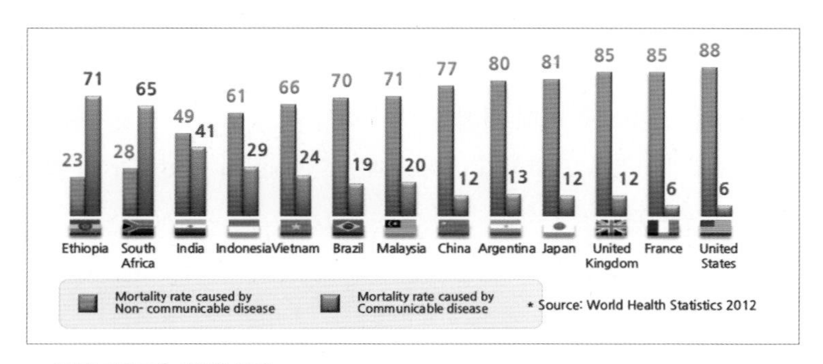

≫ 데이터 레이블을 이용한 사례

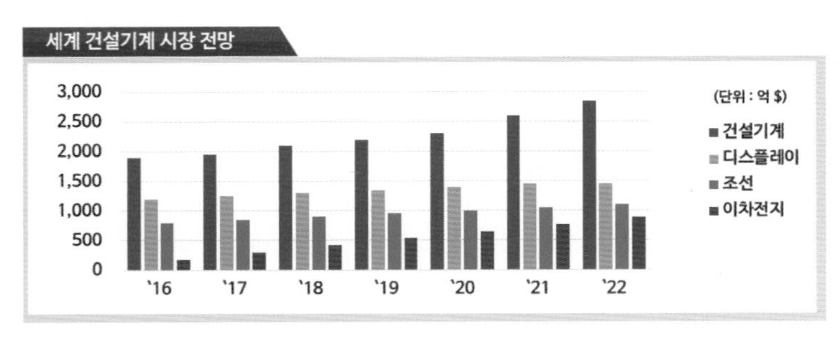

» 왼쪽 값 축과 눈금선을 이용한 사례

누적 막대형

누적 막대형은 대표적으로 세로 막대형과 가로 막대형에서 많이 사용합니다. 각 계열을 하나의 항목에 누적해서 쌓아 올린 형태로 계열 전체 합계를 파악하기에 적합합니다. 누적 막대형 중 100% 기준 누적 막대형 차트는 항목 값 모두를 100% 기준으로 표현합니다. 그러므로 모든 항목의 막대 길이가 같아서 하나의 항목 안에 분포된 계열들의 비율을 표현하기에 적합합니다.

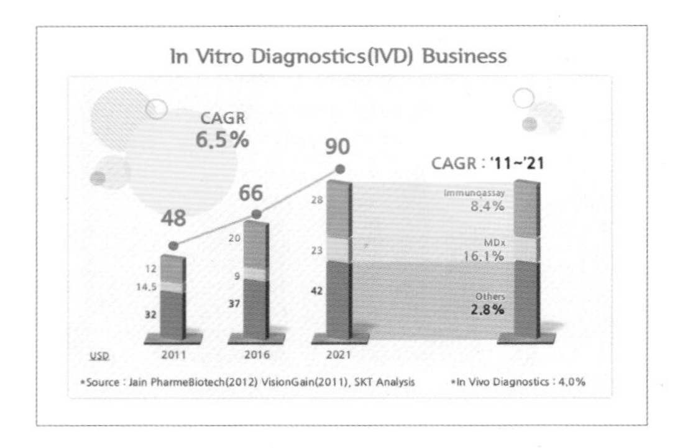

» 누적 세로 막대형 차트

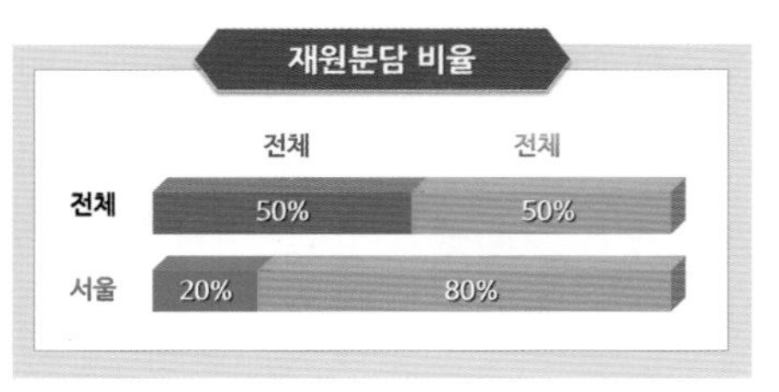

» 100% 기준 누적 가로 막대형 차트

누적 막대형 차트를 사용할 때 비율이 낮은 계열은 다른 계열에 비해 잘 보이지 않아 주변에 데이터 레이블을 표시하기가 애매합니다. 데이터 레이블을 억지로 넣더라도 어느 계열의 레이블인지 구분하기 어려울 수 있습니다. 그러므로 아래 사례와 같이 특정 계열의 비율이 낮거나 데이터 계열의 종류가 많아서 데이터 레이블을 표현하기 어려울 때는 각 데이터 레이블과 계열의 색상을 동일하게 통일하는 것이 좋습니다.

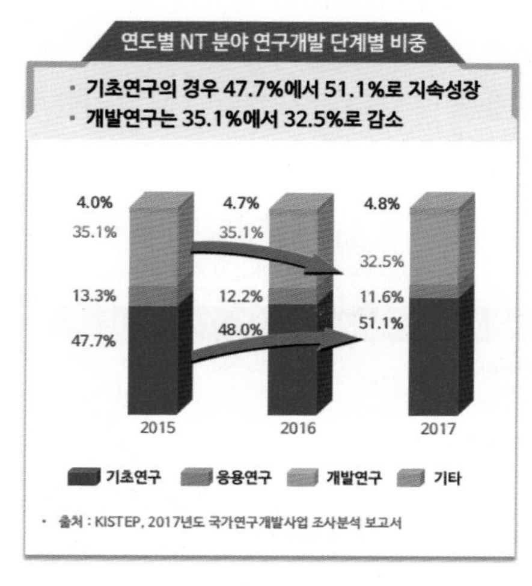

≫ 데이터 계열과 레이블의 색상을 일치시킨 누적 막대 차트

가로 또는 세로 막대형

세로 막대형과 가로 막대형을 선택하는 기준은 데이터 항목에 따라 판단합니다. 대표적으로 데이터 항목의 개수가 너무 많거나 길이가 길면 가로 막대형 차트가 적합합니다.

또한 가로 막대형 차트는 세로 막대형 차트에 비해 자리를 덜 차지하는 편입니다. 그러므로 비좁은 공간에도 더 많은 양의 항목을 포함할 수 있다는 장점이 있습니다.

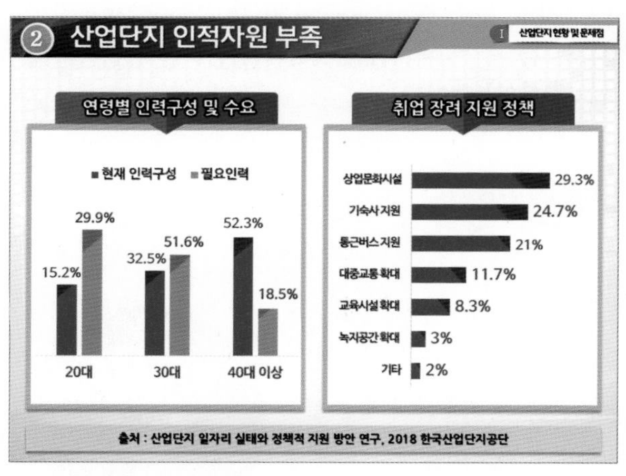

≫ 세로 막대형과 가로 막대형

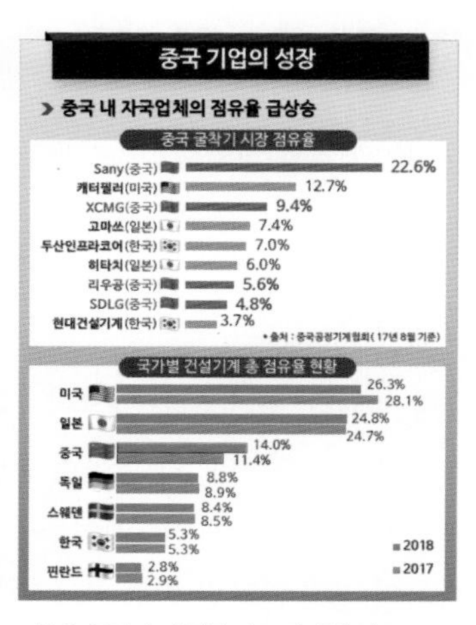

≫ 좁은 공간에 배치한 가로 막대형 차트

꺾은선형

항목별 변화량을 쉽게 파악하는 것이 가능하고, 추세선을 통해 다음 값을 예측할 때 유리한 차트입니다. 꺾은선형 차트는 항목이 연도, 분기 혹은 월 등으로 기간별 변화량을 시각화하는 데 주로 사용됩니다.

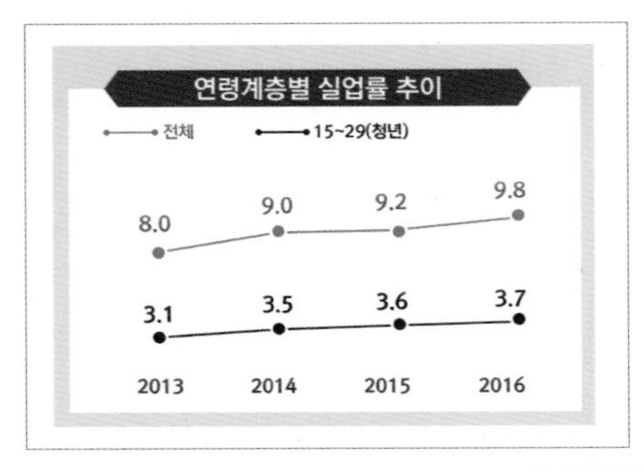

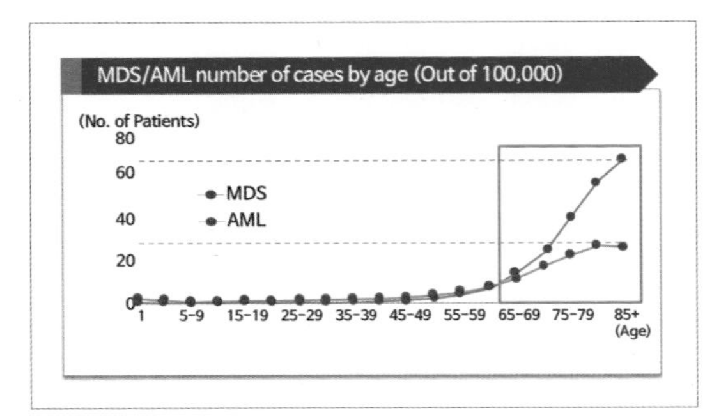

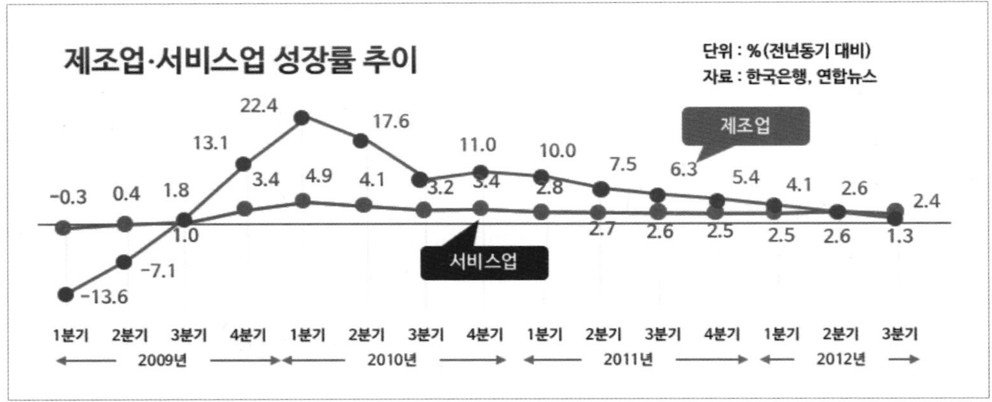

≫ 꺾은선형 차트의 다양한 형태

원형

한 가지 계열만 표현할 수 있으며, 항목별 변화량 중 비율을 나타낼 때 주로 사용합니다. 각 항목을 설명할 때는 범례로 표현하는 것보다는 항목 이름과 데이터 레이블을 사용하는 것이 더 효과적입니다. 항목이 많지 않다면 원형 차트 기능 대신 도형을 이용해서 제작하는 것이 낫습니다. 도형으로 만들면 다양한 서식을 활용해 다채로운 결과물을 얻을 수 있기 때문입니다.

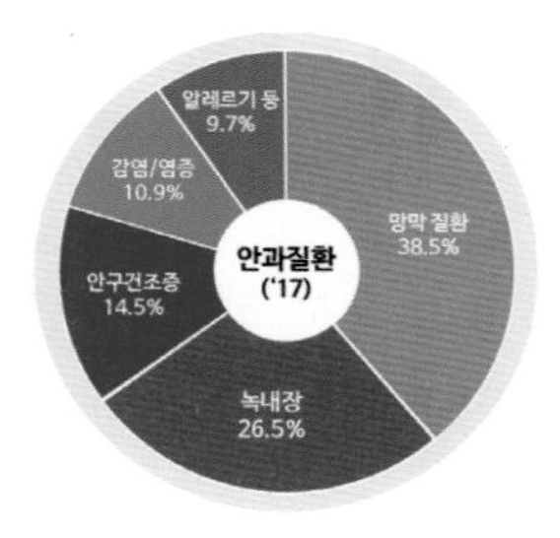

원형 차트는 하나의 원에 단일 계열만 표현할 수 있으므로, 두 개 이상의 계열을 표현할 때에는 다음과 같이 두 개 이상의 원형 차트를 나란하게 배치해서 사용합니다.

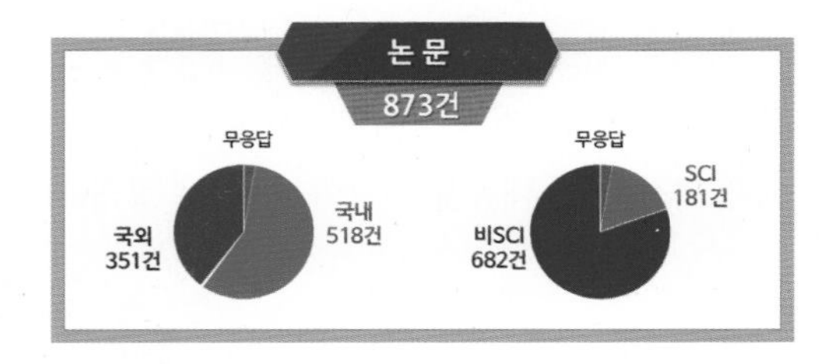

혼합형

주로 막대형과 꺾은선 차트를 함께 사용합니다. 두 개 이상의 계열에서 성격과 값이 확연하게 차이 날 때 주로 사용하며, 값의 차이가 크면 계열을 보조 축으로 사용해서 표현합니다.

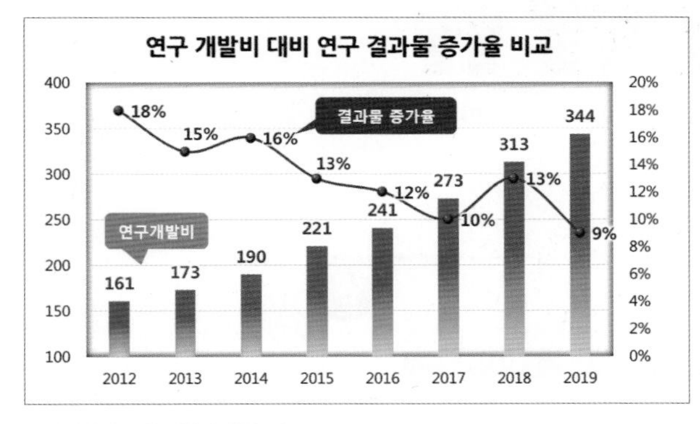

≫ 막대형과 꺾은선형의 혼합 차트

단, 아래 차트처럼 세 가지 계열 '생산유발계수', '부가가치유발계수', '고용유발계수'의 각 수치 차이가 큰 경우 세 가지 축으로 구분하기는 어렵습니다. 이때는 계열을 나누어 표현하는 것도 하나의 방법입니다.

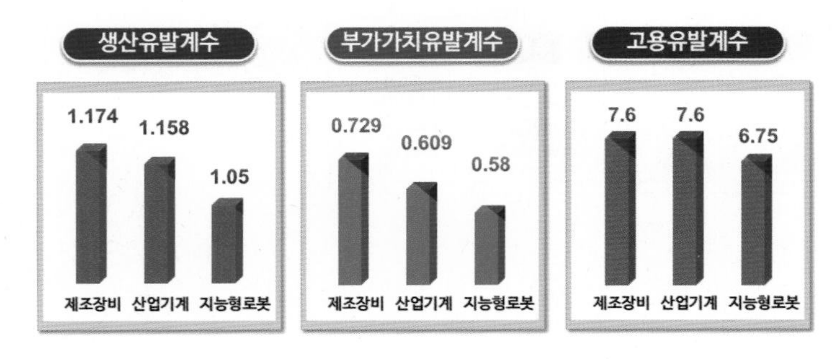

픽토그램

파워포인트에서 기본으로 제공하는 차트 형태가 아닌 사람, 건물, 돈 등의 이미지를 이용하여 값의 크기를 차트로 표현한 형태입니다. 픽토그램 차트에서는 항목에 따라 단순 막대와 같은 도형이 아닌 이미지로 표현함으로써 각 항목이 무엇을 의미하는지 좀 더 명확하게 전달할 수 있습니다. 제작하기는 다소 힘들 수 있지만 청중에게 가장 쉽게 내용을 전달할 수 있는 형태라고 할 수 있습니다.

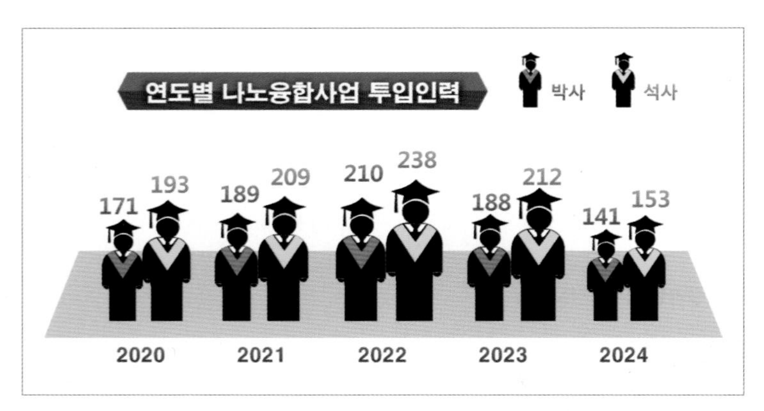

≫박사와 석사 인력을 표현한 픽토그램 차트

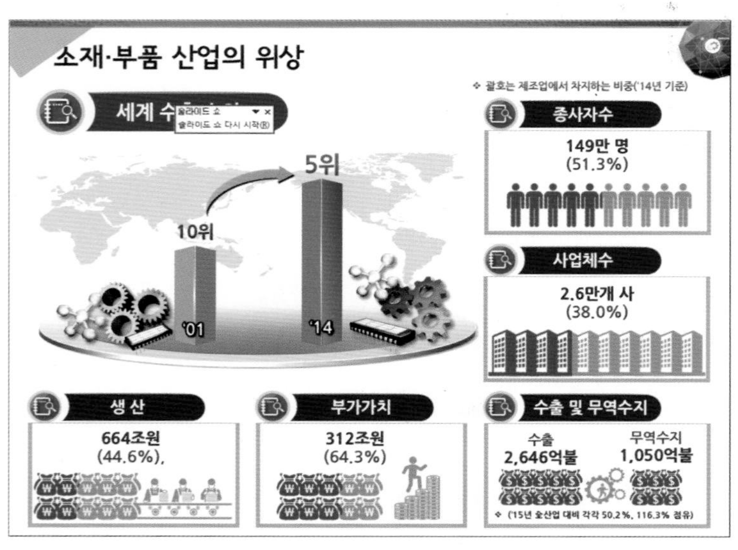

≫제안서에 사용된 픽토그램 차트

CHAPTER 2

066 데이터 값 차이가 많을 때 사용하는 보조 축

효과적인 내용 전달을 위한 SmartArt, 표, 차트 활용

실습 파일 5-1 이중 축 혼합형 차트 그리기_실습.pptx, market value.xlsx

차트 데이터 계열의 값 차이가 많다면 하나의 축으로 표현하는 것은 의미가 없습니다. 이를테면 두 개의 계열 값이 각각 천 단위와 백분율일 때 차트로 표현해야 하는데 하나의 축만 사용한다면 어떻게 될까요? 축은 주로 큰 단위를 기준으로 작성되므로 천 단위 계열은 제대로 잘 표현되겠지만 단위가 작은 백분율 계열은 차트에서 거의 보이지 않게 됩니다. 이처럼 계열 간 값의 크기 차이가 클 때 사용하는 것이 보조 축입니다.

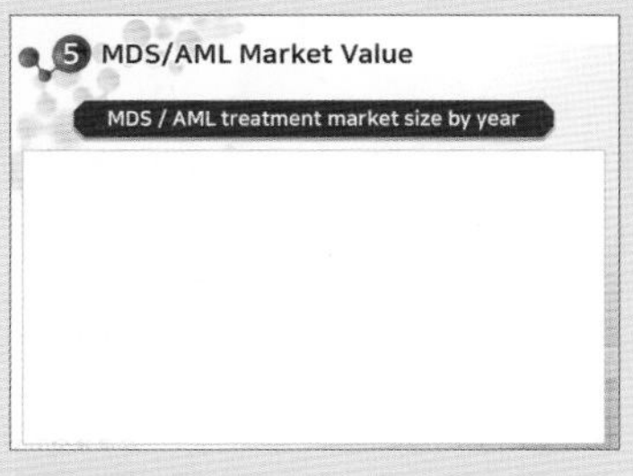

▲ Before

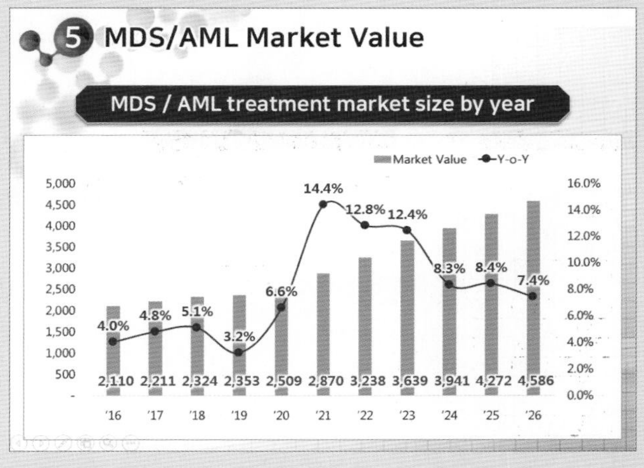

▲ After

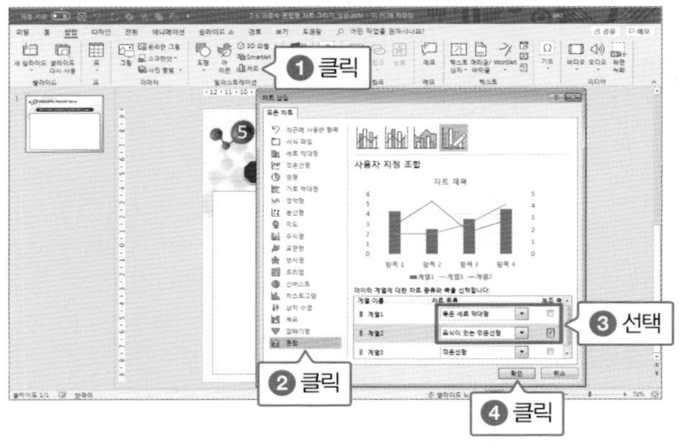

01 실습 파일을 열고 ❶ **[삽입] 탭-[일러스트레이션] 그룹**에서 **[차트]**를 클릭합니다. 차트 삽입 대화상자에서 ❷ **[혼합]**을 선택한 후 ❸ 계열1을 **[묶은 세로 막대형]**, 계열2를 **[표식이 있는 꺾은선형]**으로 선택하고 **[보조 축]**에 체크한 후 ❹ [확인]을 클릭합니다.

02 차트 데이터를 입력할 수 있는 엑셀과 유사한 데이터 입력 창이 열립니다. 데이터 입력 창에 직접 값을 입력해도 되지만 실습 파일로 제공되는 [market value.xlsx] 엑셀 파일을 찾아 실행합니다. ❶ 엑셀에서 [A3:C14] 셀을 드래그해서 선택한 후 Ctrl+C를 눌러 복사하고, ❷ 파워포인트로 돌아와 데이터 입력 창의 [A1] 셀을 선택한 후 Ctrl+V를 눌러 붙여 넣습니다.

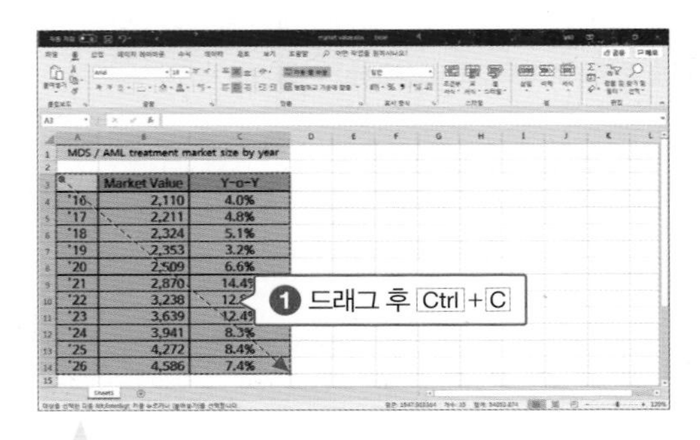

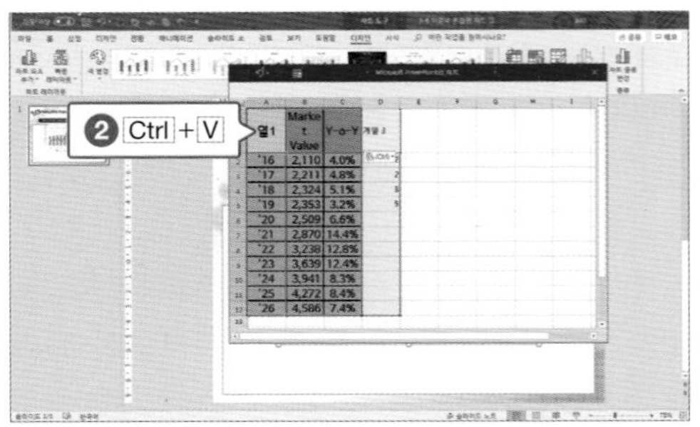

깨알 TIP 제시된 엑셀 파일은 파워포인트의 차트 데이터 입력 창에서 여는 것이 아니라, 엑셀 프로그램을 별도로 실행해서 열어야 합니다.

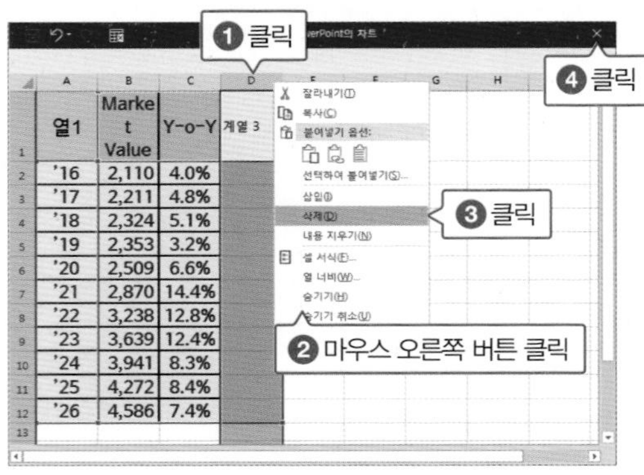

03 데이터 입력 창에서 ❶ D열을 선택하고 ❷ 마우스 오른쪽 버튼으로 클릭한 후 ❸ **[삭제]**를 선택합니다. 필요하지 않은 계열을 하나 지운 것입니다. ❹ 데이터 입력 창 오른쪽 위에서 [×]를 클릭해서 창을 닫습니다.

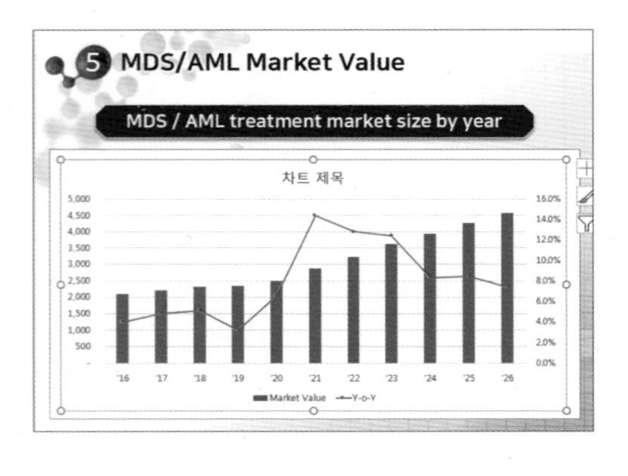

04 슬라이드 배경에 맞춰 차트 크기와 위치를 조정합니다.

CHAPTER 2

067 차트 서식을 다른 차트에 그대로 적용하기

효과적인 내용 전달을 위한 SmartArt, 표, 차트 활용

실습 파일 5-2 차트 서식 적용_실습.pptx

차트를 생성하고 데이터를 입력하여 기본 꼴을 완성한 후에는 좀 더 보기 좋고 정확한 내용을 전달할 수 있도록 서식 변경 등의 후속 작업을 진행합니다. 차트 내 서식은 차트의 종류를 포함하여 데이터 레이블, 범례, 각종 제목 등 차트를 구성하는 각 요소, 텍스트 등 무척이나 다양합니다. 그만큼 많은 시간이 소요되지요. 만약 차트를 여러 개 만든다면 이런 작업을 계속 반복해야 할까요? 여러 차트에 동일한 서식을 적용하는 방법을 알아보겠습니다.

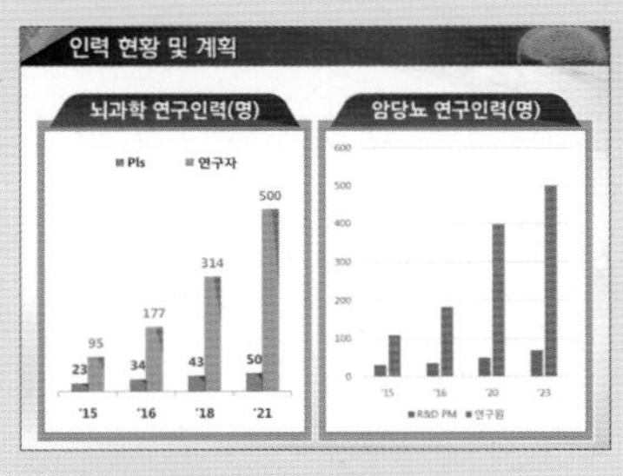

▲ Before

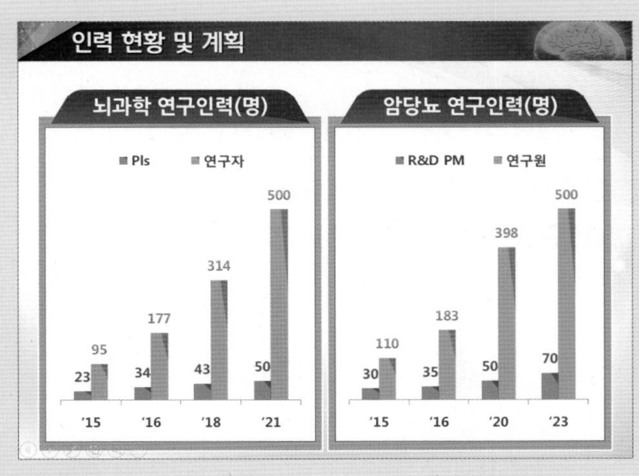

▲ After

01 실습 파일에는 서로 다른 서식의 차트 두 쌍이 있습니다. 왼쪽에 있는 차트의 서식을 오른쪽에 동일하게 적용해 보겠습니다. ❶ 왼쪽 차트에서 마우스 오른쪽 버튼을 클릭한 후 ❷ **[서식 파일로 저장]**을 선택합니다. 차트 서식 파일 저장 대화상자가 열리면 기본 설정 경로를 유지한 채 이름만 적절하게 변경하고 ❸ [저장]을 클릭합니다.

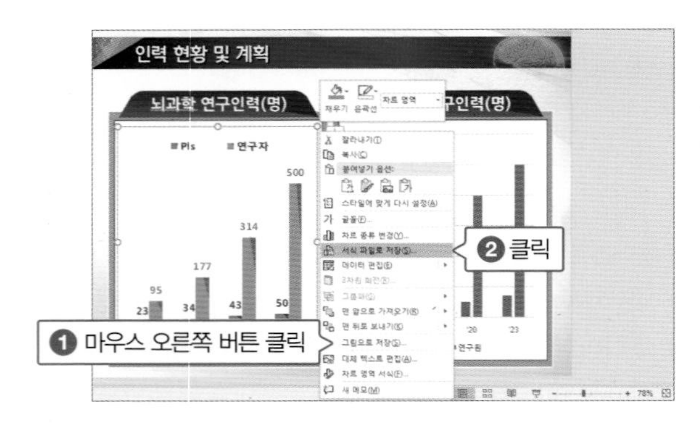

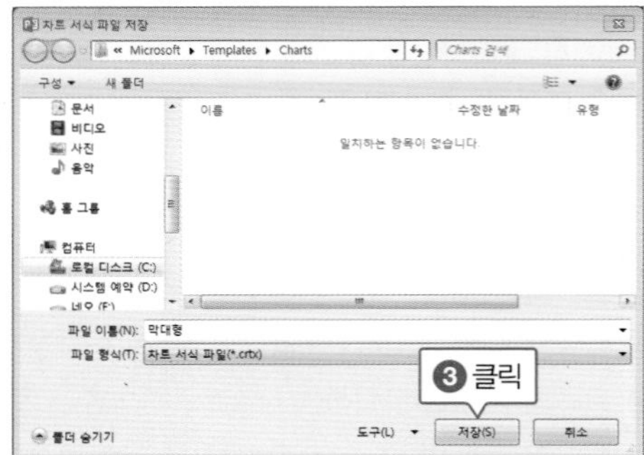

02 ❶ 오른쪽의 기본형 차트에서 마우스 오른쪽 버튼을 클릭한 후 ❷ **[차트 종류 변경]**을 선택합니다. 차트 종류 변경 대화상자의 ❸ 왼쪽에서 **[서식 파일]**을 선택합니다. ❹ 오른쪽에 앞서 저장한 서식이 표시되면 선택한 후 ❺ [확인]을 클릭합니다.

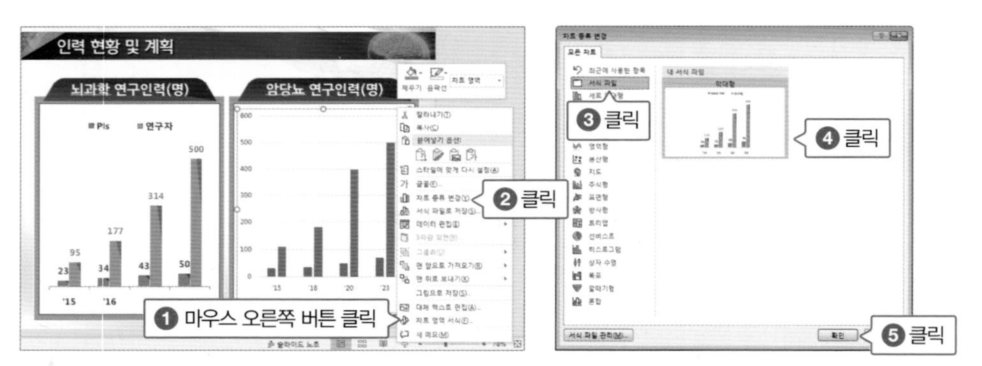

깨알 TIP 서식을 저장할 때 경로를 변경했다면 서식 파일에 목록이 나타나지 않습니다. 그러므로 반드시 기본 경로를 유지해야 합니다.

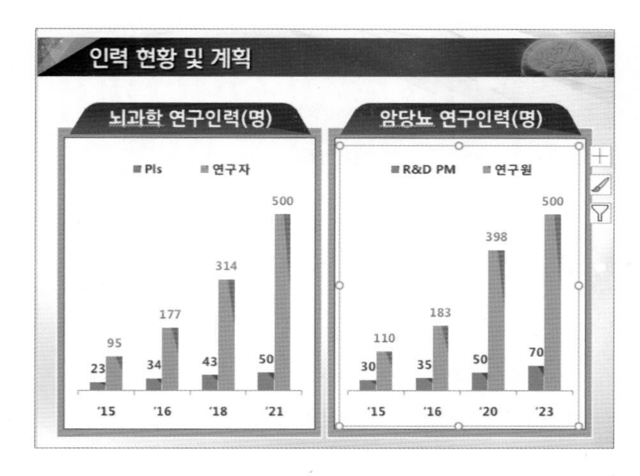

03 왼쪽과 동일한 서식이 적용된 차트가 완성되었습니다. 이 방법을 이용해 동일한 프레젠테이션 내의 차트를 간편하게 동일한 서식으로 적용할 수 있습니다.

실무자 TALK

완벽하게 만들어 놓은 차트 서식 샘플이 있다면 위와 같은 방법으로 서식을 저장해서 편하게 적용할 수 있습니다. 그렇게 되면 전체 슬라이드를 완성하는 데도 훨씬 효과적이겠지요. 아래 샘플은 데이터 계열의 개수를 충분히 설정하여 완성한 서식입니다. 제공하는 실습 파일 중 [차트서식 모음.pptx] 파일을 실행하면 다음 샘플이 있으니 각 차트의 서식을 저장해서 활용해 보세요.

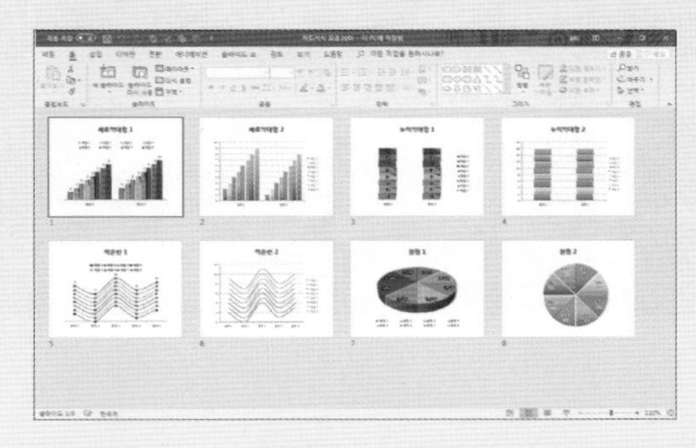

아래에서 사례는 제공하는 샘플 중 6번 슬라이드 서식을 적용한 모습입니다.

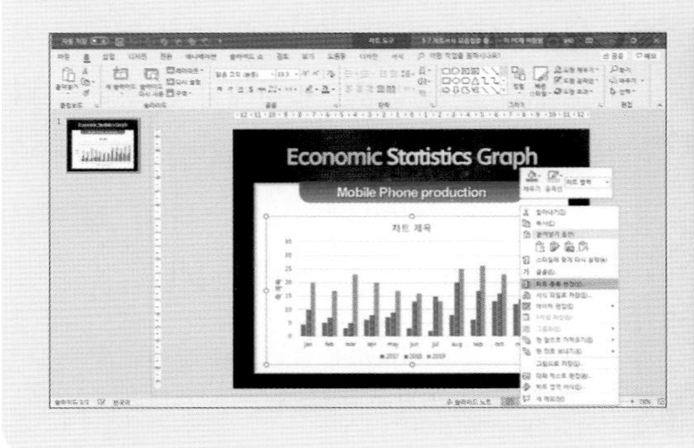

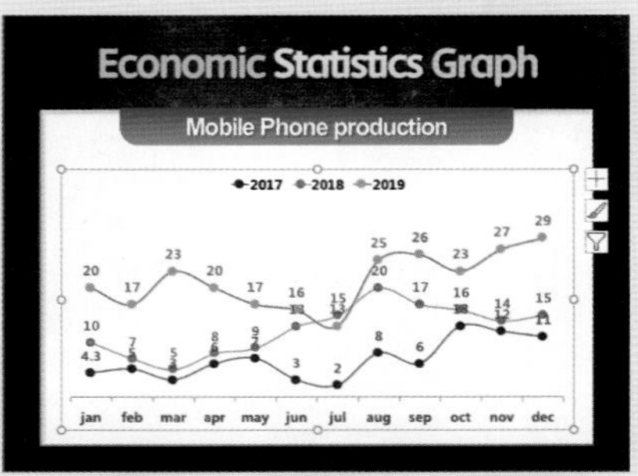

CHAPTER 2

068 내용 전달에 효과적인 이미지 활용 픽토그램 차트 만들기

효과적인 내용 전달을 위한 SmartArt, 표, 차트 활용

실습 파일 5-3 이미지로 채우는 막대 차트 만들기_실습.pptx, 5-8-1.png~5-8-3.png

픽토그램 차트는 모든 요소를 직접 만든다면 상당한 시간이 소모됩니다. 그러므로 파워포인트에서 제공하는 기본 차트 기능을 이용하되, 계열 도형을 이미지로 대체하는 것이 좋습니다. 이때 항목을 연상시키는 이미지를 넣으면 픽토그램 차트를 보다 손쉽게 만들 수 있습니다.

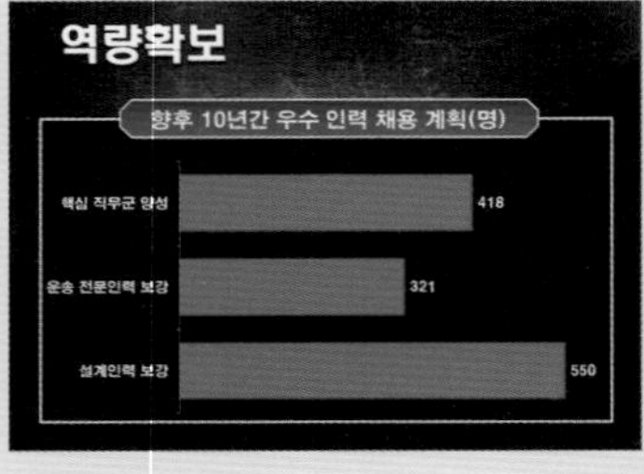

▲ Before

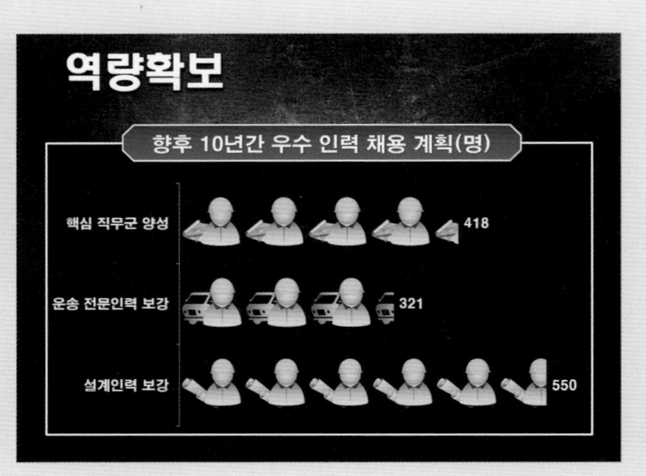

▲ After

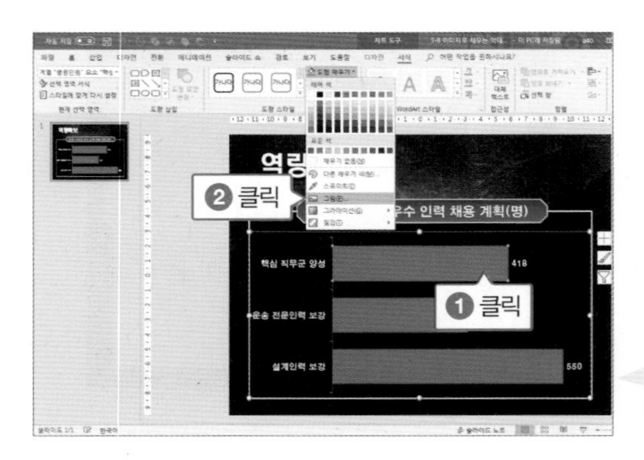

01 실습 파일에 있는 ❶ 가로 막대형 차트에서 차트 막대를 클릭해서 선택한 후 다시 가장 위쪽 막대를 한 번 더 클릭해서 선택합니다. ❷ **[서식] 탭-[도형 스타일] 그룹**에서 **[도형 채우기-그림]**을 선택합니다.

> **깨알 TIP** 차트에서 막대를 한 번 클릭하면 해당 계열이 모두 선택되며, 한 번 더 클릭하면 해당 계열 중 하나의 막대 요소만 선택됩니다.

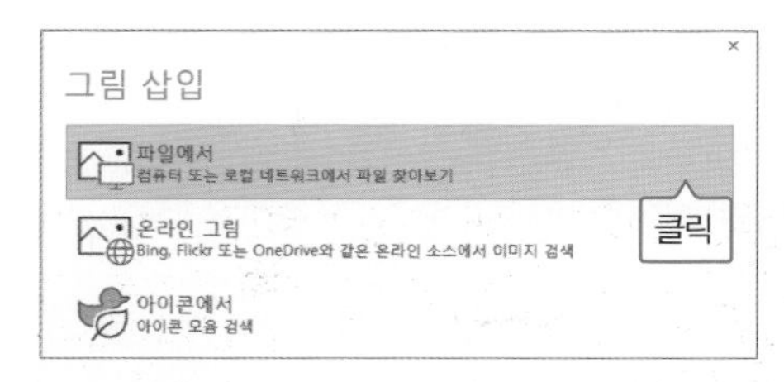

02 다음과 같이 그림 삽입 창이 열리면 **[파일에서]**를 클릭하고 실습 파일 중 [5-8-1.png]를 찾아 선택하여 삽입합니다.

03 선택한 막대가 삽입한 이미지로 채워집니다. ❶ **[서식] 탭-[현재 선택 영역] 그룹**에서 **[선택 영역 서식]**을 클릭합니다. 데이터 요소 서식 패널이 열리면 ❷ **[채우기 및 선] 탭**을 클릭한 후 **[채우기] 항목**에서 **[쌓기]**를 선택합니다. 하나의 이미지로 채워졌던 막대에 동일한 이미지가 반복해서 표시됩니다.

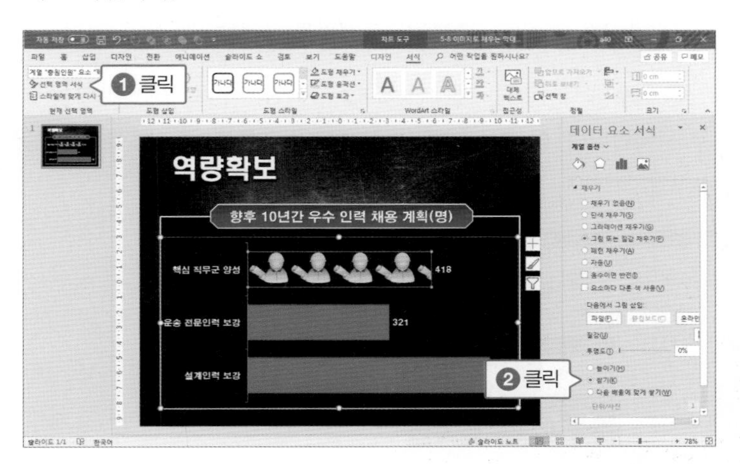

04 위와 같은 방법으로 두 번째 막대에는 [5-8-2.png] 이미지를, 세 번째 막대에는 [5-8-3.png] 이미지를 삽입한 후 쌓기 형태로 채웁니다.

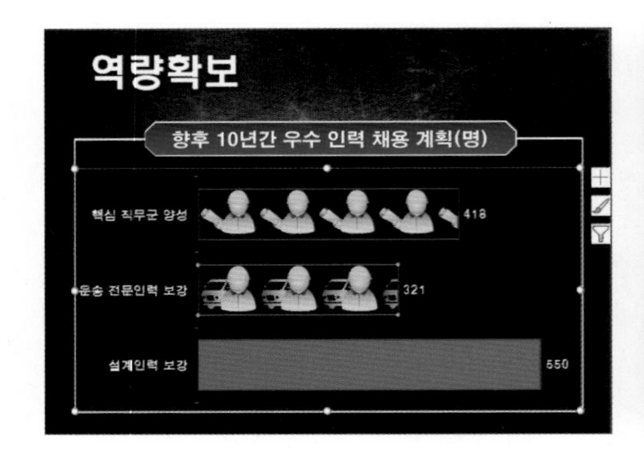

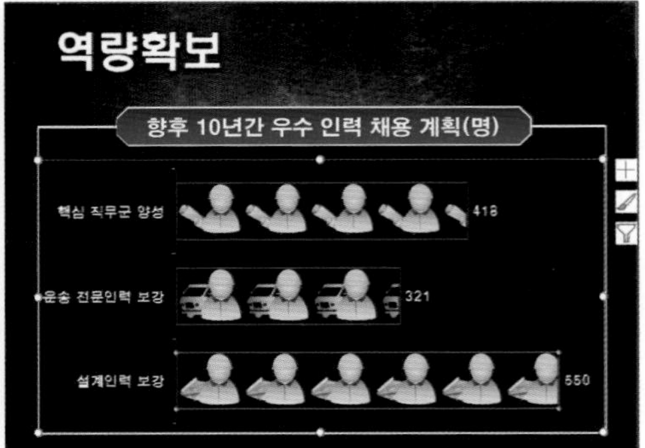

05 ❶ 차트 바깥쪽 빈 공간을 클릭해서 선택을 해제한 후 ❷ 다시 이미지로 만든 막대를 클릭합니다. 이미지 막대가 모두 선택됩니다. ❸ **[서식] 탭-[도형 스타일] 그룹**에서 **[도형 윤곽선-윤곽선 없음]**을 선택해서 완성합니다.

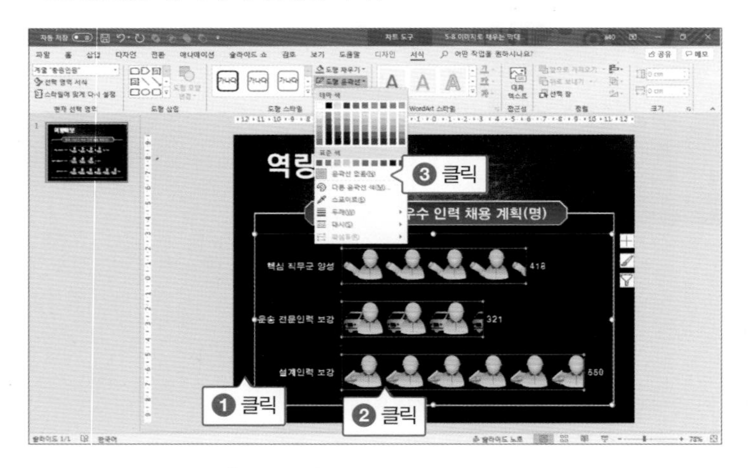

CHAPTER 2

069 한 계열에서 특정 항목만 강조할 때 좋은 원형 차트

효과적인 내용 전달을 위한 SmartArt, 표, 차트 활용

실습 파일 5-4 원형 차트 만들기_실습.pptx, 5-9-1.png ~5-9-4png

전체에서 특정 부분의 비율을 시각적으로 표현할 때 적절한 방법이 원형 차트입니다. 원형 차트는 그만큼 자주 사용하는 대표적인 차트입니다. 원형 차트는 단순하게 평면으로 표현할 수 있지만 간단히 조작해서 3차원 입체 효과가 적용된 차트를 만들 수 있고, 특정 항목을 강조하기 위해 항목을 쪼개서 표현할 수도 있습니다.

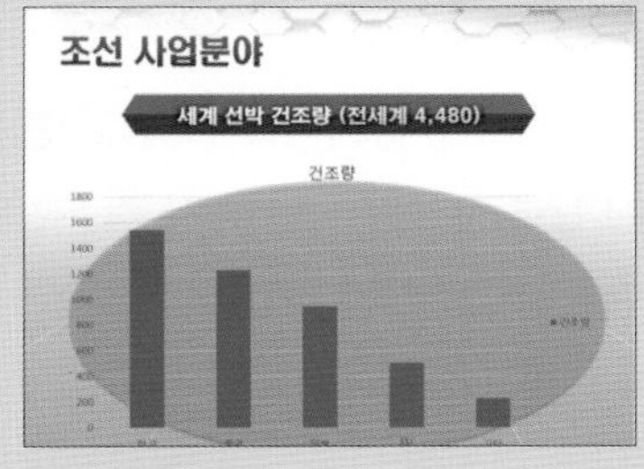

▲ Before

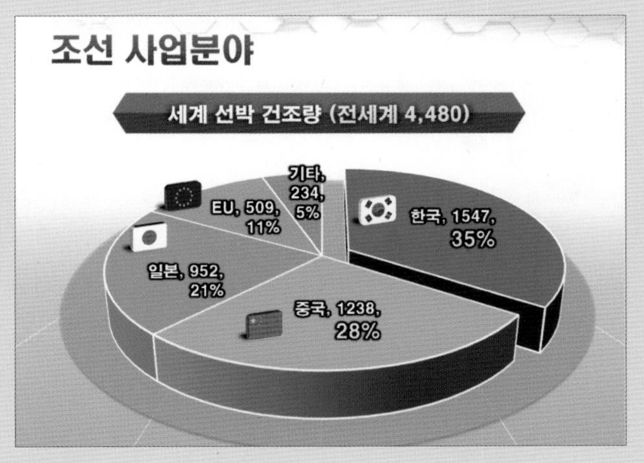

▲ After

01 실습 파일을 열면 국가별 선박 건조량에 대한 수치가 막대형 차트로 표현되어 있습니다. ❶ 차트에서 마우스 오른쪽 버튼을 클릭한 후 ❷ **[차트 종류 변경]**을 선택합니다. 차트 종류 변경 대화상자에서 ❸ **[원형-3차원 원형]**을 선택하고 ❹ [확인]을 클릭합니다.

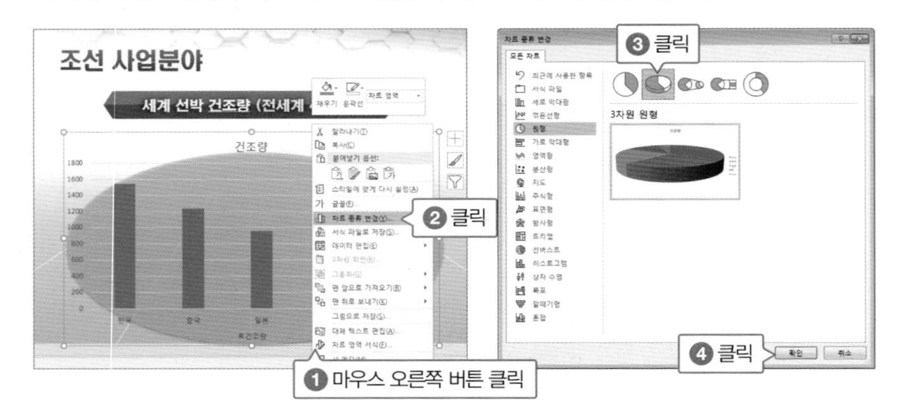

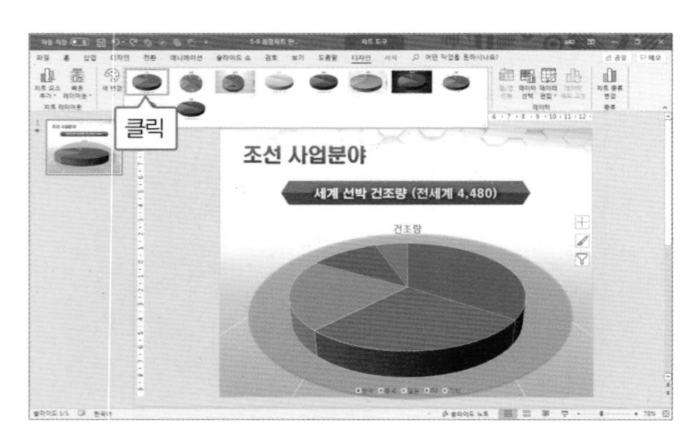

02 **[디자인] 탭-[차트 스타일] 그룹**에서 **[스타일 1]**을 선택해서 적용합니다.

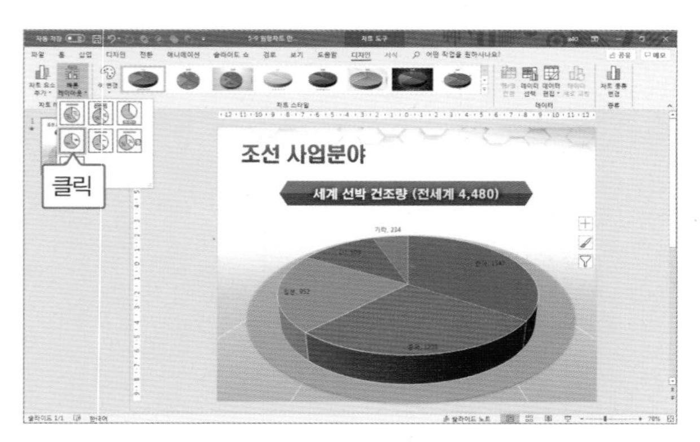

03 계속해서 **[차트 레이아웃] 그룹**에서 **[빠른 레이아웃-레이아웃 4]**를 선택해서 범주 및 값 데이터 레이블을 표시합니다.

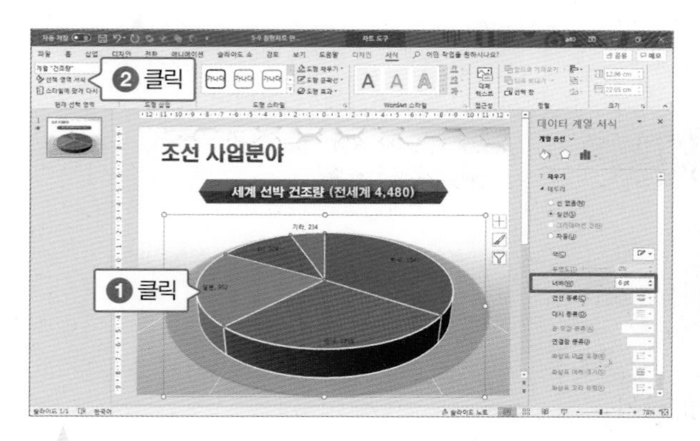

04 차트가 선택된 상태에서 ❶ 원형 데이터 계열을 클릭해서 선택하고 ❷ **[서식] 탭-[현재 선택 영역] 그룹**에서 **[선택 영역 서식]**을 클릭합니다. 데이터 계열 서식 패널에서 **[채우기 및 선] 탭**을 클릭한 후 **[테두리] 항목**에서 너비를 [6 pt]로 설정하여 항목 간 구분을 명확하게 합니다.

깨알 TIP 원형 차트에서 데이터 계열을 선택하는 것은 원형 차트의 원 부분을 한 번 클릭하여 나뉜 조각을 모두 선택한다는 의미입니다.

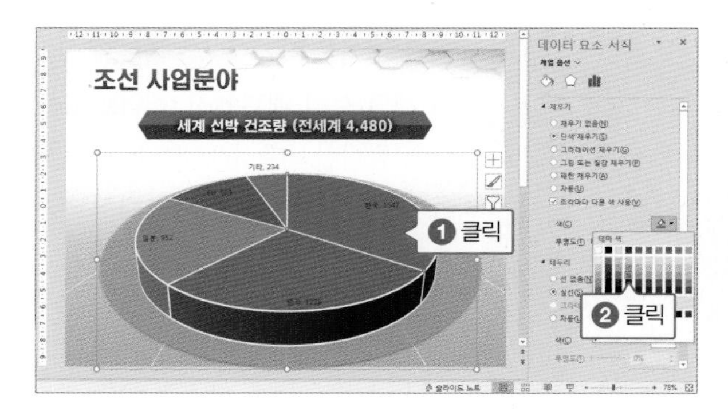

05 ❶ 데이터 계열이 선택된 상태에서 오른쪽 '한국' 조각을 클릭해서 해당 요소만 선택합니다. ❷ 데이터 계열 서식 패널에서 **[채우기 및 선] 탭**의 **[채우기] 항목**에서 색을 좀 더 부드러운 파스텔 톤으로 변경합니다.

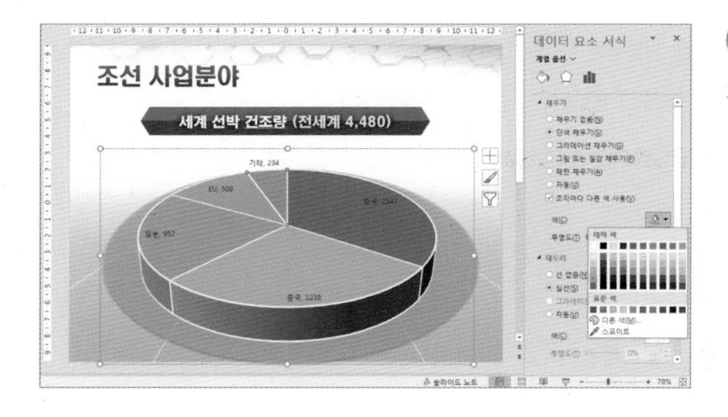

06 나머지 조각도 각각 선택해서 채우기 색을 변경합니다.

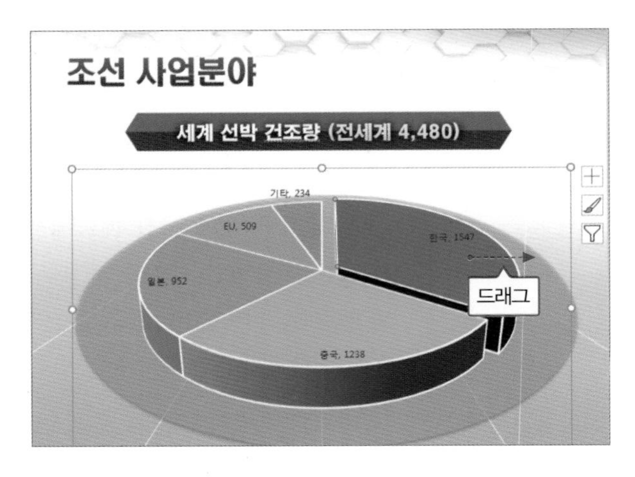

07 다시 처음 선택한 '한국' 조각을 클릭해서 선택한 후 오른쪽으로 살짝 드래그합니다. 해당 조각이 원형에서 분리됩니다.

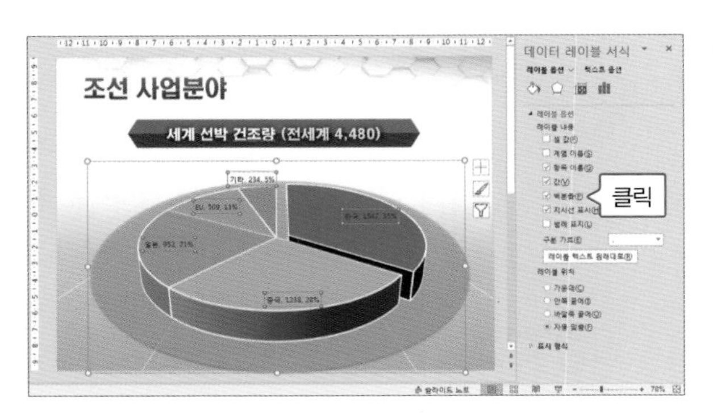

08 각 조각의 값을 나타내는 데이터 레이블을 모두 선택한 후 데이터 계열 서식 패널에서 **[레이블 옵션] 탭**을 클릭합니다. **[레이블 옵션] 항목**을 펼친 후 **[백분율]**에 체크해서 추가합니다.

09 ❶ 슬라이드에서 빈 공간을 클릭해서 차트 선택을 해제합니다. ❷ **[삽입] 탭-[이미지] 그룹**에서 **[그림]**을 클릭한 후 ❸ 그림 삽입 대화상자에서 실습 파일 [5-9-1.png, 5-9-2.png, 5-9-3.png, 5-9-4.png]를 모두 선택하고 ❹ [삽입]을 클릭합니다.

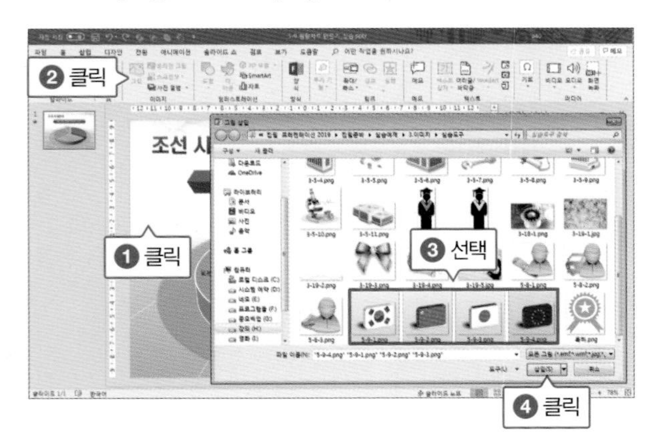

10 마지막으로 삽입한 국기 이미지를 각 조각 위에 배치합니다. 데이터 레이블을 선택한 후 **[홈] 탭-[글꼴] 그룹**에서 서식을 변경하여 완성합니다.

CHAPTER 2

070 다양한 연출이 가능한 도형으로 원형 차트 만들기

효과적인 내용 전달을 위한 SmartArt, 표, 차트 활용

실습 파일 5-5 도형으로 만드는 원형 차트_실습.pptx

파워포인트 기본 기능을 이용해도 충분히 보기 좋고 전달력 높은 원형 차트를 완성할 수 있습니다. 하지만 항목이 한두 가지로 단순하다면 차트 기능이 아닌 도형 기능을 이용해 좀 더 자유롭게 차트를 연출해 볼 수 있습니다.

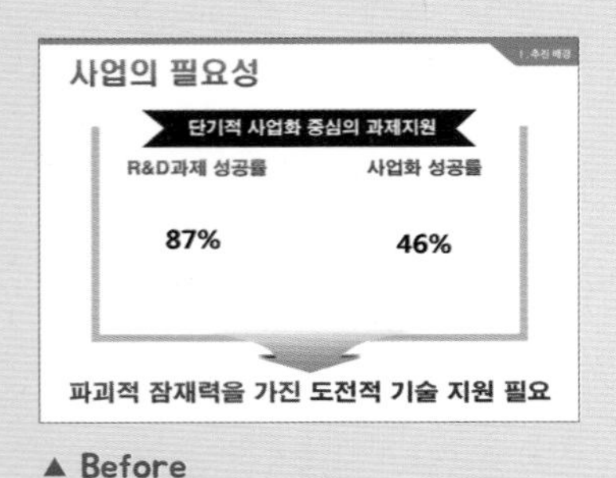

▲ Before

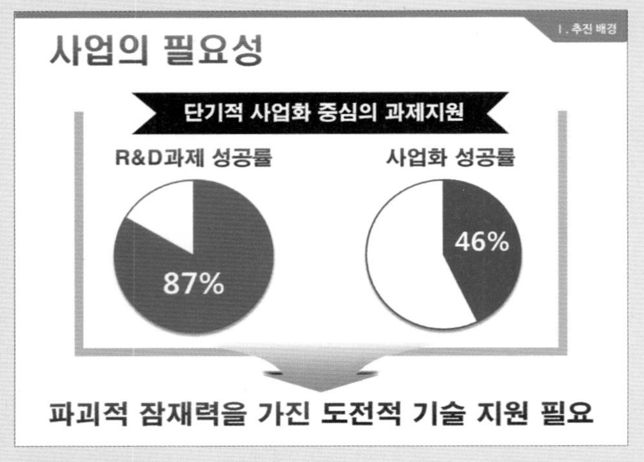

▲ After

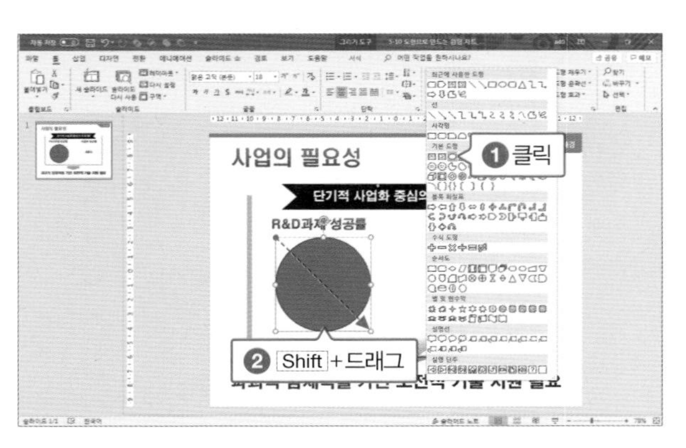

01 실습 파일을 열고 ❶ **[홈] 탭–[그리기] 그룹**에서 도형 목록을 펼친 후 기본 도형 영역에서 **[타원]**을 선택합니다. ❷ 슬라이드 영역에서 Shift 를 누른 상태로 드래그해서 정원을 그립니다.

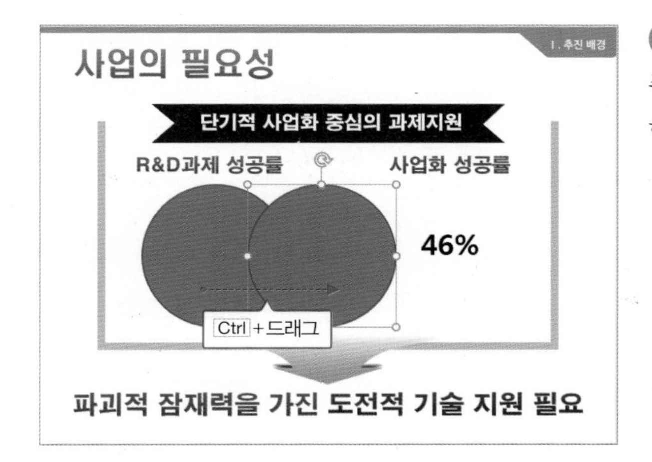

02 **Ctrl**을 누른 채 정원을 오른쪽으로 드래그해서 복제한 후 배치합니다.

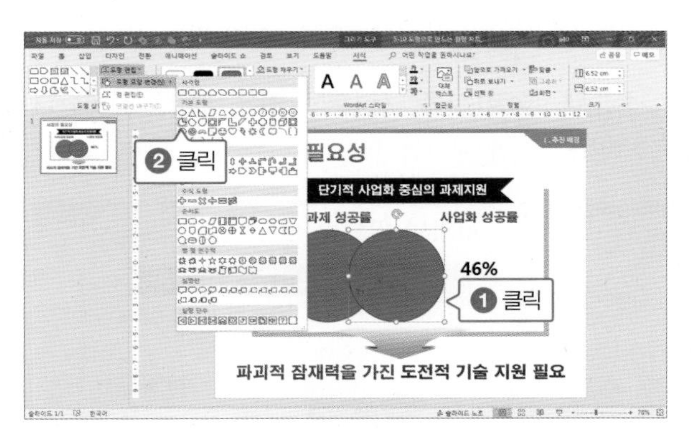

03 다른 형태로 변경하기 위해 ❶ 복제한 두 번째 정원을 선택한 후 ❷ **[서식] 탭-[도형 삽입] 그룹**에서 **[도형 편집-도형 모양 변경-부분 원형]**을 선택합니다.

04 ❶ 다시 첫 번째 정원을 선택하고 ❷ **[서식] 탭-[도형 스타일] 그룹**에서 **[도형 채우기-흰색, 배경 1]**을 선택합니다. 이어서 ❸ **[도형 윤곽선-다른 윤곽선 색]**을 선택합니다. 색 대화상자가 열리면 **[사용자 지정] 탭**에서 RGB 값을 **[51, 153, 102]**로 설정합니다.

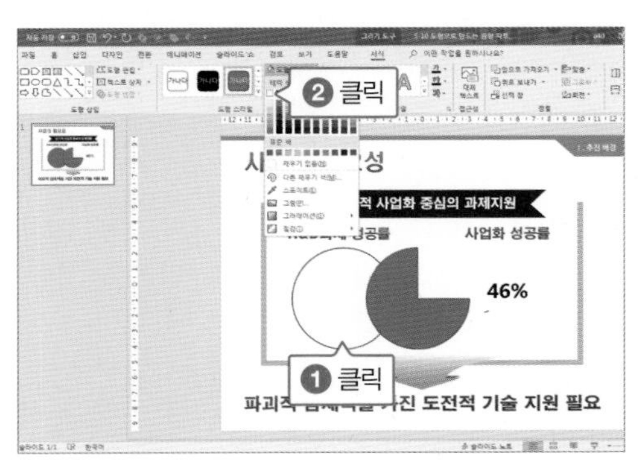

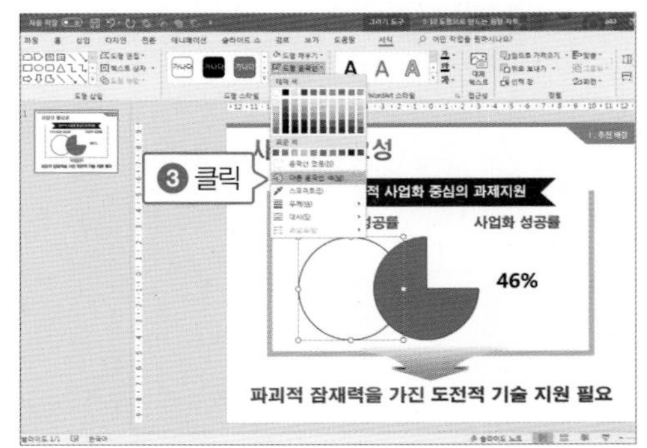

05 ❶ 이번에는 부분 원형을 선택합니다. ❷ **[서식] 탭-[도형 스타일] 그룹**에서 **[도형 채우기]**를 클릭한 후 최근에 사용한 색에 있는 초록색을 선택합니다. ❸ **[도형 윤곽선]**은 **[윤곽선 없음]**으로 설정합니다.

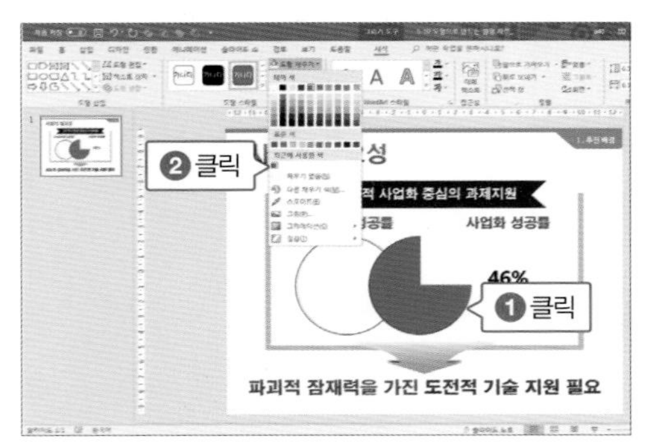

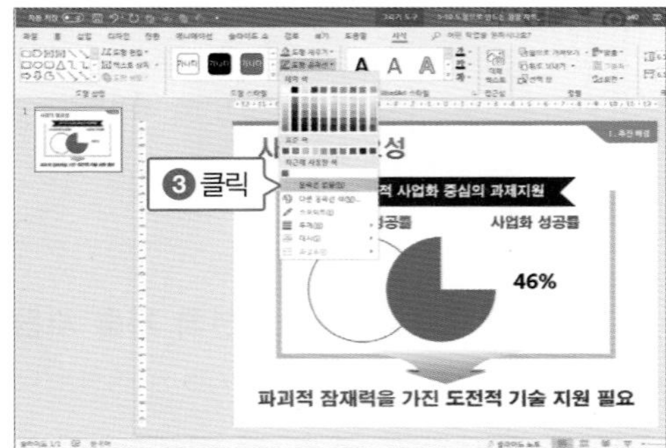

06 계속해서 부분 원형을 선택한 채 **[서식] 탭-[정렬] 그룹**에서 **[회전-좌우 대칭]**을 선택합니다. 부분 원형이 좌우 대칭되면 정원과 정확하게 겹치게 배치합니다.

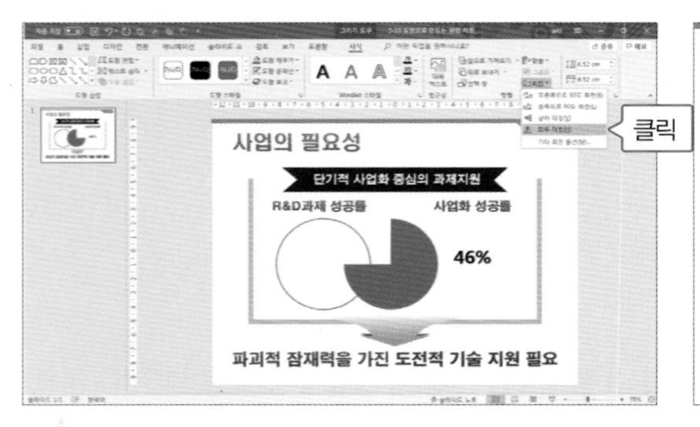

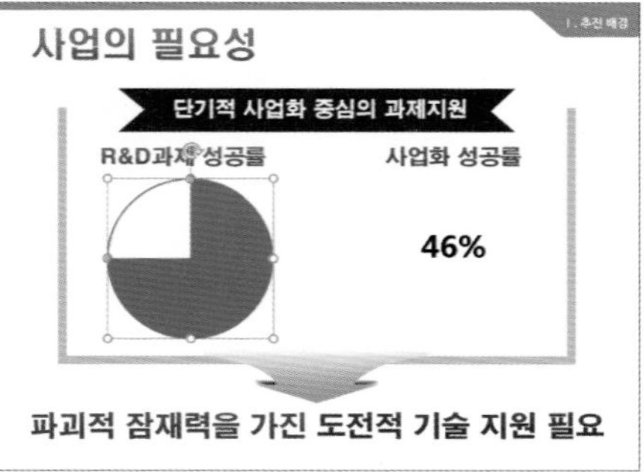

깨알 TIP 정확하게 겹치려면 두 도형을 선택한 후 [정렬] 그룹에서 [맞춤] 기능을 이용하면 편리합니다.

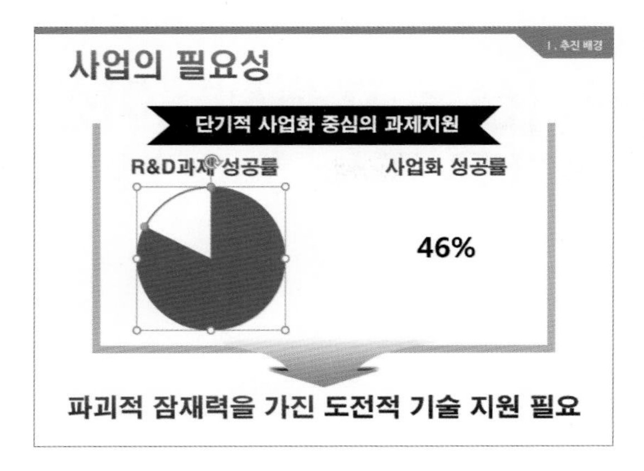

07 부분 원형만 선택하고 아래쪽에 있는 노란색 모양 조정 핸들을 위로 드래그해서 87% 정도를 표현하는 각도로 조절합니다.

08 정원과 부분 원형을 선택한 후 Ctrl 을 누른 채 오른쪽으로 드래그해서 복제합니다. 복제한 도형에서는 각도를 46% 정도로 표현하도록 조절합니다.

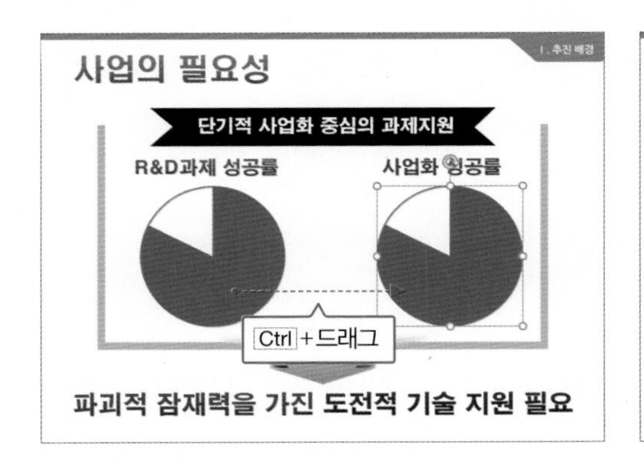

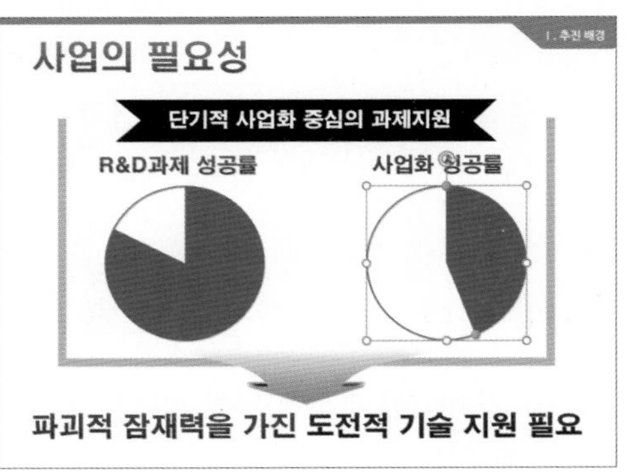

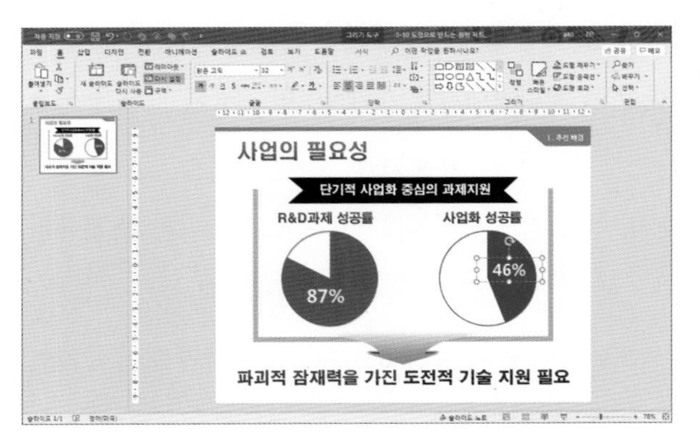

09 끝으로 복제한 도형에서 **[서식] 탭**을 이용하여 각각 도형의 채우기 색과 윤곽선 색을 변경하고 텍스트 상자를 이용하여 데이터 레이블을 표현하여 완성합니다.

CHAPTER 2

071 애니메이션은 프레젠테이션 내용 전달을 돕는 능력자

프레젠테이션에 활기를 넣어 줄 애니메이션, 화면 전환, 테마

애니메이션이란 슬라이드에 있는 개체에 액션 효과를 적용하는 것입니다. 제안서 형태 혹은 프레젠테이션 성격에 따라 애니메이션 없이 발표할 수도 있지만 애니메이션을 적용함으로써 프레젠테이션을 더욱 효과적으로 진행할 수 있습니다.

애니메이션 기능을 제대로 사용하면 분명 전달력 및 청중의 몰입도를 향상시킬 수 있습니다. 하지만 무차별적으로 모든 개체에 애니메이션을 적용하면 오히려 집중력을 흐트러트리는 원인이 됩니다. 따라서 애니메이션은 가급적 전달력을 높이는 도구로 사용하는 것이 좋으며, 화려한 효과보다는 은은하게 움직이는 애니메이션이 청중의 몰입도를 높일 수 있습니다.

상황에 따른 애니메이션과 그 효과

- 프레젠테이션 순서에 맞춰 하나씩 등장하는 애니메이션: 청중이 순서를 이해하고 집중할 수 있도록 도와줍니다.
- 중요한 부분의 색이 변하거나 움직이는 애니메이션: 중요한 내용을 강조할 수 있고 프레젠테이션에 대한 집중도를 높일 수 있습니다.
- 경로를 나타내는 애니메이션: 복잡한 흐름을 나타내기에 효과적이며 청중이 이해를 도울 수 있습니다.

애니메이션 분류는 나타내기, 강조, 끝내기, 이동 경로 애니메이션으로 구분됩니다. 각 분류의 특성은 다음과 같습니다.

- **나타내기 애니메이션:** 아이콘이 초록색으로 구분되며, 슬라이드 쇼를 실행하면 보이지 않던 개체가 다양한 형태로 등장합니다.
- **강조 애니메이션:** 아이콘이 노란색으로 구분되며, 슬라이드 쇼를 실행하면 해당 개체가 다양한 형태로 움직이면서 부각됩니다.

- **끝내기 애니메이션:** 아이콘이 빨간색으로 표현되며, 슬라이드 쇼를 실행하면 슬라이드 내에 표시되어 있던 개체가 다양한 형태로 사라집니다.
- **이동 경로 애니메이션:** 아이콘이 선 모양으로 표현되며, 슬라이드 쇼를 실행하면 다양한 경로로 개체를 움직이게 할 수 있습니다.

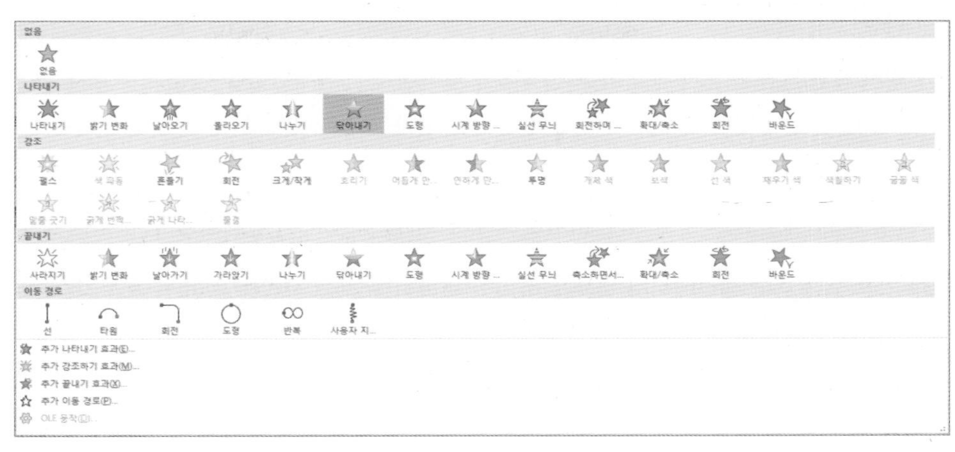

≫ [애니메이션] 탭–[애니메이션] 그룹에 있는 애니메이션 목록

애니메이션 적용 사례 맛보기

아래의 슬라이드는 프레젠테이션 차례를 나타내는 목차 슬라이드입니다. 비교적 단순한 내용이라서 애니메이션을 적용하지 않고 사용할 수도 있지만 목차 항목 네 가지가 하나씩 순서대로 나타난다면 전체 내용을 궁금해하는 청중들의 집중도를 끌어올릴 수 있을 것입니다. 이럴 때 나타내기 애니메이션을 사용하는 것이 좋습니다. 아래 슬라이드에서는 여러 나타내기 분류 중 대중적으로 많이 사용하는 닦아내기를 적용해 봤습니다.

애니메이션 적용 순서는 다음과 같습니다. 자세한 적용 방법은 이후 실습에서 확인하고 여기서는 적용 순서에 따라 슬라이드가 변하는 모습만 살펴보세요.

- 네 개의 청사초롱을 달아 놓을 수 있는 회색 선에 닦아내기 애니메이션을 적용한 후 효과 옵션에서 방향을 **[왼쪽에서]**로 설정합니다. 회색 선이 왼쪽에서 오른쪽으로 자연스럽게 나타납니다.
- 청사초롱을 번호 순서대로 모두 선택해서 닦아내기 애니메이션을 적용하고 효과 옵션 **[위에서]**를 적용합니다. 그 결과 회색 선이 있는 위쪽부터 아래쪽으로 자연스럽게 청사초롱이 등장하게 됩니다.
- 모든 애니메이션 효과에 시작을 **[이전 효과 다음에]**로 설정해서 완성합니다.

위와 같은 과정으로 애니메이션 적용을 마치고 슬라이드 쇼를 실행해 보면 클릭과 같은 별다른 동작 없이도 회색 선이 왼쪽에서 오른쪽으로 자연스럽게 나타난 후 청사초롱이 순서대로 나타납니다. 이렇듯 애니메이션은 화려한 효과보다는 개체나 상황과 어울리게 사용해야 하며, 방향과 같은 옵션을 조정하는 것도 중요합니다.

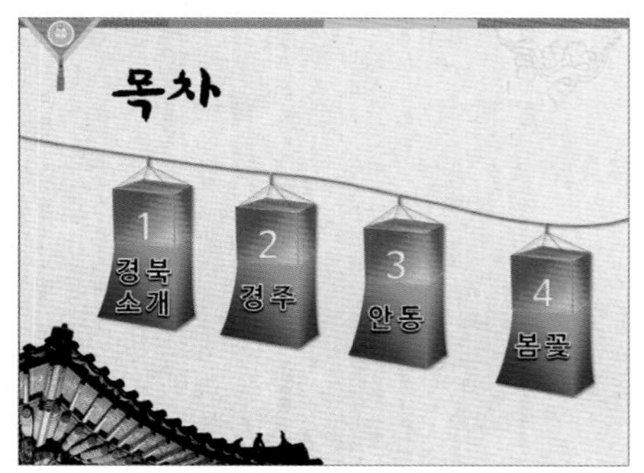

CHAPTER 2

072 제목 슬라이드에 적절한 나타내기 애니메이션

프레젠테이션에 활기를 넣어 줄 애니메이션, 화면 전환, 테마

실습 파일 6-1 제목 슬라이드 애니메이션_실습.pptx

본문 슬라이드라면 특정 개체나 내용을 강조하기 위해 애니메이션을 사용하지만, 제목 슬라이드는 프레젠테이션의 시작을 알리면서 청중의 주목을 이끌어내기 위해 애니메이션을 활용합니다. 그러다 보니 본문에 적용하는 애니메이션에 비해 다소 액션 효과가 큰 애니메이션을 적용하곤 합니다. 제목 슬라이드에서 애니메이션을 적용할 개체를 선별하고, 잔잔하고 은은하게 나타나는 애니메이션을 적용해 보겠습니다.

▲ After

01 실습 파일을 열고 ❶ 금색 테두리가 있는 배경 이미지를 선택합니다. ❷ **[애니메이션] 탭-[애니메이션] 그룹**에서 애니메이션 목록 확장 버튼을 클릭합니다. 애니메이션 목록이 펼쳐지면 **[추가 나타내기 효과]**를 선택합니다.

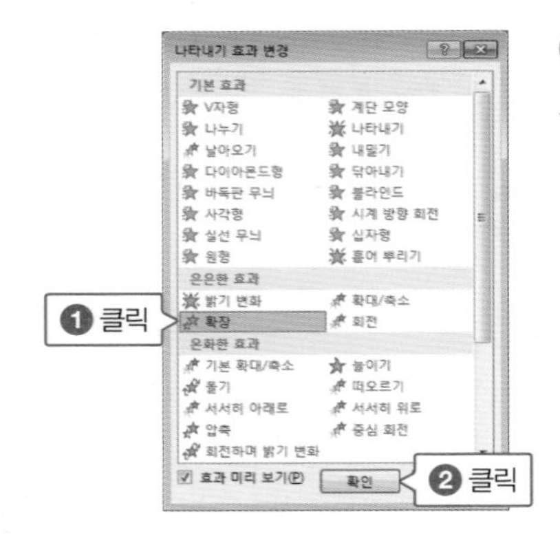

02 나타내기 효과 변경 대화상자에서 ❶ 은은한 효과 영역에 있는 **[확장]**을 선택한 후 ❷ [확인]을 클릭합니다.

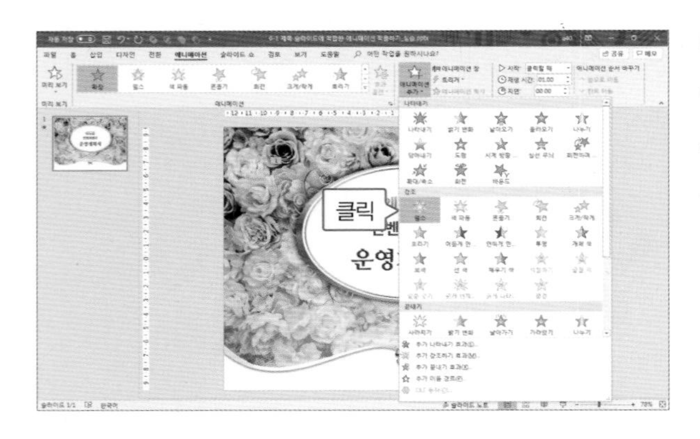

03 계속해서 **[애니메이션] 탭**-**[고급 애니메이션] 그룹**에서 **[애니메이션 추가]**를 클릭하고 강조 영역의 **[펄스]**를 선택합니다.

04 ❶ 이번에는 텍스트가 입력된 이미지 개체를 선택합니다. ❷ **[애니메이션] 탭**-**[애니메이션] 그룹**에서 애니메이션 목록을 펼치고 **[추가 나타내기 효과]**를 선택합니다. 나타내기 효과 변경 대화상자의 ❸ 온화한 효과 영역에서 **[기본 확대/축소]**를 선택한 후 ❹ [확인]을 클릭합니다.

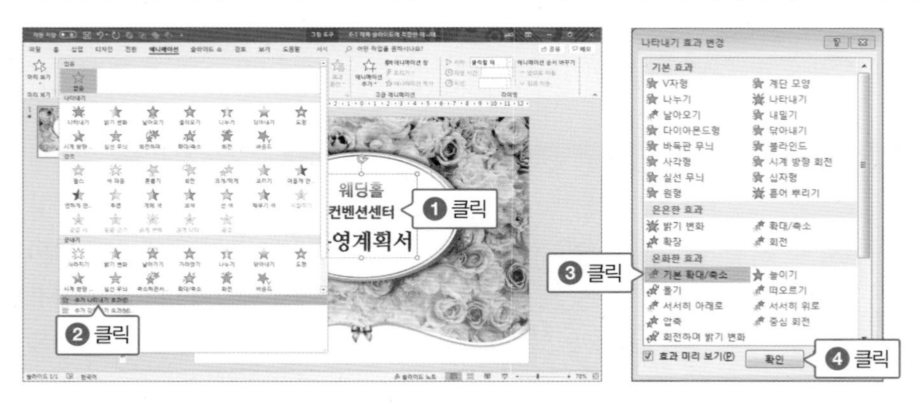

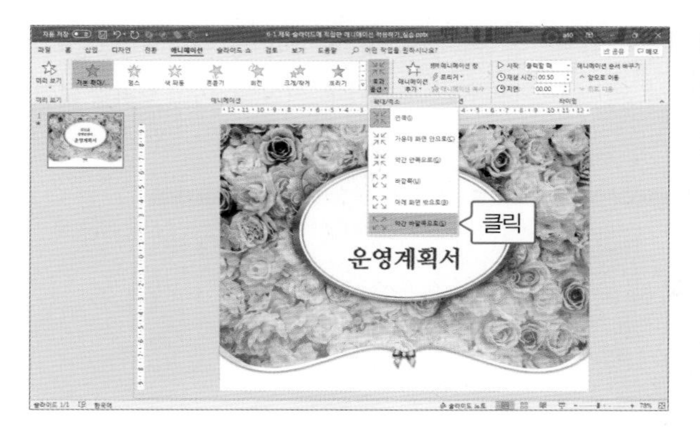

05 계속해서 **[애니메이션] 탭-[애니메이션] 그룹**에서 **[효과 옵션-약간 바깥쪽으로]**를 선택합니다.

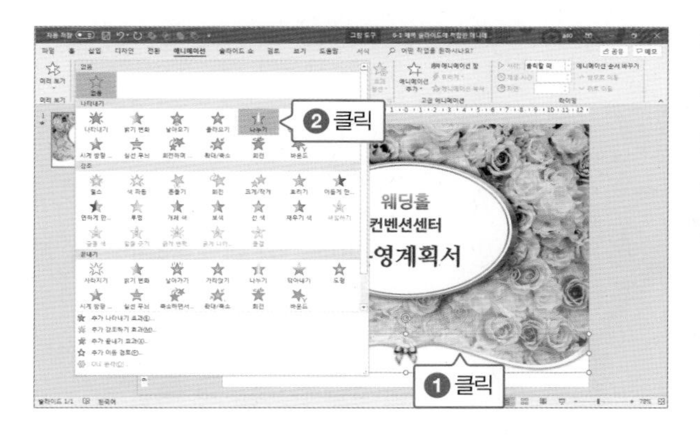

06 ❶ 슬라이드 하단부에 있는 곡선 이미지를 선택합니다. ❷ **[애니메이션] 탭-[애니메이션] 그룹**에서 애니메이션 목록을 펼친 후 나타내기 영역에 있는 **[나누기]**를 선택합니다.

07 ❶ **[애니메이션] 탭-[고급 애니메이션] 그룹**에서 **[애니메이션 창]**을 클릭합니다. 슬라이드 오른쪽으로 애니메이션 창이 나타나고 지금까지 설정한 애니메이션 네 개가 순서대로 표시됩니다. ❷ **Ctrl**을 누른 채 1, 3, 4번 애니메이션을 클릭해서 선택한 후 ❸ **[타이밍] 그룹**에서 재생 시간에 **[01.00]**을 입력해서 1초로 설정합니다.

08 ❶ 이번에는 1, 2, 4번 애니메이션을 선택하고 **[애니메이션] 탭–[타이밍] 그룹**에서 시작을 **[이전 효과 다음에]**로 설정합니다. ❷ 다시 3번 애니메이션만 선택하고 시작을 **[이전 효과와 함께]**로 설정합니다.

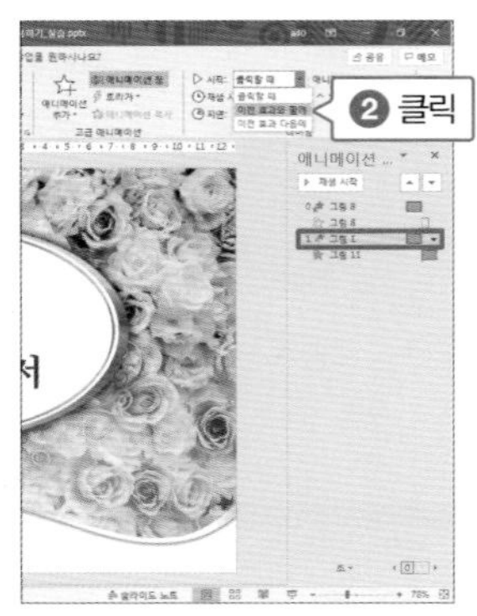

09 모든 설정이 끝났습니다. 이제 **[슬라이드 쇼] 탭–[슬라이드 쇼 시작] 그룹**에 있는 **[처음부터]**를 클릭하거나 단축키 F5 를 눌러 슬라이드 쇼를 실행하면 별다른 클릭 없이 자연스럽게 애니메이션이 연출됩니다.

실무자 TALK

표지 슬라이드는 본문 슬라이드에 비해 더 큰 애니메이션 액션 효과를 쓸 수 있다고 이야기했습니다. 하지만 효과가 얼마나 큰지는 특별히 기준을 찾기 어렵습니다. 가장 좋은 방법은 다양한 프레젠테이션을 보면서 다른 사용자들이 자주 사용하는 효과가 무엇인지 확인해 보는 것입니다. 또한 정부기관 프레젠테이션은 대체로 효과나 분위기가 정적인 편이지만 애니메이션을 지나치지 않은 정도로 사용하기도 하므로, 정부기관 프레젠테이션을 살펴보는 것도 좋습니다.

CHAPTER 2

074 순서에 맞춰 특정 내용을 강조하는 애니메이션

프레젠테이션에 활기를 넣어 줄
애니메이션, 화면 전환, 테마

실습 파일 6-3 순서에 맞춰 강조 애니메이션_실습.pptx

강조 애니메이션은 프레젠테이션 중 내용 일부에 약간의 움직임을 더해 줌으로써 강조합니다. 여기서는 강조 효과 중 회전 애니메이션을 이용해 보겠습니다. 해당 개체는 반복해서 회전하다가 클릭하면 현재 회전이 멈추고 다음 개체가 동작합니다.

특정 내용을 강조하기 위해 나타내기 애니메이션을 사용할 수도 있습니다. 하지만 나타내기 애니메이션은 아무것도 없는 상태에서 해당 개체가 나타나므로 청중 입장에서는 어디서 무엇이 나올지 모르는 빈 공간을 계속 지켜봐야 하는 상황에 당황할 수도 있습니다. 그러므로 이럴 때는 강조 애니메이션이 적절합니다. 또한 대부분의 나타내기 애니메이션은 특정 동작을 반복할 필요는 없지만 강조 애니메이션은 이번 실습처럼 은은한 효과일 때 수차례 반복해서 움직이도록 반복 옵션을 적용하면 더 효과적입니다.

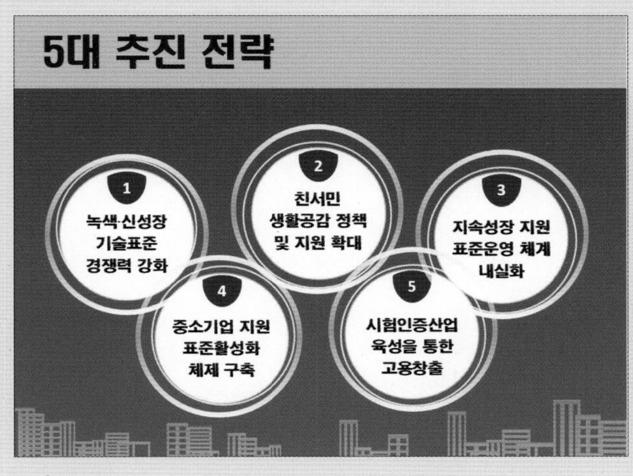

▲ After

01 실습 파일을 열면 여러 개의 원형 개체가 있고, 각 원형에는 두 줄로 된 원형 테두리가 있습니다. 1번부터 5번까지 순서대로 원형 테두리를 모두 선택합니다. **[애니메이션] 탭–[애니메이션] 그룹**에서 애니메이션 목록을 펼친 후 강조 영역에서 **[회전]**을 선택합니다.

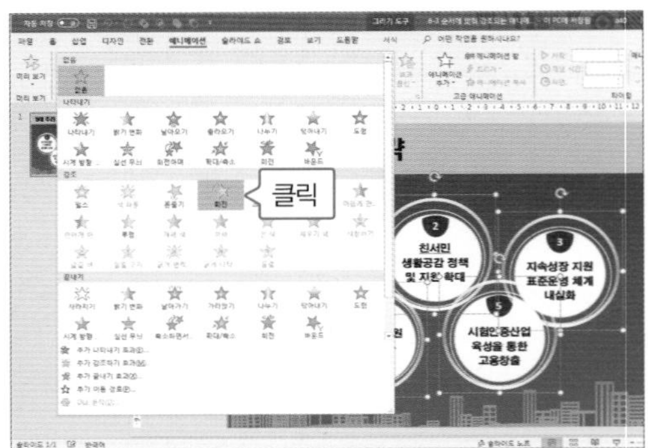

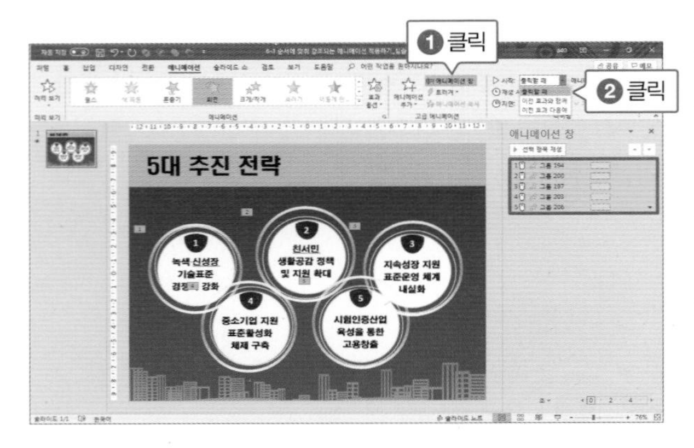

02 ❶ **[애니메이션] 탭–[고급 애니메이션] 그룹**에서 **[애니메이션 창]**을 클릭해서 오른쪽에 애니메이션 창을 표시합니다. ❷ 등록된 다섯 개의 애니메이션을 모두 선택하고 **[타이밍] 그룹**에서 시작을 **[클릭할 때]**로 설정합니다.

03 애니메이션 창에서 오른쪽 아래를 보면 확장 버튼이 있습니다. ❶ 다섯 개의 애니메이션을 선택한 상태로 확장 버튼을 클릭한 후 **[타이밍]**을 선택합니다. 회전 대화상자의 ❷ **[타이밍] 탭**에서 반복을 **[다음 클릭할 때까지]**로 설정한 후 ❸ [확인]을 클릭합니다.

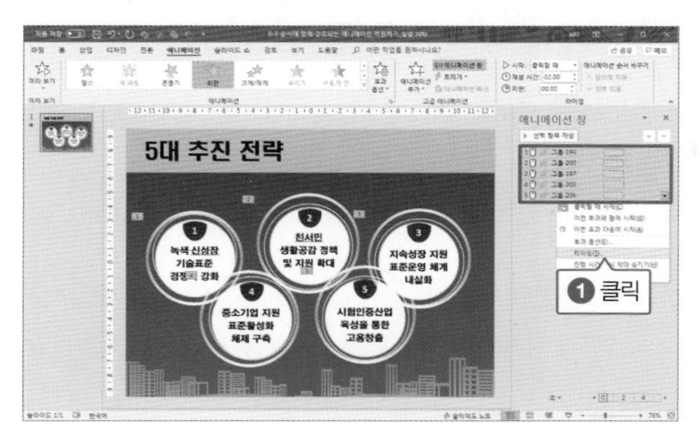

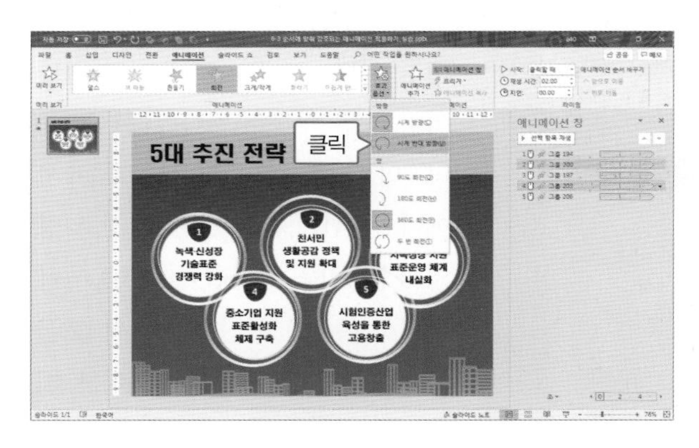

04 애니메이션 창에서 Ctrl을 누른 채 2, 4번 애니메이션만 클릭해서 선택하고 **[애니메이션] 탭-[애니메이션] 그룹**에서 **[효과 옵션-시계 반대 방향]**을 선택합니다.

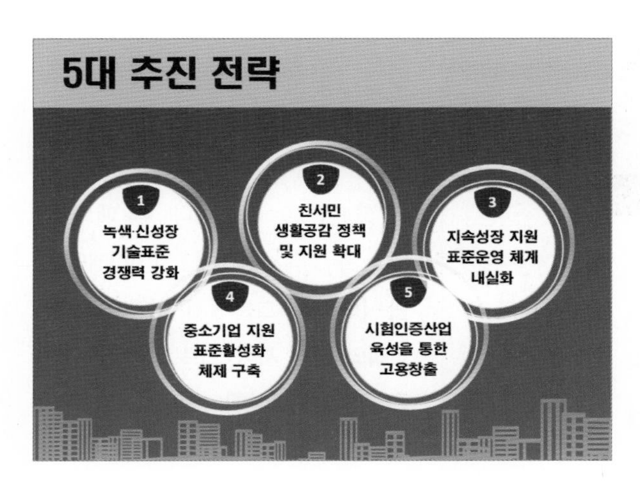

05 F5를 눌러 슬라이드 쇼를 실행하면 클릭할 때 테두리가 회전하며, 한 번 더 클릭하면 다음 테두리가 회전합니다.

CHAPTER 2

075 회전 애니메이션으로 시계 바늘처럼 연출하기

프레젠테이션에 활기를 넣어 줄 애니메이션, 화면 전환, 테마

실습 파일 6-4 시계 회전 애니메이션_실습.pptx

다양한 애니메이션 효과를 잘 응용하면 여러 가지 상황을 연출할 수 있습니다. 대표적으로 앞서 사용해 본 애니메이션 중 강조 영역의 [회전] 효과를 적절히 적용해서 시계의 큰 바늘과 작은 바늘이 시간에 맞게 회전되는 방법도 있습니다.

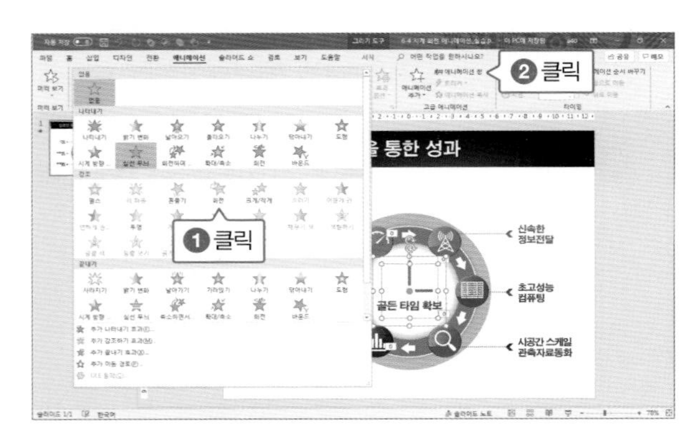

01 실습 파일을 열고 시계 바늘 이미지 두 개를 선택합니다. ❶ **[애니메이션] 탭 – [애니메이션] 그룹**에서 애니메이션 목록을 펼친 후 강조 영역의 **[회전]**을 선택합니다. ❷ 애니메이션 목록을 확인하기 위해 **[고급 애니메이션] 그룹**에서 **[애니메이션 창]**을 클릭합니다.

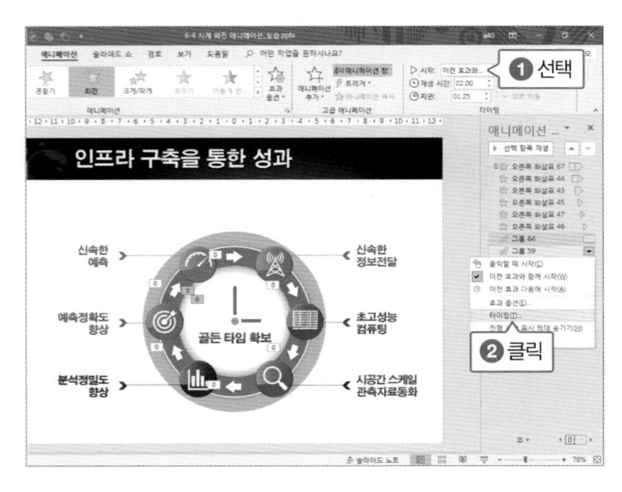

02 애니메이션 창을 보면 실습 파일에 설정되어 있던 애니메이션과 앞서 추가한 두 개의 애니메이션을 확인할 수 있습니다. ❶ 맨 밑에 있는 두 개를 선택하고 **[애니메이션] 탭 – [타이밍] 그룹**에서 시작을 **[이전 효과와 함께 시작]**으로 설정합니다. ❷ 선택한 애니메이션 오른쪽 아래에 있는 확장 버튼을 클릭한 후 **[타이밍]**을 선택합니다.

03 회전 대화상자의 ❶ **[타이밍] 탭**에서 반복을 **[슬라이드가 끝날 때까지]**로 설정하고 ❷ [확인]을 클릭합니다.

04 긴 바늘만 선택하고 **[애니메이션] 탭–[타이밍] 그룹**에서 재생 시간을 **[01.00]**(1초)로 설정합니다. 이어서 짧은 바늘을 선택하고 재생 시간을 **[60.00]**(60초)로 설정합니다. 완성된 슬라이드 쇼를 실행하면 1초마다 긴 바늘이 움직이고 60초마다 짧은 바늘이 움직이게 됩니다.

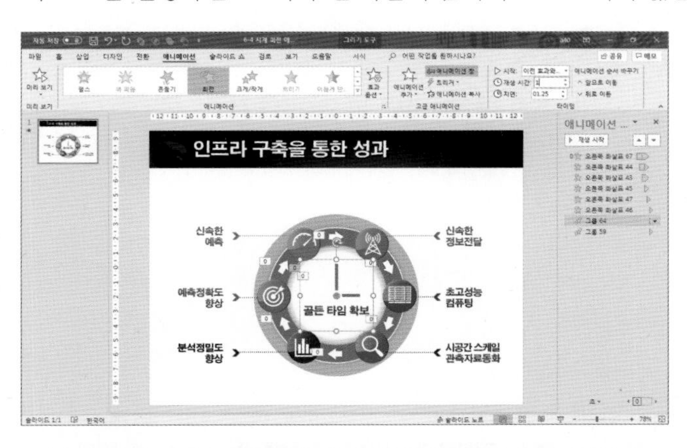

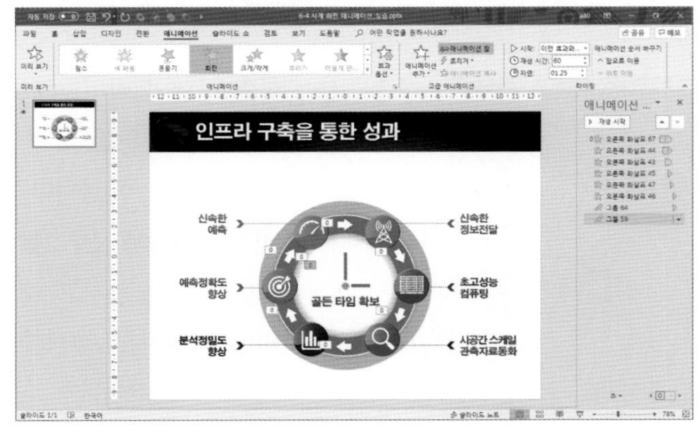

CHAPTER 2

076 복합적인 애니메이션 표현하기

프레젠테이션에 활기를 넣어 줄 애니메이션, 화면 전환, 테마

실습 파일 6-5 이동 경로 복합 애니메이션_실습.pptx

이동 경로 애니메이션을 이용하면 특정 개체를 원하는 위치로 옮길 수 있습니다. 단순히 이동 경로 단독으로 사용하는 것이 아니라 다른 애니메이션과 결합하면 자연스럽게 방향을 바꿔 가면서 원하는 위치로 이동할 수 있습니다. 회전 애니메이션과 함께 사용하여 비행기의 이동 경로를 표현해 보겠습니다.

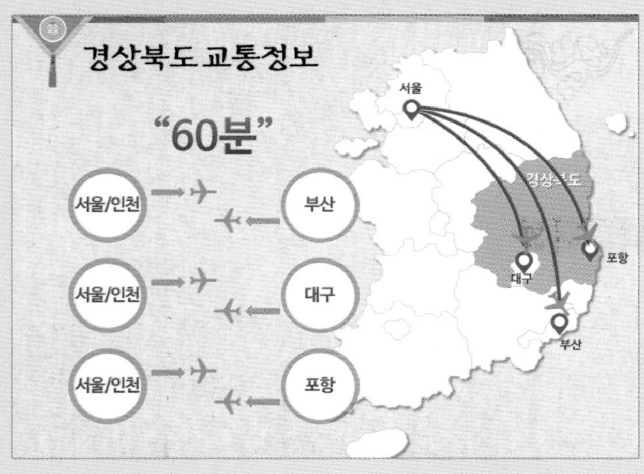

▲ After

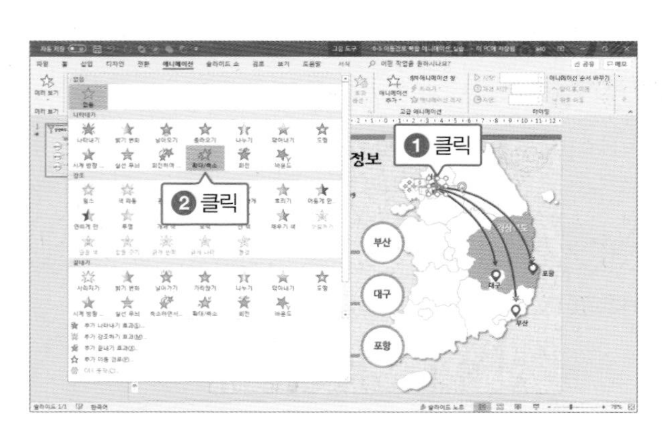

01 실습 파일을 열면 여러 개의 비행기가 겹쳐져 있습니다. ❶ 이 중 맨 위에 있는 비행기를 선택합니다. ❷ **[애니메이션] 탭-[애니메이션] 그룹**에서 애니메이션 목록을 펼치고 나타내기 영역의 **[확대/축소]**를 선택합니다.

02 처음 선택한 비행기 개체가 선택된 상태에서 ❶ **[애니메이션] 탭-[고급 애니메이션] 그룹**에서 **[애니메이션 추가-이동 경로-사용자 지정 경로]**를 선택합니다. 비행기가 시작할 지점을 먼저 클릭한 후 대구 방향 곡선 화살표를 따라 비행기의 이동 경로를 여러 차례 클릭하면서 지정합니다. ❷ 마지막 지점에서 더블클릭하여 이동 경로 설정을 마칩니다.

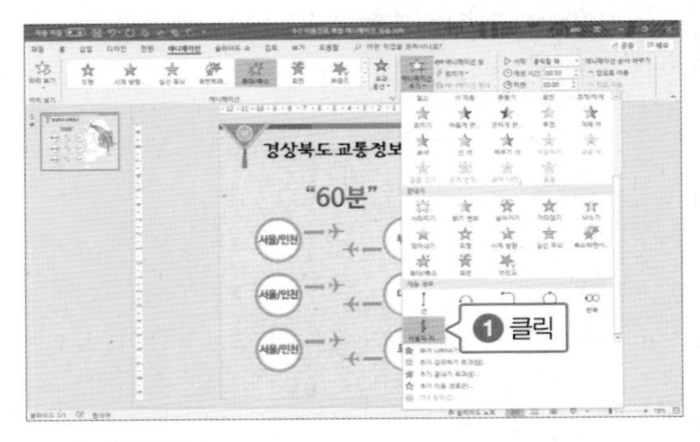

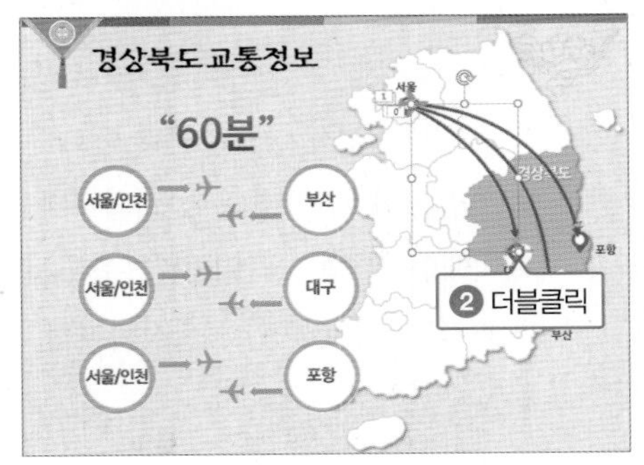

03 ❶ 계속해서 **[애니메이션] 탭-[고급 애니메이션] 그룹**에서 **[애니메이션 추가-강조-회전]**을 선택합니다. ❷ 다시 한번 **[애니메이션 추가-끝내기-확대/축소]**를 선택합니다.

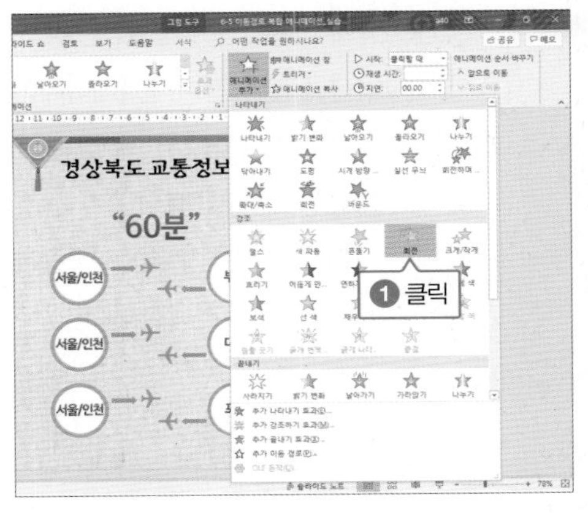

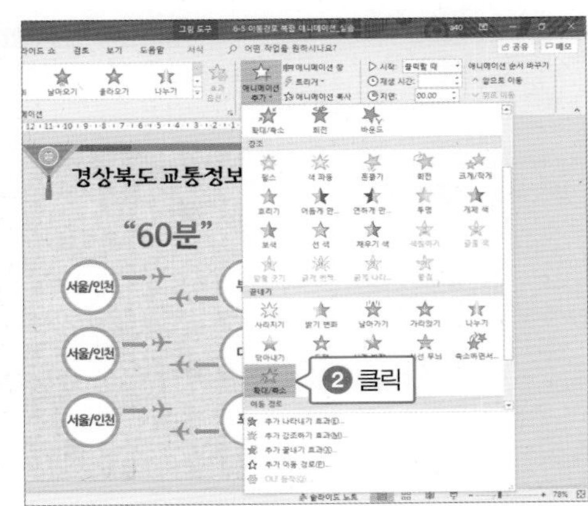

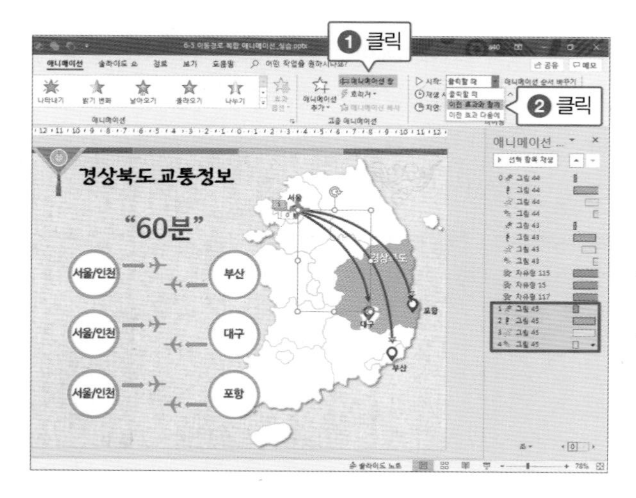

04 ❶ **[애니메이션] 탭-[고급 애니메이션] 그룹**에서 **[애니메이션 창]**을 클릭합니다. 맨 아래 네 개가 앞서 설정한 애니메이션입니다. ❷ 마지막 네 개의 애니메이션을 모두 선택한 후 **[타이밍] 그룹**에서 시작을 **[이전 효과와 함께]**로 설정합니다.

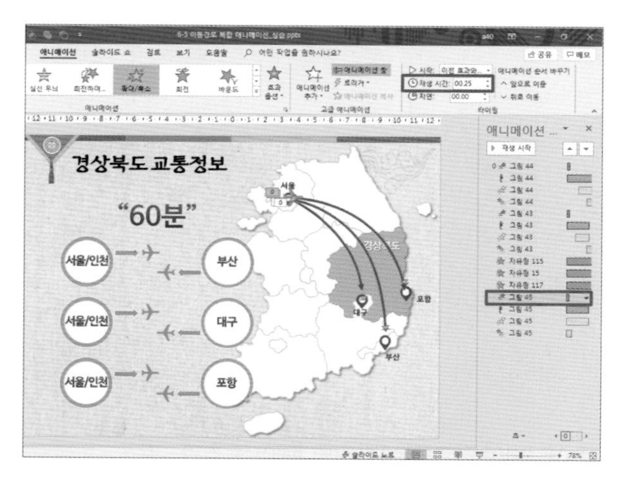

05 이제 각 애니메이션에 적절한 시간을 설정하겠습니다. 앞서 등록한 애니메이션 중 첫 번째 애니메이션(밑에서 네 번째)을 선택합니다. **[애니메이션] 탭-[타이밍] 그룹**에서 재생 시간을 [00.25]로 설정합니다.

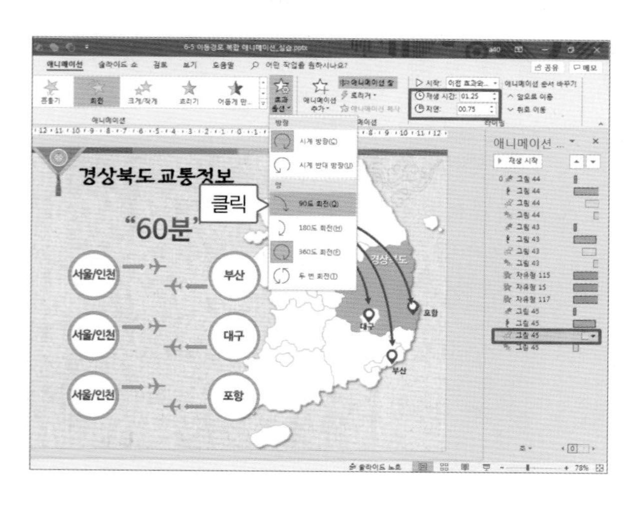

06 밑에서 두 번째에 있는 강조 애니메이션을 선택합니다. **[애니메이션] 탭-[타이밍] 그룹**에서 재생 시간을 [01.25], 지연을 [00.75]로 설정합니다. **[애니메이션] 그룹**에서 **[효과 옵션-90도 회전]**을 선택합니다.

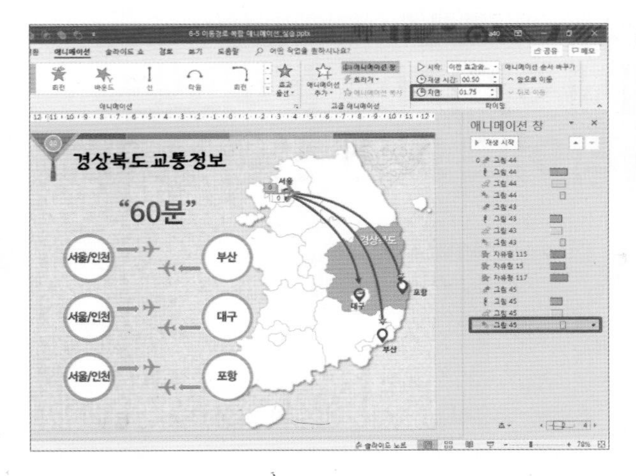

07 애니메이션 창에서 맨 아래에 있는 애니메이션을 선택하고 **[애니메이션] 탭-[타이밍] 그룹**에서 지연을 [01.75]로 설정합니다.

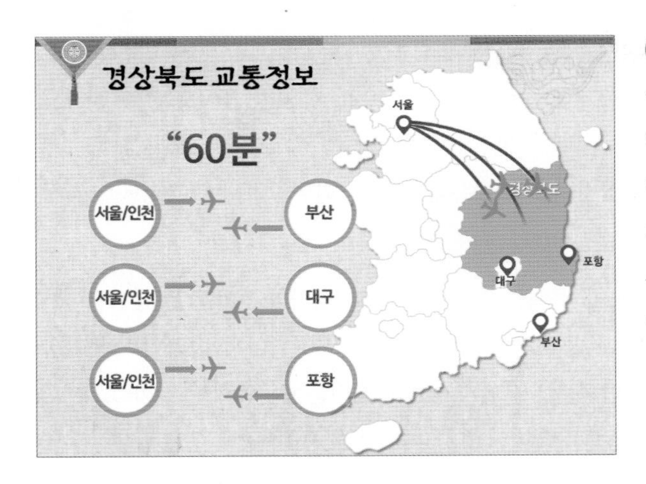

08 F5 를 눌러 슬라이드 쇼를 실행하면 비행기의 이동 경로 애니메이션을 확인할 수 있습니다. 대구행 비행기와 미리 설정해 놓은 다른 경로의 비행기가 동시에 이동한 다음 자연스럽게 사라지는 것을 볼 수 있습니다.

실무자 TALK

이번 실습은 하나의 비행기 개체에 설정한 애니메이션만 해도 네 가지입니다. 그러므로 각 개체마다 일일이 애니메이션을 지정하는 것보다 하나에 적용된 애니메이션을 복사해서 다른 개체에도 동일하게 적용하면 작업 시간을 단축할 수 있습니다. 방법은 간단합니다.
먼저 애니메이션이 지정되어 있는 개체를 선택하고 [애니메이션] 탭-[고급 애니메이션] 그룹에서 [애니메이션 복사]를 클릭합니다. 그런 다음 애니메이션을 적용할 다른 개체를 클릭하면 애니메이션이 동일하게 적용됩니다.
[애니메이션 복사] 아이콘을 더블클릭하면 여러 개의 개체에 동일한 애니메이션을 계속해서 적용할 수 있습니다. 그리고 애니메이션 복사를 완료할 때 ESC 를 눌러 중지합니다.

CHAPTER 2

077 예제 이미지로 살펴보는 슬라이드 화면 전환 효과

프레젠테이션에 활기를 넣어 줄 애니메이션, 화면 전환, 테마

실습 파일 **6-6 화면 전환 효과_실습.pptx**

애니메이션이 슬라이드 내 개체에 액션 효과를 적용하는 것이라면 화면 전환 효과는 슬라이드와 슬라이드 사이에서 나타나는 동적 효과를 의미합니다. 거의 모든 프레젠테이션에서 슬라이드 쇼를 실행하는데 이때 다음 슬라이드로 넘기는 순간 적절한 화면 전환 효과를 적용하면 프레젠테이션에 대한 지루함을 상쇄하면서 이해도나 몰입도를 향상시킬 수도 있습니다. 예를 들어 상자가 움직이거나 책장을 넘기는 것처럼 보이거나 때로는 두 장의 슬라이드를 한 장으로 연결된 것처럼 보이게 할 수도 있습니다. 다른 애니메이션과 마찬가지로 화면 전환 효과도 무차별적으로 마구 적용할 것이 아니라 슬라이드의 내용과 다음 슬라이드와의 연결성을 고려해서 선택해야 합니다.

화전 전환 효과를 적용하려면 슬라이드를 선택한 후 **[전환] 탭**의 **[슬라이드 화면 전환] 그룹**에서 원하는 효과를 선택하면 됩니다. 화면 전환 효과를 적용한 슬라이드는 이전 슬라이드에서 해당 슬라이드로 넘어올 때 효과가 나타납니다. 실습 파일로 제공되는 [6-6 화면 전환 효과_실습.pptx]를 열어 직접 화면 효과를 적용하고 슬라이드 쇼를 실행해 보세요.

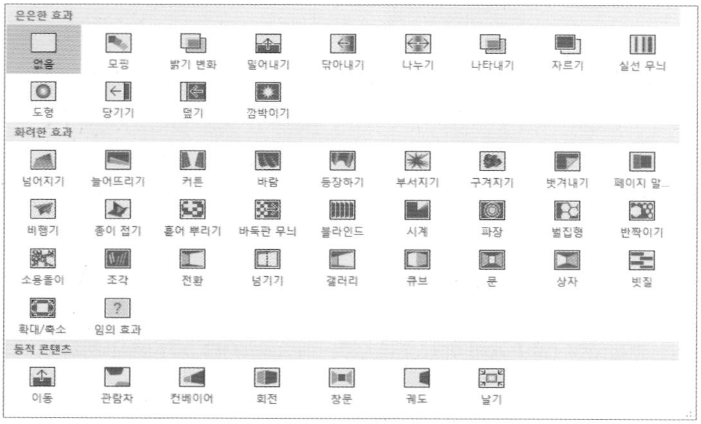

은은한 효과
없음 모핑 밝기 변화 밀어내기 닦아내기 나누기 나타내기 자르기 실선 무늬
도형 당기기 덮기 깜박이기
화려한 효과
넘어지기 늘어뜨리기 커튼 바람 등장하기 부서지기 구겨지기 벗겨내기 페이지 말...
비행기 종이 접기 흩어 뿌리기 바둑판 무늬 블라인드 시계 파장 벌집형 반짝이기
소용돌이 조각 전환 넘기기 갤러리 큐브 문 상자 빗질
확대/축소 임의 효과
동적 콘텐츠
이동 관람차 컨베이어 회전 창문 궤도 날기

» 화면 전환 효과 목록

두 개의 슬라이드가 하나로 이어져 보이는 화면 전환 효과

3번 슬라이드를 선택한 후 동적 콘텐츠 영역에 있는 **[이동]** 효과를 적용해 보겠습니다. 이동 효과는 **[전환]** 탭-**[슬라이드 화면 전환]** 그룹에서 **[효과 옵션]**을 클릭하여 이동 방향을 선택할 수 있는데, 여기서는 **[오른쪽에서]**로 설정했습니다. 2번 슬라이드를 선택하고 Shift + F5 를 눌러 슬라이드 쇼를 실행한 후 Enter 를 눌러 진행하면 2번에서 3번 슬라이드로 넘어갈 때 오른쪽 내용이 왼쪽 방향으로 미끄러지듯이 밀려와서 내용이 연장되는 것처럼 표현됩니다.

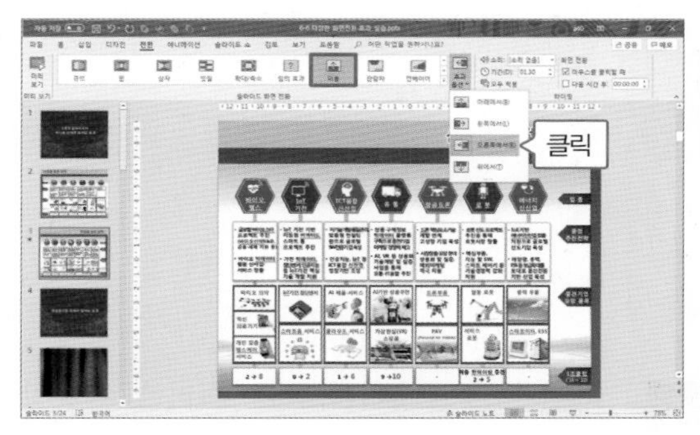

≫ 이동(오른쪽에서) 효과를 적용한 후 화면이 전환되는 모습

> **깨알 TIP** 현재 선택한 슬라이드부터 슬라이드 쇼를 실행하는 단축키는 Shift + F5 입니다. 처음부터 슬라이드 쇼를 실행하는 단축키는 F5 입니다.

양방향으로 커튼이 열리는 화면 전환 효과

6번 슬라이드에는 화려한 효과 영역에서 **[커튼]**을 선택합니다. 5번 슬라이드를 선택하고 Shift + F5 를 눌러 슬라이드 쇼를 실행하면 다음과 같이 커튼이 양방향으로 펼쳐지는 화면 전환 효과를 볼 수 있습니다.

≫ 커튼 효과

책장을 넘기는 화면 전환 효과

» 페이지 말아 넘기기 효과

9번과 10번 슬라이드에는 화려한 효과 영역에서 **[페이지 말아 넘기기]**를 적용합니다. 8번 슬라이드를 선택하고 Shift + F5 를 눌러 슬라이드 쇼를 실행하면 자연스럽게 책장이 넘어가는 화면 전환 효과를 볼 수 있습니다.

무게감 있게 늘어뜨리는 화면 전환 효과

» 늘어뜨리기 효과

13번과 14번 슬라이드에는 화려한 효과 영역의 **[늘어뜨리기]**를 적용합니다. 12번 슬라이드를 선택하고 Shift + F5 를 눌러 슬라이드 쇼를 실행하면 두꺼운 천이 늘어뜨려지면서 그림이 펼쳐지는 중후한 느낌을 연출할 수 있습니다.

상반되는 내용을 다룰 때 사용하는 화면 전환 효과

» 넘기기 효과

17번 슬라이드에는 화려한 효과 영역에서 **[넘기기]**를 적용합니다. 슬라이드 쇼를 실행해 보면 상반되는 메시지가 뒤집혀 나타나는 화면 전환 효과를 볼 수 있습니다.

한 장 한 장 벗겨내는 느낌의 화면 전환 효과

» 벗겨내기 효과

20번 슬라이드를 선택합니다. 화려한 효과 영역에서 **[벗겨내기]**를 선택한 후 슬라이드 쇼를 실행하면 종이를 벗겨내는 화면 전환 효과를 볼 수 있습니다.

은은하게 퍼지는 물결 느낌의 화면 전환 효과

» 파장 효과

24번 슬라이드를 선택하고 화려한 효과 영역에서 **[파장]**을 선택합니다. 슬라이드 쇼를 실행하면 은은한 물결 파장이 일어나면서 다음 슬라이드로 넘어갑니다.

CHAPTER 2

078 테마-마스터-레이아웃 관계 올바로 이해하기

프레젠테이션에 활기를 넣어 줄 애니메이션, 화면 전환, 테마

테마는 프레젠테이션의 기본 디자인을 통칭하는 용어로, 배경 디자인, 기본 색(테마 색), 기본 글꼴, 특수 효과 등을 클릭 한 번으로 적용할 수 있습니다. 적용한 테마는 일부를 변경할 수 있는데, 이때 사용하는 기능이 슬라이드 마스터입니다. 슬라이드 마스터는 디자인에서 공통되는 서식을 적용하는 곳으로, 전체 슬라이드 혹은 특정 레이아웃에 따라 제각기 다른 디자인을 연출할 수 있습니다.

테마를 적용하고, 사용자가 원하는 형태로 활용하려면 테마-슬라이드 마스터-슬라이드 레이아웃의 관계를 잘 알아야 합니다.

선택해서 사용하는 디자인 템플릿, 테마

테마를 적용하려면 **[디자인] 탭-[테마] 그룹**에서 원하는 디자인을 클릭하기만 하면 됩니다. 기본 상태인 흰색 배경 슬라이드가 선택한 테마로 순식간에 변합니다.

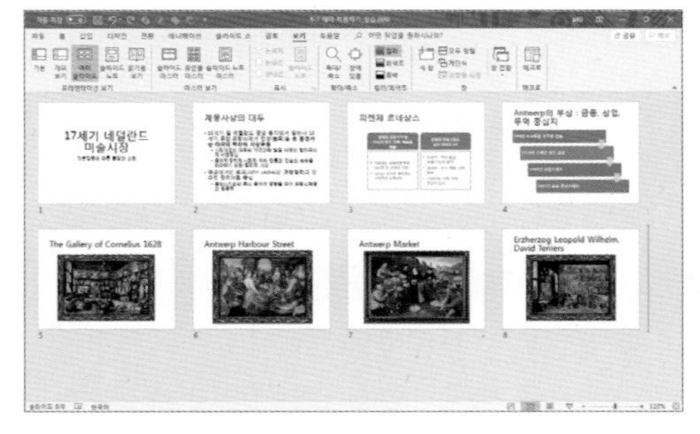

» 다양한 테마와 테마를 적용하기 전후의 슬라이드

또한 하나의 테마를 적용한 후에 네 가지 정도로 작은 변화를 줄 수 있습니다. **[디자인] 탭-[적용] 그룹**에서 선택한 테마에 따라 사용할 수 있는 적용 옵션을 선택하면 됩니다.

깨알 TIP 테마에 따라 적용 옵션이 없는 것도 있습니다.

» 테마에 따라 선택할 수 있는 적용 옵션

여기서 끝이 아닙니다. 테마를 선택하고 적용 옵션을 선택한 후 **[디자인] 탭-[적용] 그룹**에서 목록을 펼친 후 **[색]**, **[글꼴]**, **[효과]**, **[배경 스타일]** 메뉴를 이용하여 또 다른 분위기를 연출할 수 있습니다.

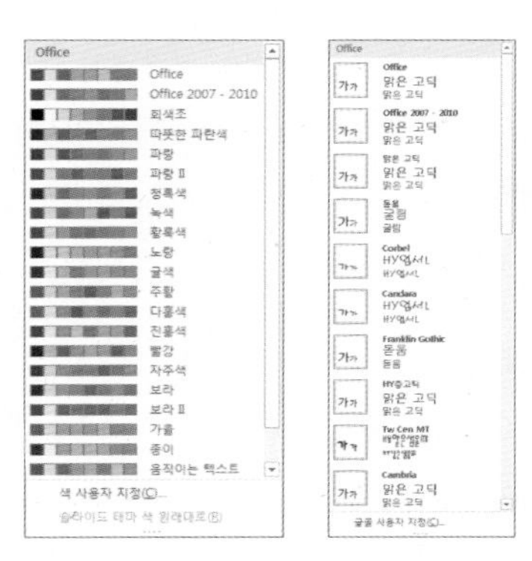

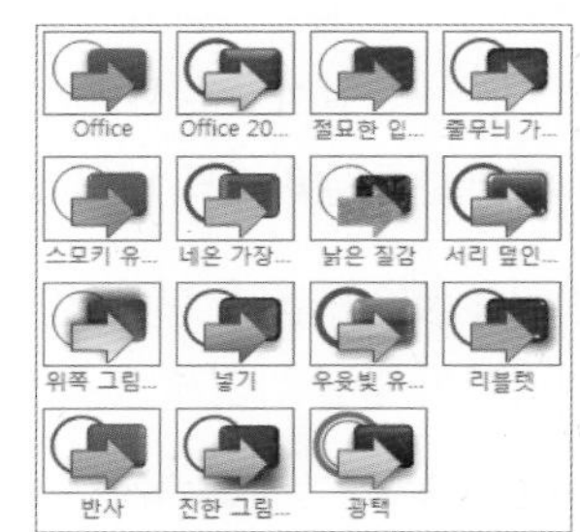

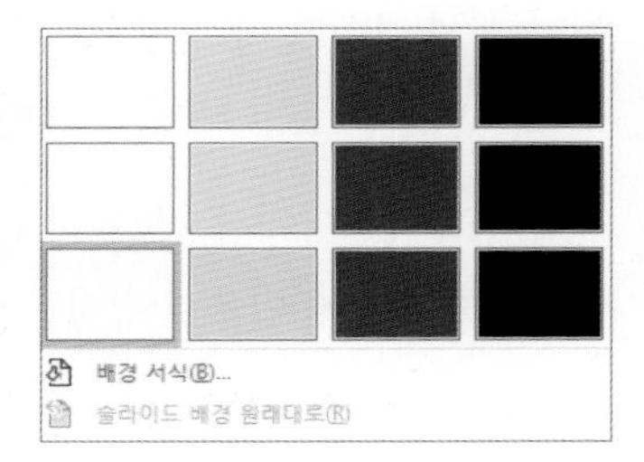

» 추가로 변경할 수 있는 디자인 요소

상황에 따라 선택하는 슬라이드 레이아웃

테마를 적용하면 테마 콘셉트에 따라 디자인이 일괄 적용되는데, 디자인은 사용할 레이아웃에 따라 조금씩 다릅니다. 슬라이드 레이아웃은 **[홈] 탭-[슬라이드] 그룹**에서 **[레이아웃]**을 클릭해서 선택합니다. 여러 장으로 구성된 프레젠테이션 문서를 만들 때 새로운 슬라이드를 추가한 후 내용에 맞춰 레이아웃을 선택하는 것입니다.

레이아웃은 기본적으로 11가지가 제공되며, 이어서 소개하는 슬라이드 마스터를 이용하여 추가할 수도 있습니다.

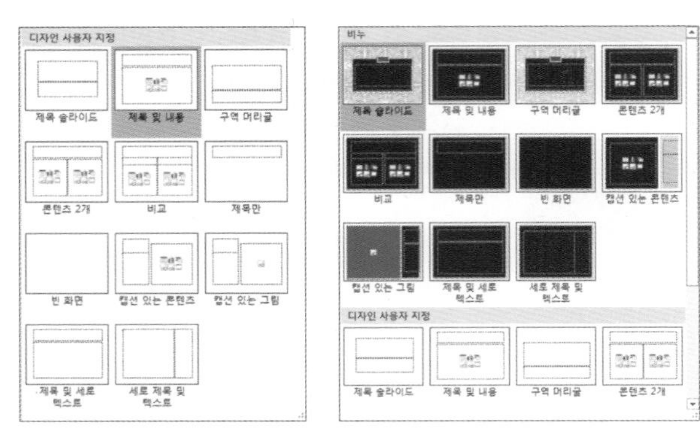

» 테마를 적용하기 전후의 슬라이드 레이아웃

슬라이드 마스터에서 디자인 일괄 변경하기

슬라이드 마스터를 사용하려면 **[보기] 탭-[마스터 보기] 그룹**에서 **[슬라이드 마스터]**를 클릭하면 됩니다. 슬라이드 마스터 모드가 되면 왼쪽 섬네일 영역에는 제공되는 기본 레이아웃을 확인할 수 있으며, 각 레이아웃을 선택한 후 오른쪽 슬라이드 영역에서 디자인을 변경할 수 있습니다.

슬라이드 마스터에서 변경한 디자인은 레이아웃별 디자인이 표시되며, 슬라이드 마스터 모드를 종료하면 레이아웃별 변경한 디자인이 일괄 반영된 것을 알 수 있습니다.

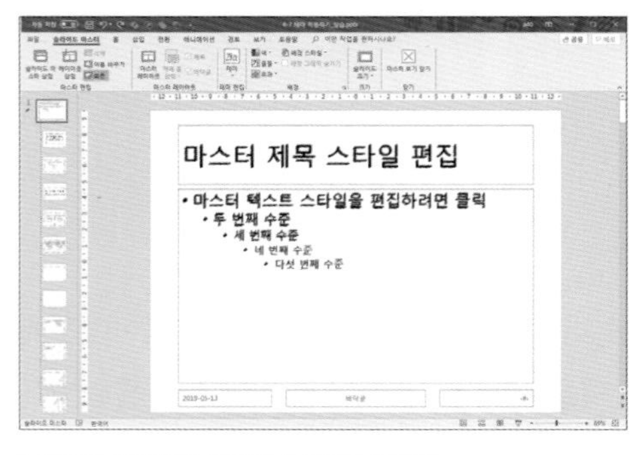

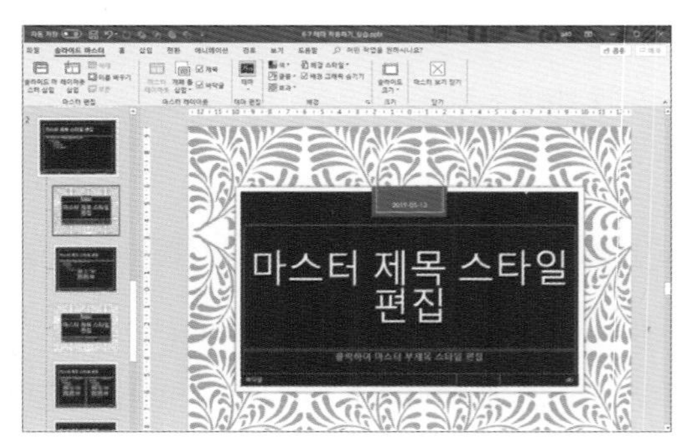

» 테마를 적용하기 전후의 슬라이드 마스터

깨알 TIP 슬라이드 마스터 모드에서 일반 모드로 돌아오려면 [슬라이드 마스터] 탭-[닫기] 그룹에서 [마스터 보기 닫기]를 클릭하면 됩니다.

CHAPTER 2

079 테마 적용 및 마스터 변경으로 나만의 테마 만들기

프레젠테이션에 활기를 넣어 줄 애니메이션, 화면 전환, 테마

실습 파일 6-7 테마 적용하기_실습.pptx, 배경2.png

막상 테마를 적용하면 어울리지 않는 슬라이드가 있어서 아쉬운 면이 남을 수 있습니다. 이때 레이아웃을 추가하거나 변경하여 나만의 슬라이드 레이아웃을 만들 수 있습니다. 레이아웃을 삽입하고 원하는 서식을 적용하려면 슬라이드 마스터를 이용합니다. 나만의 테마를 만들어서 저장하면 이후에도 자유롭게 사용할 수 있습니다. 테마를 적용하고 슬라이드 마스터를 통해 레이아웃을 새로 만들어 원하는 슬라이드에 레이아웃을 적용해 보겠습니다.

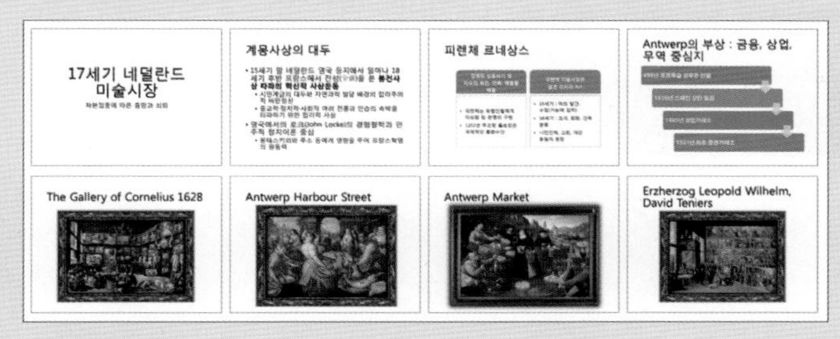

▲ Before

▲ After

01 실습 파일을 열고 **[디자인] 탭-[테마] 그룹**에서 확장 버튼을 클릭하고 **[갤러리]**를 선택합니다.

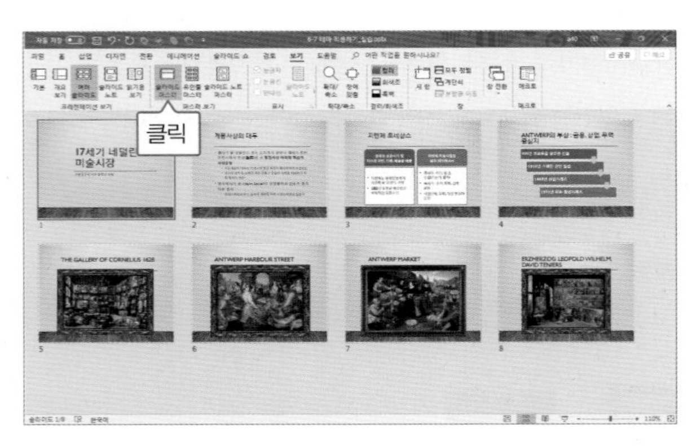

02 갤러리 테마가 일괄 적용되었습니다. 디자인 일부를 수정하기 위해 **[보기] 탭-[마스터 보기] 그룹**에서 **[슬라이드 마스터]**를 클릭합니다.

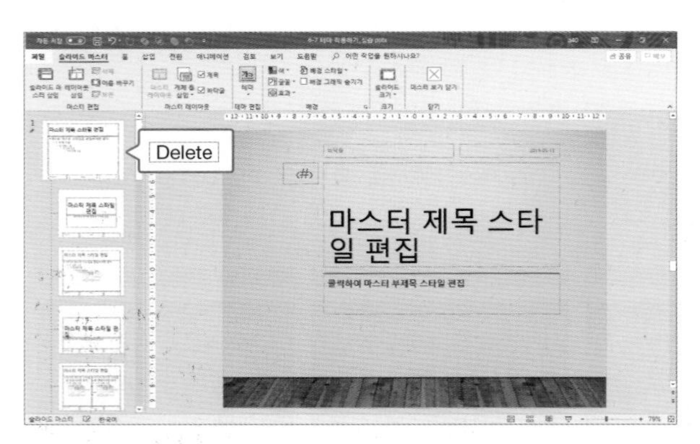

03 슬라이드 마스터 모드가 실행되면 섬네일 영역에서 스크롤을 맨 위로 올려서 흰색 배경의 1번 마스터를 선택하고 Delete 를 눌러 삭제합니다. 해당 마스터에 딸린 레이아웃까지 모두 삭제됩니다.

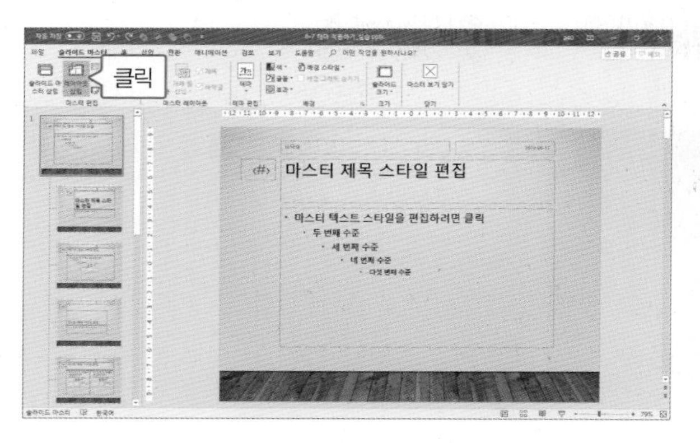

04 적용한 테마에 새로운 레이아웃을 추가하기 위해 **[슬라이드 마스터] 탭-[마스터 편집] 그룹**에서 **[레이아웃 삽입]**을 클릭합니다. 레이아웃 가장 하단에 새로운 레이아웃이 추가됩니다.

05 ❶ 삽입된 레이아웃을 선택한 후 ❷ **[삽입] 탭-[이미지] 그룹**에서 **[그림]**을 클릭합니다. 그림 삽입 대화상자에서 ❸ 실습 파일 [배경2.png]를 찾아 선택하고 ❹ [삽입]을 클릭합니다.

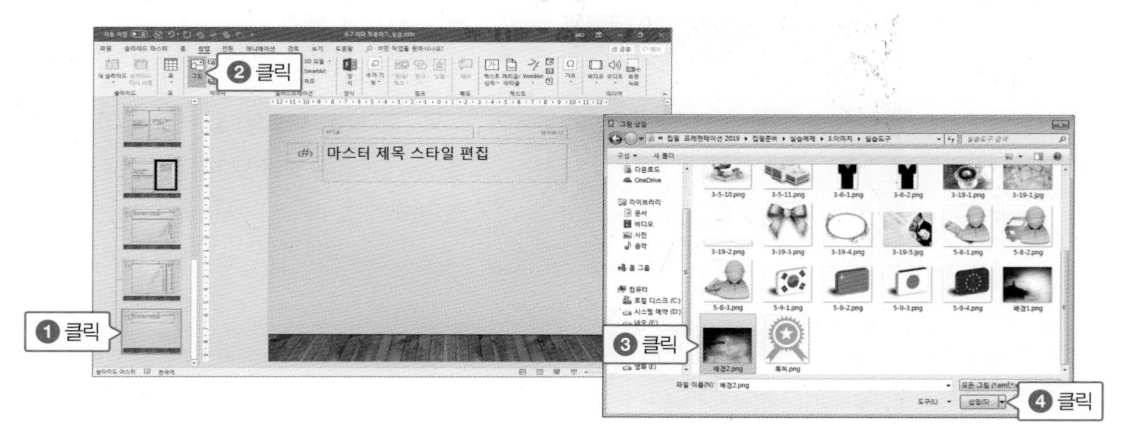

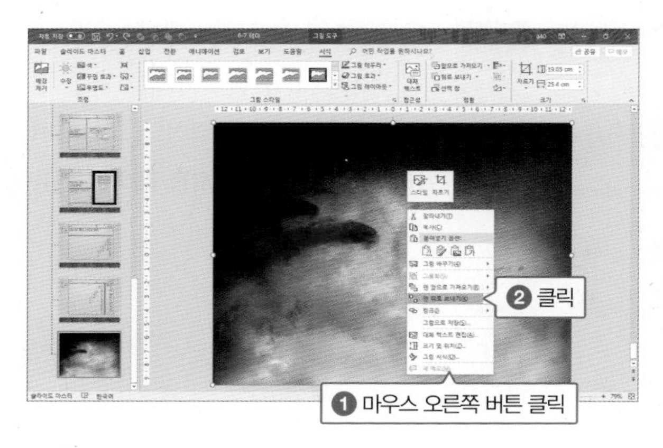

06 ❶ 삽입한 배경 이미지를 마우스 오른쪽 버튼으로 클릭하고 ❷ **[맨 뒤로 보내기]**를 선택합니다.

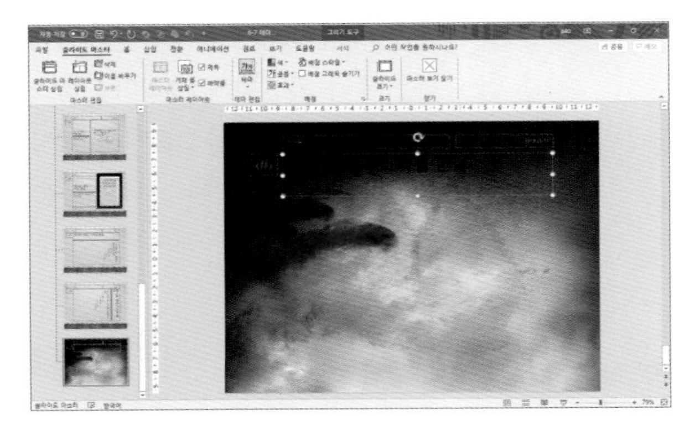

07 이어서 사용하지 않을 개체(슬라이드 번호, 바닥글, 날짜)를 모두 선택하고 Delete 를 눌러 삭제합니다.

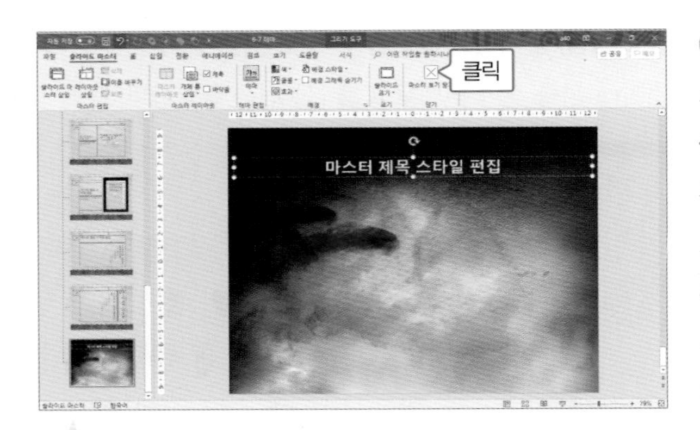

08 '마스터 제목 스타일 편집' 텍스트 상자를 선택한 후 **[홈] 탭–[글꼴] 그룹**에서 전체 디자인에 어울리는 텍스트의 서식을 적용합니다. 끝으로 **[슬라이드 마스터] 탭–[닫기] 그룹**에서 **[마스터 보기 닫기]**를 클릭해서 슬라이드 마스터 모드를 종료합니다.

깨알 TIP 슬라이드 영역 오른쪽 아래에는 보기 모드를 선택할 수 있는 아이콘이 있습니다. 이 중 가장 왼쪽에 있는 [기본]을 클릭하면 마스터 모드에서 간단하게 기본 모드로 돌아올 수 있습니다. 또한 Shift 를 누른 채 [기본]을 클릭하면 빠르게 슬라이드 마스터 모드로 들어갈 수 있습니다.

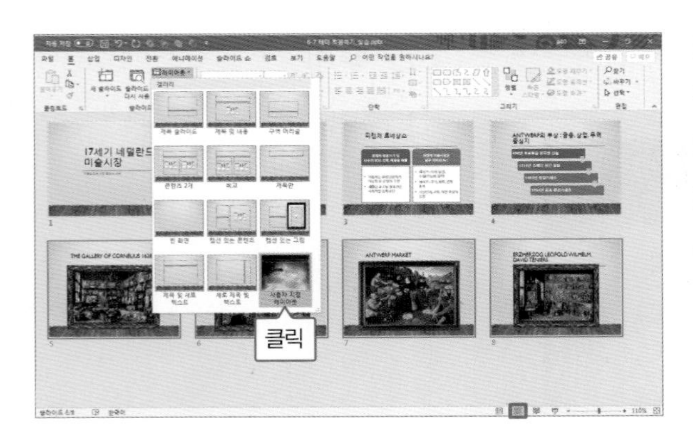

09 기본 모드에서 레이아웃을 변경할 5번~8번 슬라이드를 모두 선택하고 **[홈] 탭–[슬라이드] 그룹**에서 **[레이아웃–사용자 지정 레이아웃]**을 선택합니다.

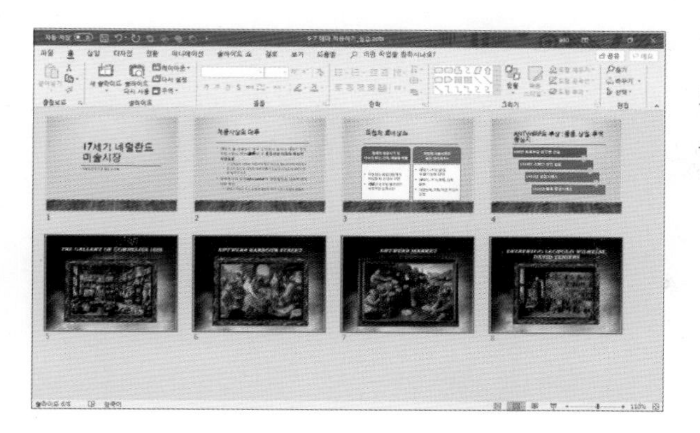

10 앞서 만든 새로운 레이아웃으로 일괄 변경되는 것을 확인할 수 있습니다.

나만의 테마 저장 및 사용하기

레이아웃 추가 변형 등으로 제작한 나만의 새로운 테마를 저장하려면 [디자인] 탭–[테마] 그룹에서 테마 목록을 펼치고, 맨 밑에 있는 [현재 테마 저장]을 선택하면 됩니다.
반대로 저장한 테마를 다른 프레젠테이션에 적용하려면 [디자인] 탭–[테마] 그룹에서 테마 목록을 펼친 후 [테마 찾아보기]를 선택하고 저장한 테마를 찾아 선택하면 됩니다.

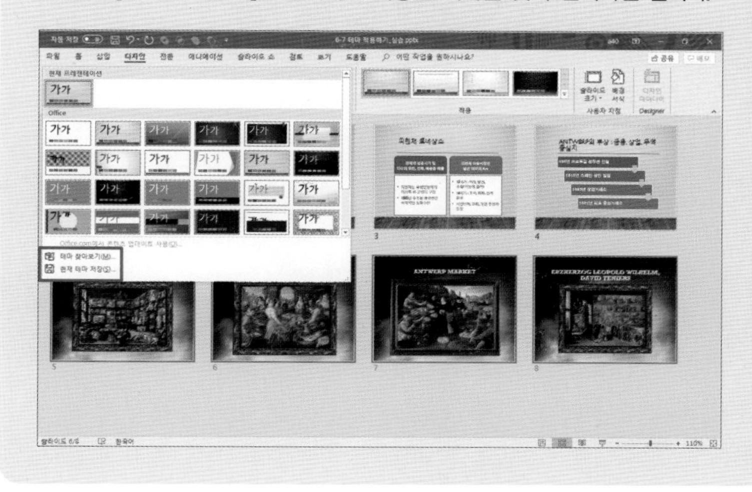

지금까지 주로 정적인 발표 위주의 프레젠테이션 장표의 제작 방법을 살펴봤습니다.
그러나 파워포인트의 용도는 여기서 끝나지 않습니다.
파워포인트의 애니메이션 기능과 영상 및 오디오 효과를 응용하면 전문적인 영상 제작 도구를
쓰지 않고도 정교한 멀티 프레젠테이션 영상을 제작할 수 있습니다.
또한 포스터, 배너, 책자 같은 인쇄물도 파워포인트로 제작할 수 있습니다.
우선 최근 핫 트렌드로 떠오른 영상 콘텐츠로 딱 맞는 멀티 프레젠테이션에 대해 살펴보겠습니다.
편집한 영상 파일을 활용한 멀티 프레젠테이션 제작 과정과 슬라이드 디자인 과정을 실습할 것입니다.
그런 다음 포스터 등 인쇄물 제작 과정을 실습하며 파워포인트의 무궁무진한 활용 가능성까지
알아보겠습니다.

CHAPTER

3

파워포인트의 무한 활용, 멀티 프레젠테이션과 인쇄물 디자인

CHAPTER 3

080 영상의 정보 전달력과 파워포인트

영상을 활용한 멀티 프레젠테이션 실무

불특정 다수에게 회사나 제품, 강연자의 이력과 같은 정보를 전달하거나 홍보하고 싶다면 어떤 형태의 자료가 좋을까요? 책자 형태의 인쇄물로 제작하거나 슬라이드로 제작한 자료를 pdf로 변환해서 웹에 게시할 수도 있습니다. 하지만 일반적으로 텍스트는 사람들의 시선을 끌기에 충분하지 않습니다. 그렇다면 영상은 어떨까요?

SNS와 찰떡궁합, 영상 자료

사실 영상 자료에도 단점은 있습니다. 시청자의 집중도를 고려하면 1분 정도의 짧은 영상 안에 담을 수 있는 정보량은 제한되어 있고, 다른 자료에 비해 제작 시간이나 노력도 많이 소모됩니다. 그러나 영상 자료는 짧은 시간 효과적으로 시선을 끌 수 있고 정보를 전달하기에도 효과적입니다. 또한 고생해서 제작한 영상 자료는 각종 SNS에서 활용하기에도 좋습니다.

≫ 영상 자료를 홍보할 수 있는 다양한 SNS 채널

홍보 목적의 영상 제작물의 장점

- 짧은 시간에 비교적 많은 정보를 담아낼 수 있으며 지루하지 않은 전달의 힘을 가집니다.
- SNS 시대에 알맞은 디지털 홍보 기법으로 블로그, 페이스북, 유튜브 등 다양한 채널에서 재활용할 수 있으며, 홍보 효과 및 공유 효과를 기대할 수 있습니다.

영상 자료 제작의 현실적인 어려움

영상을 제작하는 일은 확실히 텍스트나 이미지를 이용하는 작업보다 어렵습니다. 수많은 영상 전문 제작 도구가 있지만 능숙하게 다루기 위해서는 충분한 시간을 들여 학습해야 하고, 도구 사용 방법을 익혔다고 해도 곧바로 원하는 결과물을 완성하기는 결코 쉽지 않습니다.

프리미어 프로, 베가스 프로, 파이널 컷 등 영상 전문 도구는 다양하고 멋진 영상을 제작할 수 있는 기능을 탑재하고 있습니다. 최근 유튜브의 영향으로 이런 전문 도구들이 널리 대중화되었다고 하지만 그럼에도 여전히 어려운 것이 사실입니다.

≫ 전문 영상 편집 도구인 프리미어 프로, 베가스 프로, 파이널 컷, 키네마스터 로고

또한 무비메이커나 키네마스터와 같이 손쉽게 사용할 수 있는 도구들이 있지만 결국 좀 더 전문적인 손길을 거치지 않는다면 어딘지 어색하고, 사진 몇 장과 텍스트 등이 전부인 진부한 영상이 되곤 합니다.

누구나 할 수 있는 영상 제작, 멀티 프레젠테이션

그렇다면 영상 제작은 포기해야 하는 걸까요? 아닙니다. 익숙한 파워포인트를 이용하면 됩니다. 파워포인트로 영상을 만든다는 것은 일반적인 제안서를 만들 때와 마찬가지로 슬라이드 한 장 한 장을 기획하고 시각화하는 작업입니다. 그러므로 수정도 간편하며 어설프게 영상 편집 도구를 이용하는 것보다 훨씬 탄탄하게 기획을 살린 내용으로 구성할 수 있습니다. 또한 애니메이션, 화면 전환 효과 등 각종 액션 효과를 더해서 원하는 콘텐츠를 강조하기도 수월합니다.

심지어 슬라이드 안에 비디오, 오디오 등의 멀티미디어 요소도 쉽게 추가할 수 있습니다.

이렇게 파워포인트를 이용하여 제작한 영상을 '멀티 프레젠테이션'이라 하며, 기획부터 디자인, 수정, 편집과 같은 일련의 과정을 다른 도구 없이 우수한 품질로 완성할 수 있습니다.

멀티 프레젠테이션의 장점

① 처음부터 끝까지 파워포인트만으로 우수한 품질의 영상을 만들 수 있습니다.

② 익숙한 도구를 사용하므로 기획력만 뒷받침된다면 다양한 형태로 활용할 수 있습니다.

③ 수정 및 업데이트가 간편합니다.

필자는 멀티 프레젠테이션을 간단한 개인 홍보 영상부터 기업 홍보 영상까지 다양한 분야에서 활용하고 있습니다. 아래 이미지들을 실제 멀티 프레젠테이션으로 제작한 행사 영상의 일부입니다.

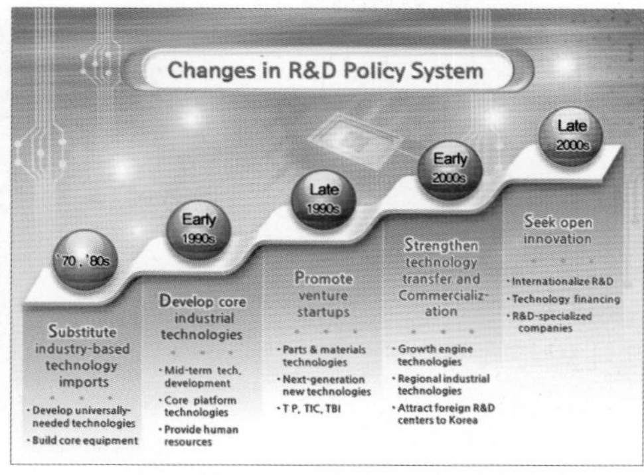

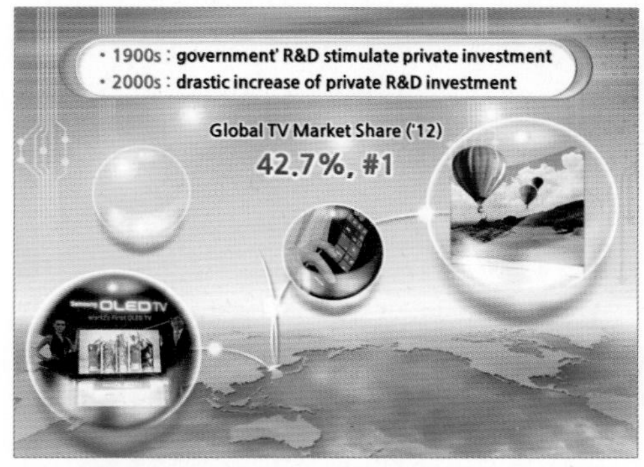

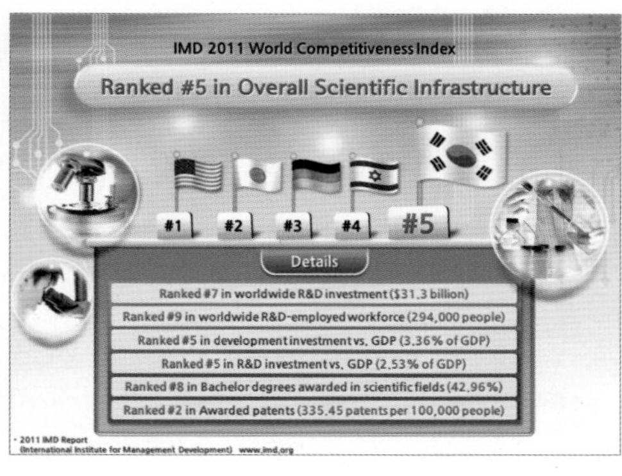

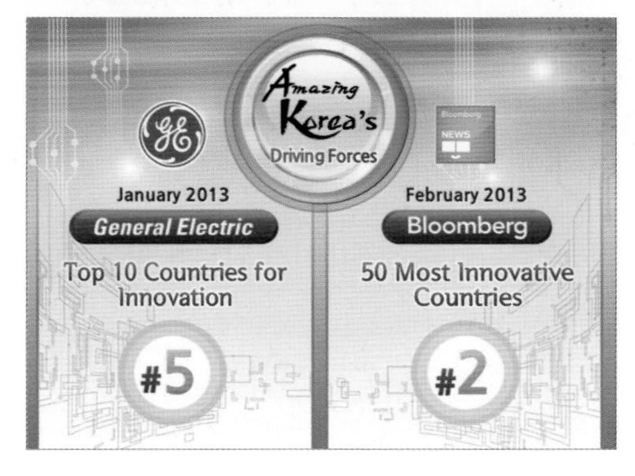

멀티 프레젠테이션 영상은 일반 영상과 마찬가지로 어떤 형태로든 제작할 수 있습니다. 특히 강사 소개 및 강의 제안서, 기업 혹은 소상공인 홍보 영상, 각종 오디션, 대회, 설명회 등의 오프닝 영상 등에 활용하면 좋습니다.

CHAPTER 3

081 과정으로 살펴보는 멀티 프레젠테이션 기법

영상을 활용한 멀티 프레젠테이션 실무

실습에 들어가기 앞서 전반적인 멀티 프레젠테이션 영상 제작 과정을 살펴보겠습니다. 멀티 프레젠테이션을 활용하려면 기본적으로 파워포인트 2010 이상의 버전이 준비되어야 합니다. 파워포인트 2010 이상에서만 영상을 삽입할 수 있으며 비디오 포맷(wmv)으로 결과물을 저장할 수 있기 때문입니다.

» 멀티 프레젠테이션 5단계

위 각 단계를 좀 더 자세히 살펴보면 다음과 같습니다.

01 디자인이 완성된 슬라이드를 준비합니다. 물론 앞에서 수없이 다룬 내용처럼 파워포인트 디자인을 완성하기까지의 작업도 만만치 않습니다. 일반적인 프레젠테이션 자료를 만들 때와 마찬가지로 기획/디자인 과정에서 중요한 부분은 다음과 같습니다.

- **스토리 기획:** 홍보에 필요한 핵심과 장점을 부각할 수 있는 차별화된 영상 스토리를 기획합니다.
- **시각화 기획:** 각 슬라이드에서 텍스트 분량은 줄이고 빠르게 지나가는 영상에서도 내용을 확인할 수 있도록 이미지, 다이어그램 등을 적극적으로 활용합니다. 때로는 슬라이드 내에 영상을 추가로 삽입하여, 영상 속의 영상이 있는 구조를 취할 수도 있습니다.
- **슬라이드 디자인:** 프레젠테이션 자료와 달리 통일성 있는 색상을 사용하기보다는 각 슬라이드 내용을 부각할 수 있는 다양한 디자인을 활용해서 보기 좋게 꾸밉니다.

02 액션 효과를 준비합니다. 영상에서는 단 몇 초의 정지 화면도 지루하게 느껴집니다. 그러므로 슬라이드 각 개체에 적절한 애니메이션 효과를 적용하되 화려한 효과보다는 온화한 느낌의 효과를 반복하는 것이 좋습니다. 또한 슬라이드가 넘어갈 때 적절한 화면 전환 효과도 적용합니다.

- **애니메이션:** 순서를 표현하거나 특정 설명을 강조할 수 있는 의미 있는 애니메이션을 적용합니다. 모든 애니메이션은 자동으로 재생되도록 설정해야 쇼 녹화(각 슬라이드에 시간 설정) 시 실수를 줄일 수 있습니다.
- **화면 전환 효과:** 슬라이드와 슬라이드 사이 전환 효과를 적절히 지정하여 이야기 연결에 시각적인 도움을 줍니다.

03 오디오 효과(음성)를 삽입합니다. 청각 효과가 없는 영상은 지루하고 몰입도가 떨어질 수밖에 없습니다. 따라서 기본적인 배경음악(BGM)이 흐르도록 하고, 상황에 따라 슬라이드에 내레이션을 녹음한 음성 파일을 삽입해서 영상의 이해도를 높일 수 있습니다. 삽입한 오디오나 비디오 등은 다른 콘텐츠(도형, 이미지, 텍스트 등)와 조화롭게 재생하는 것이 가장 중요합니다. 이를 위해 애니메이션 창에서 다른 개체의 애니메이션 효과와 멀티미디어가 함께 재생될 수 있도록 설정해야 합니다.

- **배경음악(BGM):** 음성이 없는 MR 형식의 음원이 적합하며, 영상의 분위기에 맞는 음원을 찾아 준비합니다.
- **음성 파일:** 슬라이드 하나에 음성 파일을 하나씩 넣을 수 있도록 준비합니다. 음성 파일과 배경음악이 동시에 재생되는 상황이라면 배경음악의 볼륨을 낮춰 음성이 또렷하게 들리도록 해야 합니다.

04 각 슬라이드에 적절한 재생 시간을 설정합니다. 각 장면(슬라이드)은 저마다 재생 시간이 다를 것입니다. 그러므로 슬라이드별 적절한 재생 시간을 부여해야 하는데 이를 위해 파워포인트 기능 중 **[슬라이드 쇼 녹화]** 혹은 **[예행 연습]** 기능을 이용합니다.

- **슬라이드 쇼 녹화:** 처음 혹은 중간부터 슬라이드에 적절한 시간을 설정할 수 있으며, 다양한 녹화 옵션을 추가할 수 있습니다. 단 옵션을 잘못 설정하면 슬라이드마다 녹화 파일이 삽입되는 난감한 경우가 생길 수 있으므로 아래 소개하는 [예행 연습] 기능을 이용하는 것이 좋을 수 있습니다.
- **예행 연습:** 슬라이드 쇼 녹화와 비슷하지만 슬라이드 중간이 아닌 슬라이드 처음부터 시간 설정이 가능합니다. 다양한 옵션을 추가할 수는 없지만 시간을 설정하는 것 말고 다른 기능은 필요하지 않으므로 멀티 프레젠테이션 작업 시 유용합니다.

05 최종 결과물인 wmv 영상 파일로 저장합니다. 모든 작업이 완료되면 파일 형식을 wmv로 변경하여 영상으로 저장할 수 있습니다. 일반적인 저장이 아니므로 저장 시간이 다소 길어질 수 있습니다.

- **영상 저장 방법(1):** [파일] 탭에서 [다른 이름으로 저장]을 선택하고 파일 형식을 [Windows Media 비디오(*.wmv)]를 선택한 후 [저장]을 클릭합니다.
- **영상 저장 방법(2):** [파일] 탭에서 [내보내기-비디오 만들기]를 선택하고 원하는 해상도를 선택한 후 [비디오 만들기]를 클릭합니다.

CHAPTER 3

082 편집한 영상 위주의 멀티 프레젠테이션 실습

영상을 활용한
멀티 프레젠테이션 실무

멀티 프레젠테이션을 제작하는 방법은 크게 두 가지로 구분됩니다. 하나는 촬영한 영상을 각 슬라이드에 넣어 편집하는 영상 위주의 멀티 프레젠테이션이고, 다른 하나는 슬라이드를 기획/디자인해서 배경음악 혹은 내레이션 음성 파일을 넣어 만드는 영상입니다. 여기서는 첫 번째 방법인 영상 위주의 멀티 프레젠테이션을 실습해 보겠습니다.

실습 개요

자신을 소개하는 내용을 촬영한 후 다양한 효과를 적용하고자 합니다. 기본 소스가 될 영상은 한 번에 이어서 촬영하는 것보다 상황별로 끊어서 촬영하는 것이 이후 파워포인트에서 각종 효과와 함께 적용하기에 효과적입니다. 가장 좋은 방법은 한 문장씩 나눠서 촬영하는 것입니다. 이렇게 문장별로 나눠서 촬영하면 호흡을 좀 더 매끄럽게 하여 실수를 줄일 수 있고, 실수를 하더라도 다시 촬영할 내용을 최소화할 수 있습니다.

» 짧게 끊어 촬영한 영상 목록

아래 예시를 보면 촬영한 영상을 각 슬라이드에 넣고 애니메이션 효과와 함께 재생되도록 설정했습니다. 애니메이션 창을 보면 [3052.mp4]는 영상 파일이며 나머지 개체들은 영상과 함께 나타나 실행되도록 설정한 도형과 텍스트 개체입니다.

다음 실습에서는 영상 중 두 개만 완성합니다. 각 슬라이드에 영상을 어떻게 넣는지, 다른 개체들과의 관계를 어떻게 설정하는지에 대해 파악해 보겠습니다.

영상을 활용한 멀티 프레젠테이션

실습 파일 **7-1 영상 멀티 프레젠테이션_실습.pptx, 3052.mp4**

01 실습 파일을 열고 1번 슬라이드를 선택합니다. **[삽입] 탭-[미디어] 그룹**에서 **[비디오-내 PC의 비디오]**를 선택합니다. 실습 파일 [3052.mp4]를 찾아 선택하고 [삽입]을 클릭해서 영상 파일을 삽입합니다.

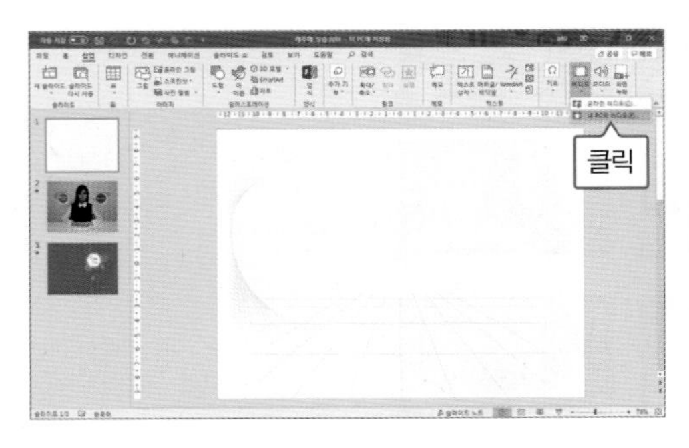

02 삽입한 영상을 선택하고 크기를 조정한 후 왼쪽으로 옮깁니다. ❶ **[서식] 탭-[크기] 그룹**에서 **[자르기]**를 클릭하고 ❷ 검은색 바를 드래그하여 슬라이드 크기에 맞춰 자를 영역을 설정합니다. 영역을 설정하면 빈 곳을 클릭해서 자르기를 완료합니다.

깨알 TIP 자르기를 실행하면 슬라이드 크기에 맞춰 필요한 부분만 볼 수 있어 이후 작업이 깔끔해집니다. 하지만 슬라이드 쇼를 실행하면 어차피 슬라이드 부분만 보여지므로 굳이 자르기를 실행하지 않아도 결과는 동일합니다.

03 슬라이드 쇼 실행 시 별다른 조작 없이 자동으로 재생되도록 영상을 선택하고 **[재생] 탭-[비디오 옵션] 그룹**에서 시작을 **[자동 실행]**으로 설정합니다.

04 촬영한 영상에서 앞뒤 불필요한 부분을 자르기 위해 ❶ 영상을 선택하고 **[재생] 탭–[편집] 그룹**에서 **[비디오 트리밍]**을 클릭합니다. 비디오 트리밍 대화상자에서 초록색 바가 시작 부분이고 빨간색 바가 종료 부분입니다. ❷ 두 바를 드래그해서 시작과 종료 지점을 설정합니다. ❸ **[재생]** 아이콘을 클릭해서 결과를 확인하고 ❹ [확인]을 클릭해서 마칩니다.

05 영상과 함께 재생될 애니메이션이 설정된 텍스트와 도형 개체를 배치하겠습니다. ❶ 3번 슬라이드를 선택하고 Ctrl+A와 Ctrl+C를 눌러 모든 개체를 복사합니다. ❷ 다시 1번 슬라이드를 선택하고 Ctrl+V를 눌러 복사한 개체를 붙여 넣습니다.

06 Shift+F5를 눌러 슬라이드 쇼를 실행해 보면 영상과 애니메이션이 자동으로 재생됩니다.

07 최종 결과를 영상으로 저장하기 위해 ❶ **[파일] 탭**에서 ❷ **[다른 이름으로 저장]** 또는 **[내보내기]**를 선택한 후 원하는 이름과 위치를 선택하여 저장합니다. ❸ 파일 형식은 **[Windows Media 비디오(*.wmv)]**로 설정하면 됩니다. ❹ [저장]을 클릭합니다.

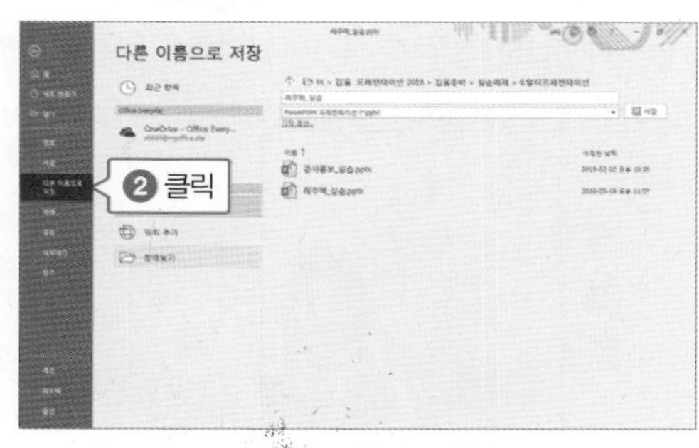

깨알 TIP 저장 시간이 오래 걸릴 수 있으므로 충분한 시간이 필요합니다.

08 저장이 끝나면 wmv 파일을 찾아 실행해 봅니다. 1번과 2번 슬라이드가 이어지면서 영상으로 손색 없는 결과를 확인할 수 있습니다.

영상 파일이 다른 개체와 동시에 재생되는 것은 애니메이션 옵션 때문입니다. ❶[애니메이션] 탭 – [고급 애니메이션] 그룹에서 [애니메이션 창]을 클릭한 후 애니메이션 창에서 영상 파일의 목록 확장 버튼을 클릭해 봅니다. ❷다양한 옵션 중 [효과 옵션]을 선택하면 비디오 재생 대화상자가 열리고 ❸재생 중지 영역에서 [현재 슬라이드 다음]을 선택합니다.

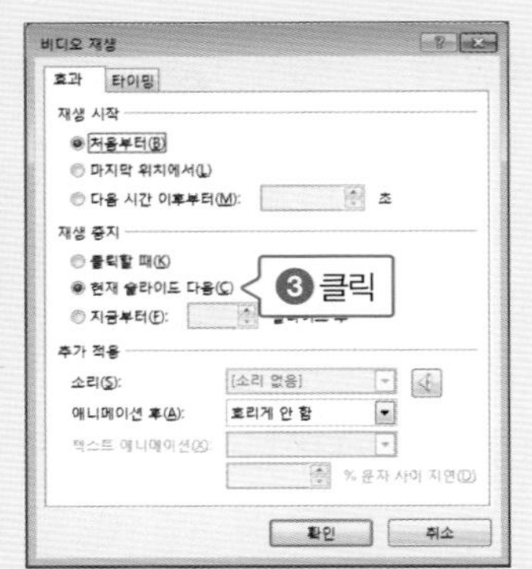

하지만 만일 파워포인트 2010 이하의 버전에서 같은 상황임에도 영상 파일과 다른 개체가 동시에 재생되지 않는다면 이 상태에서 영상 파일의 재생 중지에서 [지금부터]의 값을 [1] 슬라이드 후로 지정하면 해결됩니다. 단, 이렇게 지정한 후 이 파일을 닫고 다시 열면 재생 중지가 원점으로 변하게 되니 주의해야 합니다.

CHAPTER 3

083 멀티 프레젠테이션의 슬라이드 기획 및 디자인

영상을 활용한
멀티 프레젠테이션 실무

영상 제작을 위한 시각화 기획 및 디자인 완성 전에 반드시 선행할 과정이 있습니다. 바로 스토리 기획입니다. 스토리는 무작정 만드는 것이 아니라 청중이 필요성(목적)을 인식할 수 있게 구성해야 합니다. 예를 들어 회사소개라면 회사만의 특징 및 장점을 강조하고 타 회사 대비 자사의 경쟁력을 소개해야 합니다. 이때 설득할 수 있는 근거로 현재까지의 결과물을 제시하면서 특별히 내세울 수 있는 성과도 소개하는 것이 좋습니다.

멀티 프레젠테이션 제작을 위한 스토리 기획 사례

스토리 기획 예시로 프레젠테이션 제작을 전문으로 하는 '네오프레젠테이션'의 회사소개 영상을 제작해 보겠습니다. 스토리 구성은 다음과 같습니다.

- **정확한 사업 형태 설명:** 프레젠테이션 제작 사업은 단순히 보기 좋게 디자인하는 것보다는 기획이 더 중요해서, 청중의 이해도를 높일 수 있는 슬라이드를 제작하는 사업임을 설명합니다.
- **회사의 우수성 설명:** 수많은 경험과 고객과의 원활한 소통으로 우수한 품질의 결과를 제공하며, 급하게 진행해야 하는 일정도 소화할 수 있는 빠른 제작 능력을 갖춘 회사임을 설명합니다.
- **포트폴리오 제시:** 다년간 제작한 주요 프로젝트의 포트폴리오를 보여 주면서 회사 역량을 입증합니다. 또한 각종 대회에서의 성과, 프레지 같은 응용 분야에 대한 결과물 등을 함께 소개함으로써 무한한 잠재력을 보여 줍니다.
- **기업 마인드 표명:** 오랜 시간 검증된 노하우와 제작에 대한 자신감을 설명하며, 일을 즐기는 직원들의 가치관을 소개합니다. 일을 즐길 줄 아는 직원들로 구성된 회사라는 이미지는 '일 잘하는 사람', '자유로운 분위기 속 창의적인 결과' 등의 느낌을 전달할 수 있으므로 회사에 대한 신뢰성을 높일 수 있습니다.

- **의뢰 방법 소개:** 회사소개 영상의 최종 목적은 제작 의뢰를 받기 위함입니다. 그러므로 제작 관련 문의를 받을 수 있는 이메일, 홈페이지, 전화번호 등의 정보를 제공합니다.

위와 같은 일련의 스토리를 슬라이드에 담아 디자인을 완성하고, 애니메이션 및 화면 전환 효과를 적용해서 다음과 같이 완성할 수 있습니다.

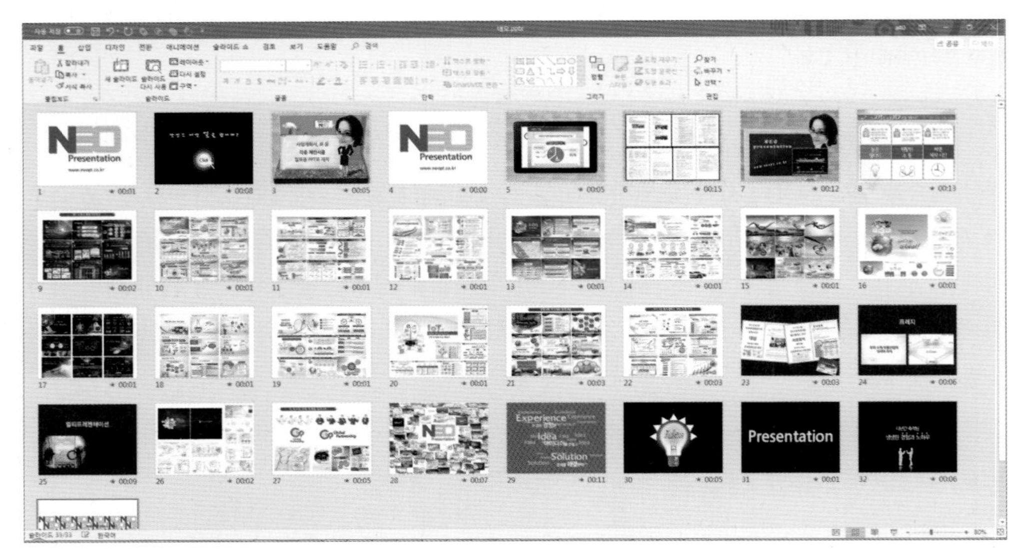

≫ 네오프레젠테이션 회사소개 슬라이드

이렇게 완성한 슬라이드에 배경음악을 넣어 멋진 멀티 프레젠테이션 영상을 만들 수 있습니다. 파워포인트로 디자인을 완성한 슬라이드에 배경음악을 삽입하는 것부터 각 슬라이드에 적절한 시간을 설정하는 등 유연한 영상을 만들기 위한 멀티 프레젠테이션 기법을 실습해 보겠습니다.

슬라이드 디자인을 활용한 멀티 프레젠테이션

실습 파일 **7-2 슬라이드 멀티 프레젠테이션_실습.pptx, 배경음악.mp3**

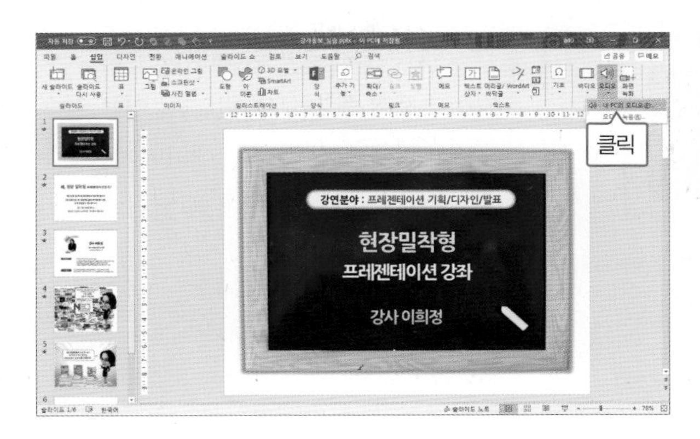

01 실습 파일에 배경음악을 삽입하기 위해 1번 슬라이드를 선택한 후 **[삽입] 탭-[미디어] 그룹**에서 **[오디오 삽입-내 PC의 오디오]**를 선택합니다. 실습 파일 [배경음악.mp3]를 선택한 후 [삽입]을 클릭합니다.

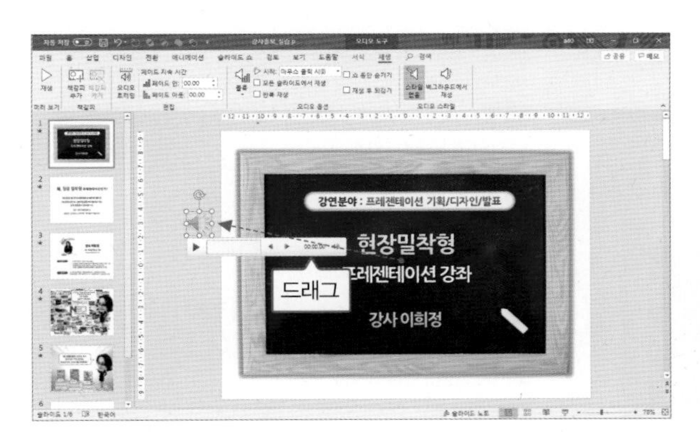

02 스피커 모양의 오디오 아이콘이 삽입되면 드래그하여 슬라이드 영역 밖으로 옮깁니다. 슬라이드 영역에 오디오 아이콘이 배치되어 있으면 이후 편집할 때 여러모로 불편하기 때문입니다.

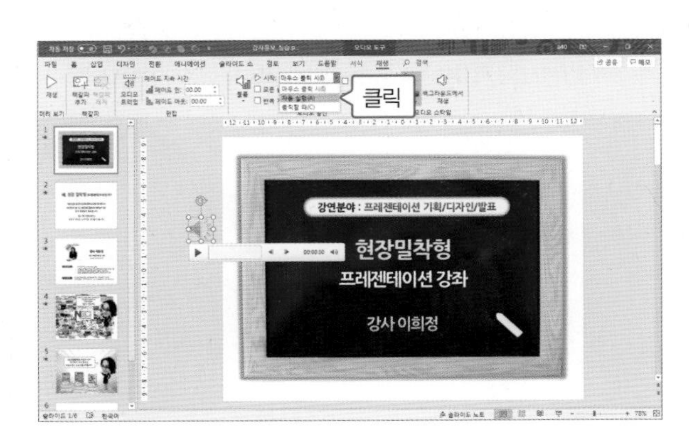

03 오디오 아이콘을 선택한 후 **[재생] 탭-[오디오 옵션] 그룹**에서 시작을 **[자동 실행]**으로 설정합니다. 이렇게 하면 슬라이드 쇼를 실행할 때 곧바로 오디오 파일이 재생됩니다.

04 ❶ **[애니메이션] 탭-[고급 애니메이션] 그룹**에서 **[애니메이션 창]**을 클릭합니다. ❷ 애니메이션 창 목록에서 오디오 파일(배경음악)을 드래그해서 맨 위로 옮깁니다. 이는 실습 파일에 설정된 다른 애니메이션보다 오디오 재생이 먼저 실행되게 하기 위함입니다.

05 ❶ 애니메이션 창에서 오디오 파일의 메뉴 확장 버튼을 클릭하고 **[효과 옵션]**을 선택합니다. ❷ 오디오 재생 대화상자에서 **[효과] 탭**의 재생 중지 영역에서 **[지금부터]**를 [100] 슬라이드 후로 설정합니다. ❸ [확인]을 클릭합니다.

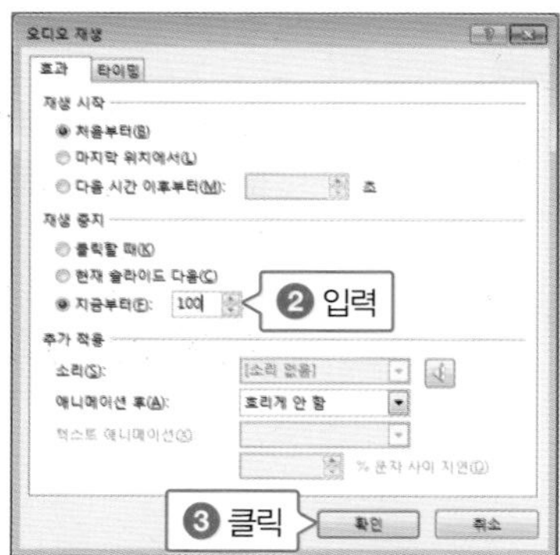

깨알 TIP [100] 슬라이드 후는 충분히 많은 양입니다. 즉, 전체 영상이 끝날 때까지 계속 배경음악이 재생된다는 의미이기도 합니다.

06 이제 슬라이드별 자동 재생 시간을 부여하기 위해 **[슬라이드 쇼] 탭-[설정] 그룹**에서 **[예행 연습]**을 클릭합니다.

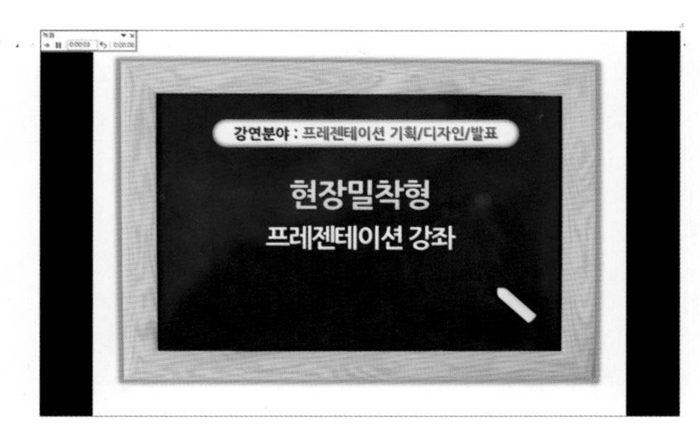

07 슬라이드 쇼가 실행되면서 사용자가 슬라이드를 넘기는 시간이 기록됩니다. 슬라이드를 보면서 적당한 시간에 Enter 를 눌러 다음 슬라이드로 넘기면서 재생 시간을 설정합니다.

08 마지막 슬라이드까지 넘기면 팝업 창이 나타나면서 최종 시간이 표시되고, 슬라이드 시간을 저장할지 묻습니다. [예]를 클릭해서 종료하면 슬라이드별 재생 시간이 기록됩니다.

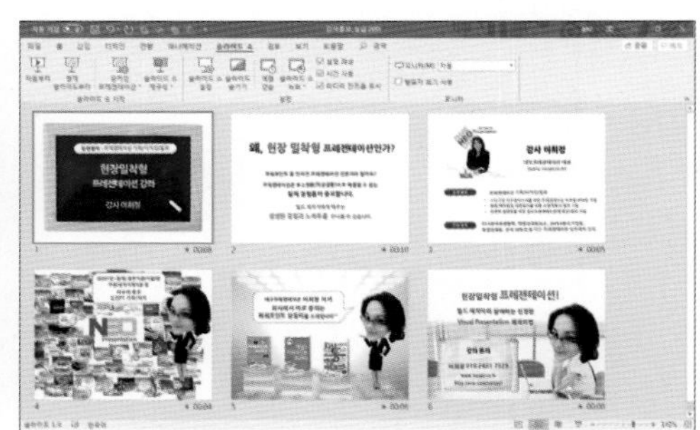

09 ❶ **[파일] 탭**에서 **[내보내기]**를 선택한 후 ❷ **[비디오 만들기]**를 선택합니다. ❸ 적절한 해상도를 선택한 후 **[비디오 만들기]**를 클릭합니다. 다른 이름으로 저장 대화상자에서 ❹ 파일 형식을 [Windows Media 비디오 (*.wmv)]를 선택하고 ❺ [저장]을 클릭합니다.

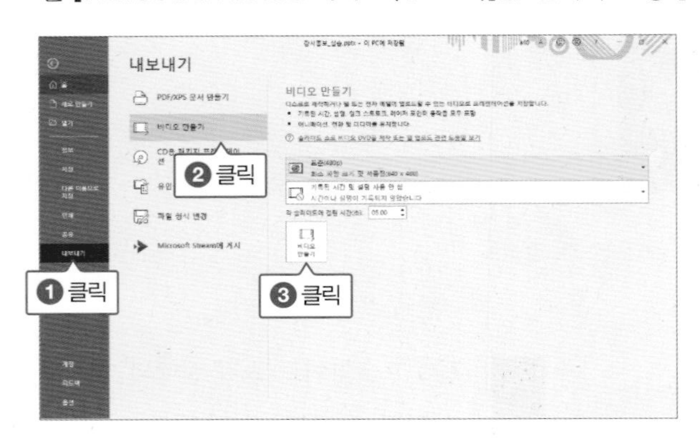

실무자 TALK

영상 파일과 파워포인트 파일

파워포인트 파일을 wmv 등의 영상 파일로 저장하면 파워포인트 문서에 삽입한 폰트, 비디오, 오디오, 애니메이션, 화면 전환 효과, 슬라이드 시간 설정 등의 모든 기능이 최종적으로 영상으로 집약됩니다. 이후 보강 등의 수정이 필요하면 힘들게 영상 파일을 편집하는 것이 아니라, 파워포인트 파일을 열어 슬라이드를 추가하거나 일부를 수정하는 등 변경한 후 다시 wmv 파일로 저장하면 됩니다. 따라서 영상을 제작한 후에도 이후 관리를 위해 파워포인트 파일도 별도로 저장하는 것이 좋습니다.

CHAPTER 3

084 멀티 프레젠테이션 제작 시 발생하는 오류 해결 방법

영상을 활용한
멀티 프레젠테이션 실무

파워포인트 버전에 따라 멀티 프레젠테이션 작업을 진행하는 중에 소소한 문제가 발생하기도 합니다. 어려운 문제는 아니지만 상황에 따라 당황할 수 있으니 한 번씩 읽어 보고 넘어가면 좋습니다.

- **슬라이드에 삽입한 영상이 재생되지 않을 때:** 영상 파일 인코딩에서 문제가 발생했을 수 있습니다. 곰인코더(http://encoder.gomtv.com) 등 인코더 프로그램을 이용하여 파일의 포맷을 wmv로 변환해 봅니다.
- **슬라이드에 삽입한 영상 파일과 개체의 애니메이션이 동작이 제대로 작동하지 않을 때:** 애니메이션 창에서 영상 파일의 메뉴 확장 버튼을 클릭하고 **[효과 옵션]**을 선택합니다. 비디오 재생 대화상자가 열리면 **[효과] 탭**의 재생 중지 영역을 지금부터 **[xx]** 슬라이드 후로 설정합니다.
- **영상 파일을 넣어 완성한 멀티 프레젠테이션을 wmv로 저장한 후 재생했을 때 일부 구간이 멈출 때:** 특히 파워포인트 2010 버전에서 자주 나타나는 현상입니다. 위 오류와 마찬가지로 비디오 재생 대화상자의 **[효과] 탭**에서 재생 중지 영역을 지금부터 **[1]** 슬라이드 후로 설정합니다.
- **영상 파일로 저장 시 영상/배경음악에 대한 오류 메시지:** 특히 파워포인트 2010 버전에서 자주 나타나는 현상입니다. 팝업 창에서 [아니요]를 클릭한 후 **[파일] 탭**에서 **[정보] 항목**을 선택하고 **[미디어 호환성 최적화]**를 클릭합니다. 미디어 호환성 최적화 대화상자가 나타나면서 자동으로 최적화를 진행합니다. 최적화가 끝나면 [닫기]를 클릭한 후 다시 wmv 파일로 저장합니다.

CHAPTER 3

085 오디오 및 이미지 소스 구하기

영상을 활용한
멀티 프레젠테이션 실무

멀티 프레젠테이션뿐만 아니라 일반 프레젠테이션 자료 제작을 위해서도 다양한 소스가 필요합니다. 무료로 다운로드하여 사용할 수 있는 배경음악 및 이미지 소스를 찾는 방법을 소개합니다.

배경음악으로 적절한 오디오 파일 다운로드하기

아무 음악이나 배경음악으로 사용하면 저작권 침해 등의 문제가 발생할 수 있어 신중해야 합니다. 대표적으로 무료 오디오 파일을 제공하는 곳으로 '유튜브 오디오 라이브러리'가 있습니다. 장르, 분위기, 악기별로 음원을 미리 확인하고 간편하게 다운로드해서 사용할 수 있습니다. 이때 인터넷 익스플로러에서는 사용이 원활하지 않으므로 크롬 브라우저를 사용하는 것이 좋습니다.

- **유튜브 오디오 라이브러리:** https://www.youtube.com/audiolibrary/music

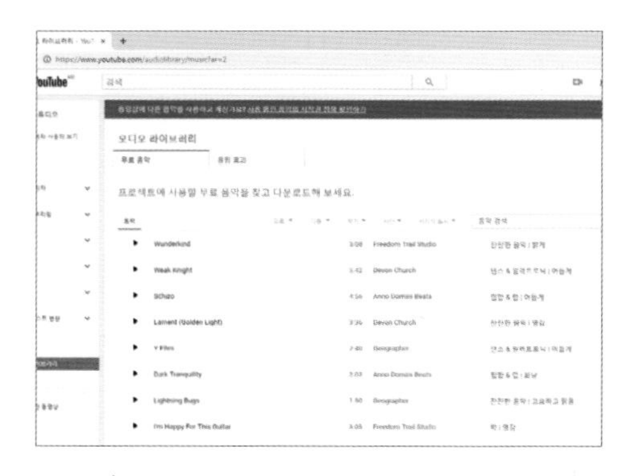

무료 이미지 소스 다운로드하기

제안서는 물론 영상을 제작할 때도 이미지의 활용도가 매우 높습니다. 이미지 역시 오디오 파일 못지 않게 저작권 침해에 주의해야 합니다. 무료로 활용할 수 있는 대표적인 웹사이트를 소개합니다.

무료 벡터/비트맵 이미지를 제공하는 FreeQration

FreeQration은 키워드로 검색하여 비트맵은 물론 벡터 이미지도 찾을 수 있습니다. 유료와 무료 이미지로 구분하고 있으며, 저작권에 관한 정보는 물론 해상도별로 선택해서 다운로드할 수 있습니다.

- **FreeQration:** http://www.freeqration.com

무료 아이콘 이미지를 제공하는 Iconfinder

Iconfinder는 무료 혹은 유료 아이콘을 제공합니다. 무료 이미지는 다운로드하지 않고 Ctrl+C를 눌러 복사한 다음 Ctrl+V를 눌러 붙여 넣는 방법으로 사용합니다.

- **Iconfinder:** https://www.iconfinder.com

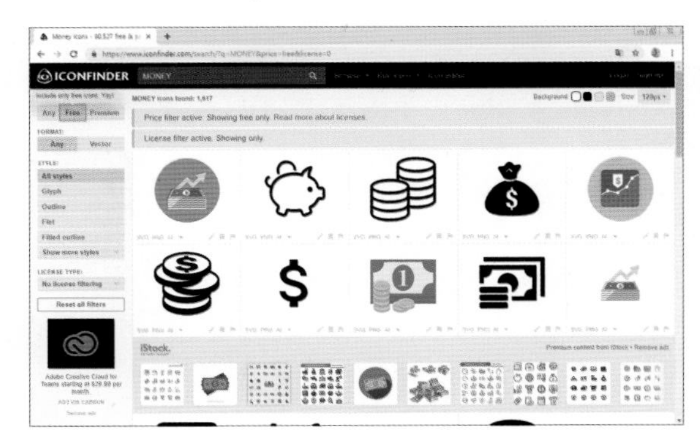

CHAPTER 3

086 파워포인트로 다양한 인쇄물 제작하기

파워포인트의 다양한 활용 분야

파워포인트를 이용해서 제작할 수 있는 결과물은 생각보다 다양합니다. 오피스 도구보다는 디자인 도구에 가깝다고 할 수도 있습니다. 우선 인쇄물인 브로슈어, 교육용 책자는 물론 사이즈가 큰 포스터도 원활하게 제작할 수 있습니다. 심지어는 행사에서 흔히 볼 수 있는 스탠딩 배너, 대형 현수막 등의 디자인도 파워포인트로 가능합니다.

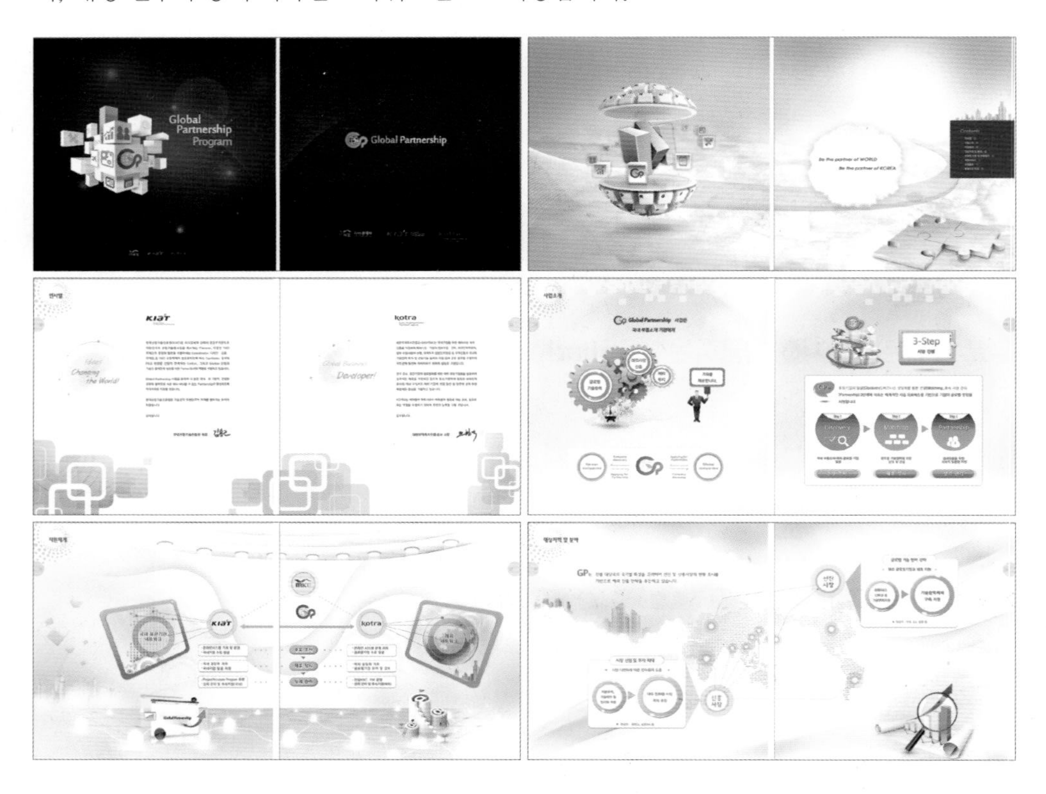

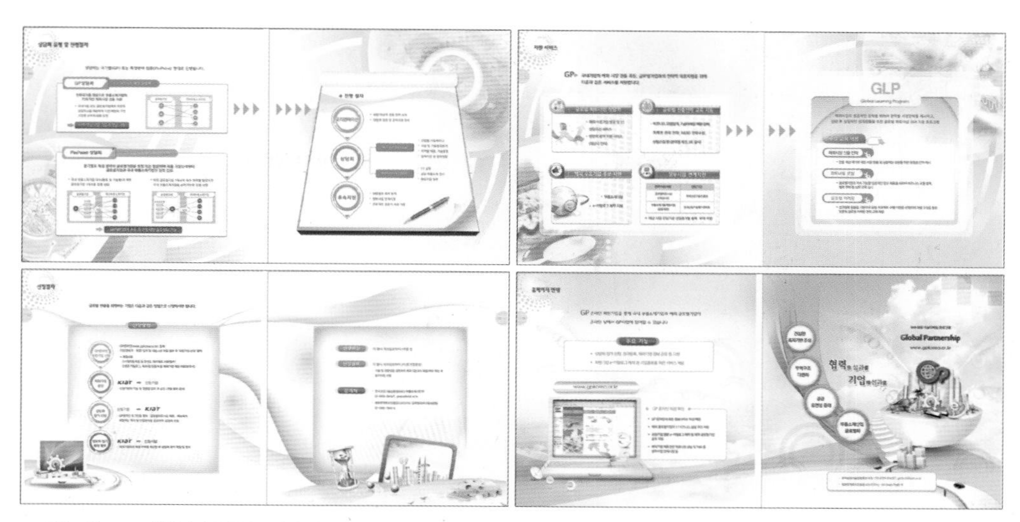

» 파워포인트로 기획/디자인한 후 인쇄해서 책자로 만든 브로슈어

» 파워포인트로 제작해서 pdf로 변경한 후 인쇄한 교육용 책자 일부

» 파워포인트로 제작해서 행사에 사용한 스탠딩 배너

위와 같은 인쇄용 디자인뿐만이 아닙니다. 일러스트레이터로만 작업한다고 생각하던 로고나 CI도 파워포인트의 도형과 점 편집 기능을 잘 활용한다면 충분히 가능합니다.

» 파워포인트로 제작한 로고

인쇄물을 디자인할 때 유의할 점

인쇄물을 제작할 때는 특히 슬라이드 크기에 주의해야 합니다. 원하는 결과물의 크기에 맞춰 슬라이드 크기를 설정하되 출력물의 상하좌우 여백을 잘라낼 때 디자인된 부분까지 잘려 나가지 않도록 상하좌우 모두 5mm 정도의 여유를 고려해야 합니다. 예를 들어 다음과 같은 책자를 디자인한다고 가정해 보겠습니다.

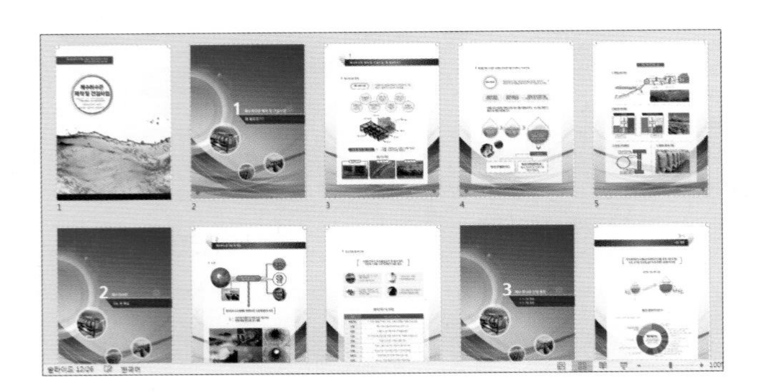

- **슬라이드 크기 지정하기: [디자인] 탭-[사용자 지정] 그룹**에서 **[슬라이드 크기-사용자 지정 슬라이드 크기]**를 클릭하면 슬라이드 영역의 크기를 지정할 수 있습니다. 현재 사례에서는 너비 21cm, 높이 29.7cm로 설정되어 있지만 실제 인쇄물 크기는 너비 20cm, 높이 28.7cm입니다. 인쇄물의 재단 여백이 상하좌우로 각각 5mm이기 때문입니다.

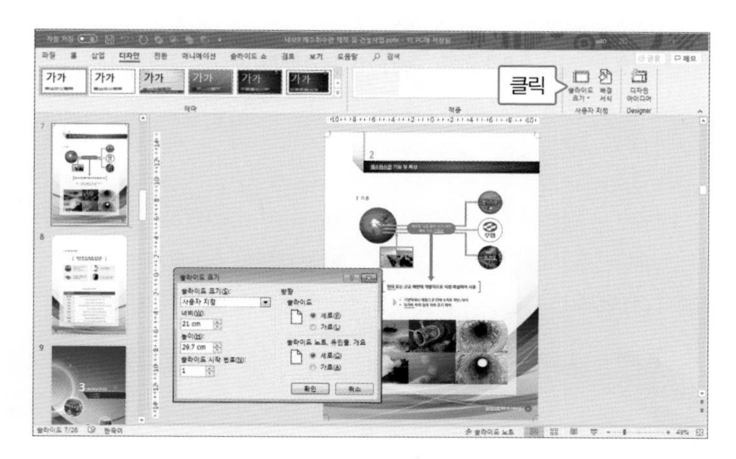

- **재단선 표시하기:** 재단을 위한 여백을 추가할 뿐만 아니라 인쇄소에서 잘라낼 위치를 확인할 수 있도록 재단선을 표시해야 합니다. 파워포인트 도형 중 선과 눈금자, 안내선 등을 활용하여 다음과 같이 각 모서리에 재단선을 표시합니다.

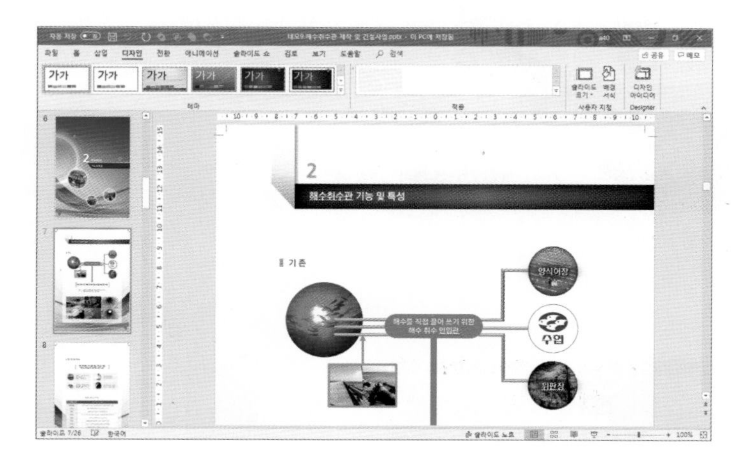

- **인쇄용 파일 만들기:** 디자인이 완성되면 파워포인트 pptx 파일을 그대로 인쇄소에 보내는 것이 아니라 파워포인트에서 다른 이름으로 저장 기능을 이용하여 pdf로 저장해서 보내야 인쇄할 수 있습니다.

CHAPTER 3

087 실전 포스터 디자인하기

파워포인트의 다양한 활용 분야

실습 파일 8-1 포스터_실습.pptx, 배경 이미지.png, 텍스트 이미지.png

포스터의 일반적인 크기는 A2(42×60cm)로 큰 편이며, A3(30×42cm)를 사용하기도 합니다. 이번 실습은 인쇄물이기 때문에 실습 파일에 재단선을 미리 그려 놓았습니다. 재단선 작업은 간단해서 별도의 실습을 진행하지 않으므로, 실습 파일을 열고 상하좌우에 재단선이 어떻게 표현되어 있는지 정도만 확인해 봅니다.

▲ Before

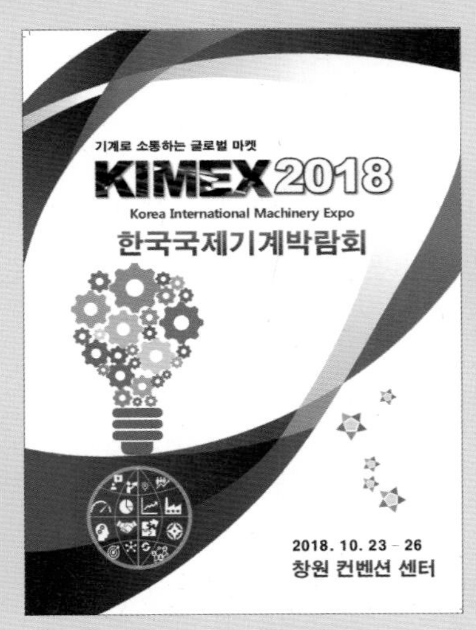

▲ After

01 실습 파일을 열면 상하좌우에 재단선이 표시되어 있습니다. **[디자인] 탭–[사용자 지정] 그룹**에서 **[슬라이드 크기–사용자 지정 슬라이드 크기]**를 클릭합니다. 슬라이드 크기 대화상자에서 A3 크기인 30×42cm에 상하좌우 각 0.5cm를 추가한 31×43cm임을 확인할 수 있습니다.

02 슬라이드 영역 바깥쪽에서 ❶ 마우스 오른쪽 버튼을 클릭하고 ❷ **[배경 서식]**을 선택합니다. ❸ 배경 서식 패널에서 **[그림 또는 질감 채우기]**를 선택하고 **[파일]**을 클릭합니다. 실습 파일에서 [배경 이미지.png]를 찾아 배경을 완성합니다.

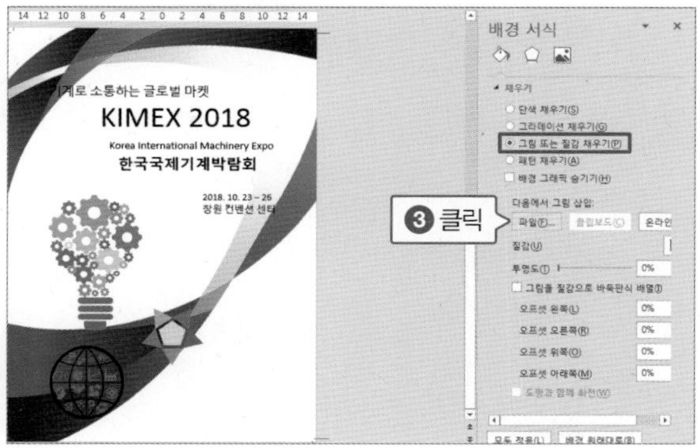

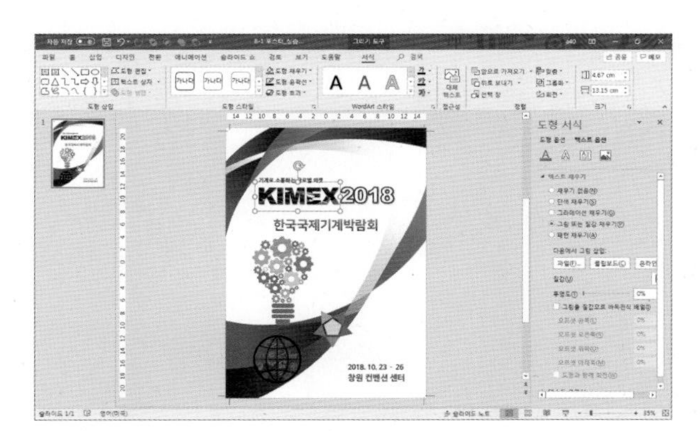

03 **[홈] 탭-[글꼴] 그룹**이나 **[서식] 탭-[WordArt 스타일] 그룹**을 이용해서 각 텍스트 개체를 보기 좋게 꾸밉니다. 특히 'KIMEX'는 **[서식] 탭-[WordArt 스타일] 그룹**에서 **[텍스트 채우기-그림]**을 선택해서 실습 파일에 있는 [텍스트 이미지.png]로 채웁니다.

04 각 이미지 개체도 보기 좋게 꾸미거나 배치합니다. 지구 이미지에서 선 그룹을 선택하고 마우스 오른쪽 버튼을 클릭한 후 **[도형 서식]**을 선택합니다. 도형 서식 패널에서 **[채우기 및 선] 탭**의 **[선] 항목**의 색을 **[흰색, 배경 1]**로 변경하고 투명도를 **[50%]**로 변경합니다.

지금까지는 단편적인 스킬 활용이었다면 마지막으로 실무에서 작업하는 과정을 살펴볼 차례입니다.
완성도 높은 슬라이드로 변화되는 과정을 보면서 여러분의 슬라이드를 어떻게 더욱 발전시킬 수 있을지 고민해 보기 바랍니다.
우선은 낱장 슬라이드 컨설팅 내용을 살펴본 후 성공적인 프레젠테이션으로 이끌기 위한 전략이 담긴 프로젝트 전반적인 내용까지 살펴봅니다.
끝으로 실제 프레젠테이션에서 주의할 점을 알아보겠습니다.
프레젠테이션 성격에 따라 준비 과정이 어떻게 달라지는지 눈여겨볼 필요가 있습니다.

CHAPTER

4

실무자를 위한 제안서 프레젠테이션 컨설팅

CHAPTER 4

088 일정이 포함된 텍스트 슬라이드의 효과적인 배치

제안서 프레젠테이션 디자인 실무 컨설팅

이번 사례는 정부기관의 향후 일정을 나타낸 슬라이드입니다. '19년도 시범과제와 신규사업 기획이라는 두 가지 분류 아래에 텍스트가 나열되어 있습니다. 텍스트 사이를 도형으로 구분할 수도 있을 것 같습니다. 어떻게 하면 좀 더 효과적으로 내용을 전달할 수 있을까요?

향후 일정

'19년도 시범과제

- 「Grand Challenge 발굴위원회」 출범('19.3)
- 전문가 및 대국민 대상 수요조사 착수('19.3~4)
- 난제 및 후보과제 도출('19.4)
- 후보과제 대국민 공청회 개최('19.5)
- 과제 공고 및 수행계획서 접수('19.6~7)
- 수행기관 선정('19.7)

신규사업 기획

- 예타사업 기획보고서 마련(~'19.4)
- 신규사업 대국민 공청회 개최 (과기부 공동)('19.4)
- R&D 예비타당성조사 기술성평가 신청('19.5)

≫ 텍스트만으로 작성한 슬라이드

- **기획 의견:** 일정을 나타내는 날짜가 내용 뒤에 괄호로 표시되어 있습니다. 일정을 기준으로 정렬한다면 시간의 순서에 따라 내용을 전달할 수 있습니다. 일단 날짜를 도형으로 구분해서 기준으로 삼고 다음과 같이 1차로 배치를 변경했습니다.

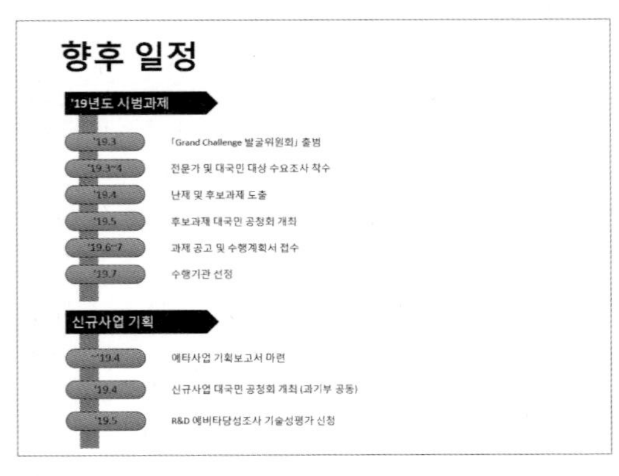

≫ 도형을 활용하여 시간에 따라 재배치한 슬라이드

위와 같이 배치한 후 시범과제와 신규사업 기획의 날짜를 다시 한번 확인해 보면 일정이 서로 겹치는 부분이 있습니다. 그러므로 일정을 가운데로 옮기고 다음과 같이 양쪽에 배치했더니 더욱 효과적으로 내용을 전달할 수 있게 되었습니다.

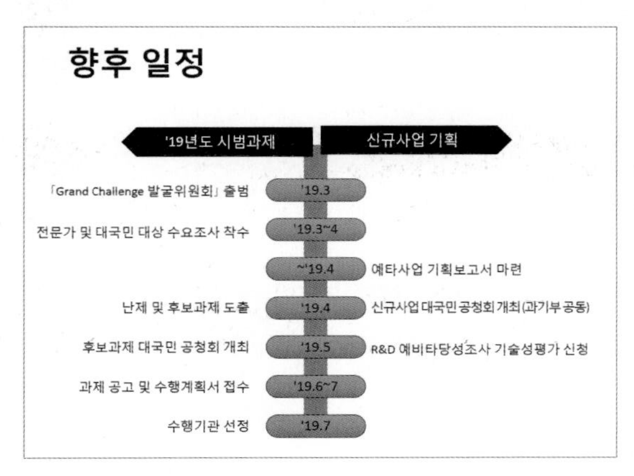

» 시간에 따라 두 분류를 비교할 수 있도록 재배치한 슬라이드

- **디자인 의견:** 시범과제와 신규사업 기획을 좌우 두 부분으로 구분했지만 두 내용의 차이를 크게 강조할 상황은 아니므로 유사색으로 표현했습니다. 오른쪽 신규사업 기획 부분은 텍스트 분량이 많지 않으므로 의미가 통하는 적절한 장식 이미지를 추가해서 디자인을 완성했습니다.

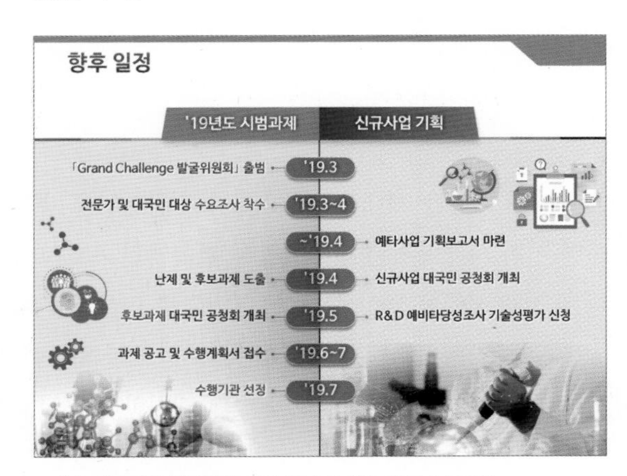

» 배경 이미지를 활용하여 여유 공간을 채운 완성 슬라이드

CHAPTER 4

089 텍스트 슬라이드의 레이아웃 구축

제안서 프레젠테이션 디자인 실무 컨설팅

아래 사례에서 왼쪽 슬라이드는 텍스트만으로 구성되어 있습니다. 단순하게 보이는 대로 두 개의 텍스트 수준으로 디자인한다면 아래에서 오른쪽과 같은 목록형 다이어그램 안에 텍스트를 구겨 넣는 과오를 범할 수도 있습니다.

우수창업자 지원 프로그램이란?

◆사업목표

• 초기창업기업의 안정적 성장기반 마련 및 제품양산, 보완, 판매에 대한 경험 자산 축적 기회 제공

◆ 우수창업자 후속지원 프로그램 운영

• 판로기획전 : 유통업체와 협업을 통한 창업기업 우수
• 제품 기획전 운영 :소비자와 전문가의 의견을 반영한 제품 개선지원
• 타겟마케팅 지원 : 주 소비자층과 제품을 고려한 최적의 마케팅 지원

≫ 원본 슬라이드

우수창업자 지원 프로그램이란?

사업목표

• 초기창업기업의 안정적 성장기반 마련 및 제품양산, 보완, 판매 경험 자산 축적 기회 제공

우수창업자 후속지원 프로그램 운영

• 판로기획전 : 유통업체와 협업을 통한 창업기업 우수
• 제품 기획전 운영 :소비자와 전문가의 의견을 반영한 제품 개선지원
• 타겟마케팅 지원 : 주 소비자층과 제품을 고려한 최적의 마케팅 지원

≫ 텍스트를 단순하게 시각화했을 때

- **기획 의견:** 각 슬라이드를 제작할 때는 전체 내용을 제대로 판독하고, 그 관계성을 생각하여 큰 그림을 그려야 합니다. 이를테면 이번 사례에서는 우수창업자 후속지원 프로그램의 세 가지 항목이 사업목표를 지향한다는 전체 상황을 봐야 합니다. 그러므로 화살표를 이용해서 사업목표와 후속지원 프로그램의 관계를 연결해 주는 것이 좋습니다. 또한 위상이 같은 세 가지 프로그램은 가로로 나열해서 보다 안정적이며 균형감 있게 배치한다면 전체적으로 한눈에 파악하기 쉬울 것입니다.

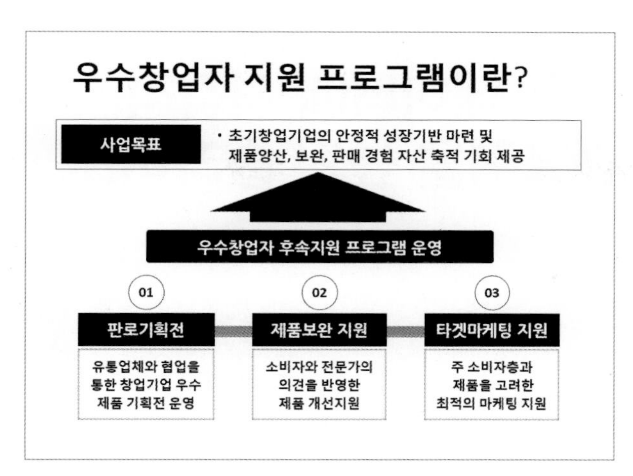

≫ 기획을 거친 후 슬라이드

- **디자인 의견:** 기본적인 시각화 기획을 마쳤다면 적절한 도형 아이템을 만들어 본격적인 디자인을 시작합니다. 사업 목표를 색으로 강조하고 곡선 형태의 화살표를 이용해서 비좁은 공간에서 효율적으로 배치했습니다. 또한 세 가지 프로그램의 각 핵심 키워드를 도형 안에 넣어 강조했습니다.

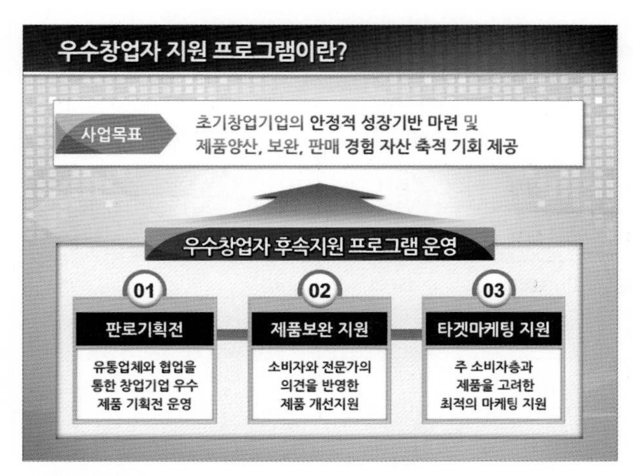

≫ 최종 완성 슬라이드

CHAPTER 4

090 수치 데이터에 시각적 전달력을 높인 슬라이드

제안서 프레젠테이션 디자인 실무 컨설팅

이번 사례는 각 기간/내용에 따라 정부와 민간이 지원하는 지원 금액의 차이를 나타내는 슬라이드입니다. 이러한 내용을 구분하기 위해 일단은 표로 정리했으나 기간이나 금액 같은 정보가 눈에 잘 들어오지 않습니다. 전체적으로 큰 그림을 그려 본다면 기간에 따라 기반기술개발→실용기술개발→상업화 연구→사업화 순서로 점차 발전되는 상황을 표현하는 것임을 알 수 있습니다.

추진체계

(**상업화 연구는 민간주도의 연구사업으로 추진**)

기간	내용	지원 금액	
		정부	민간
2000~2009	기반기술개발	31억	30억
2010~2014	실용기술개발	150억	150억
2015~2020	상업화 연구	100억	300억
2021	사업화		

≫ 단순한 표 슬라이드

▪ **기획 의견:** 표에서는 변화 양상을 표현하는 데 한계가 있습니다. 그러므로 기간별로 변화를 보여 줄 수 있도록 계단형으로 표현하는 것도 좋은 방법이라 생각됩니다. 그래서 중앙에 기간과 내용을 단계적으로 쌓아 놓고 왼쪽과 오른쪽에 각각 정부와 민간의 지원 금액을 나열하되 수치를 시각적으로 보여 주기 위해 막대 그래프처럼 표현했습니다.

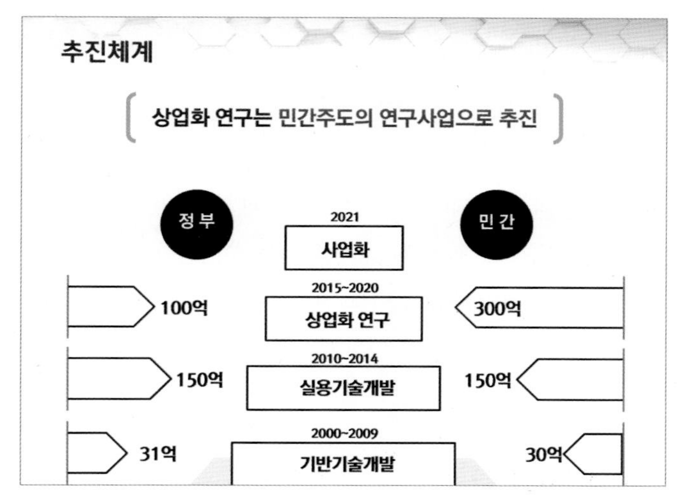

≫ 계단식으로 시각화한 슬라이드

▪ **디자인 의견:** 단계적으로 발전하여 최고점이 되는 부분을 조금 더 강조하기 위해 색상을 달리 표현하고, 막대 그래프에 돈 꾸러미 아이콘을 활용해서 더욱 구체적인 의미를 전달했습니다. 정부 쪽 내용은 파란색으로, 민간 쪽 내용은 유사색인 청록색으로 표현하여 구분했습니다.

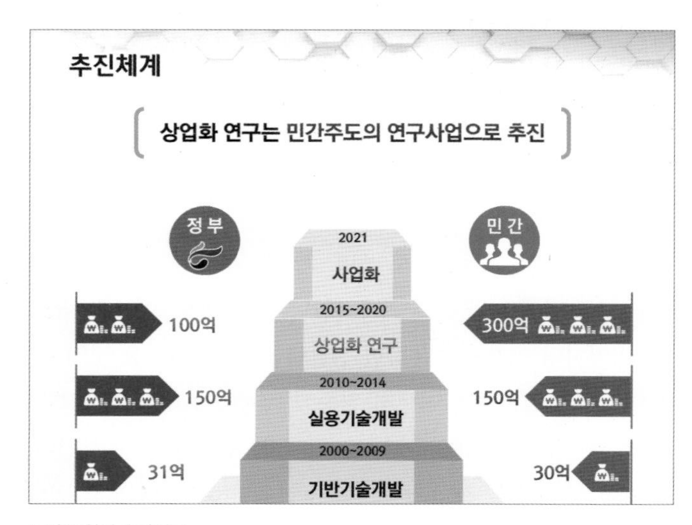

≫ 최종 완성 슬라이드

CHAPTER 4

091 엉성한 디자인을 정돈하여 균형감 있게 배치하기

제안서 프레젠테이션
디자인 실무 컨설팅

이번 슬라이드는 필요한 내용이 제법 잘 구성되어 있고, 다이어그램의 활용도 나쁘지는 않아 보입니다. 네 가지 분야별 건수들이 가운데로 모여 총 28개 사업을 추진한다는 메시지를 쉽게 파악할 수 있기 때문입니다. 그러나 각 개체의 배치가 다소 엉성하여 비어 보입니다. 또한 불필요하게 적용한 입체 효과로 인해 또렷하게 보여야 할 핵심 이미지들이 묻히는 경향이 있어 어수선합니다.

≫ 공간 활용이 미흡한 슬라이드

- **기획 의견:** 파워포인트의 다양한 기능은 효율적으로 쓰면 좋지만, 무차별적으로 사용한다면 오히려 독이 됩니다. 이번 사례의 입체 효과도 그중 하나입니다. 슬라이드에서 입체 효과를 없애고 평면으로 표현하고 이미지의 크기를 키운다면 전달력을 높일 수 있을 것입니다. 또한 이미지 옆으로 비좁게 배치한 텍스트들을 이미지 위쪽에 배치하여 텍스트의 크기도 키울 수 있습니다. 또한 각 건수는 원형으로 표현하여 강조합니다. 사업비 중 총 사업비는 따로 강조하고 총 사업비의 세부 내용들은 조금 작더라도 오밀조밀하게 보이도록 원형으로 정리해서 나열합니다. 이로써 더욱 정돈되고 균형감 있는 레이아웃을 만들 수 있습니다.

▪ **기획 의견:** 한국의 구미나 대덕의 점수가 다른 나라에 비해 상대적으로 낮다는 것을 시각적으로 극대화해서 표현했습니다. 0점부터 100점을 기준으로 하고 각 점수를 일렬로 나열한 후 도시와 매치했습니다. 이때 0점부터 52점 사이 구간을 제대로 표현하려면 불필요한 공간이 낭비되므로 점선으로 표현해서 공간을 생략했습니다.

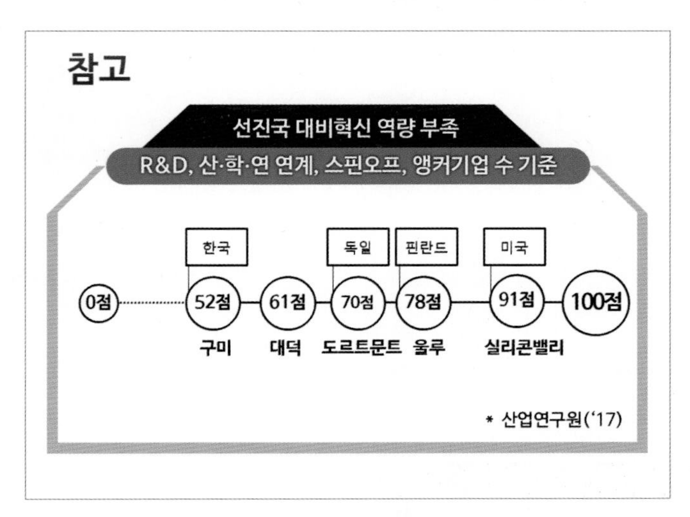

» 일직선으로 배치하여 점수의 차이와 우열을 명확하게 구분한 슬라이드

▪ **디자인 의견:** 중요도가 낮은 0점은 회색 톤으로 작게 표현하고 100점을 크게 파란색으로 표현했습니다. 그런 다음 100점에 가까울수록 파란색과 유사한 색으로 표현하여 높은 점수와 낮은 점수를 시각적으로 구분했습니다. 특히 강조할 한국의 두 도시는 빨간색으로 확실하게 강조했습니다. 국가 표시는 텍스트 대신 국기를 활용하여 완성했습니다.

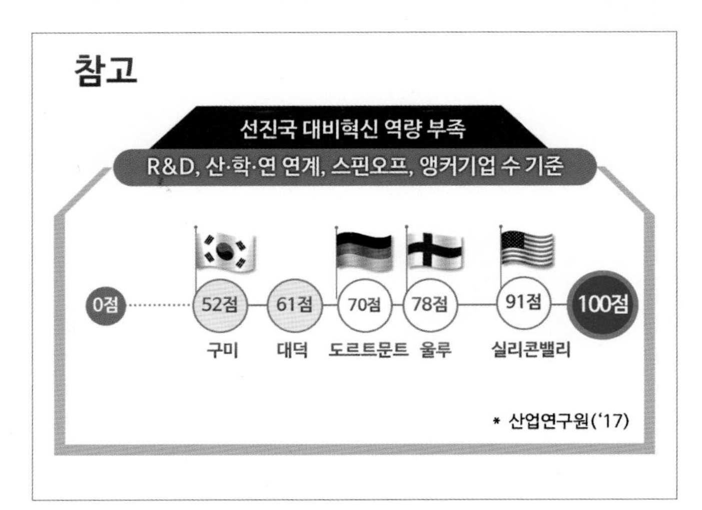

» 개체와 색으로 구분하고 강조한 슬라이드

CHAPTER 4

094 원형 차트를 이용한 시각화

제안서 프레젠테이션 디자인 실무 컨설팅

이번 사례는 생산, 수출, 고용 비중 및 금액을 수치로 나타내면서, 해당 결과까지 보여 주는 내용입니다. 일단 수치가 있으므로 차트의 사용을 고민해 볼 수 있고, 비중을 나타내므로 원형 차트를 떠올릴 수 있을 것입니다.

Ⅰ. 추진 배경

전국 산업단지 현황

전국 제조업 대비 산업단지 비중('16.12)

- 생산 비중 : 69%(985조원)
  → 산업발전 및 국가성장에 기여
- 수출 비중 : 74%(3,600억불)
  →지역경제활성화 거점
- 고용 비중 : 49%(199만명)
  →국토균형 발전에 기여

≫ 수치와 결과를 함께 보여 주는 내용

- **기획 의견:** 일차적으로 왼쪽과 같이 각 비중을 별도의 원형 차트로 시각화하고 텍스트를 배치했습니다. 텍스트가 많은데 차트 위아래로 배치하자니 공간 활용이 비효율적입니다. 그래서 원형 차트의 모양을 변형하고 수치 데이터를 차트 안에 넣었습니다.

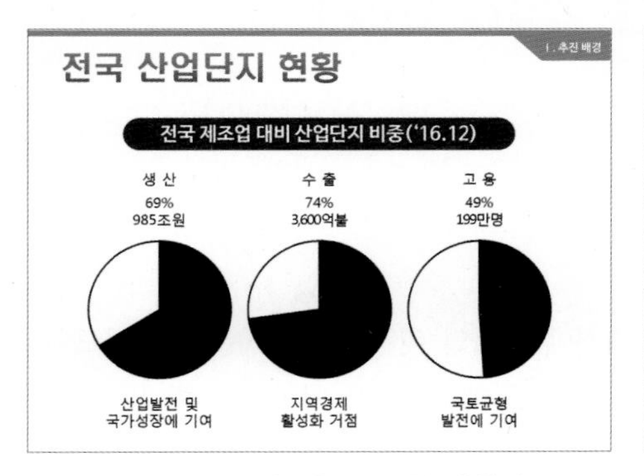

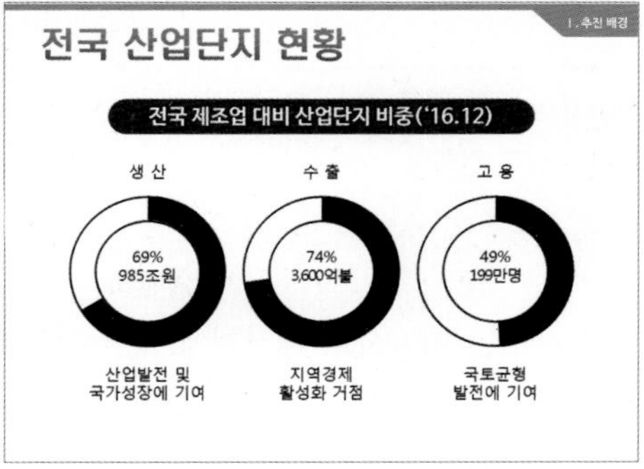

≫ 기본 원형 차트와 공간 활용을 위해 변형한 원형 차트

- **디자인 의견:** 세 개의 원형 차트를 같은 색으로 표현해도 되지만 서로 다른 항목이므로 유사색으로 각각 표현했습니다. 강조해야 할 수치 데이터는 색을 강조색으로 표현하고 크기도 최대한 키워서 한눈에 파악할 수 있도록 디자인했습니다.

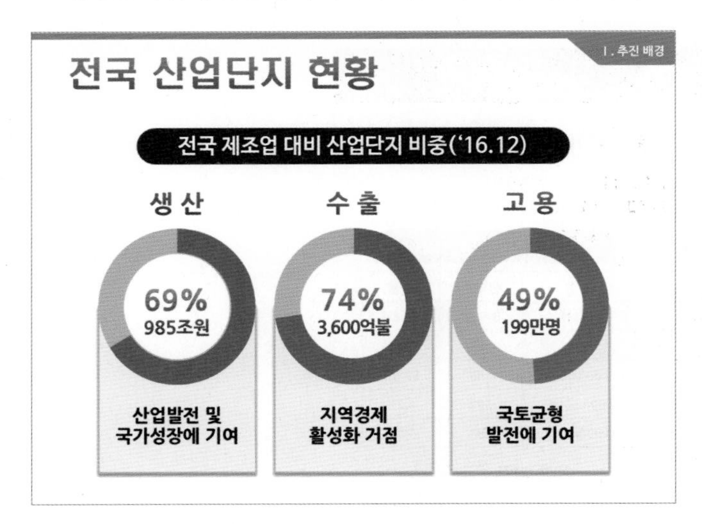

≫ 최종 완성 슬라이드

095 복잡한 내용을 차트로 정리하기

이번 사례는 해양사고 해결책에 대한 사업계획서에서 사업 배경을 소개하는 슬라이드입니다. 해양사고가 지속적으로 증가하고 있으며 그중 선박사고를 분석한 결과 중 · 대형 선박보다는 소형 선박에서 사고율이 높다고 분석한 내용입니다.

표로 정리한 상태에서도 색으로 강조하여 선박 종류(선종)는 어선/레저 선박이 85.4%를 차지하고, 20톤 미만의 선박이 72.4%를 차지하고 있음을 알 수 있습니다. 하지만 누차 언급했듯 명확한 내용 전달에는 시각화가 효과적입니다. 그러므로 표로 표현한 내용을 차트로 정리할 필요가 있습니다.

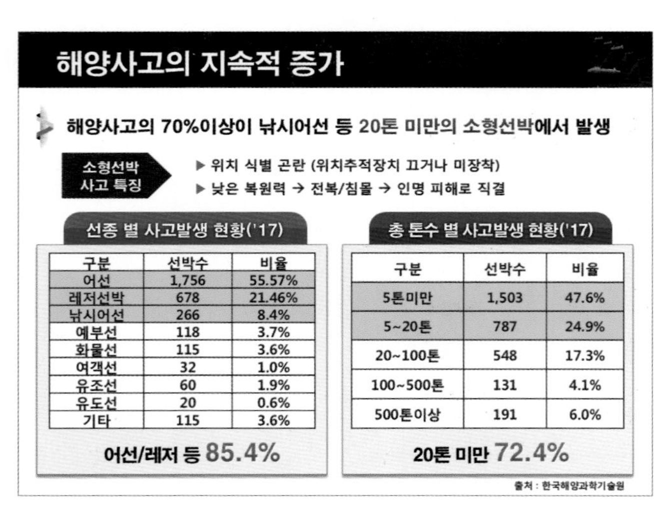

구분	선박수	비율
어선	1,756	55.57%
레저선박	678	21.46%
낚시어선	266	8.4%
예부선	118	3.7%
화물선	115	3.6%
여객선	32	1.0%
유조선	60	1.9%
유도선	20	0.6%
기타	115	3.6%

구분	선박수	비율
5톤미만	1,503	47.6%
5~20톤	787	24.9%
20~100톤	548	17.3%
100~500톤	131	4.1%
500톤이상	191	6.0%

≫ 표에서 색으로 주요 내용을 강조한 슬라이드

≫ 핵심 이미지를 원형으로 강조한 슬라이드

- **디자인 의견:** 이미지와 함께 배치할 텍스트는 화려함보다는 간결하면서 내용을 확실히 전달할 수 있도록 디자인해야 합니다. 이미지의 화려한 색감에 묻히지 않으려고 텍스트마저 화려하게 강조해 버린다면 오히려 역효과가 발생할 수 있습니다. 그러므로 제품 이름 정도만 제품과 같은 보라색으로 강조하고, 강조해야 하는 제품의 장점은 보라색 영역에 배치했습니다.

≫ 최종 완성 슬라이드

CHAPTER 4

098 대학교 사업계획서

유형별로 보는
프레젠테이션 실무

대학교 사업계획서에 해당하는 이번 제안서는 공공기관에서 공모한 사업(대학의 일자리센터 구축사업 운영 대학 선정 공모)에 한 대학이 응모하고자 워드 문서를 이용해 자료를 만들고 시각화 기획을 거쳐 최종 대면 심사를 위한 프레젠테이션 자료로 제작한 것입니다.

제안서 스토리 살펴보기

본 제안서는 프레젠테이션의 종류 중 사업계획서에 해당합니다. 그러므로 사업 운영에 대한 계획이 충분히 준비되어 있는지, 이 사업을 유치할 수 있는 충분한 역량이 되는지에 관한 내용이 가장 중요할 것입니다. 전체 내용의 스토리는 다음과 같습니다.

1	사업의 필요성	본 사업을 왜 이 대학교에서 해야 하는지 필요성을 명시
2	대학교 역량	본 사업을 주관하는 대학교의 현황 및 실적을 명시
3	추진전략, 사업 목표 및 비전	본 사업의 운영 방안 및 전략을 간단하게 제시하고 본 사업을 통해 이루고자 하는 목표를 설정하며 장기적 비전 제시
4	추진체계	사업에 필요한 조직을 제대로 갖추었거나 갖출 예정인지 제시
5	세부 사업 추진전략	사업에 필요한 세부 전략을 상세히 제시(가장 많은 양의 슬라이드 할당)
6	기대효과	사업을 통해 얻을 수 있는 유 · 무형의 기대효과 제시
7	향후 계획	향후 사업 운영에 대한 연도별 상세 계획 제시

제안서 스토리를 작성할 때는 프레젠테이션의 특성에 맞춰서 작성해야 합니다. 이번 제안서는 여러 대학교가 경쟁하는 비딩용 프레젠테이션 자료(여러 경쟁자가 발표해서 일부만 선택되는 방식의 프레젠테이션)이기 때문에 철저하게 주최측의 평가지표에 의거해서 작성하는 것이 중요합니다. 평가지표 안에는 채점될 항목들이 구성되고 항목마다 점수가 배정되어 있습니다. 심사관으로부터 좋은 점수를 받으려면 최우선 평가지표 중 누락된 내용이 없어야 합니다.

이 제안서도 평가지표를 바탕으로 필요한 내용을 구성했습니다. 그 분량만 해도 워드로 60쪽에 이르는데, 적지 않은 내용 중 프레젠테이션을 위한 핵심 내용을 간추려야 합니다.

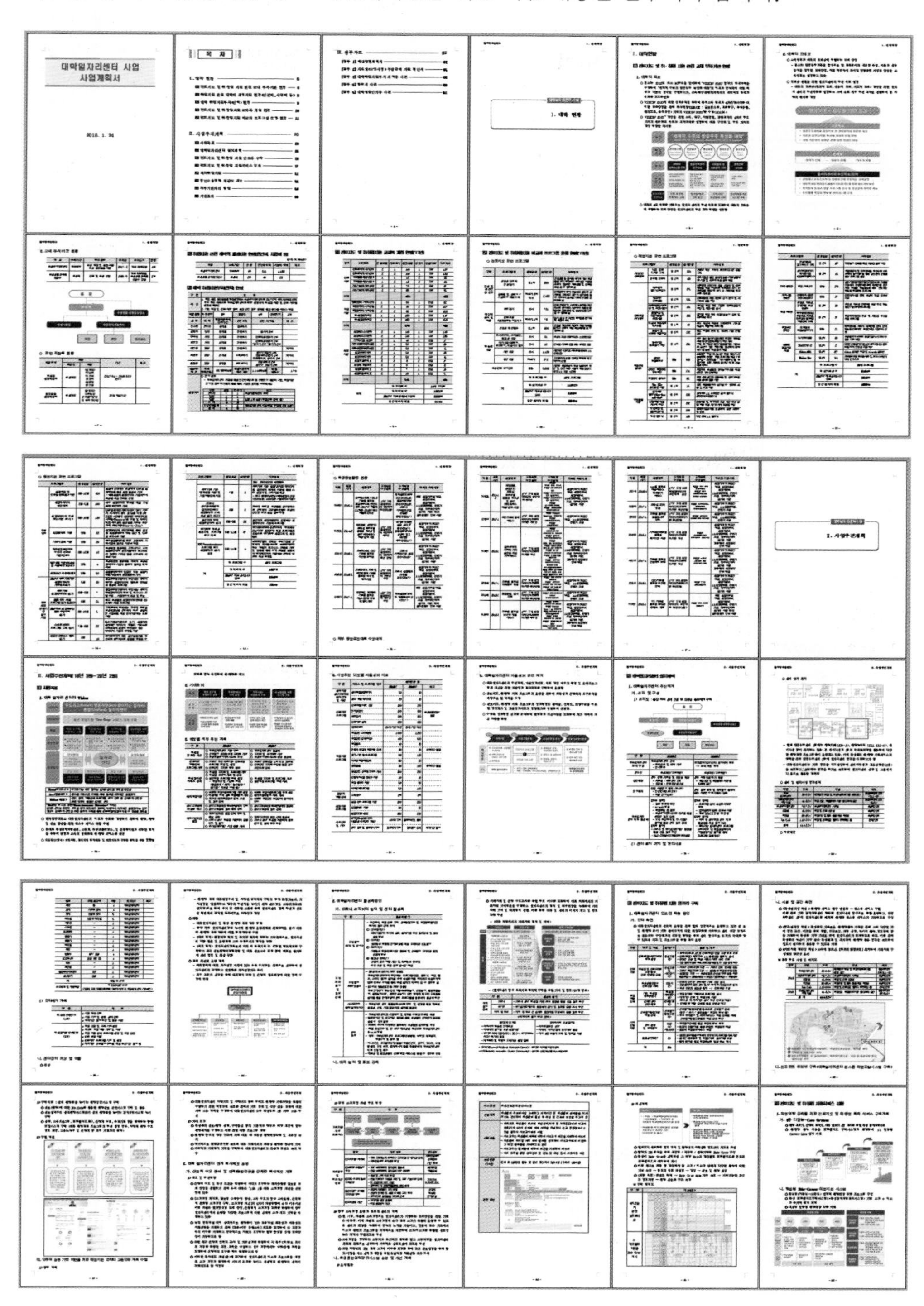

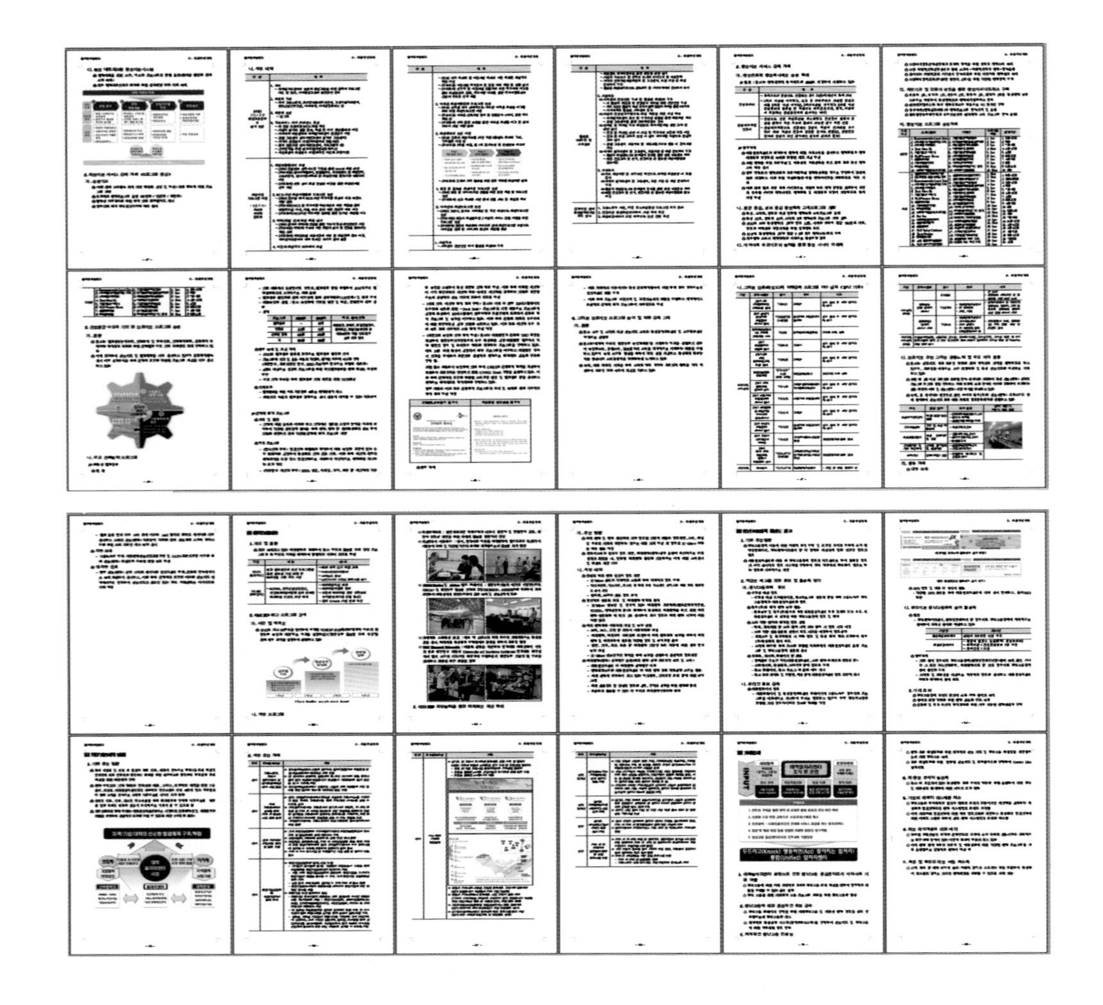

1차 시각화 및 레이아웃 기획 결과 살펴보기

대면 심사(심사관 앞에서 주어진 짧은 시간 안에 발표하고 질의 응답을 갖는 프레젠테이션)를 앞두고 60장에 이르는 빼곡한 워드 제안서를 프레젠테이션용 자료로 변환해야 합니다. 주어진 시간이 약 15분이므로, 슬라이드 분량을 넉넉하게 23장으로 계획했습니다.

이때 무작정 텍스트를 줄이는 것만이 정답은 아닙니다. 프레젠테이션용 자료지만 사전 검토 시 발표자가 없더라도 어느 정도 이해할 수 있는 정보는 필요하기 때문입니다. 즉, 전체 내용을 파악하는 데 꼭 필요한 정보를 보존하면서 텍스트를 간결하게 줄여야 합니다. 복잡한 내용은 가급적 시각화하고, 많은 개체가 빼곡히 채워지는 슬라이드는 최대한 균형 있고 간결해 보일 수 있도록 레이아웃 기획에 힘을 쏟아야 합니다. 그렇게 1차 정리가 끝난 슬라이드는 다음과 같습니다.

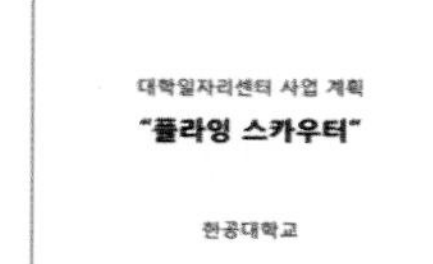

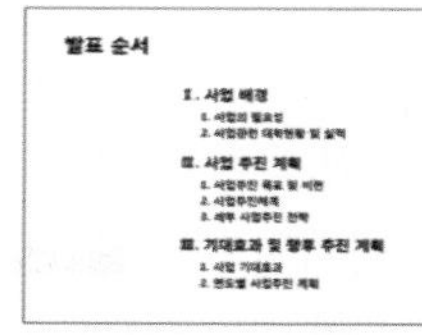

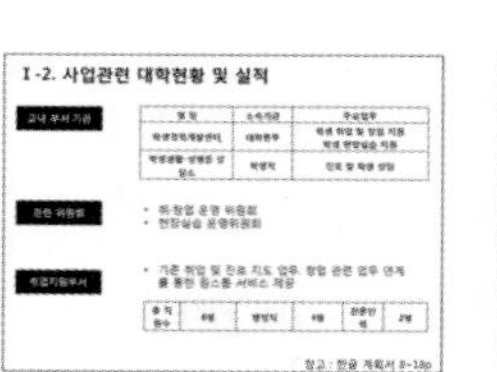

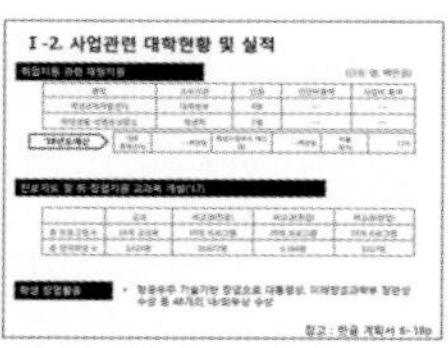

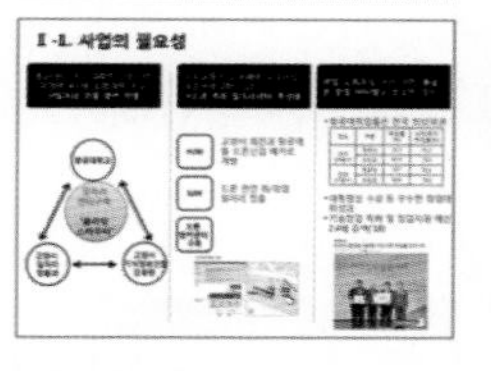

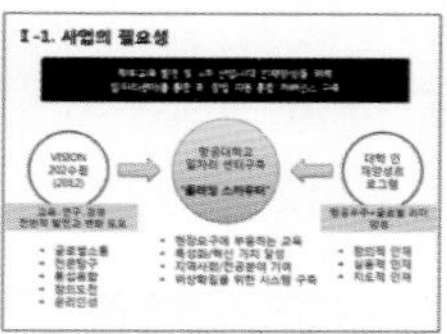

Ⅱ-1. 사업추진 목표 및 비전

Career Rocket X Hub

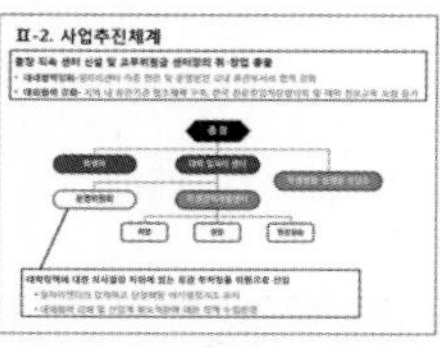

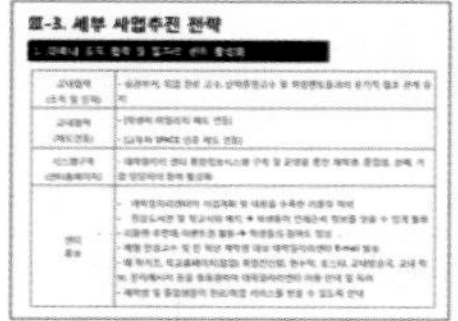

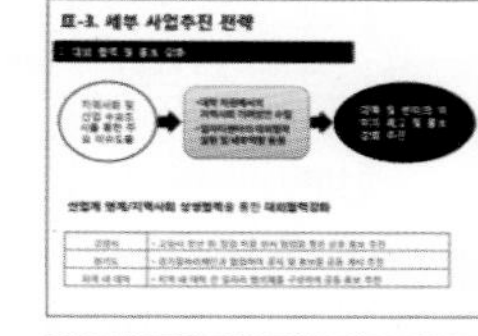

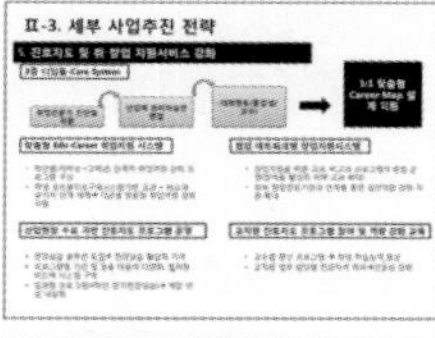

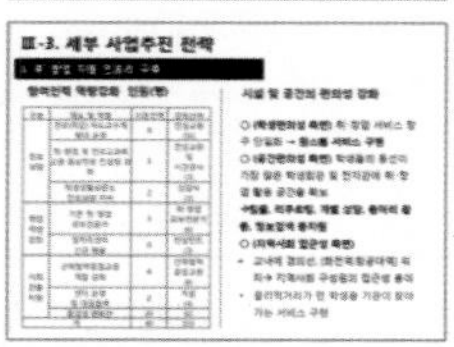

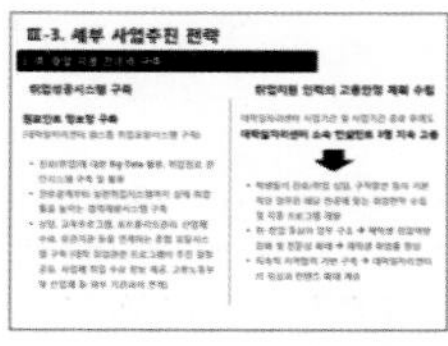

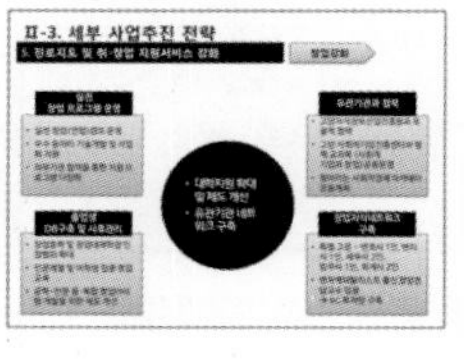

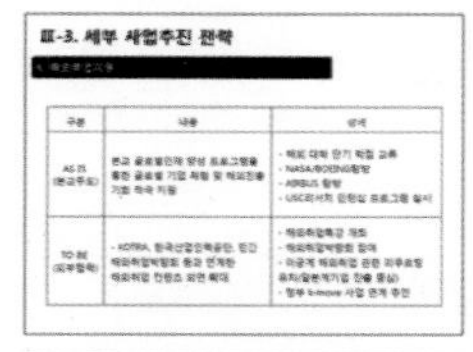

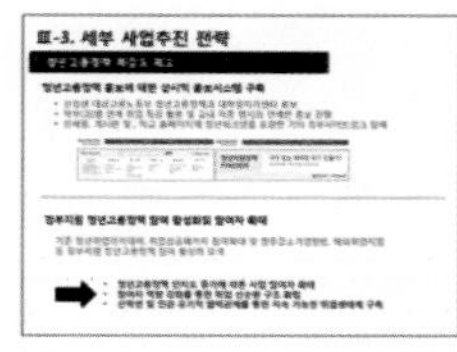

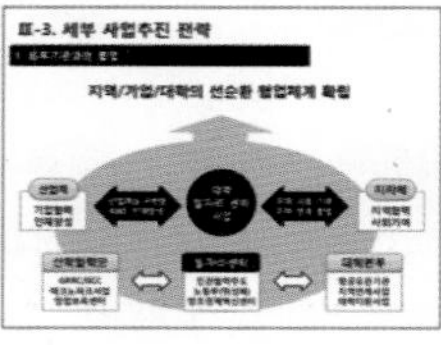

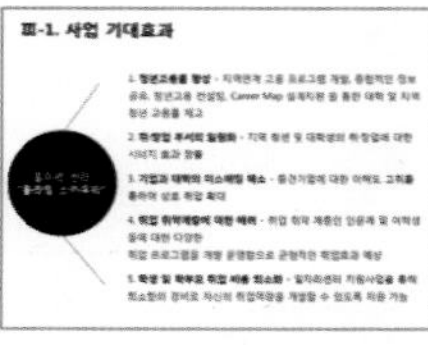

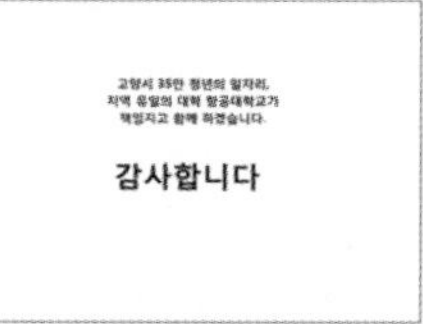

Ⅲ-2. 연도별 세부 추진 계획

Ⅱ-3. 세부 사업추진 전략

지역/기업/대학의 선순환 협업체계 확립

Ⅲ-1. 사업 기대효과

1. 청년고용률 향상 - 지역연계 고용 프로그램 개발, 종합적인 정보 공유, 청년고용 컨설팅, Career Map 설계지원 을 통한 대학 및 지역 청년 고용률 제고

2. [illegible]

3. 기업과 대학의 미스매칭 해소 - [illegible]

4. [illegible]

5. [illegible]

고양시 35만 청년의 일자리,
지역 유일의 대학 항공대학교가
책임지고 함께 하겠습니다.

감사합니다

디자인 기획을 반영한 결과 살펴보기

다음 이미지는 1차 기획을 바탕으로 색상을 입혀 완성한 슬라이드 디자인입니다. 제목 '플라잉 스카우터'는 항공대학의 사업 이름입니다. 그래서 항공기와 관련된 하늘을 연상시키는 파란색을 배경으로 사용했습니다. 배경색인 파란색이 강한 편이기 때문에 개체는 같은 파란색 대신 초록색을 기본으로 사용했습니다. 색에 변화를 주어야 할 때에는 초록색 – 청록색 – 파란색으로 이어지는 유사색을 써서 전체 슬라이드의 통일성을 유지했습니다.

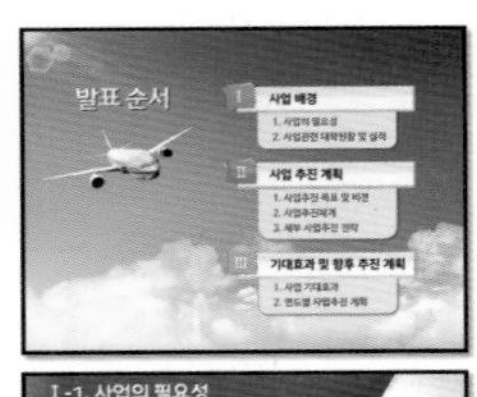

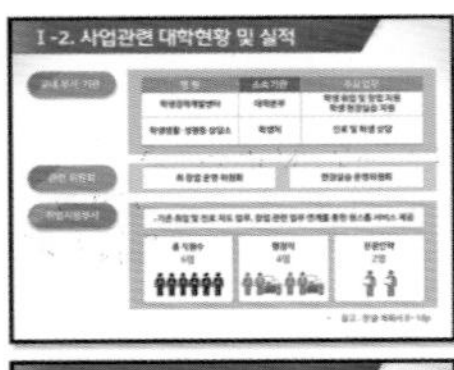

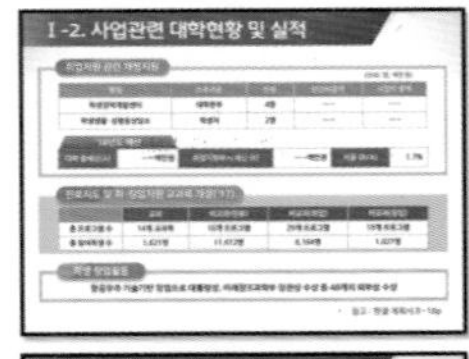

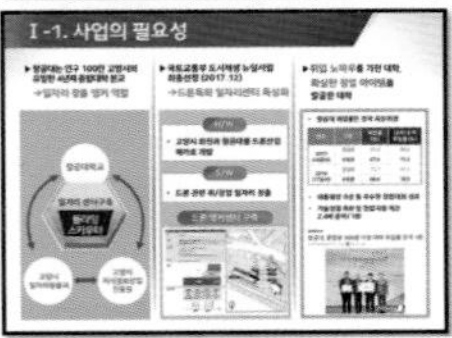

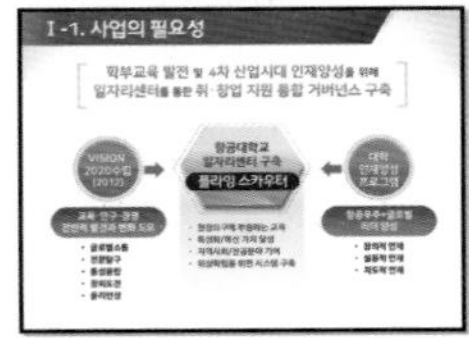

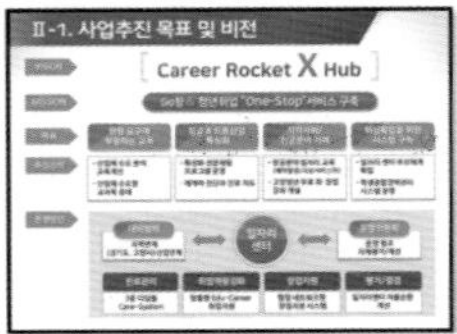

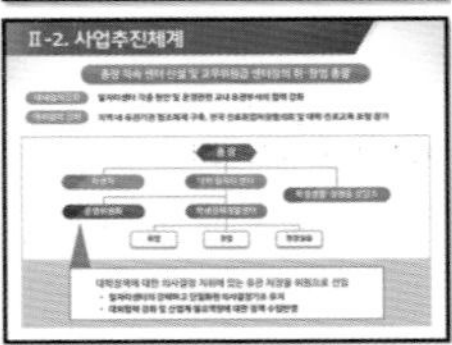

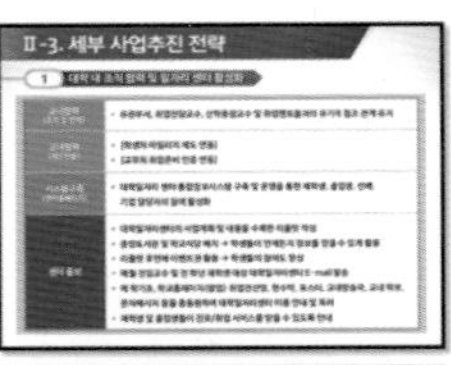

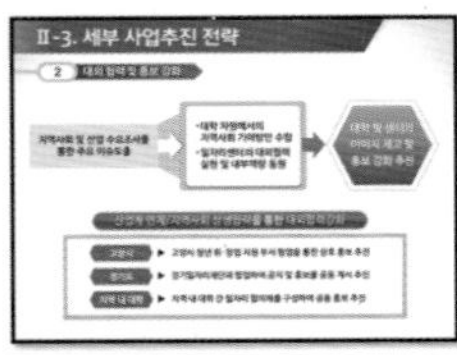

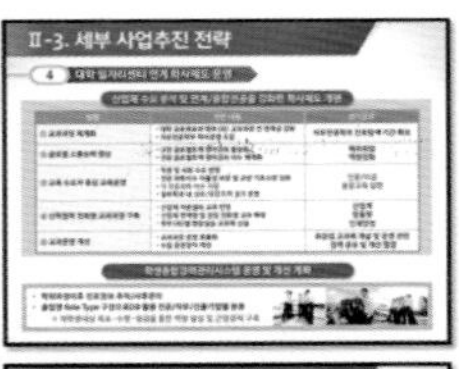

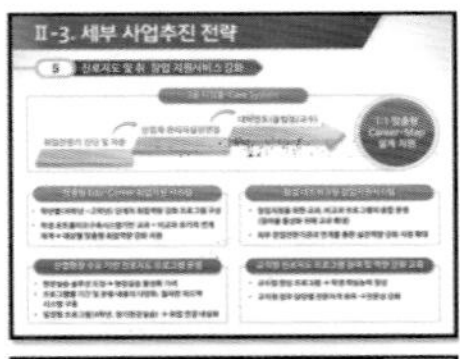

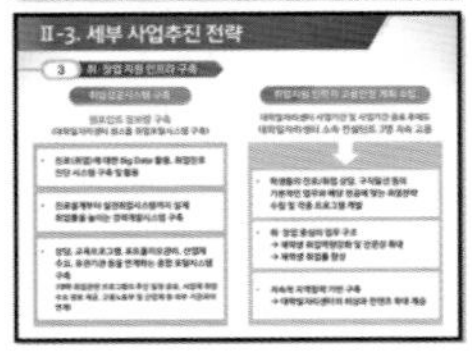

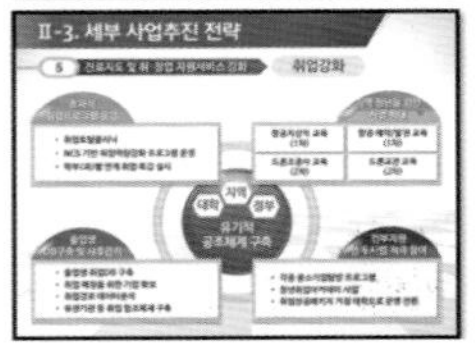

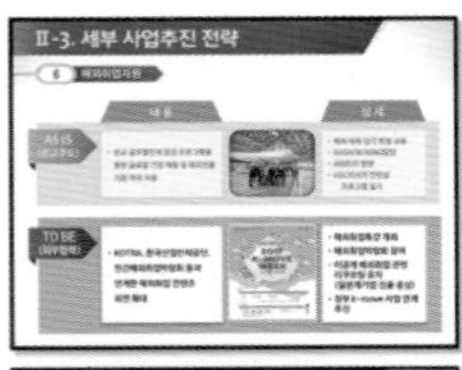

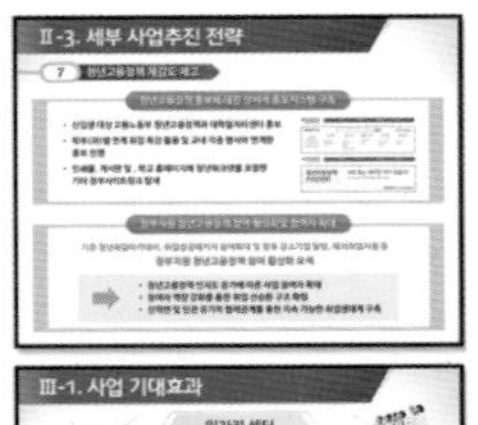

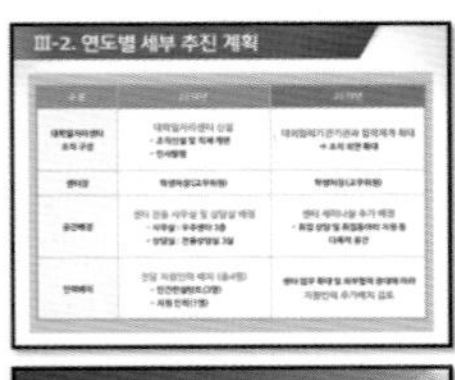

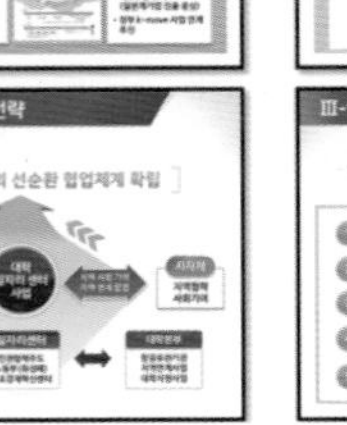

CHAPTER 4

099 행사 연설 프레젠테이션

유형별로 보는
프레젠테이션 실무

이번 사례는 회사의 성공 스토리를 담은 프레젠테이션입니다. 이 프레젠테이션은 매년 킨텍스에서 개최하는 글로벌소재부품산업대전에서 우수 중소기업의 성공 사례로 진행한 프레젠테이션으로, 일반적인 기업소개서(IR)와는 조금 다른 스토리를 가집니다.

이 프레젠테이션은 일반적인 IR에서 필수로 다루는 추진체계, 사업세부영역, 제품 세부 소개 등 세부 정보는 축소하고 성공 스토리의 원인과 결과에 초점을 맞췄습니다. 물론 이 기업을 모르는 청중들을 위해 이 기업에 대한 최소한의 정보도 필요합니다.

이 프레젠테이션의 성격은 투자 유치나 제품 홍보가 아니며, 기업 성장의 원동력이 되었던 R&D의 역할과 R&D를 가능하게 한 정부지원을 효과적으로 활용해서 성공한 기업 사례를 나타냅니다. 이러한 행사 · 연설 · 강연 프레젠테이션은 사업계획서와는 달리 별도로 워드 문서를 마련할 필요가 없습니다. 대신 프레젠테이션 스크립트를 만들어 주어진 시간에 맞춰 유연하게 다듬는 과정이 필요합니다.

프레젠테이션 스크립트 준비하기

주어진 시간 5~7분에 맞춰 스크립트는 워드 문서 기준 10pt 2쪽 분량으로 준비했습니다. 이 스크립트 내용에 따라 12장의 슬라이드가 만들어집니다.

#1. 꿈과 열정으로 소재를 창조하는 전자재료 전문기업: 안녕하십니까? 주식회사 00전자기업 홍길동 대표이사입니다. 저희 기업을 대표해서 이렇게 대통령님 앞에서 발표하게 되어 매우 기쁘게 생각합니다.

#2. 디스플레이, 에너지 강국의 숨은 강소기업: 발표에 앞서, 우리나라에 아주 흔치 않은 소재 전문기업을 소개해 드리겠습니다. 이 회사는 PDP 핵심 원료인 MgO 나노 소재에서 세계 1위, 형광체 소재에서 세계 2위의 점유율을 차지하고 있습니다. 또 태양전지 분야에서도 글로

벌 소재 업체들과 대등하게 경쟁하고 있어 6위에 올라 있습니다. 이 회사는 다름 아니라 저희 00전자기업입니다. 지금부터 저희 회사의 성공 스토리를 말씀해 드리겠습니다.

#3. 창립 이래 30년간 소재 한 우물만!: 저희 회사는 1981년 창립 이래 30년간 전자소재 한 우물을 파고 있으며, 설립 당시 전량 수입에 의존하던 전자 부품에 들어가는 소재를 국내 최초로 양산, 공급하면서 사업을 착수하게 되었습니다. 현재는 중견기업으로서 한국 산업의 허리 역할을 담당하고 있습니다.

#4. 끊임없는 R&D는 회사의 생명: 저희는 규모가 큰 회사가 아닙니다. 하지만 뛰어난 기술력과 연구 인력을 갖춘 R&D 기반 회사로서, 분주하게 돌아가는 공장보다는 조용히 운용되는 거대한 연구소를 연상케 합니다. 전체 임직원의 약 40%가 연구개발 인력이며, 매출액의 약 10% 이상을 R&D에 투자하고 있습니다. 그 결실로 국내외 특허 등록 80건, 출원 31건을 보유하고 있습니다.

#5. 회사 성장 과정 – 도입기: 저희 회사 성장 과정을 말씀드리겠습니다. 'MADE IN KOREA' 전자 부품이 거의 없던 80년대, 백색가전/수동 칩 부품용 도료를 국산화했고, 전량 수입에 의존하던 실버페이스트를 국내 최초로 양산에 성공했습니다. 저희 회사의 성장과 함께 'MADE IN KOREA' 전자 부품 양산이 본격화되기 시작한 것입니다.

#6. 회사 성장 과정 – 성장기: 2000년대 초 PDP 시장이 전개되면서 그동안 개발하고 있던 glass 신소재를 출시하게 되었고, 기술력을 인정받아 대한민국 10대 신기술로 선정되었습니다. glass 제품과 칩 부품용 전극페이스트 매출의 증가로 저희 회사가 급성장하게 되었습니다.

#7. 회사 성장 과정 – 시련기: 2000년대 후반 PDP 시장이 악화되면서 소재 가격이 연간 40% 가깝게 인하되었고, 후발 경쟁 업체들의 출연 및 경쟁 심화로 부진을 벗어나지 못했습니다. 자연스럽게 영업이익은 급감했습니다. 설상가상으로 미국발 금융위기까지 겹치면서 금융기관의 대출 회수 움직임이 나타나기 시작했고, 기업을 이끌어가던 직원들도 하나둘 이탈했습니다. 여기까지가 우리 기업의 마지막인가라는 생각이 들기도 했습니다.

#8. 회사 성장 과정 – 극복기: 시련을 극복하기 위해서는 기본으로 돌아가야 했습니다. 'R&D만이 살길이다'라는 절박한 심정으로 개발에 집중했고, 때마침 정부의 중소기업, 소재산업 육성 정책에 힘입어 원천 소재 개발의 결실을 맺게 되었습니다. 시장이 침체된 상황에서도 R&D에 집중하여 제품화에 성공했던 것은 인재와 기술을 중시하는 회사의 정신과 소재 개발 한 우물만을 판 열정이 있었기에 가능했다고 생각합니다.

#9. 회사 성장 과정 – 재도약기: 어려운 시기에도 지난 30여년간 축적된 기술을 바탕으로 나노 소재와 태양전지용 전극 소재, 형광체의 양산에 성공하면서 2010년부터 다시 회사가 급성장하게 되었습니다. 이러한 소재들을 개발하는 과정에서 획기적인 제조 기술과 원천 소재 설계 기술을 확보하여 미래의 소재 개발 기술을 선점해 나가고 있습니다.

#10. 성공 스토리: 저희 회사가 어려운 경제 여건에서도 급성장하게 된 것은 바로 도전 정신과 미래를 보는 안목 때문입니다. 단기적인 성과를 바라기보다는 장기적인 관점에서 R&D에 과감히 투자해 끊임없이 새로운 소재를 개발했습니다. 시장의 흐름이 바뀔 때마다 미리 개발해 놓은 소재로 시장을 선점할 수 있었습니다. 남들이 위험하다고 생각했던 과감한 R&D 투자가 우리 회사를 성장시킨 밑거름이었던 것입니다. 앞으로도 미래를 위한 투자를 멈추지 않을 것입니다.

#11. 작지만 강한 대한민국 대표 소재 기업을 꿈꾸며: 현재의 성공에 안주하지 않고 끊임없이 소재를 개발하고 경쟁력을 강화해서 현재 한 개뿐인 세계 1위 제품들을 지속적으로 늘려·나가는 것이 저희의 '꿈'입니다.

#12. 마무리: 전자 산업의 빛이 되겠습니다. 지켜봐 주십시오. 지금까지 경청해 주셔서 감사드리며, 다시 한번 이 자리를 마련해 주신 정부기관 여러분들과 대통령님께 감사 말씀드립니다.

스크립트를 기반으로 시각화하기

다음은 스크립트를 시각화 기획하여 제작한 슬라이드 12장입니다. 되도록 텍스트를 줄이고 시각화했으며, 주목도를 높일 수 있도록 적절한 애니메이션도 추가했습니다.

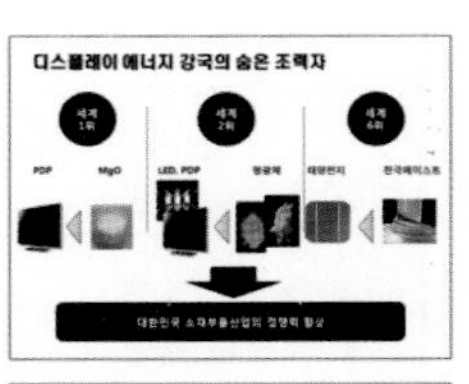

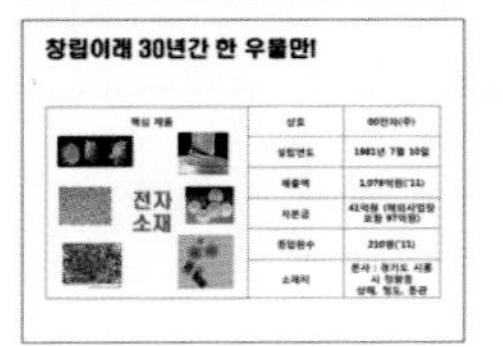

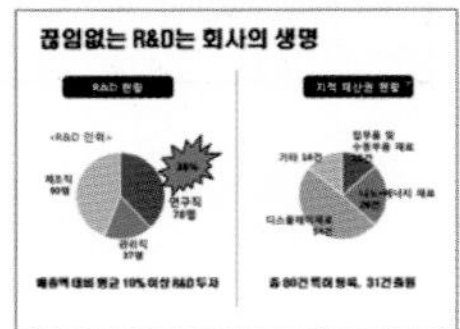

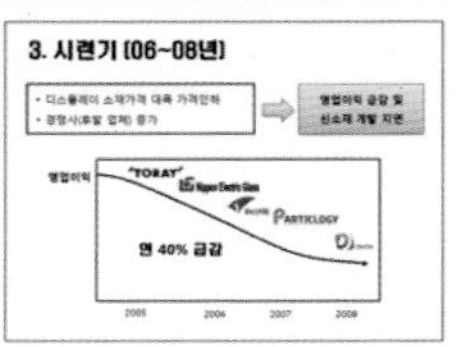

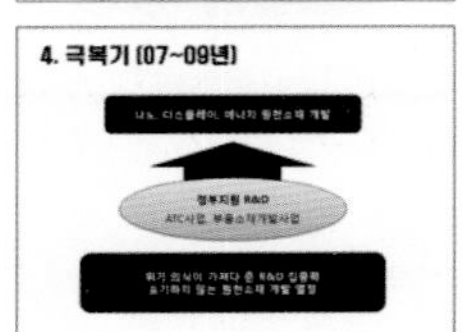

다음은 1차 시각화가 끝난 후 디자인 기획을 거쳐 최종 완성한 슬라이드입니다. 회색 톤 배경을 사용하면서 콘텐츠는 과감하게 파스텔 톤으로 녹색과 붉은색 계열을 사용하여 비교적 자유롭게 색상을 활용했습니다.

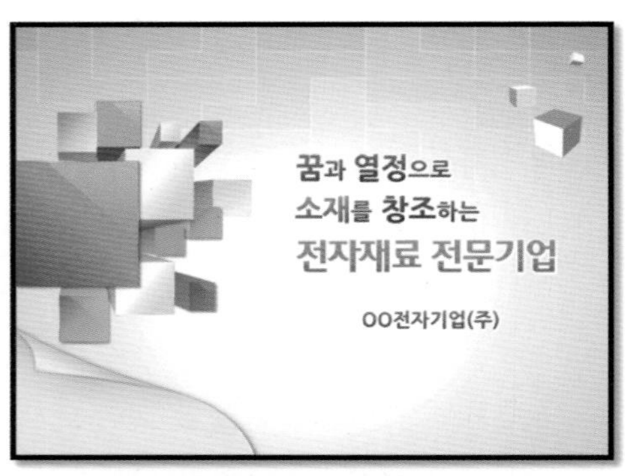

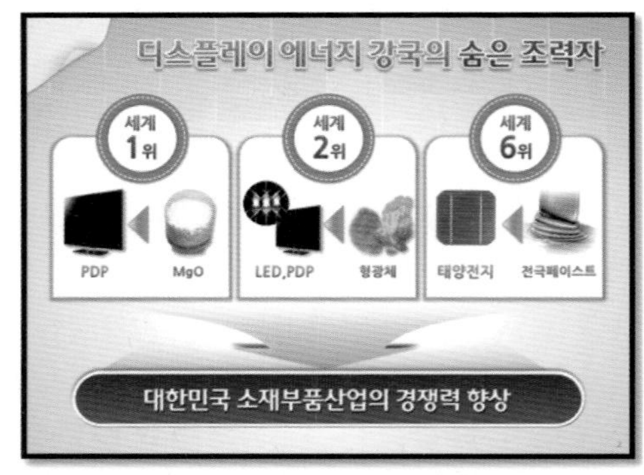

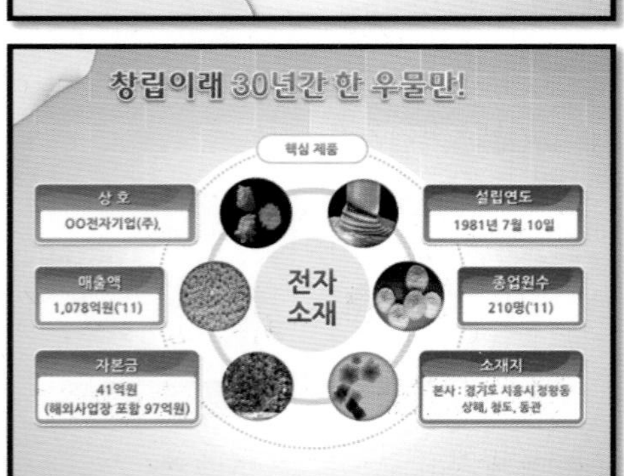

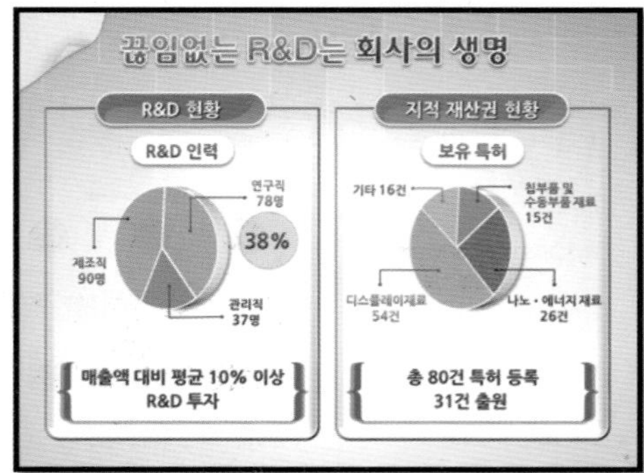

1. 도입기 (80~90년대)
고분자 절연도료 국산화
Silver Paste 국내 최초 양산
• 전량 수입에 의존하던 소재 개발에 성공
• 중국 상해법인 설립 ➡ 글로벌 소재 전문기업 기반 확보

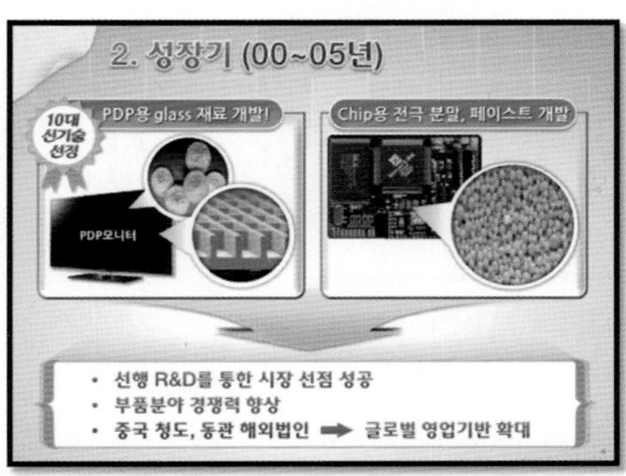
2. 성장기 (00~05년)
10대 신기술 선정
PDP용 glass 재료 개발!
Chip용 전극 분말, 페이스트 개발
PDP모니터
• 선행 R&D를 통한 시장 선점 성공
• 부품분야 경쟁력 향상
• 중국 청도, 동관 해외법인 ➡ 글로벌 영업기반 확대

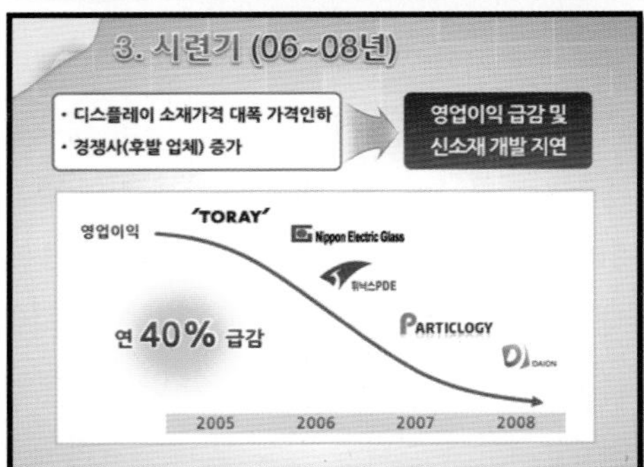
3. 시련기 (06~08년)
• 디스플레이 소재가격 대폭 가격인하
• 경쟁사(후발 업체) 증가
영업이익 급감 및
신소재 개발 지연
영업이익
TORAY
Nippon Electric Glass
PARTICLOGY
연 40% 급감
2005
2006
2007
2008

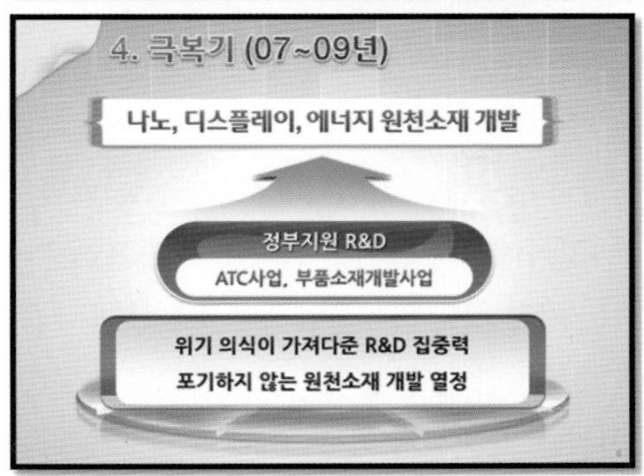
4. 극복기 (07~09년)
나노, 디스플레이, 에너지 원천소재 개발
정부지원 R&D
ATC사업, 부품소재개발사업
위기 의식이 가져다준 R&D 집중력
포기하지 않는 원천소재 개발 열정

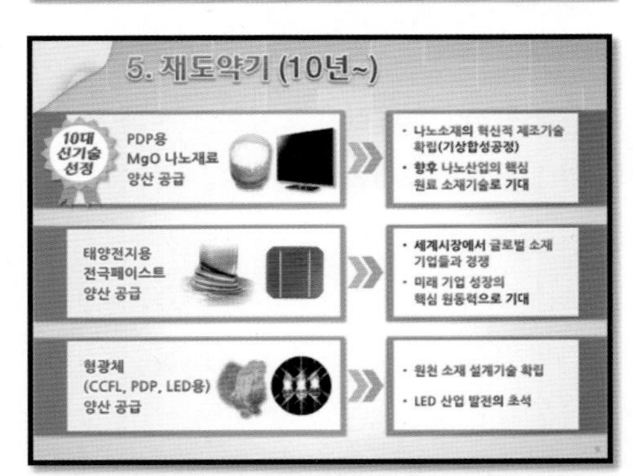
5. 재도약기 (10년~)
10대 신기술 선정
PDP용
MgO 나노재료
양산 공급
• 나노소재의 혁신적 제조기술 확립(기상합성공정)
• 향후 나노산업의 핵심 원료 소재기술로 기대
태양전지용
전극페이스트
양산 공급
• 세계시장에서 글로벌 소재 기업들과 경쟁
• 미래 기업 성장의 핵심 원동력으로 기대
형광체
(CCFL, PDP, LED용)
양산 공급
• 원천 소재 설계기술 확립
• LED 산업 발전의 초석

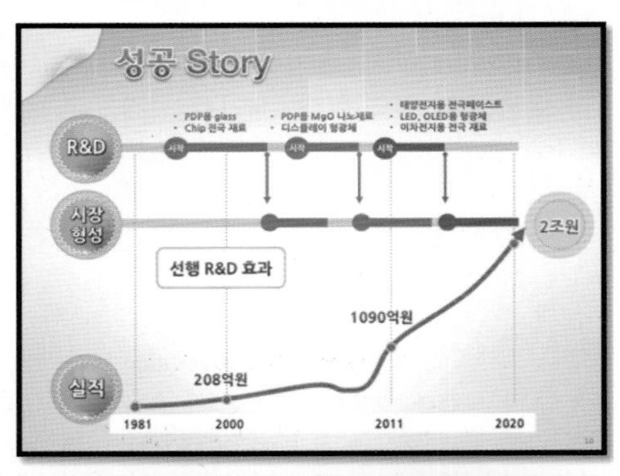
성공 Story
R&D
시장 형성
2조원
선행 R&D 효과
1090억원
208억원
실적
1981
2000
2011
2020

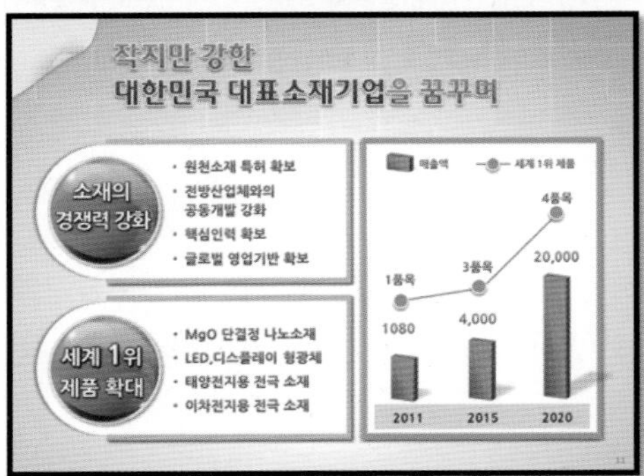
작지만 강한
대한민국 대표소재기업을 꿈꾸며
소재의 경쟁력 강화
• 원천소재 특허 확보
• 전방산업체와의 공동개발 강화
• 핵심인력 확보
• 글로벌 영업기반 확보
세계 1위 제품 확대
• MgO 단결정 나노소재
• LED,디스플레이 형광체
• 태양전지용 전극 소재
• 이차전지용 전극 소재
매출액
세계 1위 제품
1품목
3품목
4품목
1080
4,000
20,000
2011
2015
2020

전자산업의 빛이 되겠습니다.
감사합니다
OO전자기업(주)

CHAPTER 4

100 기업소개서

유형별로 보는
프레젠테이션 실무

기업소개서는 특정 고객 혹은 불특정 다수의 잠정 고객에게 기업의 정보를 담아 소개하는 형태의 제안서입니다. 제안서에서 가장 기본이 되는 내용은 해당 기업에서 진행하는 업의 형태를 정확히 설명하는 것입니다. 또한 이 기업만의 특징과 우수성을 적극적으로 소개하는 것이 중요합니다. 여기서 살펴볼 사례는 '네오프레젠테이션'이라는 프레젠테이션 제작 전문 회사를 소개하는 기업소개서입니다. 제안서를 통해 네오프레젠테이션의 업무 영역 및 특징, 고객이 신뢰할 만한 탁월한 업무 능력을 소개함으로써 동종 업체와의 경쟁에서 우위를 차지할 수 있음을 보여줍니다. 또한 다수의 포트폴리오를 나열하여 고객이 이 회사의 실력을 직접 보고 검증하도록 했습니다.

- **슬로건 및 업의 형태:** 제안서 시작으로 네오프레젠테이션의 슬로건이 포함된 표지를 제작했습니다. 이어서 네오프레젠테이션이 하는 업의 형태를 간단하게 설명합니다.

- **업무 주요 특징 소개:** 프레젠테이션 제작에서 가장 중요한 전달력을 강화할 수 있도록 기획 과정을 충실히 이행하고 있음을 보여 주는 내용 및 예시를 담아 고객에게 신뢰감을 전달합니다.

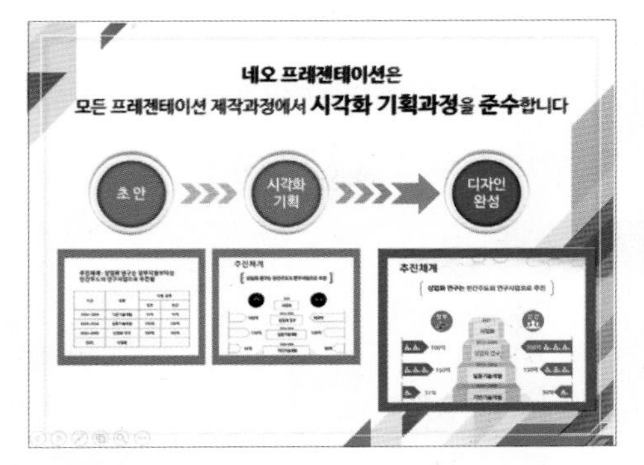

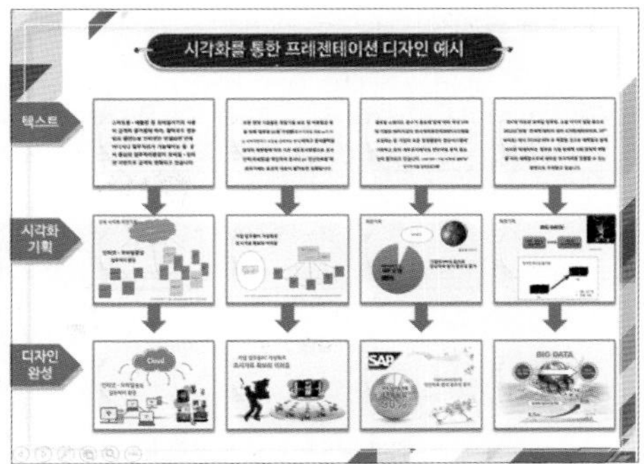

- **업무 능력 소개:** 네오프레젠테이션을 선택해야 하는 이유 즉, 동종 업체에 대한 비교 우위를 제시합니다. 프레젠테이션 제작은 늘 시간에 쫓기는 작업이므로 숙련된 제작 경험이나 고객의 의견을 정확히 이해할 수 있는 소통 능력, 고품질의 결과물을 빠르게 제작하는 능력 등을 적극적으로 소개했습니다. 또한 제안서뿐 아니라 영상, 프레지, 인쇄 등의 다양한 제작 영역 및 프레젠테이션 관련 강의 영역을 소개하여 기업의 전체 현황을 상세히 설명합니다.

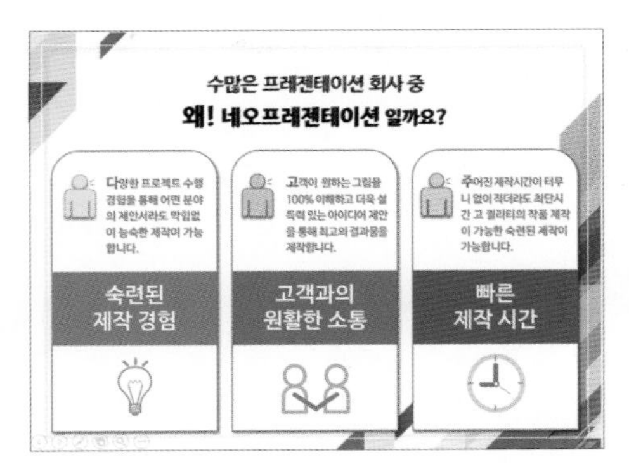

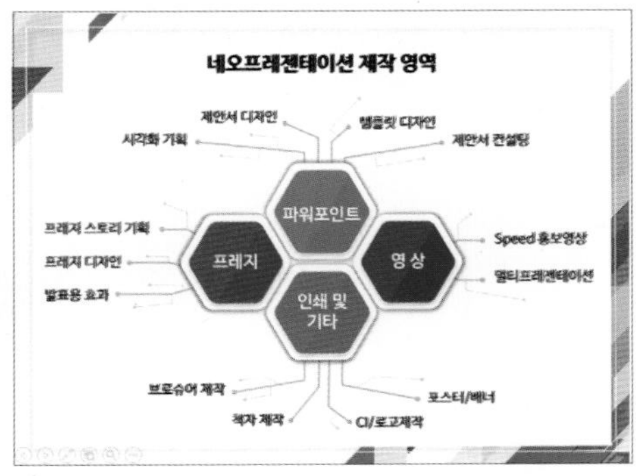

- **포트폴리오:** 네오프레젠테이션의 실제 작업 결과물인 포트폴리오는 제안서를 보는 고객이 가장 관심을 가질 내용입니다. 고객이 기업이라면 기업형 제안서 위주로 포트폴리오를 구성하고, 관공서라면 정부사업계획서 등을 선별해서 융통성 있게 구성합니다.

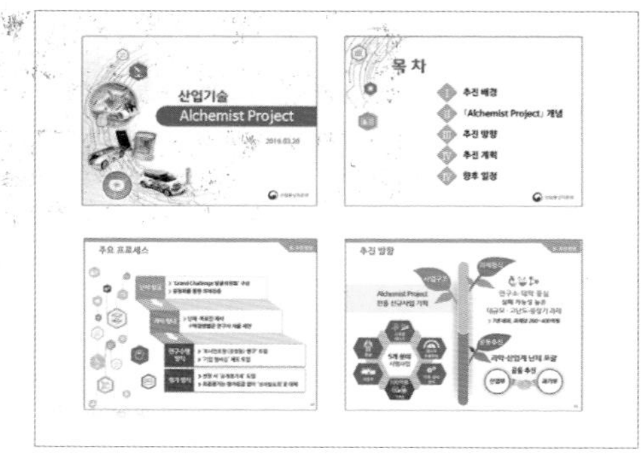

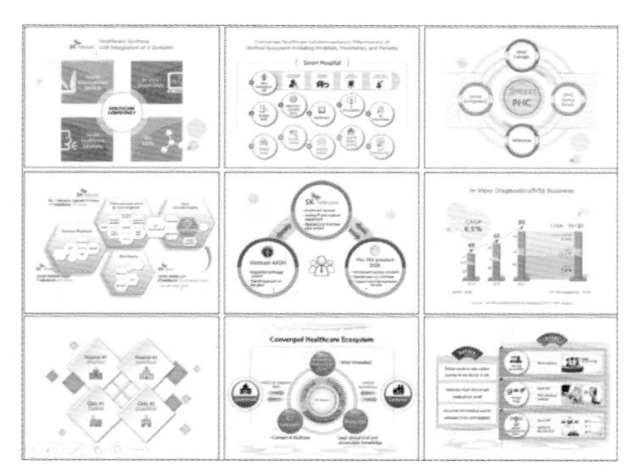

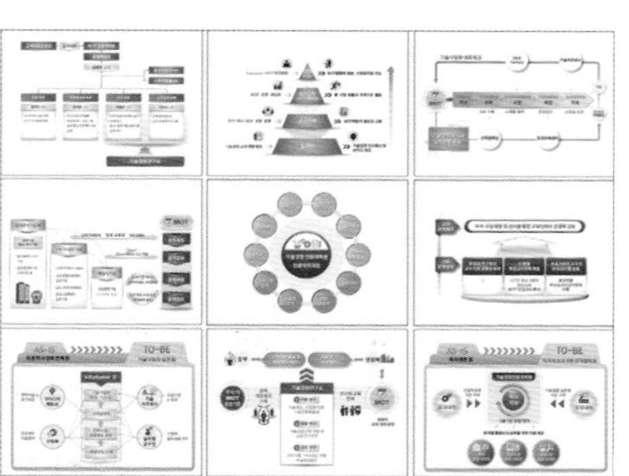

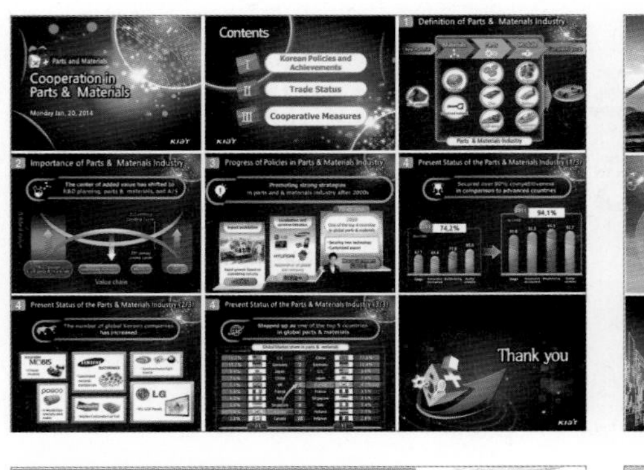

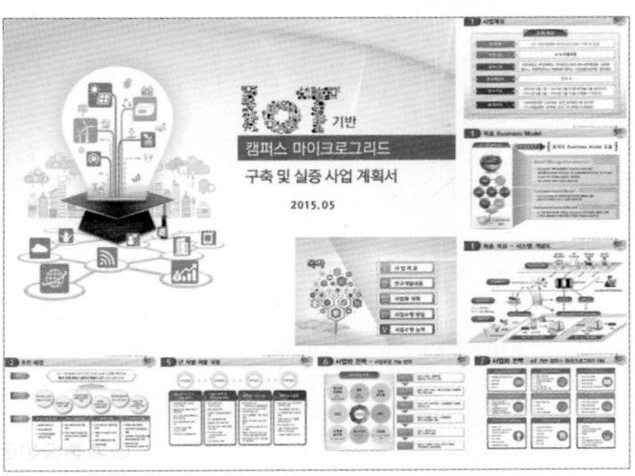

- **연락처:** 끝으로 고객이 문의 및 의뢰할 수 있도록 상시 연락되는 홈페이지, 연락처 등의 정보를 수록합니다.

CHAPTER 4

101 성공적인 프레젠테이션 준비하기

프레젠터를 위한 실전 가이드

실제 프레젠테이션 시간은 약 5분에서 10분 정도입니다. 비교적 짧은 시간이기에 간혹 프레젠테이션 준비를 충분히 하지 못하는 경우가 있습니다. 제안서와 같은 자료 준비에 모든 공력을 쏟아 붓고 정작 자료를 준비한 진짜 목적인 프레젠테이션 준비를 소홀히 하는 아이러니한 상황이 되는 것입니다.

실제 무대 위에서 프레젠테이션이 시작되면 뒤로 물러설 수 없는 생방송 같은 상황이 됩니다. 그러므로 성공적인 프레젠테이션을 위해서는 더욱 더 철저하게 예행 연습 등의 준비를 해야 합니다. 전문 프레젠터일수록 제안서를 준비하는 시간만큼 프레젠테이션 준비를 철저하게 하라고 이야기합니다. 충분한 시간을 할애하여 완벽하게 준비가 된 상태여야 프레젠테이션을 성공적으로 마치고 그 목적을 달성하게 될 것입니다.

프레젠테이션 준비의 첫걸음, 시간 설계

모든 프레젠테이션에는 정해진 시간이 있으며 주어진 시간이 지나면 최대한 빠른 시간 내에 프레젠테이션을 마쳐야 합니다. 만일 프레젠테이션 시간이 초과된다면 프레젠터 당사자나 청중 모두 발표에 집중할 수 없게 될 것입니다. 특히 오디션, 대회, 심사 등 점수가 매겨지는 상황이라면 시간 초과는 감점 사유가 됩니다. 그러므로 일차적으로는 주어진 프레젠테이션 시간에 맞춰 슬라이드를 준비해야 합니다. 만약 10분이 주어졌다면 몇 장의 슬라이드를 준비해야 할까요? 반대로 한 장의 슬라이드로 몇 분을 사용하는 것이 적당할까요?

- **주어진 시간보다 다소 빠르게 마칠 수 있도록 준비:** 만일 10분의 시간이 주어졌다면 8~9분 안에 프레젠테이션을 마칠 수 있도록 준비하는 것이 좋습니다. 연습이 완벽하더라도 실제 프레젠테이션 현장에서 발생할 수 있는 변수를 고려해야 하기 때문입니다. 그러므로 정확하게 주어진 시간을 꽉 채우겠다는 생각보다는 조금은 여유 있게 끝낸다는 생각으로 준비하는 것이 좋습니다.

- **슬라이드 1장당 평균 30초로 계산하여 준비:** 슬라이드마다 프레젠테이션 시 소요되는 시간이 일정할 수는 없습니다. 하지만 대체적으로 1장당 30초로 계산하면 유연한 프레젠테이션을 진행할 수 있습니다. 즉 10분이 주어졌다면 슬라이드는 20장 정도(오차 범위 ±5장)로 준비하면 좋습니다. 그리고 1장당 소요 시간을 적게는 10초, 많아도 100초를 넘지 않도록 하는 것이 좋습니다. 각 슬라이드를 넘기는 시간이 너무 빠르면 진행이 산만해져서 청중의 이해도가 떨어지며, 반대로 길면 집중도가 떨어지거나 지루해질 수 있기 때문입니다.

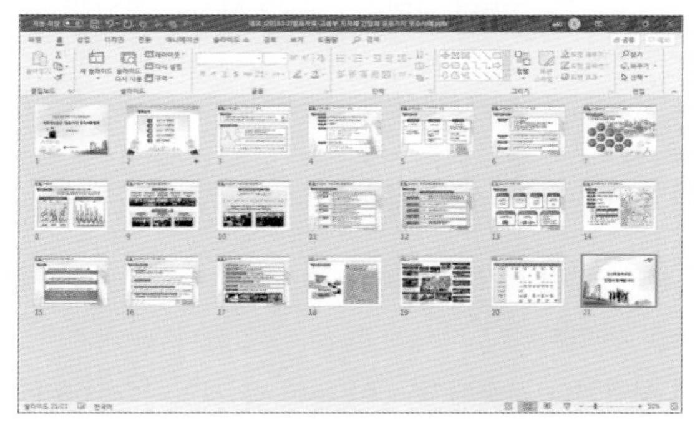

≫ 10분의 발표 시간에 맞추어 제작한 제안서 사례

- **슬라이드 노트에 완벽한 스크립트 준비:** 프레젠테이션 시간에 맞춰 슬라이드를 준비했다면 이제는 좀 더 정확하게 시간을 가늠하기 위해 스크립트(각본)를 작성해 보는 것이 좋습니다. 각 슬라이드 하단에 있는 슬라이드 노트에 프레젠테이션 시 이야기할 스크립트를 적고, 이를 천천히 읽으면서 시간을 체크합니다.

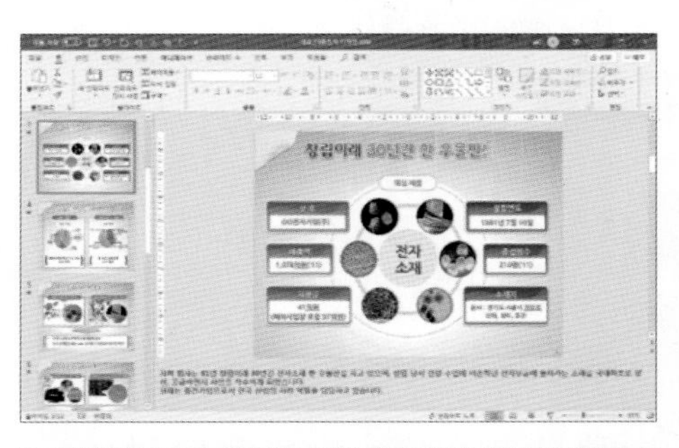

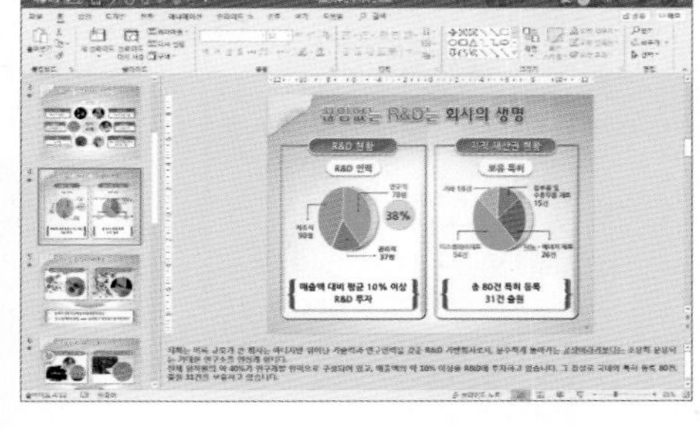

- **애드리브(즉흥적 대사) 금지:** 프레젠테이션이 익숙하지 않은 프레젠터가 자연스러운 분위기를 이끌어내고자 준비되지 않은 즉흥적인 대사를 이야기할 때가 있습니다. 다행히 분위기가 원하는 대로 된다면 괜찮겠지만 오히려 난감한 상황에 처하게 될 수도 있고, 초보일수록 이런 상황에 제대로 대처하지 못해 당황할 수 있습니다. 이런 돌발 상황이 변수가 되어 프레젠테이션 목적 달성이 더 어려워질 것입니다. 그러므로 미리 준비한 스크립트를 벗어나는 즉흥적인 이야기를 할 때는 매우 주의해야 합니다. 프레젠테이션에서 자연스럽게 여유 있는 모습을 보이고 싶다면 마치 즉흥적인 것처럼 보이는 대사를 사전에 완벽히 준비해서 연출하는 것이 효과적입니다.

프레젠테이션 스크립트 준비: 세 번에 걸쳐 수정하라

프레젠테이션 스크립트를 준비할 때는 최소 세 번 정도 반복해서 수정해야 합니다. 처음 스크립트를 작성하고 다시 보지 않으면 스스로 완벽하다고 착각에 빠질 수 있습니다. 하지만 천천히 다시 읽어 보면 신기하게도 이해하기 어렵거나 잘못된 문장이 눈에 띌 것입니다. 이런 과정을 거쳐 어색하거나 필요하지 않은 내용들을 하나씩 다듬어 나가야 합니다.

다음 사례는 실제 완성한 슬라이드를 바탕으로 스크립트를 완성해 가는 과정입니다. 단계가 거듭될수록 내용의 전달력이나 구성이 잘 갖추어지고 있음을 알 수 있습니다.

- **최초 스크립트:** 슬라이드 내용을 전달하는 데 큰 문제가 없어 보입니다. 하지만 한두 문장 안에 큰 수치 데이터가 많이 나열되다 보니 청중 입장에서는 이해도가 떨어지는 것을 느낄 수 있을 것입니다. 더 좋은 표현 방법이 필요합니다.

> 한국의 눈부신 성장은 지난 40년간 무려 1,000배의 성장을 해온 무역과 수출의 활약으로 인한 경상수지 흑자에 기반하고 있습니다. 1971년 불과 10억 달러에 불과하던 한국의 무역액은 2011년 1조 달러에 이르게 됩니다. 지난해 무역은 수출 4,674억 달러, 수입 4,257억 달러로 417억 달러의 흑자를 기록했습니다.

- **수정 스크립트:** 청중의 이해력을 높일 수 있도록 꼭 필요한 내용만 함축적으로 수정했습니다.

> 한국의 눈부신 성장 이유는 바로 무역과 수출에 있습니다. 한국의 무역액은 40년간 무려 1,000배의 성장을 했으며, 지난해 무역은 417억 달러의 경상수지 흑자를 기록했습니다.

위 사례처럼 스크립트를 작성한 후 큰소리로 읽어 보고 수정하는 과정을 게을리해서는 안 됩니다. 초기 스크립트에서 어설픈 단어 사용이나 프레젠테이션 중 꼬일 수 있는 발음, 문장의 연결, 어색한 부분 등을 찾아 여러 차례 수정할수록 더욱 좋은 표현으로 발전해 완벽한 스크립트를 얻게 될 것입니다.

CHAPTER 4

102 실전 프레젠테이션 연습하기

프레젠터를 위한 실전 가이드

가끔 '실전 연습은 도대체 얼마나 해야 할까요?'라고 질문하는 사람들이 있습니다. 그럴 때면 연습의 중요성에 관한 이야기로 '세상에 너무 많은 리허설은 없다!'라는 말이 떠오릅니다. 개인마다 발표 역량은 다릅니다. 목소리 톤이나 정확한 발음, 상황 대처 능력처럼 프레젠테이션에 관한 천부적 재능을 가지고 매력적으로 이야기할 수 있다면 분명 남보다 더 나은 결과를 얻긴 할 것입니다. 하지만 이렇게 타고난 사람이라고 연습과 노력을 하지 않을까요?

프레젠테이션 역량이 떨어지는 사람이라면 낯선 환경에서 불확실한 결과에 도전하기 위해서 더욱 철저히 준비할 필요가 있습니다. 첫 프레젠테이션을 성공적으로 마쳤다면 자신감이 붙을 것이고 이후에는 성공 확률이 더욱 높아질 것입니다. 연습은 역량이나 재능이 부족하더라도 청중에게 내가 준비한 내용을 올바로 전달하고 이해시켜서 설득해야 하는 프레젠테이션의 기본 목적을 달성하기 위한 최소한의 노력입니다. 발음이 부정확하다면 천천히 정확하게 발음하는 연습을, 남들 앞에 서는 것이 늘 어색하다면 비교적 자신 있게 청중 앞에 설 수 있도록 철저한 리허설 등의 노력을 통해 부족한 부분을 채워 나가야 합니다.

프레젠테이션은 일반적인 대화와 다르며 청중 앞에서 스크립트를 성의 없이 읽는 것이 아닙니다. 그러므로 시작부터 핵심 내용, 프레젠테이션의 마지막 슬라이드까지 전체 내용을 완벽하게 숙지하고 어떤 슬라이드를 펼쳐도 해당 내용이 술술 나올 수 있을 정도로 충분한 연습량으로 중무장해서 프레젠테이션에 임해야 할 것입니다.

다음은 각 슬라이드에 스크립트가 준비되었다는 가정 하에 스크립트를 바탕으로 연습하는 순서입니다.

1단계: 슬라이드별 스크립트 큰 소리로 읽기

프레젠테이션을 연습할 때 스크립트를 절대 속으로만 읽으면 안 됩니다. 실제 프레젠테이션을 진행한다는 생각으로 소리를 내면서 읽어야 합니다. 스크립트를 읽으면서 연결이 어색하거나 발음하기 어려운 부분을 고칠 수 있습니다.

2단계: 슬라이드를 보면서 해당 스크립트 연상하기

1단계를 마치면 슬라이드만 보면서 현재 슬라이드의 스크립트를 떠올려 봅니다. 여기서 중요한 점은 스크립트를 입으로 말하는 것이 아니라 집중해서 정확한 내용을 연상하는 것입니다. 그런 다음 핵심 내용을 누락하지는 않았는지, 실제 스크립트와 비교해서 확인해 봅니다.

3단계: 슬라이드를 소리 내어 연습하며 스크립트 확인하기

이번에는 각 슬라이드만 보고 스크립트를 입 밖으로 소리 내어 확인합니다. 이때 큰소리는 아니어도 슬라이드별로 유연하게 내용이 전개되는지, 실제 스크립트와도 연결이 되는지를 확인해야 합니다.

4단계: 최종 리허설하기

마지막으로 프레젠테이션 스크립트를 완벽히 숙지했다면 이번에는 숙지한 내용을 실제 프레젠테이션과 비슷한 환경에서 리허설을 진행해 봅니다. 즉 앉은 상태가 아닌 연단에 선 상태에서 무선 프레젠터 등을 이용하여 슬라이드를 넘기고, 자연스러운 손짓이나 청중과 눈을 맞추는 아이 콘택트 시뮬레이션 등의 발표 기법을 포함해서 리허설을 진행합니다. 모든 프레젠테이션은 시작이 전체 진행에 가장 큰 영향을 주기 때문에 무엇보다 시작 부분을 완벽하게 연습하는 것이 중요합니다.

CHAPTER 4

103 프레젠테이션 중에 발생할 수 있는 흔한 오류와 해결책

프레젠터를 위한
실전 가이드

프레젠테이션이 익숙하지 않을수록 의욕은 넘치는데 노련함이 부족하여 실제 상황에서 발생하는 돌발 상황에 대처하지 못해 당황할 수 있습니다. 이에 자주 발생하는 오류와 해결책을 간단히 알아보겠습니다.

애니메이션 시작 설정에 관한 오류

'애니메이션, 이 정도는 거뜬해!'라면서 호기 있게 프레젠테이션을 시작하지만 시간이 지날수록 청중의 집중력은 떨어지고 불필요한 행동이 늘고 있습니다. 그 이유는 바로 지나치게 많은 애니메이션 때문이었습니다.

» 한 슬라이드에 지나치게 많이 사용한 애니메이션

전달력이나 집중력을 높이려는 목적으로 사용한 애니메이션이지만, 어디까지나 당사자가 애니메이션을 통제할 수 있을 정도로만 사용해야 합니다. 즉, 애니메이션의 많고, 적음이 문제가 아니라 시작을 **[클릭할 때]**로 지정한 애니메이션이 많다면 프레젠테이션 도중 계속해서 행동을 취해야 하는 상황이 발생합니다. 만약 행동을 취해야 하는 상황을 누락하여 현재 프레젠테이션 내용과 화면에 표시되는 개체가 맞지 않는다면 프레젠터와 청중 모두 당황할 수 있습니다. 이런 상황이 반복되면 프레젠터는 지속적으로 애니메이션이 제대로 나타났는지 확인하게 되고, 결국 스스로도 집중력이 분산될 수밖에 없습니다.

해결책: 애니메이션은 꼭 필요한 상황에서만 [클릭할 때]로 설정하고 대부분은 [이전 효과 다음에] 또는 [이전 효과와 함께] 등으로 설정해서 프레젠테이션 시 클릭 행동을 최소한으로 줄입니다.

충분한 연습 없이 프레젠테이션에 임하는 배짱 좋은 프레젠터의 오류

'연습은 무슨, 프레젠테이션 그거 별거 있어?'라고 말하는 당당한 초보 프레젠터도 적지 않습니다. 대중 앞에 서는 두려움이 없는 사람이라면 프레젠테이션에 대한 자신감이 충만할 것입니다. 그러다 보니 전체 내용을 꼼꼼하게 확인하지 않고 대략적으로만 파악하고, 입으로 소리 내어 연습하는 것이 아니라 머리로만 상상하는 경우가 많습니다.

이런 사람이라도 처음에는 자신감 있는 목소리로 꽤 매력적인 프레젠테이션을 시작할 수 있습니다. 하지만 프레젠테이션을 진행할수록 생각은 앞서나 상황에 따른 적절한 단어 선택이나 대처가 부족하여 전체적인 연결이 매끄럽지 않게 될 가능성이 높습니다. 직접 스크립트를 만들어 상황에 따라 적합한 단어를 준비하지 않았기 때문입니다. 머릿속으로만 상상할 때는 스스로가 언어의 연금술사처럼 생각되지만, 현실에서는 말을 더듬고 있는 자신을 발견하고 당황하기 십상입니다. 이를 수습하려고 불필요한 동작을 하게 되지만 기대만큼 멋진 프레젠테이션이 되는 경우는 거의 없습니다. 결국 밀려오는 당혹감으로 자신감을 잃고 청중을 제대로 보지도 못하게 되어 실수를 연발할지도 모릅니다.

해결책: 상상은 연습이 아닙니다. 매우 꼼꼼하게 단어 하나까지도 점검하는 세심한 준비가 필요합니다. 프레젠테이션 준비를 결코 게을리해서는 안 됩니다.

무선 프레젠터 사용 시 오류

무선 프레젠터는 프레젠테이션을 좀 더 편하게 진행할 수 있는 유용한 도구입니다. 하지만 좀 더 전문적으로 보이려면 청중의 시선에서 프레젠터 사용 여부를 눈치채지 못할 정도로 자연스럽게 조작해야 합니다. 초보일수록 무선 프레젠터를 키보드 대신 슬라이드를 넘기는 도구 정도로 생각해서 별다른 조작 연습을 하지 않습니다. 하지만 이 도구는 매우 민감하거나 혹은 매우 둔감하여 제대로 성능을 파악하지 않으면 원치 않게 여러 장의 슬라이드를 넘기게 되거나, 반대로 잘 넘어가지 않아서 무선 프레젠터를 조작하느라 쩔쩔매는 오류를 범할 수 있습니다.

이외에도 무선 프레젠터에 포함된 레이저 포인터 기능을 이용할 때 레이저가 작동 중인데도 무선 프레젠터를 마구 흔들어 청중의 눈에 부담을 주는 실수를 하기도 합니다.

해결책: 프레젠테이션 중 사용할 도구가 있다면 반드시 사전에 점검하고, 각 도구의 정확한 사용 방법이나 특성을 파악해야 합니다. 그리고 리허설을 진행할 때도 실제 도구를 사용해 봅니다.

실무자 TALK

프레젠테이션 연습과 준비는 성공적인 결과를 얻기 위한 필수 조건이라고 할 수 있습니다. 이는 프레젠테이션이 낯선 초보에게만 해당하는 것이 아닙니다. 전문가도 예외는 없습니다. 충분한 연습을 했음에도 당일 컨디션에 따라 프레젠테이션의 매끄러운 정도가 달라질 수 있는 만큼 어떤 상황에서도 원활한 프레젠테이션이 될 수 있도록 준비해야 할 것입니다. 프레젠테이션 현장은 언제나 내가 상상하는 것과 다름을 명심하세요.

CHAPTER 4

104 언어와 비언어를 적절하게 활용한 성공적인 프레젠테이션

프레젠터를 위한 실전 가이드

프레젠테이션을 진행할 때는 사용하는 언어뿐만 아니라 몸짓 등 비언어적인 표현도 내용을 전달하는 중요한 수단입니다. 유창한 프레젠테이션을 하려면 청중에게 보다 설득력 있게 의사 전달할 수 있는 언어 사용 습관과 함께 비언어적 표현 스킬도 익혀야 합니다.

프레젠테이션을 위한 언어 사용 스킬

- **발음:** 프레젠테이션은 1대 1이 아닌 다수의 청중에게 준비한 내용을 정확하게 전달해야 합니다. 따라서 정확한 발음은 기본 중의 기본입니다. 프레젠테이션을 연습할 때도 개인의 습성으로 제대로 발음되지 않는 단어가 있는지 점검하여, 더욱 신경을 써서 정확하게 발음하도록 노력해야 합니다.

- **호흡:** 충분한 연습으로 자신감이 충만한 상태에서 쉼 없이 프레젠테이션을 진행하다 보면 결국 청중이 이해할 시간조차 가지지 못하고 슬라이드가 빠르게 지나갈 수 있습니다. 시간이 넉넉하지 않다면 정확한 발음으로 서두를 수밖에 없겠지만, 그럼에도 문장 사이사이에 청중이 내용을 정리할 정도의 여유는 주는 것이 좋습니다. 중간중간 숨을 고르는 행위는 청중에게 정리할 시간을 주면서, 프레젠터 자신에게는 계속해서 진행할 체력을 보충하는 시간이 됩니다.

- **속도:** 자신감이 충만하면 진행 속도, 즉 프레젠테이션의 호흡뿐만 아니라 말하는 속도도 빨라질 수 있습니다. 아무리 발음이 정확하고 충분한 호흡으로 프레젠테이션을 진행하더라도 말이 빠르면 청중은 내용을 제대로 이해하지 못할 수 있습니다. 또한 말이 빠르면 자연히 실수가 뒤따르기 마련입니다. 발음이 꼬일 수도 있고, 체력이 빠르게 소진될 수도 있습니다.

> **깨알 TIP** 말하는 속도가 너무 느리면 청중이 지루함을 느낄 수 있습니다. 적절한 긴장감을 가지도록 속도를 유연하게 조정하는 것이 중요합니다.

- **억양과 리듬:** 숙련된 전문가라면 자신만의 경험과 연습으로 다듬어진 자연스러운 억양과 리듬이 있습니다. 자연스러운 억양과 리듬이 있는 프레젠테이션은 전달력이 높아서 자연스럽게 신뢰감 상승으로 이어질 수 있습니다. 이러한 스킬은 많은 연습과 경험을 통해 쌓이는 내공이라고 할 수 있습니다.

전달력 향상을 위한 비언어적 표현 스킬

- **시선:** 청중과 시선을 교환한다는 것은 청중의 이해도나 감정 상태를 확인할 수 있는 중요한 스킬입니다. 또한 단순히 혼자 이야기하는 것이 아니라 청중과 소통하고 있음을 표현하는 중요한 요소입니다. 그러므로 의사 결정권자를 포함한 청중에게 고른 시선을 줄 수 있도록 준비해야 합니다.

- **표정:** 무표정으로 이야기하는 것과 내용에 따라 적절한 표정 변화가 있는 것은 전달력 측면에서 큰 차이가 있습니다. 단순히 스크립트를 읽는 것이 아니므로 내용에 따라 어떤 표정을 지으면 좋을지 고민하고, 적절한 표정이 연출될 수 있도록 함께 연습한다면 청중의 공감을 얻기가 좀 더 쉬워질 것입니다.

- **제스처:** 적절한 제스처는 청중의 이해도를 높일 수 있으므로 전체 흐름을 파악하고, 상황에 따라 적절하게 내용을 묘사할 수 있도록 준비해야 합니다. 이때 과하게 큰 동작은 오히려 주위를 분산시킬 우려가 있으므로 팔을 사용할 때에는 겨드랑이를 붙인 상태에서 팔의 절반 정도를 이용하는 것이 좋습니다.

- **손짓:** 뻣뻣하게 서 있는 상태에서 팔까지 경직된 상태라면 당사자뿐만 아니라 청중도 불편해질 것입니다. 유연한 프레젠테이션은 더욱 기대할 수 없겠죠? 제스처와는 달리 큰 의미를 부여하는 것은 아니지만, 프레젠테이션 중 약간의 손동작을 더하면 신기하게도 진행이 자연스러워지며, 긴장감 해소에도 도움이 됩니다.

CHAPTER 4

105 대면 심사 프레젠테이션 진행 시 유의할 점

프레젠터를 위한 실전 가이드

수많은 대회나 오디션, 기관 등에서 자금 지원을 받기 위한 사업계획서 그리고 각종 입찰 등 경쟁 프레젠테이션에서 이루어지는 대면 심사에서는 청중인 심사관이나 평가위원들 앞에서 슬라이드를 띄운 후 주어진 시간 내로 프레젠테이션을 진행하고 질의 응답을 진행합니다.

대면 심사에서는 실제 제안서 내용이 우수함에도 프레젠테이션 진행이 원활하지 못해 탈락하는 상황이 종종 발생합니다. 다양한 이유가 있겠지만 무엇보다 심사기준에 알맞은 구성으로 프레젠테이션을 진행해야 높은 점수를 받을 수 있는데, 그 기준에 미치지 못한 경우가 생각보다 많기 때문입니다. 대면 심사 프레젠테이션에 필요한 전략을 좀 더 자세하게 정리해 보겠습니다.

목적이 우선이다

지원 사업의 궁극적 목적을 명심해야 합니다. 사업의 목적에 맞게 꼭 필요한 내용을 선별하고, 필수 내용이 누락되지 않도록 준비합니다. 평가표에 제시된 선정 기준 및 세부 항목이 정답이며, 좋은 점수의 비결입니다. 만약 기술 사업 지원이라면 경쟁자를 물리칠 수 있을 만한 내용으로, 제안서에 집중해야 할 항목은 다음과 같습니다.

- 기술 개발 우수성(기술 내용 우위성 및 차별성)
- 개발 역량(기술 개발 유사 경험 및 과거 실적)
- 조직의 우수성(참여 인력의 전문성 등)
- 인프라 여건(보유한 유 · 무형의 자산)

짧은 시간에 알맞은 자료를 준비하라

시간을 엄수하고 주어진 시간을 최대한 효율적으로 활용할 수 있도록 준비해야 합니다. 그러므로 사용할 자료는 최소한으로 줄이는 것이 좋습니다. 생각보다 분량이 많은 한글 문서 제안서를 대면 심사용 제안서 슬라이드에 담으려면 전략이 필요하며, 프레젠테이션 시 언급할 내용은 중요도에 따라 시간 설계에 무리 없이 구성해야 할 것입니다. 전달하고 싶지만 중요도에서 밀린 자료는 유인물로 준비합니다. 스크립트를 정제해서 의미 전달에는 문제가 없으면서 내용을 최소한으로 축소하는 노력이 필요합니다.

심사관과 대립은 피하라

프레젠테이션을 진행할 때는 주관적인 욕심을 버리고 자신이 객관적 평가를 받는 입장임을 기억해야 합니다. 특히 질의 응답 중에 대립되는 의견이 나오기 마련인데, 이때 심사관과의 논쟁을 피해야 합니다. 의견이 달라도 반박하기보다는 상대방의 의견을 존중하는 자세가 필요합니다. 심사관도 감정을 가진 사람이기에 대립 상황을 좋게 생각하지는 않을 것입니다. 그렇다고 무조건 심사관 의견에 동의하라는 것이 아닙니다. 우선은 심사관의 의견을 존중하고 그 이후 설득할 수 있는 부분은 합리적이며 현실적인 근거를 제시해서 목적을 이룰 수 있도록 해야 합니다.

청중의 입장에서 생각하라

청중이 정확한 평가를 내릴 수 있도록 자신의 메시지를 정확히 전달하는 것이 중요한데 전달력을 향상하려면 사전 프레젠테이션 스크립트를 충분히 연습해야 합니다. 지나친 자신감은 청중의 불쾌감을 유발할 수 있으며, 제안의 범위를 전문성이 없는 사람도 알아들을 수 있을 정도로 담백하게 풀어내는 것이 중요합니다.

진정성 있는 프레젠테이션을 진행하라

대면 심사에서는 정확한 언어 전달력은 기본적으로 갖춰야 하겠지만, 화려하고 유창한 언변보다는 진정성 있는 진행이 더 도움이 될 수 있습니다.

전화위복을 준비하라

추진 계획상 한계점이 있다면 이를 감출 필요는 없습니다. 누구나 한계는 있는 법이고, 그 때문에 지원 사업에 도전하는 것이 현실입니다. 그러므로 한계점을 감점 요소로 생각하지 말고, 어떻게 극복할지 대안을 제시하여 득점 요소로 사용해야 합니다. 중요한 점은 현재 부족한 것이 창피한 것이 아니며, 부족한 부분을 얼마나 잘 파악하고 있고 이를 극복할 방법도 잘 준비되어 있는지를 전달하는 것입니다. 이렇게 단점을 강한 어필 요소로 사용하여 타당성을 인정받는다면 더욱 좋은 결과를 얻을 수 있을 것입니다.

예상 질의 응답을 준비하라

예상 질의 응답을 도출하여 준비해야 합니다. 준비된 내용이라면 참고 자료를 화면에 띄워 준비된 답변을 하면 되고, 현재 역량으로 응답할 수 없는 질문이라면 현재는 미흡하지만 그에 관련된 향후 계획을 가지고 있음을 설명하는 것이 좋습니다.

예상 질문을 도출했다면 관련 슬라이드 자료를 미리 준비합니다. 또한 짧은 프레젠테이션 시간에 맞춰 스킵한 슬라이드라도 응답 중에 사용할 수 있으므로, 프레젠테이션 진행용 슬라이드 끝에 모아 놓은 후 해당 질문이 있을 때 곧바로 이동할 수 있도록 해야 합니다.

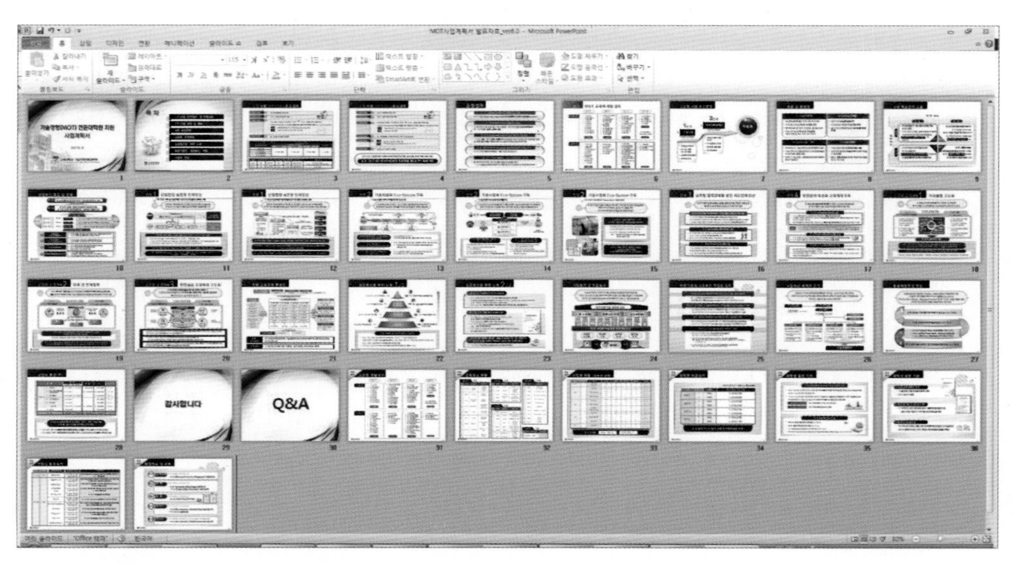

> 슬라이드 번호를 알 수 있는 [여러 슬라이드 보기] 화면으로 캡쳐한 이미지

깨알 TIP 질문이 나왔을 때 클릭 한 번으로 해당 슬라이드로 빠르게 이동할 수 있도록 사용할 슬라이드 번호를 숙지하는 것이 좋습니다. 슬라이드 번호를 외우기보다는 여러 슬라이드 보기 상태에서 슬라이드를 캡처해서 따로 프린트해 놓으면 편리합니다.

엔딩을 유용하게 활용하라

완벽한 마무리는 원활한 시작만큼이나 긍정적인 효과를 얻을 수 있습니다. 프레젠테이션 마지막 단계는 핵심 내용을 상기시키거나, 화룡점정으로 청중(심사관)에게 좋은 인상을 남길 수 있는 시간입니다. 단순히 마침 인사를 하는 것이 아니라 제안서에 힘을 실어줄 수 있는 진정성 있고 설득력 있는 짧지만 강한 인상을 남길 수 있는 메시지를 준비해야 합니다.

알아두면 좋은 단축키

단축키	기능
Ctrl + C	선택한 개체를 클립보드에 복사합니다.
Ctrl + X	선택한 개체를 잘라내고 클립보드에 이동합니다.
Ctrl + V	클립보드에 복사된 개체를 붙여 넣습니다.
Ctrl + D	선택한 개체를 곧바로 복제합니다.
Ctrl + A	모든 개체를 선택합니다.
Ctrl + M 또는 Enter	새 슬라이드를 삽입합니다.
Shift + [기본] 보기	슬라이드 마스터 상태로 전환됩니다. [기본] 보기 아이콘은 슬라이드 영역 오른쪽 하단에 있습니다.
Tab	텍스트 상자에서 텍스트 개요 수준을 한 단계 내립니다.
Shift + Tab	텍스트 상자에서 텍스트 개요 수준을 한 단계 올립니다.
Print Screen	전체 화면을 클립보드에 그림 형식으로 복사합니다. Ctrl + V 를 눌러 저장된 화면을 붙여 넣을 수 있습니다.
Alt + Print Screen	화면 중 활성화된 창만을 클립보드에 그림 형식으로 복사합니다.

반드시 기억해야 하는 단축키

단축키	기능
Ctrl + Shift + C	선택한 개체의 서식을 클립보드에 복사합니다.
Ctrl + Shift + V	클립보드에 복사된 개체의 서식을 붙여 넣습니다.
Ctrl + Z	현재 명령을 취소하고 이전 명령으로 되돌아갑니다.
Ctrl + Y	이전 명령을 반복합니다.
Ctrl + G	선택한 개체들을 그룹으로 묶습니다.
Ctrl + Shift + G	그룹을 해제합니다.

찾아보기

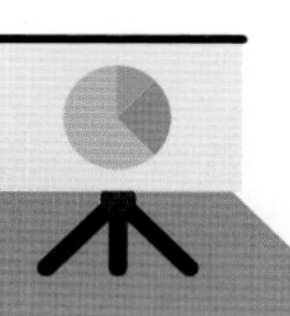